交通运输职业技能等级评价教材

公路养护工

(基础知识)

交通运输部职业资格中心　组织编写

人民交通出版社

北京

内 容 提 要

交通运输职业技能等级评价教材《公路养护工》由交通运输部职业资格中心组织编写,分为基础知识和专业实务两册。本书为基础知识分册,共六章,包括工程识图与测量、工程材料、公路工程概论、公路养护概述、安全、环保与职业健康知识、相关法律、法规。

本书可作为公路养护工职业技能等级评价教材,也可供相关从业人员学习参考。

图书在版编目(CIP)数据

公路养护工. 基础知识 / 交通运输部职业资格中心组织编写. — 北京:人民交通出版社股份有限公司,2024.8. — (交通运输职业技能等级评价教材).
ISBN 978-7-114-19652-2

Ⅰ. U418

中国国家版本馆 CIP 数据核字第 2024ES8991 号

交通运输职业技能等级评价教材

书　　名:	**公路养护工(基础知识)**
著 作 者:	交通运输部职业资格中心
责任编辑:	石　遥　刘永超　李　农
责任校对:	赵媛媛　卢　弦
责任印制:	刘高彤
出版发行:	人民交通出版社
地　　址:	(100011)北京市朝阳区安定门外外馆斜街3号
网　　址:	http://www.ccpcl.com.cn
销售电话:	(010)59757973
总 经 销:	人民交通出版社发行部
经　　销:	各地新华书店
印　　刷:	北京市密东印刷有限公司
开　　本:	787×1092　1/16
印　　张:	19
字　　数:	460千
版　　次:	2024年8月　第1版
印　　次:	2024年8月　第1次印刷
书　　号:	ISBN 978-7-114-19652-2
定　　价:	80.00元

(有印刷、装订质量问题的图书,由本社负责调换)

《公路养护工(基础知识)》

编 写 人 员

主　　编：王福恒　王立争
副 主 编：宋欣冈　欧阳伟
成　　员：张　立　侯力扬　赵同峰　陈湘清　姜　猛
　　　　　黄　娟　张静晓　孟　熙　秦　茜　张琳奇
　　　　　吴增涛　韩昊煊

审 定 人 员

主　　审：陈晓明
成　　员：杨庆振　申　莉　彭　建　谭志兵　贡　放
　　　　　贾松涛　李光辉　孟　云　胡留党　李　玮

前言

随着我国交通基础设施大养护时代的到来，公路养护工作的重要性日益凸显，同时也对公路养护领域技术技能人才素质提出了更高要求。为适应公路养护行业发展需要，交通运输部职业资格中心依据《公路养护工国家职业标准（2024年版）》，组织相关专家编写了《公路养护工（基础知识）》和《公路养护工（专业实务）》两本教材。

《公路养护工（基础知识）》有四个特点：一是系统性与全面性。教材系统介绍了公路养护工应具备的理论基础知识，涵盖了工程制图与测量、工程材料、公路工程、养护工程、安全环保与职业健康、法律法规等内容，形成了全面的基础知识体系。二是规范性与准确性。教材涉及制图、测量、施工、安全等多项内容，编写内容严格遵循最新的国家标准和行业标准，确保教材内容权威准确。三是基础性与易懂性。教材特别注重基础知识的传授，语言简洁明了，图表丰富，便于理解和记忆，逐步引导读者建立起完整的公路养护知识体系。四是互动性与参与性。教材每章均设置相应练习题，激发读者的主动思考和参与，提高学习效果。

《公路养护工（基础知识）》共分为六章。第一章由张立、侯力扬编写；第二章由王立争、赵同峰编写；第三章由陈湘清、羡猛、秦茜编写；第四章由黄娟、宋欣冈、张琳奇编写；第五章由张静晓、欧阳伟、吴增涛编写；第六章由宋欣冈、孟熙、韩昊煊编写。本教材由王福恒、王立争、宋欣冈统稿。

本教材在编写和审定过程中，得到了辽宁省交通高等专科学校、江西交通职业技术学院、四川交通职业技术学院、内蒙古交通职业技术学院、陕西交通职业技术学院、长安大学、北京交通运输职业学院、山东公路技师学院、江西省交通投资集团有限责任公司、河南交通投资集团有限公司、青海省交通控股集团有限公司、吉林省高速公路集团有限公司、辽宁交投公路科技养护有限责任公司、辽宁省交通运输事务服务中心、广东省公路管理局科技教育中心、中路交科（北京）交通咨询有限公司、贵州黔通安达工程咨询有限公司等单位的大力支持,在此表示感谢!

  本教材在编写过程中,虽经反复推敲,仍难免存在纰漏,敬请广大读者批评指正!

交通运输部职业资格中心
2024 年 8 月

目录

第一章　工程识图与测量 ·· 1

第一节　工程制图基本原理 ·· 1
第二节　道路工程图纸的识读 ·· 29
第三节　常用测量方法 ·· 43

第二章　工程材料 ·· 51

第一节　砂石、水泥、石灰、钢材 ·· 51
第二节　水泥混凝土和砂浆 ·· 64
第三节　沥青及沥青混合料 ·· 70
第四节　水泥混凝土外掺剂 ·· 82
第五节　沥青混合料添加剂 ·· 88
第六节　公路养护修补材料 ·· 92

第三章　公路工程概论 ·· 98

第一节　路基工程 ·· 98
第二节　路面工程 ·· 109
第三节　排水工程 ·· 117
第四节　桥梁工程 ·· 125

　　　　第五节　隧道工程 …………………………………………… 139
　　　　第六节　交通工程及沿线设施 ………………………………… 147
　　　　第七节　公路绿化 ……………………………………………… 156
　　　　第八节　城市道路及机场场道 ………………………………… 160

第四章　公路养护概述 … 175

　　　　第一节　公路养护管理 ………………………………………… 175
　　　　第二节　公路养护的分类 ……………………………………… 178
　　　　第三节　公路养护对策 ………………………………………… 188
　　　　第四节　公路养护质量标准 …………………………………… 197

第五章　安全、环保与职业健康知识 … 231

　　　　第一节　安全防护知识 ………………………………………… 231
　　　　第二节　养护作业安全操作规程 ……………………………… 234
　　　　第三节　劳动保护知识 ………………………………………… 247
　　　　第四节　职业健康相关知识 …………………………………… 248
　　　　第五节　养护施工环境保护知识 ……………………………… 251

第六章　相关法律、法规 … 257

　　　　第一节　《中华人民共和国劳动法》相关知识 ……………… 257
　　　　第二节　《中华人民共和国公路法》相关知识 ……………… 261
　　　　第三节　《中华人民共和国道路交通安全法》相关知识 …… 264
　　　　第四节　《中华人民共和国环境保护法》相关知识 ………… 268
　　　　第五节　《公路安全保护条例》相关知识 …………………… 270
　　　　第六节　《中华人民共和国安全生产法》相关知识 ………… 277
　　　　第七节　《中华人民共和国突发事件应对法》相关知识 …… 280
　　　　第八节　《公路养护工程管理办法》相关知识 ……………… 284
　　　　第九节　《公路养护作业单位资质管理办法》相关知识 …… 287

参考文献 … 292

第一章

工程识图与测量

学习目标

(1) 掌握工程制图的基本原理。
(2) 掌握工程图纸的识读知识。
(3) 熟悉常用的测量方法和要求。

学习内容

第一节 工程制图基本原理

一、制图基础

绘制工程图必须借助绘图工具来进行。按照绘图使用工具的不同,工程绘图可分为尺规绘图、徒手绘图和计算机绘图。尺规绘图是借助图板、丁字尺、三角板等绘图工具和绘图仪器进行手工绘图的一种方法。为使图样的质量好、绘制速度快,就必须正确、熟练地掌握绘图工具的使用方法。

常用的绘图工具有图板、丁字尺、三角板、铅笔、比例尺等,常用的绘图仪器有圆规、分规等,如图1-1所示。

(1) 图板

图板用来铺放和固定图纸,通常用胶合板制成,要求板面平整光滑,图板两端平整,角边垂直。图板的大小有0号、1号、2号等不同规格,可根据所画图幅的大小选定。图板不能受潮或暴晒,以防变形。为保持板面平滑,贴图纸宜用透明胶纸,不宜使用图钉。

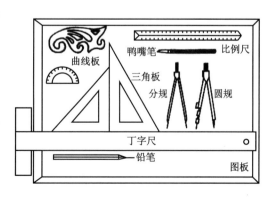

图1-1 绘图工具和仪器

(2) 丁字尺

丁字尺由尺头和尺身两部分垂直相交构成,尺身的上边缘为工作边,要求光滑、平直,如图 1-2a)所示。作为三角板的水平基准,使用时,应先检查尺头和尺身是否坚固,再检查尺身的工作边和尺头内侧是否平直光滑。丁字尺主要用来画水平线,用丁字尺画水平线时,铅笔应沿着尺身工作边从左画到右,如图 1-2b)所示。如水平线较多,则应由上而下逐条画出。每次移动丁字尺位置都要注意尺头是否紧靠图板,画线时应防止尺身移动。

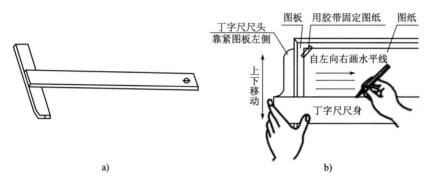

图 1-2 用丁字尺画水平线

丁字尺是用胶合板或有机玻璃制成的,应防止其受潮、暴晒或弯曲,以免变形,不用时应挂在墙壁上。

(3) 三角板

一副三角板是由 30°+60°+90°(简称 30°或 60°三角板)和 45°+45°+90°(简称 45°三角板)两块组成。

使用三角板画垂直线时,应使丁字尺尺头紧靠图板左边硬木边条,先推丁字尺到线的下方,将三角板放在线的右侧,并使三角板的一直角边靠紧在丁字尺的工作边上,然后移动三角板,直至另一直角边靠贴垂直线,再用左手轻轻按住丁字尺和三角板,右手持铅笔,自下而上画出垂直线。

用一副三角板和丁字尺配合,可画出与水平线成 15°倍数角(30°、45°、60°、75°)的各种倾斜线,如图 1-3 所示。

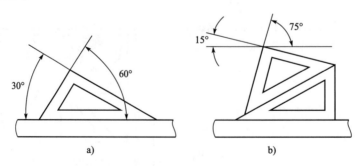

图 1-3 斜线的画法

(4) 比例尺

刻有不同比例的直尺称为比例尺。比例尺通常呈三棱柱状,所以又称为三棱尺,它在三个棱面上刻有六种比例,如百分比例尺的尺面分别为1∶100、1∶200、1∶300、1∶400、1∶500、1∶600。若再除以10,则百分比例尺可当作千分比例尺使用。比例尺上刻度所注数字的单位为米(m)。

值得注意的是,图形上所注尺寸是指物体实际大小,它与图形的比例无关。绘图时,不必通过计算,可直接将物体的实际长度,按所选用的比例缩小或放大画在图纸上。

(5)分规与圆规

分规主要用来量取线段和等分线段,如图1-4a)所示。圆规主要用来画圆和圆弧,它与分规形状相似,在一腿上附有插脚,换上不同的插脚,可作不同的用途,如图1-4b)所示。其插脚有三种:钢针插脚、铅笔插脚和墨水笔插脚。

使用圆规时,先调整针脚,使针尖略长于铅芯。圆规铅芯宜削成斜圆柱状,并使斜面向外,其硬度应比所画同种直线的铅笔软一号,以保证图线深浅一致。

画圆时,先把圆规两脚分开,使铅芯与针尖的距离等于所画圆弧半径,再用左手食指帮助针尖扎准圆心,从圆的中心线开始,顺时针方向转动圆规,转动时圆规可往前进方向稍微倾斜,整个圆或圆弧应一次画完。画较大的圆弧时,应使圆规两脚与纸面垂直。画更大的圆弧时要接上延长杆。

(6)曲线板

曲线板是用来画非圆曲线的工具,其式样很多,曲率大小各不相同。曲线板面应平滑,板内外边缘应光滑,曲率变化自然。

在使用曲线板之前,必须先定出曲线上的若干控制点。用铅笔顺着各点轻轻地勾画出曲线,所画曲线的曲率变化应顺畅。然后选择曲线板上曲率相应的部分,分几次画成。每次至少应有三点与曲线板曲率相吻合,并应留出一小段,作为下次连接其相邻部分使用,以保持线段的顺滑,如图1-5所示。

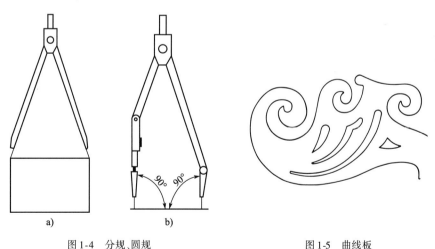

图1-4　分规、圆规　　　　　图1-5　曲线板

(7)铅笔

绘图铅笔的铅芯有软硬之分,B前的数字越大表示铅芯越软;H前的数字越大表示铅芯越硬;HB表示软硬适中。HB铅笔的铅芯可在砂纸上磨成圆锥形,用来画底稿、加深细线和写字;B铅笔的铅芯可磨成四棱锥或四棱柱形状,用来描粗线,也可选用符合线宽标准的自动铅笔绘图。

二、制图标准

1. 图幅、图框和标题栏

（1）图幅及图框

图纸幅面简称图幅，指图纸本身的大小规格。图幅使图纸便于装订和管理。图幅线用细实线画，在图幅线的内侧有图框线，图框线用粗实线画，图框线内部的区域才是绘图的有效区域。图幅的大小，图幅与图框线之间的关系，应符合表1-1的规定及图1-6的格式。在选用图幅时，应根据实际情况，以一种规格为主，尽量避免大小幅面混合使用。一般A0～A3图纸宜横式使用，必要时也可立式使用。A4图纸只能立式使用。

图框尺寸(mm)　　　　　　　　　　　表1-1

图幅代号	A0	A1	A2	A3	A4
$b \times l$	841×1189	594×841	420×594	297×420	210×297
a	35	35	35	30	25
c	10	10	10	10	10

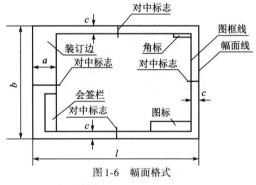

幅面的长边与短边的比例为$l:b=\sqrt{2}:1$。A0号图幅的长边为1189mm，短边为841mm。A1号幅面是A0号幅面的对折，A2号幅面是A1号幅面的对折，其他幅面以此类推。初学者只需记住其中一两种幅面尺寸即可。

图纸幅面的长边可加长，但短边不得加宽。其中图幅A0、A2、A4应为150mm的整倍数，图幅A1、A3为210 mm的整倍数。

图1-6　幅面格式

（2）标题栏

图框内右下角应绘图纸标题栏，简称图标。图纸标题栏有3种格式，如图1-7所示。

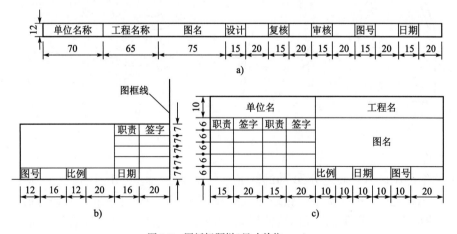

图1-7　图纸标题栏(尺寸单位：mm)

图标外框线线宽宜为0.7mm,会签栏外框线线宽宜为0.5mm,内分格线线宽为0.25mm,如图1-8所示。

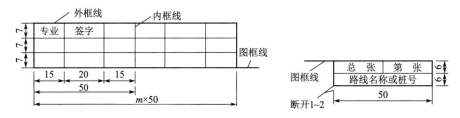

图1-8 会签栏与角标(尺寸单位:mm)

2. 比例

图样不可能都按建筑物的实际大小绘制,绘图的比例应为图形线性尺寸与相应实物实际尺寸之比。比例采用阿拉伯数字,标注在图名的下方或右侧,比例字体比图名字体小一号或两号。绘图比例的选择应根据图面布置合理、匀称、美观的原则,按图形大小及图面复杂程度确定,一般优先选用表1-2中的常用比例。

绘图所用比例　　　　　　　　　　　　　表1-2

常用比例	1∶1	1∶2	1∶5	1∶10	1∶20	1∶50
	1∶100	1∶200	1∶500	1∶1000		
	1∶2000	1∶5000	1∶10000	1∶20000		
	1∶50000	1∶100000	1∶200000			
可用比例	1∶3	1∶15	1∶25	1∶30	1∶40	1∶60
	1∶150	1∶250	1∶300	1∶400	1∶600	
	1∶1500	1∶2500	1∶3000	1∶4000		
	1∶6000	1∶15000	1∶30000			

3. 字体

工程图样上会遇到各种字或符号,如汉字、数字、字母等。为了保证图样的规范性和通用性,且使图面清晰美观,应做到笔画清晰、字体端正、排列整齐、标点符号清楚正确。

(1)汉字

图样上的汉字应采用长仿宋字体,并应采用国家正式公布的简化字。长仿宋字体的字形方正、结构严谨,笔画刚劲挺拔、清秀舒展。其书写要领是横平竖直、起落分明、结构匀称、写满方格。长仿宋体的字宽与字高之比为2∶3,文字的字高应从如下系列中选取:3.5mm、5mm、7mm、10mm、14mm、20mm,如表1-3所示。

长仿宋体字高、字宽(mm)　　　　　　　　　　　表1-3

字高	20	14	10	7	5	3.5
字宽	14	10	7	5	3.5	2.5

(2)数字和字母

在工程图中,数字和字母有正体和斜体两种,如需写成斜体字,其斜度应是从字的底线逆时针向上倾斜75°。斜体字的高度与宽度应与相应的直体字相等。拉丁字母、阿拉伯数字与罗马数字的字高应不小于2.5mm。分数、百分数和比例数的注写应采用阿拉伯数字和数学符号。例如，二分之一、百分之五十和一比二十应分别写成1/2、50%和1∶20。当表示数量时，应采用阿拉伯数字书写，如五千零四十毫米应写成5040mm，分数不得用数字与汉字混合表示，如二分之一应写成1/2。

4. 图线

工程图由不同线型、不同粗细的线条构成，这些图线可表达视图的不同内容，以及分清图中的主次。

工程图的图线线型有实线、虚线、点划线、折断线、波浪线等，其画法和用途见表1-4。

常用线型及线宽　　　　　　　　　　　　　　　表1-4

名称	线型	线宽	一般用途
粗实线	——	b	可见轮廓线、钢筋线
中实线	——	$0.5b$	较细的可见轮廓线、钢筋线
细实线	——	$0.25b$	尺寸线、剖面线、引出线、图例线等
加粗实线	——	$1.4b\sim2.0b$	图框线、路线设计线、地平线等
粗虚线	- - - -	b	地下管线或建筑物
中虚线	- - - -	$0.5b$	不可见轮廓线
细点划线	— · — · —	$0.25b$	中心线、对称线、轴线等
双点划线	— ·· — ·· —	$0.25b$	假想轮廓线
波浪线	～～～	$0.25b$	断开界线
折断线	—/\—	$0.25b$	断开界线

每个图样一般由粗、中、细三种宽度的图线组成。其具体宽度应符合制图标准规定的线宽系列，即0.18mm、0.25mm、0.35mm、0.5mm、0.7mm、1.0mm、1.4mm、2.0mm。绘图时，应根据图样的复杂程度及比例大小，选用表1-5中适当的线宽组合。因此先确定基本图线（粗实线）的宽度，中实线及细实线的宽度也就随之确定，成为一个线宽组，如表1-5所示。图框线和标题栏线的宽度将随图纸幅面的大小而不同，如表1-6所示。

线宽组合（mm）　　　　　　　　　　　　　　　表1-5

粗(b)	1.4	1.0	0.7	0.5	0.35
中($0.5b$)	0.7	0.5	0.35	0.25	0.25
细($0.25b$)	0.35	0.25	0.18(0.2)	0.13(0.15)	0.13(0.15)

图纸图框线和标题栏线的宽度(mm)　　　　　　　　　　表 1-6

图纸幅面	图框线	标题栏外框线	标题栏分格线
A0、A1	1.4	0.7	0.35
A2、A3、A4	1.0	0.7	0.35

绘制比较简单的图或比例较小的图,可以只用两种线宽,其线宽比规定为 $b:0.25b$,即不用中实线。

5. 尺寸标注

尺寸用来确定图形所表达物体的实际大小,是图样的重要组成部分。

(1) 尺寸的组成

一个完整的尺寸由尺寸界线、尺寸线、尺寸起止符号和尺寸数字四部分组成,称为尺寸的四要素,如图1-9所示。下面以线性尺寸为例,分别介绍。

①尺寸界线——用来指明所注尺寸的范围,用细实线绘制。应与被标注长度平行,且不应超出尺寸界线。所有平行尺寸线的间距一般为5~15mm。同一张图纸上这种间距应当保持一致。

②尺寸线——用来标明尺寸的方向,用细实线绘制。尺寸线应与所注长度平行,与尺寸界线垂直。

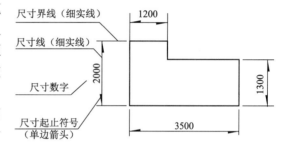

图 1-9　尺寸的组成(尺寸单位:mm)

③尺寸起止符号——用单边箭头表示。箭头在尺寸界线的右边时,应标注在尺寸线之上;反之,应标注在尺寸线之下。箭头大小可按绘图比例取值。

④尺寸数字——用来表示物体的实际尺寸。以 mm 为单位时,可省略"mm"字样。同一图样上的数字大小应一致。

(2) 尺寸标注的一般规则

①图上所有尺寸数字是物体的实际大小数值,与图的比例无关。

②尺寸界线和尺寸线用细实线绘制。

③尺寸线与尺寸界线的相接点为尺寸的起止点。

④图上尺寸数字不注写单位,在注解及技术要求中注明单位。在道路工程图中,一般常用单位为:线路里程桩号以 km 为单位;高程、坡长和曲线以 m 为单位;砖、石、混凝土等结构物以 cm 为单位;钢筋、钢材以 cm 为单位;钢筋和钢材断面以 mm 为单位。

⑤尺寸数字应按规定的字体书写,字高一般为 3.5mm 或 2.5 mm,尺寸数字一般标注在尺寸线中间的上方和左侧,字头向上和向左(水平尺寸线上的写在尺寸线上方,铅垂尺寸线上的写在尺寸线左侧),离尺寸线应不大于1mm。如没有足够的注写位置,最外边的尺寸数字可标注在尺寸界线外侧箭头的上方,中间相邻的尺寸数字可错开注写,也可引出注写。尺寸均应标注在图样轮廓线以外。

⑥引出线的斜线与水平线应采用细实线。

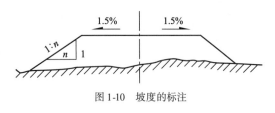

图1-10 坡度的标注

⑦当坡度值较小时,坡度标注宜由细实线+箭头+在线上标注的百分数组成,坡度符号的箭头指向下坡;当坡度值较大时,坡度标注宜用比例的形式表示。坡度的标注如图1-10所示。

三、投影的基本知识

1. 投影的概念

物体在光线的照射下,就会在地面上产生影子。这种常见的自然现象称为投影现象。人们在长期的生产实践中发现,影子在一定条件下能反映物体的形状和大小,并且当光线照射的角度、距离等条件改变时,影子的位置、形状也随之改变。也就是说,光线、物体和影子三者之间存在着紧密的关联,这就使人们想到利用投影图来表达物体。但是,影子往往是灰暗一片的,而工程上需要能准确明晰地表达物体各部分的真实形状和大小,所以,人们利用投影现象作图时,首先假定物体表面除轮廓线、棱线外,其他均为透明无影的,如图1-11所示。

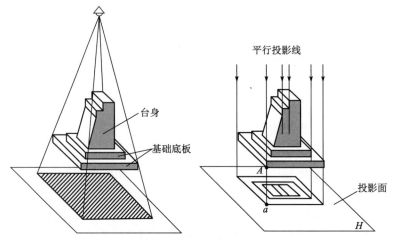

图1-11 影子和投影

2. 投影的分类

在平面(纸张)上绘出形体的投影,用以表示其形状和大小的方法称为投影法。投影法一般分为中心投影法和平行投影法两大类。

(1)中心投影法

投影线自一点引出,对形体进行投影的方法,称为中心投影法。用中心投影法得到的投影,其形状和大小是随着投影中心、形体、投影面三者相对位置的改变而变化的,一般多用于绘制建筑透视图,如图1-12所示。

用中心投影法得到的投影图,存在变形严重、度量性差、作图复杂等缺点,一般的土木工程

图1-12 中心投影法

施工图样很少采用,但由于这种投影图的图样接近视觉映像,直观性很强,因此多用于绘制工程构筑物的透视图。

(2)平行投影法

利用互相平行的投影线对形体进行投影的方法称为平行投影法,如图1-13所示。若投影线与投影面倾斜,则称为斜投影法,图1-13a)所示;若投影线与投影面垂直,则称为正投影法,如图1-13b)所示。

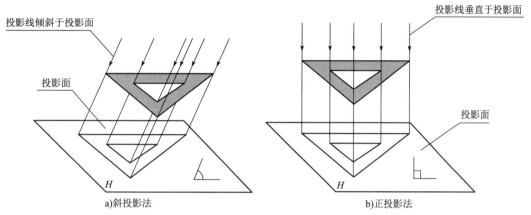

图1-13 平行投影法

大多数的工程图都是采用正投影法来绘制的。正投影图能真实地表达出形体上该面的形状和大小,是工程上常采用的一种图示方法。本书所述的投影,如无特殊说明,均为正投影。

3. 工程上常用的几种图示法

土木工程图中,由于表达目的和构筑物的不同,需要采用不同的图示方法。常用的图示方法有正投影图、轴测投影图、透视投影图和标高投影图。

(1)正投影图

正投影图是一种三面投影图,属于平行投影法绘制的图样。

把一空间形体在三个互相垂直的投影面上进行正投影,然后将互相垂直的三个投影面按规定方式展开在一个平面上,从而可得到形体的三面正投影图,由这三个正投影便能完全确定该形体的空间位置和形状。

正投影图的优点是度量性好、作图较简便。采用正投影法绘制时,常将形体的多数平面摆放成与相应投影面平行的位置,这样得到的投影图能反映出这些平面的实形。正投影图在工程上应用最广,且作图简便,但缺乏立体感,直观性较差。

(2)轴测投影图

用平行投影法绘制形体的单面投影图,称为轴测投影图。这种图也有立体感,有的图还能反映物体上某些方向的真实形状和大小,且作图简便。但这种图不能完整反映整个物体的真实形状。

(3)透视投影图

用中心投影法绘制形体的单面投影图,称为透视投影图,也可称效果图。这种图有较强的立体感和真实感。常在建筑初步设计阶段绘制,用于方案比较、选取最佳方案,但作图较繁杂,不能反映物体的真实形状和大小。

(4)标高投影图

用正投影法绘制形体的标有高度的单面投影图,称为标高投影图。这种图主要用于表示地形、道路和土工建筑物。作图时,用间隔相等的水平面截割地形面,其交线即为等高线,将不同高程的等高线投影在水平的投影面上,并标注出各等高线的高程,即为标高投影图。它具有正投影的特性。

用这种标高投影法表达地形面所画出的图称为地形图,在线路工程上被广泛采用,如图1-14所示。

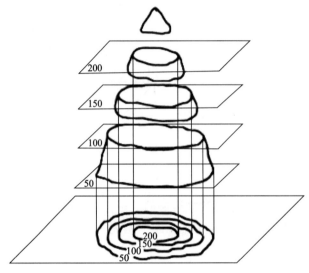

图1-14　某山峰的标高投影

4.正投影的特性

(1)类似性

当直线段或平面图形倾斜于投影面时,其投影短于实长或变形于实形,仅与空间形状类似,如图1-15所示。

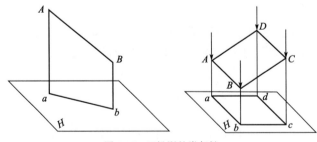

图1-15　正投影的类似性

(2)从属性

若点在直线上,则该点的投影必在该直线的投影上;若点或直线在平面上,则该点或该直线的投影必在该平面的投影上。

（3）定比性

点分割线段成定比，其投影也把线段的投影分成相同的比例，即点的定比分割性，如图 1-16 所示。

（4）积聚性

当直线段或平面图形垂直于投影面时，其投影便积聚为一点或一直线，且直线段上的点或平面图形上的点、线、面也积聚在其投影的这一点或这一直线上，这一特性使得正投影图作图简便，如图 1-17 所示。

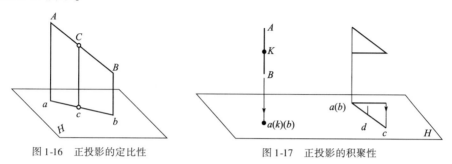

图 1-16　正投影的定比性　　　　图 1-17　正投影的积聚性

（5）全等性

当线段或平面图形平行于投影面时，其投影反映实长或实形，这一点又称显实性，这一特性使得正投影图度量性好。

四、形体的三面投影图

两个不同的形体，它们在同一投影面上的投影完全相同，这说明仅有形体的一个投影图，一般不能确定形体的空间形状和大小。因此，在工程上常用多个投影图来表达形体的形状和大小，基本的表达方法是采用三面正投影图。

1. 三面投影体系的建立及其名称

把形体放在三个互相垂直的平面所组成的三投影面体系中进行投影，如图 1-18 所示。在三投影面体系中，水平放置的平面称为水平投影面，用字母"H"表示，简称为 H 面；正对观察者的平面称为正立投影面，用字母"V"表示，简称为 V 面；观察者右侧的平面称为侧立投影面，用字母"W"表示，简称为 W 面。

三投影面两两相交构成三条投影轴 OX、OY 和 OZ。三轴的交点 O 称为原点。这就是三面投影体系，在这个体系中，才能比较充分地表示出形体的空间形状。

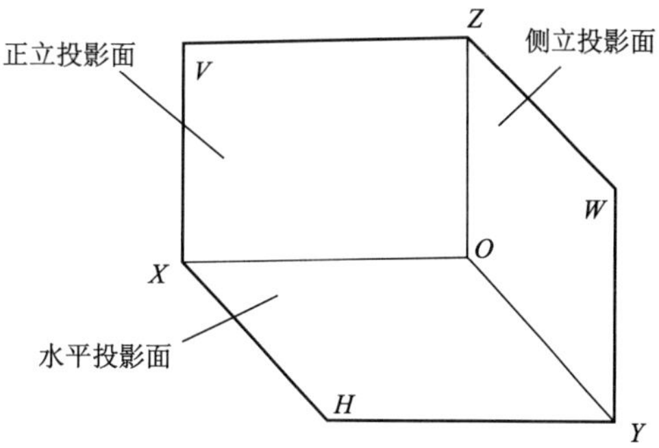

图 1-18　三面投影体系

2. 三面投影图的形成

将形体置于三面投影体系中，使形体的主要面分别平行于三个投影面，用三组分别垂直于三个投影面的光线对形体进行投影，就得到该形体在三个投影面上的投影，如图 1-19 所示。

(1)俯视图

由上向下投影,在 H 面上得到形体的 H 面投影图。

(2)主视图(正视图)

由前向后投影,在 V 面上得到形体的 V 面投影图。

(3)左视图(侧视图)

由左向右投影,在 W 面上得到形体的 W 面投影图。

H、V、W 三个投影图就是形体的三面投影图。根据形体的三面投影图,就可以确定该形体的空间位置、形状,如图 1-20 所示。

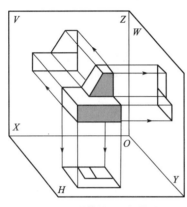

图 1-19　形体的三面投影图

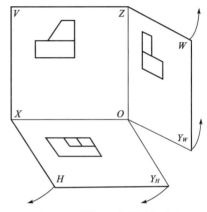

图 1-20　形体三面投影图的展开

三面投影体系是在三维立体空间建立的,为了使三个投影图能画在一张图纸上,还必须把三个投影面展开,使之平铺在同一平面上。制图标准规定:V 面不动,H 面绕 OX 轴向下旋转 $90°$,W 面绕 OZ 轴向右旋转 $90°$,使它们转至与 V 面同在一个平面上,如图 1-21 所示,这样就能够得到画在同一平面上的三面投影图。展开后 Y 轴出现两次,一次是随 H 面转至下方,与 Z 轴同在一铅垂线上,标作 Y_H;另一次随 W 面转至右方,与 X 轴在同一水平线上,标作 Y_W。平铺后的三面投影图如图 1-21 所示。

由于投影图与投影面的大小无关,为了简化作图,在三面投影图中不画投影面的边框,投影图之间的距离可根据需要确定,三条轴线亦可省去,如图 1-22 所示。根据三个投影面的相对位置及展开的规定,三面投影图的位置关系是:以立面图为准,平面图在立面图正下方,左侧面图在立面图正右方。这种配置关系不能随意改变,如图 1-22 所示。

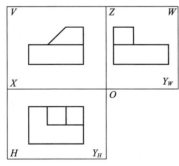

图 1-21　展开后的三面投影图

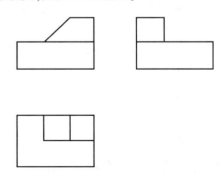

图 1-22　展开后的三面投影图简化画法

3.三面投影图的规律

分析三面投影图的形成过程,可以总结出三面投影图的基本规律。由于正面投影、水平投影都反映了形体的长度,且 H 面又是绕 X 轴向下旋转摊平的,所以形体上所有线(面)的正面投影、水平投影应当左右对正;同理,由于正面投影、侧面投影都反映了形体的宽度,形体上所有线(面)的正面投影、侧面投影应当上下对齐;水平投影和侧面投影都反映了形体的宽度,形体上所有线(面)的水平投影、侧面投影的宽度分别相等。上述三面投影的基本规律可以概括为三句话:长对正、高平齐、宽相等(简称"三等"关系)。

在三面投影图的基本规律中,"长对正""高平齐"较为直观,"宽相等"的概念,初学者不易建立,原因是在投影面展开时,H 面和 W 面是分别绕着两根相互垂直的轴旋转、摊平的,在水平投影中,形体的宽度变成了垂直方向,而在侧面投影中,形体的宽度则为水平方向,这个概念如果联系 Y_H 轴和 Y_W 轴的方向,可以较快地建立起来。

作图时,形体的宽度常以原点 O 为圆心画圆弧,或利用从原点 O 引出的45°线来相互转移,空间形体有上、下、左、右、前、后六个方位,这六个方位在三面投影图中可以按图 1-23 所示的方向确定。

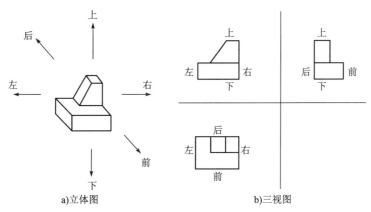

图 1-23　形体的六个方位

形体的上、下、左、右方位明显易懂,而前、后方位则不直观,分析其水平投影和侧面投影可以看出,远离正面投影的一侧是形体的前面。

4.三面投影图的画法及尺寸标注

工程制图主要是研究如何运用投影来表达空间形体的。画形体的三面投影图,就是运用上述投影原理、投影特性及三面投影的基本规律,对形体进行分析,由理论到实践的过程。

作图步骤:

①先画 V 面投影。

V 面投影离 X、Z 两轴应留下能标注 2~3 道尺寸的间距。

②保证"长对正",再画 H 面投影。

H 面投影离 X 轴也应留下能标注 2~3 道尺寸的间距。

③再根据 V、H 面投影,保证"高平齐""宽相等"绘制 W 面投影。

④擦净作图辅助线,检查、整理、加深图线,标注尺寸,如图1-24所示。

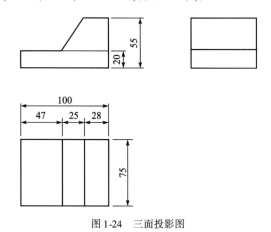

图1-24 三面投影图

五、点、直线和平面的投影

1. 点的三面投影

(1)点的三面投影的形成

在三面投影体系中,有一个空间点 A,由点 A 分别向三个投影面 V、H 和 W 引垂线,垂足 a'、a 和 a'' 即为 A 点的三面投影。a'、a 和 a'' 即为 A 点的三面投影图,如图1-25a)所示。为了使三个投影面上的投影成为在一个平面上的投影图,使 V 面保持不动,H 面绕 OX 轴向下旋转 $90°$,W 面绕 OZ 轴向右旋转 $90°$ 与 V 面重合,去掉投影面边框,即得点的三面投影图,如图1-25b)所示。

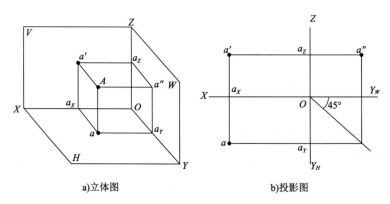

a)立体图　　　　　　　　b)投影图

图1-25 点在三面投影体系中的投影图

空间点用大写字母表示,如 A、B、C……;H 面投影用相应的小写字母表示,如 a、b、c……;V 面投影用相应的小写字母加一撇表示,如 a'、b'、c'……;W 面投影用相应的小写字母加两撇表示,如 a''、b''、c''……。

(2)点的三面投影规律

①两投影的连线必垂直于相应的投影轴。

②点的投影至投影轴的距离,反映点至相应投影面的距离,即"长对正、宽相等、高平齐"。根据此规律,已知点的任意两投影,即可求其第三投影。

作图步骤:

①过 a' 向 OZ 轴作水平线并延长,过 a 作水平线与45°分角线相交,从交点处向上作铅垂线,该铅垂线与过 a' 所作水平线相交,交点即为 a'',如图1-26所示。

②过 b' 向下作铅垂线,过 b'' 向下作铅垂线与45°分角线相交,从交点处再向左作水平线,该水平线与过 b' 所作铅垂线相交,交点即为 b,如图1-26所示。

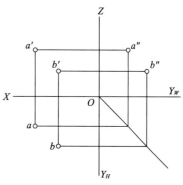

图1-26　求点的第三面投影

(3) 特殊位置的点

空间上的点可能位于投影面、投影轴或原点 O 上,这些点称为特殊位置点。但不论点位于空间体系中的任何位置,点的投影都符合三等关系。

当点位于投影面时,三面投影中有一个投影在该投影面上,另两个投影分别在两个投影轴上;当点位于投影轴时,三面投影中有两个投影在该投影轴上,另一投影在原点;原点的三面投影都是它本身。

(4) 点的投影与坐标

如果把三投影面体系看作直角坐标系,把三个投影面看作坐标面,把投影轴看作坐标轴,则点到三个投影面的距离就是点的坐标。如图1-27所示,A 点到 W 面的距离为 x 坐标,A 点到 V 面的距离为 y 坐标,A 点到 H 面的距离为 z 坐标。用三个坐标确定点 A,即 $A(x,y,z)$,则有:

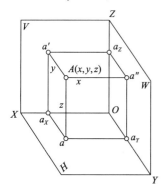

图1-27　点的投影与坐标

$Aa'' = a'a_Z = aa_Y = x$;
$Aa' = aa_X = a''a_Z = y$;
$Aa = a'a_X = a''a_Y = z$。

点的三面投影与点的坐标关系为:

① A 点的 H 面投影 a 反映该点的 X 和 Y 坐标。
② A 点的 V 面投影 a' 反映该点的 X 和 Z 坐标。
③ A 点的 W 面投影 a'' 反映该点的 Y 和 Z 坐标。

(5) 两点的相对位置

空间两点的相对位置是以其中某一点为基准,判别另一点在该点的前后、左右和上下的位置关系。

空间每个点具有前后、左右、上下六个方位,由点的三个坐标可知空间点到三个投影面之间的距离。因此,分析空间两点的相对位置,只需分析它们的坐标值即可。

X 坐标值大的点在左,小的在右。

Y 坐标值大的点在前,小的在后。

Z 坐标值大的点在上,小的在下。

另外,空间两点的相对位置可在它们的三面投影中反映,两点的 H 面投影能反映两点的前后、左右关系;两点的 V 面投影能反映两点的上下、左右关系;两点的 W 面投影能反映两点的前后、上下关系,如图1-28所示。

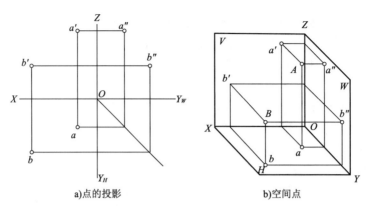

a) 点的投影　　　b) 空间点

图 1-28　两点的相对位置

由 H 面投影可判断出 B 在 A 的左前方。

由 V 面投影可判断出 B 在 A 的左下方。

由 W 面投影可判断出 B 在 A 的前下方。

由三投影中任两投影即可得出 B 在 A 的左、前、下方。

(6) 重影点及可见性判别

两个以上的点在空间有左右、前后、上下六个方位的相对位置,当两个点到一个投影面的距离相同时,只需要判断这两点在四个方位的相对位置。当两个点到两个投影面的距离相同时,仅需要判断这两个点在两个方位的相对位置,此时该两点叫"重影点",即它们有一面的投影完全重合了。该面投影要进行可见性判别,将不可见点加括号表示。

如图 1-29 所示,F 点在 E 点的正右方,位于垂直 W 面的同一投射线上,e''、f'' 两投影点重合,为 W 面的重影点,e'' 可见,f'' 不可见。

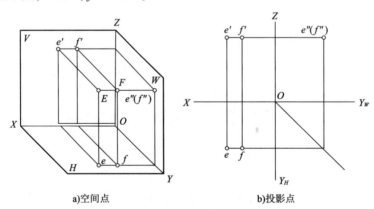

a) 空间点　　　b) 投影点

图 1-29　W 面重影点及可见性判别

2. 直线的投影

一条直线可由直线上的任意两点来决定,所以画出直线上任意两点的投影,连接其同面投影即可得到直线的投影。

直线和它在某一投影面上投影间的夹角,称为直线对该投影面的倾角。对 H 面的倾角用 α 表示,对 V 面的倾角用 β 表示,对 W 面的倾角用 γ 表示,如图 1-30 所示。

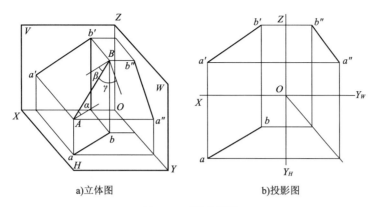

a)立体图　　　　　　　　b)投影图

图 1-30　直线的投影

直线按与投影面间的相对位置可以分为一般位置直线、投影面平行线和投影面垂直线三种。

(1) 一般位置直线

三个投影面均处于倾斜位置的直线称为一般位置直线。

一般位置直线的特性为：

①三个投影均为直线，且比实长短。

②三个投影均与投影轴倾斜。

(2) 投影面平行线

投影面平行线是指在空间与一个投影面平行，同时与另外两个投影面倾斜的直线，如图 1-31 所示。

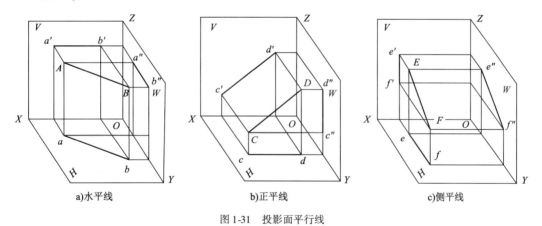

a)水平线　　　　　　b)正平线　　　　　　c)侧平线

图 1-31　投影面平行线

水平线与 H 面平行，同时与 V 面、W 面倾斜。

正平线与 V 面平行，同时与 H 面、W 面倾斜。

侧平线与 W 面平行，同时与 H 面、V 面倾斜。

投影面平行线的特性为：

①直线在所平行的投影面的投影反映实长，且该投影与相应投影轴所成夹角反映直线对其他两投影面的倾角。

②直线其他两投影均小于实长,且平行于相应的投影轴。

(3)投影面垂直线

垂直于某一个投影面的直线称为投影面垂直线。该线同时平行于另两个投影面。

投影垂直线的特性为:

①正面垂直线(正垂线)——与正面垂直,与水平面和侧面平行,如图1-32a)中的 ab。

②水平面垂直线(铅垂线)——与水平面垂直,与正面和侧面平行,如图1-32b)中的 cd。

③侧面垂直线(侧垂线)——与侧面垂直,与正面和水平面平行,如图1-32c)中的 ef。

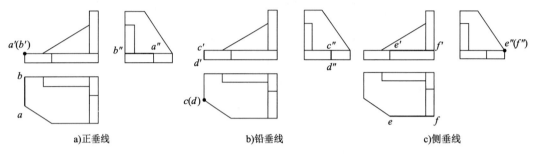

图1-32 投影面的垂直线

(4)直线投影图的识读

根据上述对三种位置直线投影特征的分析,可以总结出根据投影图判断直线空间位置的一些规律:

①有一个投影为点的直线是投影面垂直线。

②有两个投影都平行于投影轴的直线是投影面垂直线。

③有一个投影平行于投影轴,另一个倾斜于投影轴的直线是投影面平行线。

④有两个投影都倾斜于投影轴的直线是一般位置直线。

3.平面的投影

(1)平面的表示方法

平面的表示方法有以下几种:

①用不在同一直线上的三个点表示一个平面,如图1-33a)所示。

②用一直线和直线外一点表示一个平面,如图1-33b)所示。

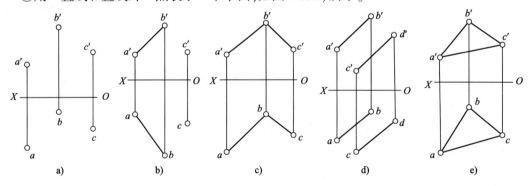

图1-33 平面的表示方法

③用两相交直线表示一个平面,如图 1-33c)所示。
④用两平行直线表示一个平面,如图 1-33d)所示。
⑤用平面图形表示一个平面,如图 1-33e)所示。

(2)各种位置平面的投影特性

按空间平面与投影面的相对位置不同,平面可分为投影面的垂直面、投影面的平行面和一般位置平面。前两种称为特殊位置平面。

平面对 H 面的倾角用 α 表示;对 V 面的倾角用 β 表示;对 W 面的倾角用 γ 表示。

①投影面垂直面。垂直于一个投影面,倾斜于其他投影面的平面称为投影面垂直面。

铅垂面与 H 面垂直,同时与 V 面、W 面倾斜。
正垂面与 V 面垂直,同时与 H 面、W 面倾斜。
侧垂面与 W 面垂直,同时与 H 面、V 面倾斜。

投影面垂直面的特性:

a. 平面在所垂直的投影面上的投影积聚成一直线,它与相应投影轴所成的夹角即为该平面与其他两个投影面的倾角。

b. 其他两投影是类似图形,并小于实形。

②投影面平行面。在空间与一个投影面平行同时与另外两个投影面垂直的平面称为投影面平行面,如图 1-34 所示。

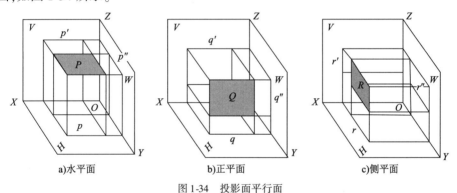

图 1-34 投影面平行面

水平面与 H 面平行,同时与 V 面、W 面垂直。
正平面与 V 面平行,同时与 H 面、W 面垂直。
侧平面与 W 面平行,同时与 H 面、V 面垂直。

投影面平行面的特性:平面在所平行的投影面上的投影反映实形,另外两面投影都积聚成与相应投影轴平行的直线。

③一般位置平面。与三个投影面既不平行也不垂直的平面称为一般位置平面,简称一般面。一般面的各个投影都没有积聚性,且均小于实形。

六、组合体的投影及尺寸标注

1. 轴侧投影的基本知识

正投影的优点是能够完整、准确地表达形体的形状和大小,而且作图简便,所以在实践中被广泛采用。但是,这种图缺乏立体感,要有一定的读图能力才能看懂。如图 1-35 所示,仅仅看它的三面投影,由于每个投影只反映出形体长、宽、高三个方向中的两个,不易看出形体的形状。但如果画出该形体的轴测图,由于该投影图可以在一个投影中同时反映形体的长、宽、高和不平行于投射方向的平面,所以具有较好的立体感,较易看出形体的形状,并可沿图上的长、宽、高三个方向度量尺寸,可以弥补多面正投影图的不足。但是轴测图的作图比较复杂,所以在工程上只作为辅助图样,同时,依据三视图绘制轴测图也是发展空间思维能力的手段之一。通过轴测图的绘制练习,能增强空间感,从而能对识读、复核或完善组合体三面投影图有所帮助。

(1)轴测图的形成

如图 1-36 所示,将形体连同确定形体长、宽、高方向的空间坐标轴一起沿 S 方向,用平行投影法向 P 面进行投影,称为轴测投影。应用这种方法绘出的投影图称为轴测投影图,简称轴测图。

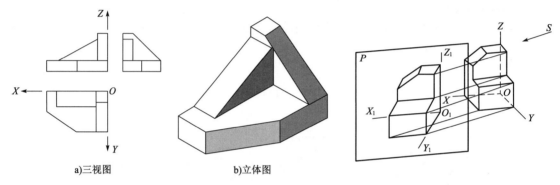

图 1-35 正投影图与轴测图　　　　　　　　　图 1-36 轴测投影的形成

a)三视图　　b)立体图

在图 1-36 中,P 面称为轴测投影面,空间坐标轴 OX、OY、OZ 在轴测投影面上的投影 O_1X_1、O_1Y_1、O_1Z_1 称为轴测投影轴(轴测轴),轴测轴之间的夹角 $\angle X_1O_1Y_1$、$\angle X_1O_1Z_1$、$\angle Y_1O_1Z_1$ 称为轴间角。平行于空间坐标轴的线段,其轴测投影长度与实际长度之比称为轴向变化率。

$\dfrac{O_1X_1}{OX} = p$,称为 X 轴的轴向变化率。

$\dfrac{O_1Y_1}{OY} = q$,称为 Y 轴的轴向变化率。

$\dfrac{O_1Z_1}{OZ} = r$,称为 Z 轴的轴向变化率。

(2)轴测投影的分类

①若三个轴向伸缩系数都相等,即 $p = q = r$,则称为正(斜)等测投影。

②若两个轴向伸缩系数都相等,即 $p = q \neq r$,则称为正(斜)二测投影。

③若三个轴向伸缩系数都不相等,即 $p \neq q \neq r$,则称为正(斜)三测投影。

在轴测图中,由于形体与轴测投影面相对位置不同或投影方向与轴测投影面的夹角不同,致使三个轴向变化率不同,可得到不同的轴测图,常用的有正等轴测图和斜二轴测图。

(3)轴测投影的特点

由于轴测投影采用的是平行投影法,所以它具有平行投影的基本性质:

①形体上相互平行的线段,其轴测投影平行;与空间坐标轴平行的线段,其轴测投影与相应的轴测轴平行——平行性。

②形体上平行于坐标轴的线段,其投影的变化率与相应轴测轴的轴向变化率相同,形体上成比例的平行线段,其轴测投影仍成相同比例——定比性。

由此,凡与 OX、OY、OZ 平行的线段,其轴测投影不但与相应的轴测轴平行,且可直接度量尺寸,与坐标轴不平行的线段,则不能直接量取尺寸,"轴测"一词即由此而来,轴测图也可说是沿轴测量所画出的图。

(4)正等轴测投影

正等测图的三个轴间角相等,都是120°;三个轴向变化系数相等,约为0.82,通常我们采用简化系数,即 $p=q=r=1$,这样,用简化系数画出的图样比形体实际尺寸显得放大了;O_1X_1、O_1Y_1 轴和水平方向都成30°,O_1Z_1 轴是竖直线,可以用30°三角板结合丁字尺绘制,如图1-37所示。

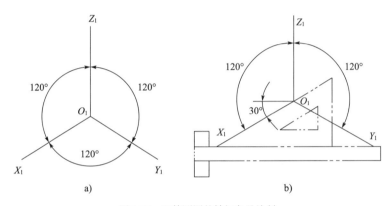

图 1-37 正等测图的轴间角及绘制

为了作图方便,将轴向伸缩系数取为1(称为简化系数),即 $p=q=r=1$,这样可以直接按实际尺寸作图。但此时画出来的正等轴测图比实际的轴测投影要大一些,利用简化系数画出的轴测投影称为正等轴测图。正等测图具有度量方便、容易绘制的特点,因此,正等测是适用于各种工程形体且最常采用的轴测图。

绘制平面立体正等测投影的方法主要有坐标法、叠加法和切割法三种。

①坐标法。坐标法是根据形体表面上各顶点的空间坐标,画出它们的轴测投影,然后依次连接各顶点的轴测投影,即得形体的轴测投影。

②叠加法。当形体由基本体叠加而成时,先将组合体分解为若干个基本体,然后按各基本体的相对位置逐个画出各基本体的轴测图,经组合后完成整个组合体的轴测图,这种绘制组合体轴测图的方法叫叠加法。

③切割法。当组合体由基本体切割而成时,先画出完整的原始基本体的轴测投影图,然后按其截平面的位置,逐个切去多余部分,从而完成组合体的轴测图,这种绘制组合体轴测图的方法叫切割法。

四棱柱的投影图如图1-38所示,它的正等轴测图作图步骤如下:

①在正投影图上定出原点和坐标轴的位置,如图1-38a)所示。

②画轴测轴,在 OX 和 OY 上分别量取 a、b,画出四棱台底面的轴测图,如图 1-38b)所示。

③在底面上用坐标法根据尺寸 c、d 和 h 作棱台各角点的轴测图,如图 1-38c)所示。

④依次连接各点,擦去多余的线并描深,即得四棱台的正等测图,如图 1-38d)所示。

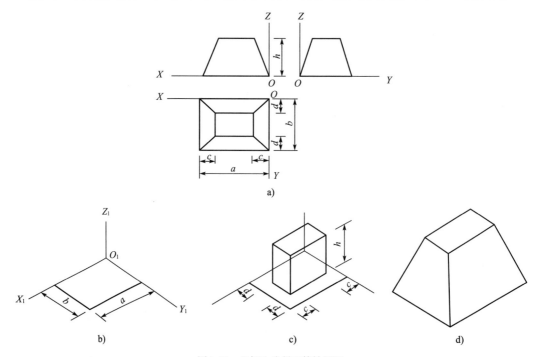

图 1-38 坐标法绘制正等轴测图

(5)斜二测轴测投影

当投射方向 S 倾斜于轴测投影面时得到的投影,称为斜轴测投影。它是以平行于 XOZ 面的 P 面为轴测投影面。在这种轴测斜投影中,凡是平行于 XOZ 坐标面的平面图形,其斜轴测投影反映实形,故称为正面斜轴测投影。

正面斜轴测投影的轴向伸缩系数 $p = r = 1$,$q = 0.5$,轴间角 $\angle X_1 OY_1 = \angle Y_1 OZ_1 = 135°$,$\angle Z_1 OX_1 = 90°$,如图 1-39 所示。

台阶的正投影图如图 1-40 所示,它的正面斜轴测图作图步骤如下:

①在正投影图上定出原点和坐标轴的位置,如图 1-40a)所示。

②画出斜二测图的轴测轴,并在 XZ 坐标面上画出正立面图,如图 1-40b)所示。

③过各角点作 Y 轴平行线,长度等于宽度的一半,如图 1-40c)所示。

④将平行线各角点连起来加深即得其斜二测图,如图 1-40d)所示。

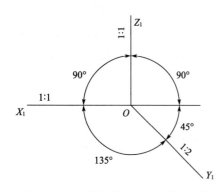

图 1-39 斜二测的轴间角和轴向伸缩系数

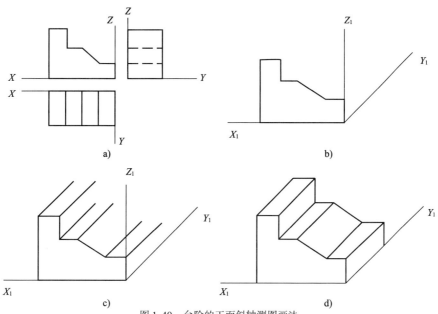

图 1-40 台阶的正面斜轴测图画法

（6）轴测投影图的选择

①轴测类型的选择。除了要考虑使图样有较强的立体感,不要有太大的变形外,还要考虑从哪个方向观察形体,才能使形体最复杂的部分显示出来。

正等测图的三个轴间角和轴向变化率均相等,应用广泛;斜二测图对平行于正面的圆适用。

②轴测投影方向的选择。根据形体的形状选择一适当的投影方向,使需要表达的部分最为明显,图的立体感强(物体的内外表面可见部分较多),图形的清晰度高。

一般作图时,将物体较小部分放在轴测图的前面或上面,有孔的物体,应把尺寸大的孔放在轴测图的上面或前面。

2. 组合体的三面投影图绘制

由若干几何形体经过叠加、挖切、相贯等方式构成的形体称为组合体。任何复杂的工程建筑物,从宏观上都可把它们看成是由若干个几何形体,经叠加或挖切等方式组成的。反过来说,可以将组合体假想分解成若干个基本的几何形体,分析这些几何形体的形状大小与相对位置,从而得到组合体的完整形象,这种方法称为形体分析法。

形体分析法是求组合体投影图的基本方法,将组合体分解成几个基本体,分析出它们的内、外形状和相互的位置关系,将基本体的投影图按其相对位置进行组合,这样就可得到组合体的投影图。

在绘制组合体的三面投影图时,通常采用下列步骤。

（1）形体分析

在组合体投影图上分析其组合方式、组合体中各基本体的投影特性、表面连接以及相互位置关系,然后综合起来想象组合体空间形状。

（2）确定组合体的安放位置和正面投影的投影方向

一般按自然位置安放组合体,选择最能反映组合体的特征形状以及各部分相对位置的方向作为正面投影的投影方向。有时,还需要将安放组合体的位置与选定正面投影的投影方向结合起来一起考虑,互相协调,使三面投影图尽量多地反映出组合体表面的实形,并避免出现过多的虚线。

(3)选定比例和布置投影图

根据组合体的大小和复杂程度,选定适当的绘图比例,然后计算出总长、总宽及总高,根据选定的绘图比例按"长对正、高平齐、宽相等"布置三个投影图位置,在投影图之间应留出适当的间距。如需标注尺寸,则在各个投影图的周围留有清晰标注尺寸的足够位置。

(4)画底稿

按已布置三面投影图的位置,逐个画出形体分析的各简单几何体。画简单几何体时,一般是先画主要的,后画次要的;先画大的,后画小的;先画外面的轮廓,后画里面的细部;先画实体,后画孔和槽。

(5)校核、加深图线,复核

校核完成的底稿,如有错漏,应及时改正。当底稿正确无误后,按规定线型加深、加粗。加深完毕,再进行复核,如有错漏,立即改正。复核无误后,就完成了此组合体的三面投影。

3. 组合体的尺寸标注

组合体的视图,只能确定其形状,而要确定组合体的大小及各部分的相对位置,还必须标注尺寸。标注尺寸应满足以下要求:

①正确——要符合国家标准的规定。

②完整——所标注的尺寸必须能够完整、准确、唯一地表示物体的形状和大小。

③清晰——尺寸布置要整齐、清晰,便于读图。

④合理——标注的尺寸应满足设计要求,并满足施工、测量和检验的要求。

(1)尺寸的种类

①定形尺寸:用于确定组合体中各基本体自身的尺寸。

②定位尺寸:用于确定组合体中各基本形体之间相互位置的尺寸。

③总体尺寸:确定组合体总长、总宽、总高的尺寸。

(2)组合体尺寸标注中应注意的问题

①各基本形体之间的定位尺寸一定要先选好定位基准,再进行标注,不要遗漏。

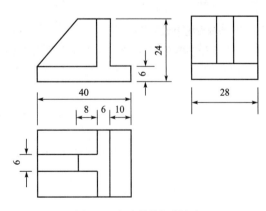

图1-41 组合体的标准尺寸

②由于组合体形状变化多,定形、定位和总体尺寸有时可以相互兼代。

③组合体各项尺寸一般只标注一次。

④尺寸排列要注意大尺寸在外、小尺寸在内,并在尽量不出现尺寸重复的前提下,使尺寸构成封闭的尺寸链。

⑤尺寸一般应布置在图形外,以免影响图形清晰度。

⑥尽量不在虚线图形上标注尺寸。

⑦两投影图的相关图应尽量注在两图之间,以便对照识读,如图1-41所示。

七、剖面图和断面图

1. 剖面图

（1）剖面图的形成

正投影图只能反映形体的外部形状和大小，形体的内部结构在投影图中只能用虚线表示。对内部结构比较复杂的建筑形体，在投影图上将出现很多虚线，从而造成虚线与实线纵横交错，致使图面不清晰，难以阅读。在工程制图中，为了解决这一问题，采用了剖面图。

现假想用一个正平面沿基础的对称面将其剖开，如图1-42a）所示，然后移走观察者与剖切平面之间的那一部分形体，将剩余部分形体向正立面（V面）投影，所得到的投影图称为剖面图，如图1-42b）所示。用来剖开形体的平面称为剖切平面。

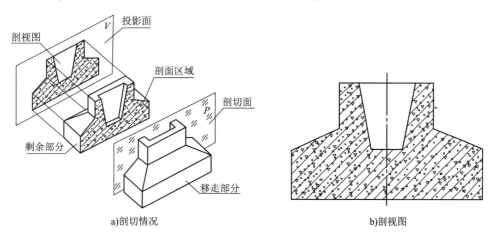

图 1-42　杯形基础剖面图的形成

应注意的是：剖切是假想的，只有在绘制剖面图时，才假想剖开形体并移走一部分；绘制其他投影图时，一定要按未剖的完整形体画出。

（2）剖面图的标注

为了明确投影图之间的投影关系，便于读图，对所画的剖面图一般应标注剖切符号，注明剖切位置、投射方向和剖面名称。

①剖切位置线——剖切位置线应以粗实线绘制。剖切位置线长度宜为6～10mm，与剖切面的积聚投影在同一直线上。

②投射方向线——投射方向线以粗实线绘制，与剖切位置线垂直，画在剖切位置线的同一侧，长度应短于剖切位置线，宜为4～6mm。画图时，剖切符号不应与其他图线相接触。

③编号——为了区分同一形体上的剖面图，在剖切符号上宜用阿拉伯数字加以编号，数字应写在投射方向线一侧。在剖面图的下方应写上带有编号的图名，如图1-43所示。

（3）剖面图的绘制

①确定剖切平面的位置和数量。画剖面图时，应选择适当的剖切平面位置，使剖切后画出的图形能确切、全面地反映所要表达部分的真实形状。一般情况下选择的剖切平面应平行于投影面，并且通过形体的对称面或孔的轴线，从而使剖切平面与立体接触到的面（截断面）反

映实形。在与之垂直的投影面上剖切平面的投影则积聚成一条直线,这条直线表示了剖切平面的剖切位置,称为剖切位置线,简称剖切线。在投影图中用断开的一对短粗实线表示,长度为6~10mm。必要时也可以用投影面垂直面作剖切面。要注意剖切过程中不能产生新线。一个形体有时需画几个剖面图,应根据形体的复杂程度而定。

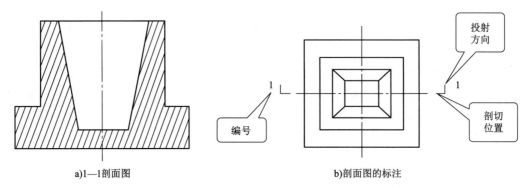

a)1—1剖面图　　　　　　　　b)剖面图的标注

图1-43　剖面图的标注

②画剖面图。剖面图除应画出剖切面剖切到的部分图形外,还应画出沿投射方向看到的部分,被剖切面切到部分的轮廓线用粗实线绘制,剖切面没有切到,但沿投射方向可以看到的部分,用中实线绘制。由于剖切是假想的,所以只在画剖面图时,才假想将形体切去一部分。而在画其他投影图时,应按完整的形体画。为了使图形更加清晰,剖面图中应省略不必要的虚线。

③画材料图例。为区分形体的空腔和实体,剖切平面与物体接触部分应画出材料图例,同时表明构筑物是用什么材料建成的,材料图例见表1-7。如果未注明该形体的材料,应在相应位置画出同向、同间距并与水平线成45°角的细实线,也叫剖面线。

常用材料断面图例　　　　　　　　　　　表1-7

材料名称	断面代号	画法说明	材料名称	断面代号	画法说明
天然土 混凝土		斜线为45°细线,石子有棱角	夯实土壤 钢筋混凝土		斜线为45°细线,在剖面图上画钢筋时,不画图例线,若断面较窄,可涂黑
砂、灰土 石材		靠近轮廓线的点较密,斜线为45°细线,用尺画(包括岩层及贴面、铺地等石材)	砂砾石、碎砖 三合土、毛石		石子有棱角,徒手画
普通砖 焦渣、矿渣		斜线为45°细线,当断面较窄,不易画出图例线时,可涂红。包括水泥、石灰等材料	金属 多孔材料		斜线为45°细线
水		为等腰直角三角形,用尺画	纵断面木材 横断面木材		徒手画
松散材料 网状材料		底线用尺画,其余徒手画	防水材料 橡胶、塑料		用尺画

(4)剖面图的分类

①全剖面图。用剖切面完全地剖开物体所得的剖面图。适用于外形较简单、内形较复杂,而图形又不对称时。对于一些具有空心回转体的构件,即使结构对称,但由于外形简单,也常采用全剖面图,如图1-44所示。

②半剖面图。当建筑形体左右对称或者前后对称,且外形又比较复杂时,可以画出由半个外形正投影图和半个剖面图拼成的图形,以同时表示形体外形和内部构造。这种剖面称为半剖面,如图1-45所示。

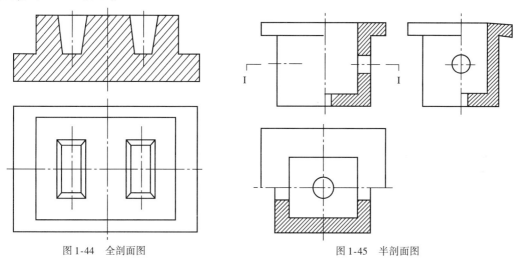

图1-44 全剖面图　　　　　图1-45 半剖面图

半剖面图一般应用于形体被剖切后内外结构图形均具有对称性,而且在中心线上没有轮廓线时。半剖面图的标注方法与全剖面图相同。

绘制半剖面图时应注意:

a.画半剖面图,不得影响其他投影图的完整性。所有投影图都是完整的。

b.剖面图一般画在右半部或下半部,分界线为点划线。

c.半剖面图中,因构件的内部形状已由半个剖面图表达清楚,所以在不剖的半个外形投影图中,表达内部形状的虚线,应省去不画。

d.不可见孔、洞的轴线仍需画出。

e.半剖面图的标注方法与全剖面图的标注方法相同。

③局部剖面图(分层剖面图)。局部剖是一种较灵活的表示方法,适用范围较广。当需要同时表达不对称物体的内外形状时,当对称物体的轮廓线与中心线重合,不宜采用半剖面图时,当物体的内外形都较复杂,而图形又不对称时,可采用局部剖面图,如图1-46所示。

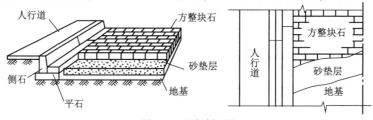

图1-46 局部剖面图

绘制局部剖面图时应注意：
a. 波浪线不能穿空而过，也不能超出视图的轮廓线。
b. 波浪线不能与图上的其他图线重合。
c. 局部剖面图只是形体整个外形投影中的一个部分，无须标注。
④阶梯剖面图。当物体上的孔或槽无法用一个剖切面同时将其切开时，可采用两个或两个以上相互平行的剖切面将其剖开，这样画出的剖面图称为阶梯剖面图。

2. 断面图

断面图是用来表达物体某一局部断面形状的图形，即假想用一个剖切平面将物体某部分切断，仅画出剖切面切到部分的图形。在断面上应画出材料图例。

图1-47a)为预制混凝土梁的立体图，假想被剖切面1截断后，将其投影到与剖切面平行的投影面上，所得到的图形如图1-47b)所示，称1—1断面图。它与剖面图比较，仅画出了剖切面与梁接触部分的形状，而剖面图还要绘出剖切面后面可见部分的投影。

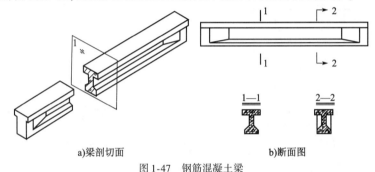

图1-47　钢筋混凝土梁

（1）断面图的标注

断面图只需标注剖切位置线（长6～10mm的粗实线），并用编号的注写位置来表示投影方向，还要在相应的断面图上注出"×—×断面"字样。图1-47b)中的1—1断面表示从左向右投影得到的断面图。为了简化图纸，有时"断面"二字也可以省略不注。

（2）断面图的分类

①移出断面。将断面图画在投影图轮廓线外的适当位置，称为移出断面。画移出断面时应注意：

a. 断面轮廓线为粗实线。

b. 移出断面可画在剖切位置线的延长线上，如图1-48a)所示；也可以画在投影图的一端，如图1-48b)所示；或画在物体的中断处，如图1-48c)所示。

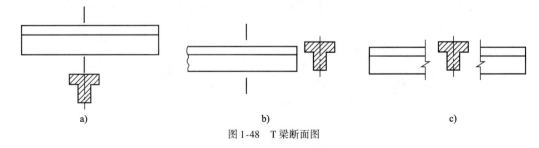

图1-48　T梁断面图

c.作对称物体的移出断面,可以仅画出剖切位置线;物体不对称时,除注出剖切位置线外,还需注出数字以示投影方向。

d.当物体需作多个断面时,断面图应排列整齐。

②重合断面。将断面图画在物体投影的轮廓线内,称为重合断面。

画重合断面时应注意:

a.重合断面的轮廓线一般用细实线画出,如图 1-49 所示。

b.当图形不对称时,需注出剖切位置线,并注写数字以示投影方向,如图 1-50 所示。对称图形可省去标注。

c.断面轮廓线与投影轮廓线重合时,投影图的轮廓线需要完整地画出,不可间断。

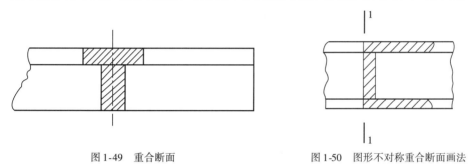

图 1-49　重合断面　　　　　　图 1-50　图形不对称重合断面画法

第二节　道路工程图纸的识读

一、道路路面结构图

路面是指在路基顶面以上行车道范围内,用各种不同材料分层铺筑而成的一种层状构造物。路基是按照路线位置和一定技术要求修筑的,作为路面基础的带状构造物。路面根据其使用材料和性能不同,可分为柔性路面和刚性路面两类。柔性路面如沥青混凝土路面、沥青碎石路面、沥青表面处治路面等;刚性路面如水泥混凝土路面。

1.路面结构图

路面横向主要由中央分隔带、行车道、路肩、路拱等组成,如图 1-51 所示。路面纵向结构层由面层、基层、功能层(如必要)等组成,如图 1-52 所示。

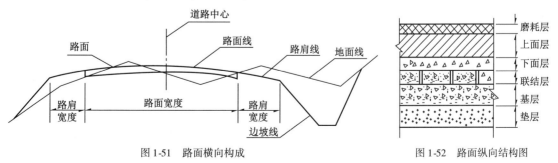

图 1-51　路面横向构成　　　　　　图 1-52　路面纵向结构图

29

路面结构图的主要作用是表达各结构层的材料和设计层厚度,如图 1-53 所示。

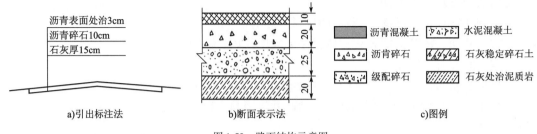

图 1-53　路面结构示意图

（1）面层

直接承受车轮荷载反复作用和自然因素影响的结构层叫面层,可由一至三层组成。因此,面层应具备较高的力学强度和稳定性,同时还应具备耐磨性和不透水性。

（2）基层

基层是设置在面层之下,并与面层一起将车轮荷载的反复作用传递到下层结构中。因此,对基层材料的要求是应具有足够的抗压强度、密度、耐久性和扩散应力。

（3）功能结构层

为加强沥青路面各结构层的层间接触,避免层间产生滑动位移,保持路面结构的整体性而设置的沥青或沥青混合料联结层,称为功能结构层,包括透层、黏层、封层三种。这些功能结构层不作为路面力学计算模型中的结构层,在路面度计算中不计其厚度。另外,用于排除路面结构内部水的排水层以及路面结构中按防冻要求设置的防冻层,也称为功能结构层。

①透层

用于非沥青类材料层上,能透入表面一定深度,增强非沥青类材料层与沥青混合料层整体性的功能层,称为透层,也称为透层沥青或透层油。

沥青类面层下的级配砂砾、级配碎石基层及无机结合料稳定土或粒料的半刚性基层上必须浇洒透层沥青。基层上设置下封层时,透层油不宜省略。

②黏层

路面结构中起黏结作用的功能层,称为黏层,也称为黏层沥青或黏层油。黏层是加强面层间结合的一种措施。符合下列情况之一时,必须喷洒黏层油：

a. 双层式或三层式热拌热铺沥青混合料路面的沥青层之间；

b. 水泥混凝土路面、沥青稳定碎石基层或旧沥青路面上加铺沥青层；

c. 路缘石、雨水口、检查井等构造物与新铺沥青混合料接触的侧面。

③封层

路面结构中用以阻止水下渗的功能层,称为封层。其中,铺筑在沥青面层表面的封层称为上封层,铺筑在沥青面层下面、基层表面的封层称为下封层。当前广泛使用的封层有稀浆封层和微表处两种类型。

稀浆封层是指用适当级配的石屑或砂、填料(水泥、石灰、粉煤灰、石粉等)与乳化沥青、外掺剂和水,按一定比例拌和而成的流动状态的沥青混合料,将其均匀地摊铺在路面上形成的沥青封层。微表处是指采用适当级配的石屑或砂、填料(水泥、石灰、粉煤灰、石粉等)与聚合物改性乳化沥青、外掺剂和水按一定比例拌和而成的流动状态的沥青混合料,将其均匀地摊铺在路面上形成的沥青封层。

各种封层还适用于加铺薄层罩面、磨耗层、水泥混凝土路面上的应力缓冲层、各种防水层、预防性养护罩面层。

2. 沥青路面结构图

路面结构图用示意图的方式画出了路面的外形,并标出了路面结构中的各种材料及各层厚度,如图 1-54 所示。因路面较宽,为了更清楚地表达路面结构,图中只画出了路面的一半。

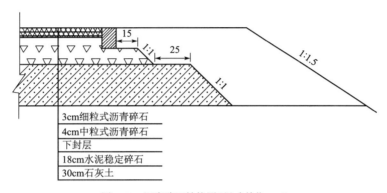

图 1-54 沥青路面结构图(尺寸单位:cm)

3. 路拱大样图

路拱是为了满足道路的横向排水要求而设计的,其形式有抛物线、双曲线和双曲线中插入圆曲线等。路拱大样图的任务是表达清楚路面横向的形状。为了清晰表达路拱的形状,应按垂直向比例大于水平向比例的方法绘制路拱大样图。

二、路线平面图

路线平面图主要表示路线的走向和平面线形情况,以及沿线两侧一定范围内的地形、地物等。

路线平面图中包含地形和路线两部分信息。如图 1-55 所示为某公路 K3+200 ~ K5+200 段的路线平面图,下面以此图为例介绍路线平面图的表达内容。

1. 地形部分

(1) 比例

道路路线平面图比例一般比较小,通常为 1:500、1:1000、1:2000、1:5000 等。

(2) 方向

在路线平面图上应通过指北针或测量坐标网来标明道路在该地区的方位与走向。图 1-55 采用的是指北针。

(3) 地形

平面图中地形起伏情况通过等高线来表示。图 1-55 中相邻两条等高线之间的高差为

2m,每隔 4 条等高线画一条粗的计曲线,并标明相应的高程数字。从平面图中可看出该地区西南和西北地势较高,东北面有一座山峰,河流两岸地势较平坦。

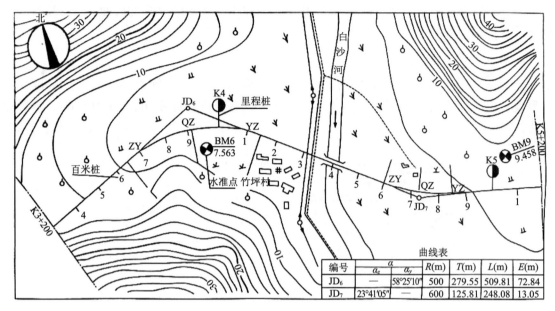

图 1-55 路线平面图

(4)地貌地物

道路工程常用地物图例如图 1-56 所示。从图 1-55 上的标记可知,该地区有一条河自北向南流过,两岸为水稻田,山坡上为旱地,并种有果树,河边有一村落。

名称	图例	名称	图例	名称	图例
机场	▲	港口	⚓	井	
学校	文	交电室		房屋	
土堤		水渠		烟囱	
河流		冲沟		人工开挖	
铁路		公路		大车道	
小路		低压电力线 高压电力线		电讯线	
果园		旱地		草地	
林地		水田		菜地	

图 1-56 道路工程常用地物图例

(5)水准点

沿路线附近每隔一段距离,需要标注水准点位置,用于路线的高程测量。

2. 路线部分

(1)设计路线

用加粗实线表明路线。

(2)里程桩

道路路线的总长度和各段间的长度用里程桩号表示。里程桩号从路线的起点至终点依次顺序编号。里程桩分公里桩和百米桩两种。公里桩标在路线前进方向的左侧,用符号表示桩位,公里标注在符号上方。如图 1-55 所示,"K4"表示离起点 4km。百米桩标在路线前进方向的右侧,用垂直于路线的细短线表示桩位。以字头朝向路线的阿拉伯数字标在短线端部表示百米数。如图 1-55 中 K4 公里桩前方标注的 2,表示桩号为 K4+200,说明该点距路线起点 4200m。

(3)百米标

为表示线路的总长度及各路段的长度,在线路上从起点到终点每隔 1km 设千米标一个。千米标的里程前要标 DK(施工设计时用 DK,初步设计时用 CK,可行性研究用 AK)。如 DK64,即里程为 64km。千米标中间整百米处设百米标。标注里程及百米标数字时,字头应朝向图纸左侧,数字写在线路右侧。两方案或两测量队衔接处,应在图上注明断链和断高关系。产生断链时两个百米标间的实际长度不等于 100m,较 100m 长者为长链(超标),较 100m 短者为短链(欠标)。

(4)平曲线

道路路线在平面上由直线段和曲线段组成,在路线的转折处应设平曲线。图 1-55 中 JD 表示交角点,是路线的两直线段的理论交点;α 为转折角,是路线前进中向左或向右偏转的角度;R 为圆曲线半径,是连接圆弧的半径长度;T 为切线长,是切点与交角点间的长度;L 为曲线长,是圆曲线两切点间的弧长;E 为外距,是中点到交角点的距离。平曲线几何要素见表 1-8。

平曲线几何要素 表 1-8

编号	α		R (m)	L_s (m)	T (m)	L (m)	E (m)
	α_z	α_y					
JD_1	—	23°16′20″	8300	—	926.24	1800.17	61.85
JD_2	12°31′16″	—	5500	600.15	602.50	1200.35	32.91

在路线平面图中,除了要标注转折处的交角点外,还要标注曲线段的起点 ZY(直圆)、中点 QZ(曲中)、终点 YZ(圆直)的位置。

从图 1-55 中可知,该公路由 K3+200 处开始,由西南方地势较低处开始,在交角点 JD_6 处向右转折,转角 $\alpha_y = 58°25′10″$,圆曲线半径 $R = 500m$,到交角点 JD_7 处向左转折,$\alpha_z = 23°41′05″$,圆曲线半径 $R = 600m$。

三、路线纵断面图

路线纵断面图是通过公路中心线用假想的铅垂剖切面纵向剖切,然后把剖切面展开后绘制所得,如图 1-57 所示。

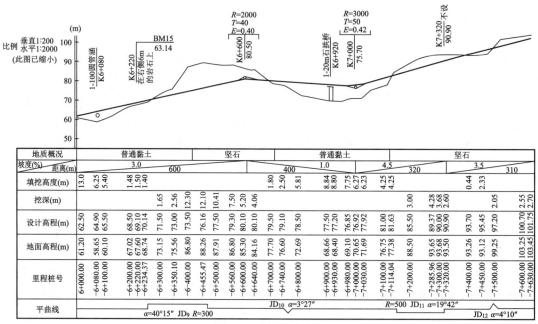

图 1-57 路线纵断面图

1. 纵断面图包含信息

(1) 比例

纵断面图的水平方向表示路线的长度(前进方向),竖直方向表示设计线和地面高程。由于路线的高差比路线的长度尺寸小得多,为了便于画图和读图,绘制纵断面图时,竖向比例比水平比例放大 10 倍。如图 1-57 中,竖向比例为 1∶200,水平比例为 1∶2000,并且还应在纵断面图的左侧按竖向比例画出高程标尺。

(2) 地面线

图中用细实线画出的折线表示设计中心线处的地面线,是由一系列中心桩的地面高程顺次连接而成的。

(3) 设计线

在纵断面图中,道路的设计线用粗实线表示。设计线是根据地形起伏和公路等级,按相应的工程技术标准确定的。对新建公路的路基设计高程规定为:高速公路和一级公路宜采用中央分隔带的外侧边缘高程;二级公路、三级公路、四级公路宜采用路基边缘高程,在设置超高、加宽路段为设超高、加宽前该处边缘高程。地面线是根据原地面上沿线各点的实测中心桩绘制的。通过比较设计线与地面线的相对位置可决定填挖高度。

(4) 竖曲线

设计线是由直线和竖曲线组成的,在设计线的纵向坡度变更处(变坡点),为了便于车辆行驶,按技术标准的规定应设置圆弧竖曲线。曲线分为凸形和凹形两种,在图中分别用"⎴"和"⎵"的符号表示。符号中部的竖线应对准变坡点,竖线左侧标注变坡点的里程桩号,竖线右侧标注竖曲线中点的高程。符号的水平线两端应对准竖曲线的始点和终点,竖曲线要素(半径 R、切线长 T、外距 E)的数值标注在水平线上方。图1-57中的变坡点处桩号为 K6+600,竖曲线中点的高程为80.50m,设有凸形竖曲线($R=2000\text{m}, T=40\text{m}, E=0.40\text{m}$);在变坡点K7+000处设有凹形竖曲线($R=3000\text{m}, T=50\text{m}, E=0.42\text{m}$),在变坡点K7+320处由于坡度变化较小,可注明不设竖曲线。

(5)工程构筑物

道路沿线的工程构筑物如桥梁、涵洞等,应在设计线的上方或下方用竖直引出线标注,竖直引出线应对准构筑物的中心位置,并注出构筑物的名称、规格和里程桩号。例如:图1-57中在涵洞中心位置用"○"表示,并进行标注,表示在里程桩K6+080处设有一座直径为100cm的单孔圆管涵洞。再例如: $\frac{1\text{-}20\text{m} 石拱桥}{\text{K6}+920}$ 表示在里程桩K6+920处设有一座桥,该桥为一孔径为20m的石拱桥。

(6)水准点

沿线设置的测量水准点也应标注,竖直引出线对准水准点,左侧注明里程桩号,右侧写明其位置,水平线上方注出其编号和高程,如水准点BM15设置在里程K6+220处的右侧距离为6m的岩石上,高程为63.14m。

2. 资料表包含信息

路线纵断面图的测设数据表与图样上下对齐布置,以便阅读。这种表示方法能较好地反映出纵向设计在各桩号处的高程、填挖方量、地质条件和坡度,以及平曲线与竖曲线的配合关系。资料表主要包括以下项目和内容。

(1)地质概况

根据实测资料,在图中注出沿线各段的地质情况。

(2)坡度/距离

标注设计线各段的纵向坡度和水平长度。表格中的对角线表示坡度方向,左下至右上表示上坡,左上至右下表示下坡,坡度和距离分注在角线的上、下两侧。如图中第一格的标注"3.0/600",表示此段路线是上坡,坡度为3%,路线长度为600m。

(3)高程

表中有设计高程和地面高程两栏,它们应和图样互相对应,分别表示设计线和地面线上各点(桩号)的高程。

(4)填挖高度

设计线在地面线下方时需要挖土,设计线在地面线上方时需要填土,挖或填的高度值应是各点(桩号)对应的设计高程与地面高程之差的绝对值。

(5)里程桩号

沿线各点的桩号是按测量的里程数值填入的,单位为m,桩号从左向右排列。在平曲线的起点、中点、终点和桥涵中心点等处可设置加桩。

(6)平曲线

为了表示该路段的平面线形,通常在表中画出平曲线的示意图。直线段用水平线表示,道路左转弯用凹折线表示,右转弯用凸折线表示,有时还需注出平曲线各要素的值。

(7) 超高

为了减少汽车在弯道上行驶时的横向作用力,道路在平曲线处需设计成外侧高内侧低的形式,道路边缘与设计线的高程差称为超高,如图 1-58 所示。

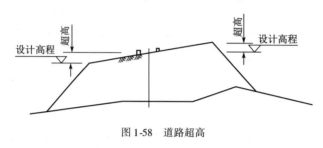

图 1-58　道路超高

3. 识绘路线纵断面图应注意的事项

(1) 比例

一般纵向比例要比横向比例放大 10 倍。为了便于画图和读图,一般还应在纵断面图的左侧按竖向比例画出高程标尺。纵横比例一般在第一张图的注释中说明。

(2) 线形

画纵断面图与画路线平面图一样,从左向右按里程桩号顺序绘出,设计线用粗实线,地面线用细实线。

(3) 变坡点

当路线坡度发生变化时,变坡点应用直径为 2mm 的中粗线圆圈表示;切线应采用细实线表示;竖曲线应采用粗实线表示,如图 1-59 所示。

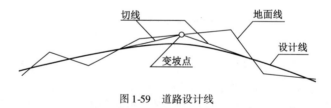

图 1-59　道路设计线

(4) 角标

每张图纸右上角应有角标,注明图纸序号及总张数。

(5) 标题栏

标题栏绘在最后一张图或每张图的右下角,注明路线名称,纵、横比例等。

(6) 特殊情况下的处理

路线纵断面图与平面图在特殊情况下可放在同一张图纸上。对于高等级公路,由于平曲线半径较大,平面图与纵断面图长度相差不大,故放在同一张图纸上,方便相互对照。

四、路线横断面图

通过线路中心桩假设用一垂直于线路中心线的铅垂剖切面对线路进行横向剖切,画出该剖切面与地面的交线及其与设计路基的交线,则得到路基横断面图。其作用是表达线路各中心桩处路基横断面的形状、横向地面高低起伏状况、路基宽度、填挖高度、填挖面积等。工程上要求每一中心桩处,根据测量资料和设计要求依次画出路基横断面图,用来计算路基土石方量和作为路基施工的依据。

1. 图示特点

路线横断面是用假想的剖切平面,垂直于路中心线剖切而得到的图形。

在横断面图中,路面线、路肩线、边坡线、护坡线均用粗实线表示,路面厚度用中粗实线表示,原有地面用细实线表示,路中心线用细点划线表示。

2. 路基横断面图

为了路基施工放样和计算土石方量的需要,在路线的每一中心桩处,应根据实测资料和设计要求,画出一系列的路基横断面图,主要是表达路基横断面的形状和地面高低起伏状况。路基横断面图一般不画出路面层和路拱,以路基边缘的高程作为路中心的设计高程。

路基横断面图的基本形式有三种。

(1) 填方路基

如图 1-60a) 所示,整个路基全为填土区的称为路堤。填土高度等于设计高程减去路面高程,填方边坡一般为 1∶1.5。在图下注有该断面的里程桩号、中心线处的填方高度 H_T(m) 以及该断面的填方面积 A_T(m²)。

(2) 挖方路基

如图 1-60b) 所示,整个路基全为挖土区称为路堑。挖土深度等于地面高程减去设计高程,挖方边坡一般为 1∶1。图下注有该断面的里程桩号、中心线处的挖方高度 H_W(m) 以及该断面的挖方面积 A_W(m²)。

(3) 半填半挖路基

如图 1-60c) 所示,路基断面一部分为填土区,一部分为挖土区,是前两种路基的综合,在图下仍注有该断面的里程桩号、中心处的填(或挖)高 H 及该断面的填方面积 A_T 和挖方面积 A_W。

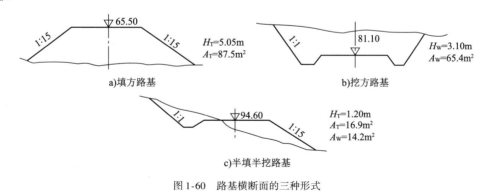

图 1-60 路基横断面的三种形式

3. 识绘路基横断面图应注意的事项

(1) 比例

一般为 1∶200,也可用 1∶100 和 1∶50,纵横方向采用同一比例。

(2)线形

原有地面线用细实线表示,设计路基轮廓线(路面线、路肩线、边坡线、护坡线)均用粗实线表示,路面厚度用中粗实线表示,路中心线用细点划线表示。道路的超高、加宽也应在图中表示出来。

(3)桩号

应标注在图样下方,填高 H_T、挖深 H_W、填方面积 A_T 和挖方面积 A_W 应标注在图样右下方,并用中粗点划线示出征地界线。

(4)角标

在每张图的右上角应绘制角标,用以注明图纸的序号及总张数。

(5)标题栏

在最后一张图的右下角绘制标题栏。

(6)布图

在同一张图纸内绘制的路基横断面图应按里程桩号顺序排列,从图纸的左下方开始,先由下而上,再自左向右排列。

五、桥梁工程图

1. 基本知识

桥梁是道路工程中很重要的附属构筑物。当道路通过河流、湖泊、山川及其他路线(公路或铁路)时就需要修建桥梁,其作用是既可以保证桥上的交通运行,又可以保证桥下宣泄水流、船只通航及公路或铁路的运行。

(1)桥梁的分类

桥梁的形式很多,分类方法的不同,其说法往往也不一样。常见的分类形式如下:

①按结构形式分,有梁桥、拱桥、钢架桥、桁架桥、悬索桥、斜拉桥等。

②按用途分,有公路桥、铁路桥、农桥、人行桥、运水桥(渡槽)等。

③按建筑材料分,有钢桥、钢筋混凝土桥、木桥、石桥、砖桥等。

④按桥梁全长和跨径不同分,有特大桥、大桥、中桥、小桥等,见表1-9。

特大、大、中、小桥的区分   表1-9

桥梁分类	多孔桥全长 L(m)	单孔桥跨径(m)	桥梁分类	多孔桥全长 L(m)	单孔桥跨径(m)
特大桥	$L \geq 500$	$L \geq 100$	中桥	$30 \leq L < 100$	$20 \leq L < 40$
大桥	$100 \leq L < 500$	$40 \leq L < 100$	小桥	$8 \leq L < 30$	$5 \leq L < 20$

其中特大桥近年来用得比较多的主要是悬索桥和斜拉桥,它们不仅考虑了桥梁的功能而且还增设了人文景观。虽然各种桥梁的结构形式和建筑材料有所不同,但图示方法是基本相同的。其中钢筋混凝土桥的应用最为广泛,本节主要介绍这种桥梁的有关知识。

(2)桥梁的组成

桥梁由上部结构、下部结构和附属结构三部分组成,如图1-61所示。

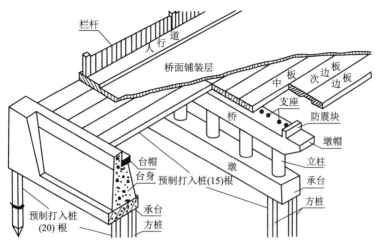

图 1-61 桥梁的组成

上部结构一般包括上部承重结构(主梁或主拱)和桥面系(桥面铺装层、车行道、人行道等)。

下部结构一般包括桥台、桥墩和基础。桥台包括台帽、台身、承台三部分,常用重力式 U 形桥台,设在桥梁两端。桥墩包括墩帽(上盖梁)、立柱、承台(下盖梁)三部分,设在桥中央,承受桥上传递的荷载。基础通常以桩基础最为常见。

附属结构一般包括栏杆、灯柱、岗亭及护岸和导流结构物等。

设计一座桥梁需要绘制许多图纸,不同的设计阶段有不同的图纸,一般包括桥位平面图、桥位地质断面图、桥梁总体布置图和构件结构图等。

2. 桥位平面图

桥位平面图主要表示道路路线通过江河、山谷时建造桥梁的平面位置,通过地形测量将桥位附近一定范围内的地形、地物、河流、水准点、地质钻探孔等用图样表达清楚,如图 1-62 所示。它表明了桥梁的位置及其与周围地形地物的关系,是桥梁设计、施工定位的依据。常用比例为 1∶500、1∶1000、1∶2000 等。

桥位平面图的画法要求与路线平面图基本相同,不同之处在于必须注明为了取得地质资料而设置的钻孔位置和为了控制河道两岸桥台高程而设置的水准点位置。

3. 桥位地质断面图

桥位地质断面图是沿桥位平面轴线用铅垂面剖切而得,实质上是桥位所在位置的地形纵断面图,表示桥梁所在位置的水文、地质情况,包括河床断面线、最高水位线、常水位线和最低水位线,是设计桥梁、桥墩、桥台和计算土石方工程量的依据,如图 1-63 所示。

图中河床断面线由测量而得,用粗实线表示。水位线取自水文资料,在细实线下方再画三条渐短的细实线。其中洪水位是河床中最大的设计水位,根据桥梁的重要性及公路等级,常以 25 年、50 年、100 年一遇的最大水位作为设计洪水位;常水位是河道的经常性水位;枯水位是河道的最低水位。

土质由上而下分层标出,不同层分界线用中实线表示。

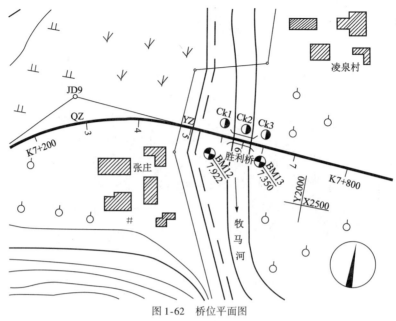

图 1-62 桥位平面图

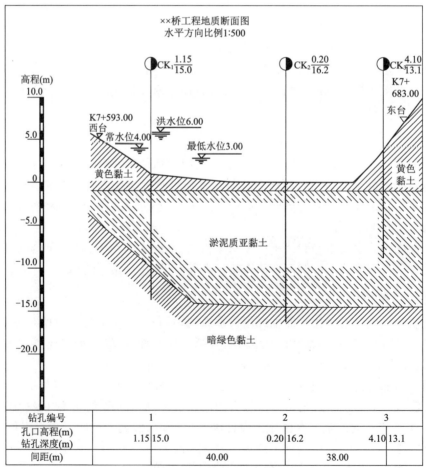

图 1-63 桥位地质断面图

钻孔处用粗实线表示,并用引出线(细实线)标注其孔口高程和钻孔深度,在图的下方还有对应的钻孔资料表。

为了清晰显示地质和河床深度变化的情况,可以将竖向高程比例较水平方向比例放大数倍画出。本图比例竖向采用1∶200,水平方向采用1∶500。

4. 桥梁总体布置图

桥梁总体布置图主要表明桥梁的形式、跨径、孔数、总体尺寸、各主要构件的相互位置关系,桥梁各部分的高程、材料数量及总的技术说明等,是指导桥梁施工的最主要图样,是施工时确定桥墩、桥台位置及安装构件和控制高程的依据。一般包括平面图、立面图和横剖面图。

图1-64为桥梁总体布置图。该桥为三孔钢筋混凝土简支梁桥,总长度为34.90m,总宽度为12m,中孔跨径13m,两个边孔跨径10m。桥中间设有2个柱式桥墩,两端为重力式混凝土桥台,桥台和桥墩的基础均采用钢筋混凝土预制打入桩。桥上部承重构件为钢筋混凝土空心板梁。

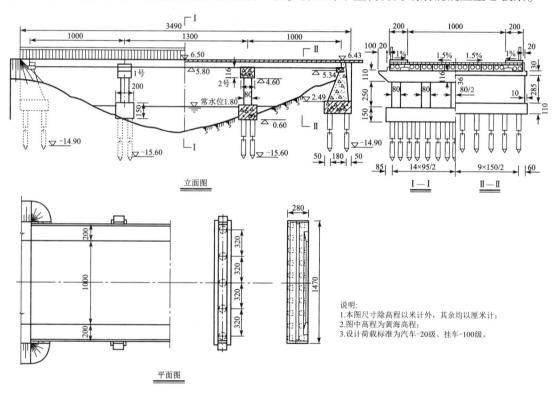

图1-64 桥梁总体布置图

(1)立面图

桥梁一般是左右对称的,所以立面图常常是由半立面图和半纵剖面图组合而成。如图1-65所示,左半立面为左侧桥台、1号桥墩、板梁、人行道栏杆等主要部分的外形视图;右半纵剖面图是沿桥梁中心线纵向剖开而得到的,2号桥墩、右侧桥台、桥面铺装层及河床断面等均应按剖切方法绘制。其中多孔板、立柱、基桩等构件是沿轴线方向剖切的,规定按不剖表示。由于基桩较长,采用折断画法。在左半立面图中,河床断面线以下的结构如桥台、基桩等用虚线表示,右半纵剖面图中该线以下部分均画实线。

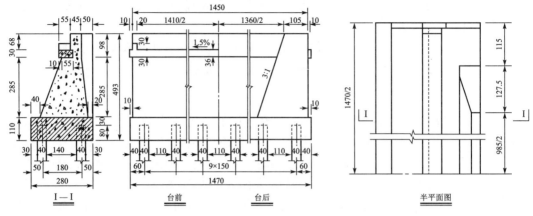

图 1-65 桥台构造图（尺寸单位：cm）

图中还标注出了各重要部位的高程,如水位高程、桥面中心高程、梁底高程、桥墩和桥台及基桩重要位置处的高程等,同时还标注了桥梁的纵向尺寸,桥墩的高、宽尺寸,以及基桩的位置尺寸等。

(2)平面图

平面图通常从左往右采用分层拆卸画法(桥涵、水工图的常用画法,拆卸掉遮挡部分,将剩下部分作投影),以表达桥梁从上往下各层次的现状和尺寸。图 1-64 中,平面图以左右对称线为界,左半部分由上往下直接投影,表达桥面车行道(宽 10m)、人行道(两侧各宽 2m)、栏杆以及桥下的锥坡;右半部分假想拆卸掉桥梁的上部结构,分别表达 2 号桥墩的上盖梁、下盖梁和立柱的平面形状及立柱的相对位置,右岸桥台的台帽、台身、承台和基桩的平面形状,桥台的总体尺寸及基桩的排列形式。

(3)横剖面图

横剖面图一般以桥梁中心对称线为界,采用分别视向桥墩和桥台横剖面的合成视图,分别反映桥梁各部分宽度和高度的尺寸以及桥墩、桥台下基桩的横向排列尺寸。图 1-64 所示的横剖面图中,以对称线为界,1—1 剖面图表达的是桥墩各组成部分(墩帽、承台、立柱基桩等)的投影;2—2 剖面图表达的是右侧桥台各组成部分(台帽、台身承台、基桩等)的投影。从 1—1、2—2 所表达的合成视图中可以看出,桥墩、桥台处的上部结构相同,由 10 块钢筋混凝土预制空心板拼接而成,横向坡度为 1.5%,桥墩下的基桩比桥台下的基桩密集。

由于桥梁总体布置图所采用的比例一般较小,桥梁各细部结构的情况很难逐一表达清楚,另外各承重构件的构造情况(如钢筋混凝土构件钢筋的配置情况)也无法表示,所以桥梁施工图除了总体布置图外,还应配以适当数量的构件结构图。

桥台属于桥梁的下部结构,主要作用是支撑上部的板梁,并承受路堤填土的水平推力。图 1-65 所示为 U 形重力式桥台的结构图。该桥台由基桩、承台、侧墙、台身和台帽组成。

桥台图一般由 3 个视图构成:立面图、平面图和横立面图。立面图一般采用剖面图表达,剖切位置选在台身处,既可表达桥台的内部构造,又可显示其所用材料,如该桥台的台身和侧墙所用材料为混凝土,而台帽和承台则采用的是钢筋混凝土;平面图采用的是俯视图,正投影,由于尺寸较大,可只画对称的一半;横立面图采用的是 1/2 台前、1/2 台后的合成视图。所谓台前是指人站在桥下正对着桥台观看;台后是指假想拆卸掉路面,人站在路基处正对着桥台观看,一般只画看到的部分。

从图 1-65 中可以看出,该桥台的长为 280cm,宽为 1470cm,高为 493cm,桥台下的基桩分两列布置,列距为 180cm,桩距为 150cm,每个桥台有 20 根桩。

第三节　常用测量方法

一、常用测量工具、设备

工程测量设备是指用于测量工程中各种参数的设备,包括测量定位、高程、角度、距离等。工程测量设备通常包括全站仪、水准仪等。这些设备广泛应用于道路、桥梁、隧道、水利、电力等工程领域,对于保证工程质量、安全和精度具有至关重要的作用。

(一) 水准仪

水准仪是一种利用水平视线进行工作的光学测绘仪器。它主要用来测定地面上各点间的高差,用于国家各级控制网的水准测量和工程水准测量,DS3 型水准仪在工程测量中应用广泛,有"微倾式水准仪""自动安平水准仪""电子水准仪"三种,目前自动安平水准仪应用较多,生产厂家很多,构造略有差别,主要由望远镜、水准器、基座三大部分组成,工具有水准尺、尺垫。

望远镜:提供视线,并可读出远处水准尺上的读数,由物镜、目镜和十字丝(上、中、下丝)三部分组成。

水准器:用于指示仪器或视线是否处于水平位置。有两种:圆水准器——精度低,用于粗略整平;水准管——精度高,用于精平。

基座:用于置平仪器,它支承仪器的上部并能使仪器的上部在水平方向转动。

水准尺:主要有单面尺、双面尺和塔尺。尺面分划为 1cm,每 10cm 处(E 字形刻划的尖端)注有阿拉伯数字;双面尺的红面尺底刻划一把为 4687mm,另一把为 4787mm。

尺垫:放置在转点上,为防止观测过程中水准尺下沉。

1. 自动安平水准仪

自动安平水准仪是指在一定的竖轴倾斜范围内,利用补偿器自动获取视线水平时水准标尺读数的水准仪,如图 1-66 所示。

自动安平水准测量步骤如下:

①选择合适高度支好三脚架,将水准仪用中心螺丝与三脚架连接牢固。

②用三脚调整脚架高度,使仪器大致水平,旋转脚螺丝手轮,使水泡居中。

③通过粗瞄准器瞄准标尺,转动目镜,使十字丝分划板视距丝成像清晰。

④旋转水平微动手轮,使标尺成像在视场中央,旋转调焦手轮,直到标尺成像清晰。

⑤通过目镜观察视场中的成像,将眼睛稍微上下左右移动,确认标尺像相对于十字线不动,没发生相对位移,即可开始测量,否则重复予以调整。

⑥第⑤点中所述的相对位移会给测量结果带来误差,应仔细做好消除视差工作。

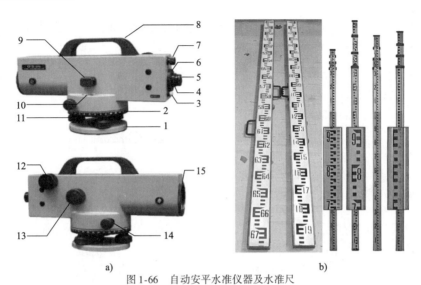

图1-66 自动安平水准仪器及水准尺

1-基座;2-度盘;3-检查按钮;4-目镜卡环;5-目镜;6-护盖;7-读数目镜;8-提手;9-圆水准读数棱镜;10-圆水准器;11-安平手轮;12-测微手轮;13-调焦手轮;14-水平微动手轮;15-物镜

2.电子水准仪

电子水准仪又叫数字水准仪,由基座、水准器、单远镜及数据处理系统组成,如图1-67所示。电子水准仪是以自动安平水准仪为基础,在望远镜光路中增加了分光镜和探测器(CCD),并采用条纹编码标尺和图像处理电子系统的光机电一体化高科技产品,具有自动安平、显示读数和视距功能,能与计算机进行数据通信,避免了人为观测误差。

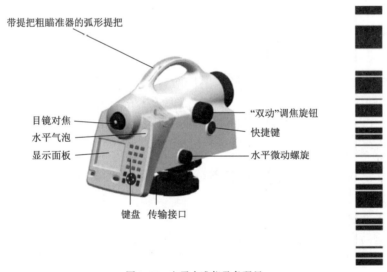

图1-67 电子水准仪及条码尺

电子水准仪测量步骤如下:

①安置仪器:电子水准仪的安置同光学水准仪。

②整平:旋动脚螺旋使圆水准盒气泡居中。

③输入测站参数:输入测站高程。

④观测:将望远镜对准条纹水准尺,按仪器上的测量键。

⑤读数:直接从显示窗中读取高差和高程。此外,还可获取距离等其他数据。

(二)全站仪

全站仪,即全站型电子速测仪,是指在测站上一经观测,必要的观测数据如斜距、天顶距(竖直角)、水平角等均能自动显示,且同时得到平距、高差和点的坐标,如图1-68所示。

1. 水平角测量

①按角度测量键,使全站仪处于角度测量模式,照准第一个目标A。

②设置A方向的水平度盘读数为0°00′00″。

③照准第二个目标B,此时显示的水平度盘读数即为两方向间的水平夹角。

2. 距离测量

①设置棱镜常数。测距前须将棱镜常数输入仪器中,仪器会自动对所测距离进行改正。

②设置大气改正值或气温、气压值。光在大气中的传播速度会随大气的温度和气压而变化,15℃和760mmHg是仪器设置的一个标准值。实测时,可输入温度和气压值,全站仪会自动计算大气改正值(也可直接输入大气改正值),并对测距结果进行改正。

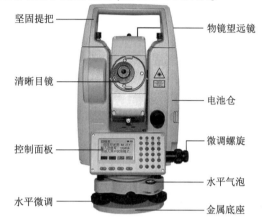

图1-68 全站仪

③量仪器高、棱镜高并输入全站仪。

④距离测量照准目标棱镜中心,按测距键,距离测量开始,测距完成时显示斜距、平距、高差。全站仪的测距模式有精测模式、跟踪模式、粗测模式三种。精测模式是最常用的测距模式,测量时间约2.5s,最小显示单位1mm;跟踪模式常用于跟踪移动目标或放样时连续测距,最小显示一般为1cm,每次测距时间约0.3s;粗测模式,测量时间约0.7s,最小显示单位1cm或1mm。在距离测量或坐标测量时,可按测距模式(MODE)键选择不同的测距模式。应注意,有些型号的全站仪在距离测量时不能设定仪器高和棱镜高,显示的高差值是全站仪横轴中心与棱镜中心的高差。

3. 坐标测量

①设定测站点的三维坐标。

②设定后视点的坐标或设定后视方向的水平度盘读数为其方位角。当设定后视点的坐标时,全站仪会自动计算后视方向的方位角,并设定后视方向的水平度盘读数为其方位角。

③设置棱镜常数。

④设置大气改正值或气温、气压值。

⑤量仪器高、棱镜高并输入全站仪。

⑥照准目标棱镜,按坐标测量键,全站仪开始测距并计算显示测点的三维坐标。

(三)GNSS测量技术

具有全球导航定位能力的卫星定位导航系统称为全球卫星导航系统(Global Navigation

Satellite System,简称 GNSS),已成功研建和正在研建的有:美国的全球卫星定位系统(GPS),俄罗斯的全球卫星导航系统(GLONASS),欧盟的伽利略卫星定位导航系统(GALILEO),中国的北斗卫星导航系统(COMPASS)。

二、常用测量方法原理

1.水准测量原理

水准测量的原理是利用水准仪提供的"水平视线",测量两点间高差,从而由已知点高程推算出未知点高程,如图 1-69 所示。

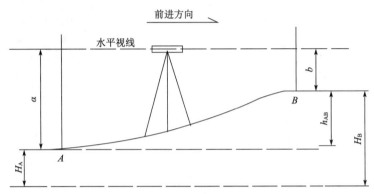

图 1-69　水准测量原理
a-后视读数;b-前视读数;A-后视测量点;B-前视测量点

A、B 两点间高差:

$$h_{AB} = H_B - H_A = a - b \tag{1-1}$$

测得两点间高差 h_{AB} 后,若已知 A 点高程 H_A,则可得 B 点的高程:

$$H_B = H_A + h_{AB} \tag{1-2}$$

2.全站仪测量三维坐标原理

通过置仪点和后视的坐标或者方位角建立坐标系,再测量置仪点与待定点的距离以及角度,经过换算,计算待定点的三维坐标,如图 1-70 所示。

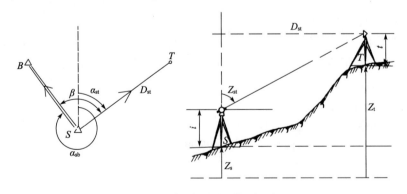

图 1-70　全站仪测量三维坐标原理

输入方位角 α_{sb},测站坐标 (X_s, Y_s),测得水平角 β 和平距 D_{st}。
则有方位角:

$$\alpha_{st} = \alpha_{sb} + \beta \tag{1-3}$$

坐标:

$$X_t = X_s + D_{st} \cdot \cos\alpha_{st} \tag{1-4}$$

$$Y_t = Y_s + D_{st} \cdot \sin\alpha_{st} \tag{1-5}$$

输入测站高程 H_s,仪器高 i,棱镜高 v,测得平距 D_{st},竖直角 θ_{st}。
则有高程:

$$H_t = H_s + i + D_{st} \cdot \tan\theta_{st} - v \tag{1-6}$$

3. 全站仪放样原理

通过已知置仪点和后视的坐标或者方位角建立坐标系,通过输入待定点坐标与已建立坐标系换算为置仪点与放样点的距离以及角度,确定放样点准确位置,如图1-71所示。

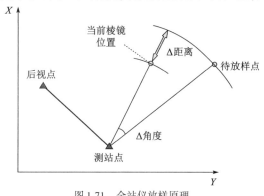

图1-71　全站仪放样原理

①先在放样点的大致位置立棱镜。
②对其进行观测,测出当前棱镜位置的坐标。
③将当前坐标与放样点的坐标相比较,计算出其差值——距离差值 d_D 和角度差值 d_{HR} 或纵向差值 ΔX 和横向差值 ΔY。
④根据显示的 d_D、d_{HR} 或 ΔX、ΔY,逐渐找到放样点的位置。

4. 实时动态(RTK)测量技术原理

实时动态测量是以载波相位观测为根据的实时差分GPS技术,它由基准站接收机、数据链、流动站接收机三部分组成,分电台模式和网络通信模式。在基准站上安置1台接收机为参考站,对卫星进行连续观测,并将其观测数据和测站信息通过无线电传输设备实时发送给流动站,流动站GPS接收机在接收GPS卫星信号的同时,通过无线接收设备接收基准站传输的数据,然后根据相对定位的原理,实时解算出流动站的三维坐标及其精度(即基准站和流动站坐标差 ΔX、ΔY、ΔH,加上基准坐标得到每个点的WGS-84坐标,通过坐标转换参数得出流动站每个点的平面坐标 X、Y 和海拔 H),如图1-72所示。

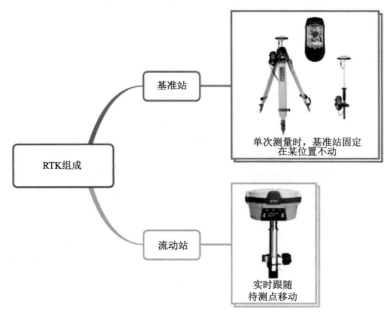

图 1-72 RTK 实时动态测量技术原理

学习训练

1. 丁字尺是用来与图板配合画水平线的,下面使用方法错误的是:(　　)。
   A. 保持尺头与图板左边贴紧　　　　B. 水平线应由上向下逐条画出
   C. 可用丁字尺的下边画水平线　　　D. 应防止受潮、暴晒、烘烤或弯曲

   参考答案:C

2. 根据铅芯硬度不同用 H 或 B 标明,其中 H 表示(　　)。
   A. 硬而淡　　　　　　　　　　　　B. 软而浓
   C. 软硬适中　　　　　　　　　　　D. 硬而浓

   参考答案:A

3. A1 图幅的图纸外形尺寸是(　　)。
   A. 841×1189　　B. 840×1189　　C. 594×841　　D. 594×840

   参考答案:C

4. 图上所有尺寸数字是物体大小的(　　)数值,与图形选用比例(　　)。
   A. 缩小　无关　　　　　　　　　　B. 扩大　有关
   C. 实际　有关　　　　　　　　　　D. 实际　无关

   参考答案:D

5. 为了能在一张图纸上同时反映出三个投影图,即将三投影面体系展开,展开时规定(　　)不动。
   A. 投影面　　B. H 面　　C. W 面　　D. V 面

   参考答案:D

6. 路基横断面图的水平和铅垂方向采用(　　)比例,通常用(　　)。
   A. 不同　1∶50～1∶150   B. 同一　1∶30
   C. 同一　1∶150   D. 同一　1∶200

   参考答案:D

7. 排水沟一般设置在距路基坡脚(　　)的适当地方。
   A. 不少于3～4m以外   B. 不大于3～4m以外
   C. 不少于2～3m以外   D. 不大于2～3m以外

   参考答案:A

8. 路线纵断面上同一坡段两点间的高差及水平距离的比值,称为(　　)。
   A. 纵坡   B. 横坡   C. 边坡   D. 平坡

   参考答案:A

9. 为了抵消车辆在曲线路段上行驶时所产生的离心力,在路段横断面上设置的(　　)的单向横坡,叫超高。
   A. 内侧高于外侧   B. 外侧高于内侧
   C. 中间高两边低   D. 内外侧一样高

   参考答案:B

10. 高于原地面的路基叫(　　)。
    A. 路堑   B. 路面   C. 路堤   D. 半填半挖路基

    参考答案:C

11. 公路中线在水平面上的投影称为公路路线的(　　)。
    A. 平面   B. 纵断面   C. 横断面   D. 纵面

    参考答案:A

12. 路面加宽时将圆曲线部分的路面做成(　　)。
    A. 向内侧倾斜的单向横坡   B. 向外侧倾斜的单向横坡
    C. 向两侧倾斜的单向横坡   D. 内高外低的单向横坡

    参考答案:A

13. 为了使上坡和下坡顺滑连续,就在上坡和下坡之间插入一段圆弧曲线,称为(　　)。
    A. 平曲线   B. 竖曲线   C. 圆曲线   D. 缓和曲线

    参考答案:B

14. 公路组成中(　　)是主要为宣泄地面水流而设置的横穿路堤的小型排水构造物。
    A. 路基   B. 路面   C. 桥梁   D. 涵洞

    参考答案:D

15. 桥梁的基本组成不包括(　　)。
    A. 泄水管   B. 桥面
    C. 承载结构及支座   D. 桥墩、桥台

    参考答案:A

16. 绝对高程的起算面是(　　)。
    A. 水平面   B. 大地水准面   C. 假定水准面   D. 似大地水准面

参考答案:B

17. WGS-84 坐标系属于( )。
    A. 协议天球坐标系　　　　　　　　B. 瞬时天球坐标系
    C. 地心坐标系　　　　　　　　　　D. 参心坐标系
    参考答案:C

18. 水准测量时,为了消除 i 角误差值的影响,可将水准仪安在( )处。
    A. 靠近前尺　　B. 水准点　　C. 靠近后尺　　D. 两尺中间
    参考答案:D

19. 自动安平水准仪的特点是( ),使视线水平。
    A. 用安平补偿器代替管水准器　　　B. 用安平补偿器代替圆水准器
    C. 用水准补偿器代替圆水准器　　　D. 用水准补偿器代替管水准器
    参考答案:A

20. 全站仪是一种先进的测量仪器,但也不是万能的,以下( )功能是它不具备的。
    A. 自动计算坐标　　　　　　　　　B. 不需要输入后视方向
    C. 电子测距功能　　　　　　　　　D. 读数不需要估读
    参考答案:D

第二章 工程材料

(1)掌握砂石、水泥、石灰、钢材等物理性质和储存要求。
(2)掌握水泥混凝土和砂浆的技术要求和应用知识。
(3)掌握普通沥青及沥青混合料的技术要求和应用知识。
(4)熟悉水泥混凝土常用外掺剂技术要求和应用知识。
(5)熟悉沥青混合料常用外掺剂技术要求和应用知识。
(6)了解公路养护新型材料技术要求和应用知识。

学习内容

第一节 砂石、水泥、石灰、钢材

一、砂石材料

砂石材料是道路与桥梁建筑中用量最大的一种建筑材料,它是由岩石风化或加工而成,可直接用作道路与桥梁的圬工结构材料,亦可加工成各种尺寸的集料,作为水泥混凝土和沥青混合料的骨料。

集料包括石屑、自然风化而成的砾石(卵石)、砂及经人工轧制而成的各种尺寸的碎石,见图2-1。

集料是混合料中起骨架和填充作用的粒料,包括碎石、砾石、石屑、砂等。不同粒径的集料在水泥(或沥青)混合料中所起的作用不同,对它们的技术要求也不同,为此将集料分为细集料和粗集料。

在沥青混合料中,凡粒径小于2.36mm者称为细集料;在水泥混凝土中,凡粒径小于4.75mm者称为细集料。在沥青混合料中,凡粒径大于2.36mm者称为粗集料;在水泥混凝土中,凡粒径大于4.75mm者称为粗集料。集料的物理、力学、化学性质对沥青混凝土或水泥混凝土有较大的影响。

a)石屑　　　　　　　　b)碎石　　　　　　　　c)卵石

图2-1　集料

(一)粗集料技术性质

1.粗集料密度

在计算集料的密度时,不仅要考虑集料颗粒中的孔隙(开口孔隙和闭口孔隙),还要考虑颗粒间的空隙。集料体积示意图如图2-2所示。

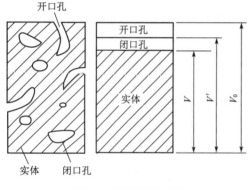

图2-2　集料体积示意图

(1)表观密度

粗集料的表观密度(简称视密度)是在规定条件(105℃±5℃烘干至恒重)下,单位表观体积(包括矿质实体和闭口孔隙的体积)的质量。

集料表观密度ρ_a可表示为:

$$\rho_a = \frac{m_a}{V'} \quad (2\text{-}1)$$

式中:ρ_a——集料的表观密度(g/cm³);

m_a——矿质实体的质量(g);

V'——集料表观体积,包括矿质实体体积与闭口孔隙体积(cm³)。

(2)毛体积密度

粗集料的毛体积密度是在规定的条件下,单位毛体积(包括矿质实体、闭口孔隙和开口孔隙)的质量。

(3)饱和面干密度

粗集料的饱和面干密度是在规定的条件下,单位毛体积(包括矿质实体、闭口孔隙和开口孔隙)的饱和面干质量。

(4)堆积密度

粗集料的堆积密度是集料装填于容器中单位体积(包括集料之间的空隙和颗粒内部的孔隙)的质量。粗集料的堆积密度包括自然堆积状态、振实状态和捣实状态下的堆积密度。

2. 含水率

粗集料含水率是粗集料在自然状态下含水量的大小,含水率等于水质量与干料质量的比值。粗集料含水率可按下式计算:

$$w = \frac{水质量}{干料质量} \times 100\% \tag{2-2}$$

3. 集料粒径与筛孔

(1)集料最大粒径

指集料 100% 都要求通过的最小标准筛筛孔尺寸。

(2)集料最大公称粒径

指集料可能全部通过或允许有少量不通过(一般容许筛余不超过 10%)的最小标准筛筛孔尺寸,通常是集料最大粒径的下一个粒径。

(3)标准筛

对颗粒材料进行筛分试验应用符合标准形状和尺寸规格要求的系列样品筛。

标准筛(方孔)筛孔尺寸为 75mm、63mm、53mm、37.5mm、31.5mm、26.5mm、19mm、16mm、13.2mm、9.5mm、4.75mm、2.36mm、1.18mm、0.6mm、0.3mm、0.15mm、0.075mm。

4. 级配

粗集料中各组成颗粒的分级和搭配称为级配,级配通过筛分试验确定。筛分试验就是将集料通过一系列规定筛孔尺寸的标准筛,测定出存留在各个筛上的集料质量,根据集料试样的质量与存留在各筛孔尺寸标准筛上的集料质量,就可求得一系列与集料级配有关的参数——分计筛余百分率、累计筛余百分率和通过百分率。

5. 粗集料针、片状颗粒含量

粗集料的颗粒形状以正立方体为佳,不宜含有过多的针、片状颗粒,否则将显著影响混合料的强度和施工。针状颗粒是指颗粒长度大于平均粒径 2.4 倍的颗粒,片状颗粒是指颗粒厚度小于平均粒径 0.4 倍的颗粒(平均粒径指该粒级上、下粒径的平均值),可以用规准仪和游标卡尺测定。

6. 坚固性

集料的坚固性是指将集料装在金属网篮中浸入饱和硫酸钠溶液进行干湿循环试验,经过一定的循环次数后,观察其表面破坏情况,并用质量损失百分率来计算其坚固性。

7. 压碎值

集料压碎值是集料在连续增加的荷载下,抵抗压碎的能力。它作为衡量石材强度的一个相对指标,用以评价石料在公路工程中的适用性。

8. 磨光值

高速公路沥青路面用的集料,在车辆轮胎的作用下,不仅要求具有高的抗磨耗性,而且要求具有高的抗磨光性。集料磨光值愈高,表示其抗滑性愈好。抗滑面层应选用磨光值高的集料,如玄武岩、安山岩、砂岩和花岗岩等。

9. 冲击值

集料冲击值是衡量集料抵抗冲击荷载能力的一项重要指标,它通过标准的冲击试验来测定,目的是评估集料在承受车辆轮载等冲击作用时的破碎倾向和稳定性。集料冲击值越低,表明集料的抗冲击性能越好。

10. 磨耗值

集料磨耗值用于评定抗滑表层的集料抵抗车轮磨耗的能力。粗集料的洛杉矶磨耗损失是集料使用性能的重要指标,尤其是沥青混合料和基层集料,它与沥青路面的抗车辙能力、耐磨性、耐久性密切相关,一般磨耗损失小的集料,坚硬、耐磨、耐久性好。软弱颗粒含量多、风化严重的石料经过磨耗试验,粉碎严重,这个指标很难通过。洛杉矶磨耗试验是优选石料的一个重要手段。

(二)细集料技术性质

细集料的技术性质与粗集料的技术性质基本相同,但是由于细度的特点,亦有不同之处。

1. 密度

细集料的表观密度、堆积密度和空隙率等技术性质的含义与粗集料基本相同。

2. 级配

级配是集料各级颗粒的分配情况,细集料的级配可通过细集料的筛分试验确定。取试样500g在一整套标准筛上进行筛分试验,分别求出试样存留在各筛上的质量,然后计算其级配有关参数,具体方法与粗集料相同。

3. 粗度

粗度是评价细集料粗细程度的一种指标,用细度模数表示。细度模数愈大,表示细集料愈粗。砂的粗度按细度模数一般可分为下列三级:$M_x = 3.7 \sim 3.1$ 为粗砂;$M_x = 3.0 \sim 2.3$ 为中砂;$M_x = 2.2 \sim 1.6$ 为细砂。

二、矿粉及工业废渣

(一)矿粉

矿粉是符合工程要求的石粉及其代用品的统称。矿粉在沥青混合料中起到填充作用,目的是减少沥青混凝土的空隙,有时又称填料。

1. 级配

矿粉的级配是指矿粉大小颗粒的搭配情况。如果矿粉偏细,则可增大矿粉的比表面积。因此,对于矿粉的级配,要求小于0.075mm粒径的颗粒含量不能太少,但同时也不宜太多,否则会因过细而使沥青混合料结成团块,不易施工。

2. 密度

矿粉的密度是指单位实体积的质量。密度不仅可以反映矿粉的质量,而且也是沥青混合料配合比设计的重要参数。

3. 亲水系数

矿粉的亲水系数是指矿粉试样在水(极性介质)中膨胀的体积与同一试样在煤油(非极性介质)中膨胀的体积之比。亲水系数大于1,表示矿粉对水的亲和力大于对沥青的亲和力,称为憎油矿粉。这种矿粉在水和沥青都存在的情况下,由于矿粉亲水,因此容易与水发生反应,而与沥青的黏结力却很弱;相反,当亲水系数小于1时,表明矿粉对沥青有大于水的亲和力,由于矿粉憎水,故与沥青的黏结力很好。因此,在工程中必须选用亲水系数小于1的矿粉。为了鉴别矿粉的亲水性,必须检测矿粉的亲水系数。

4. 加热安定性

对于热拌沥青混合料,在施工中必须对矿粉进行加热,而有些矿粉在受热后易发生变质,从而影响矿粉的质量,尤其是火成岩石粉,在受热拌和过程中会发生较严重的变质,因此,必须检测矿粉的加热安定性。矿粉的加热安定性是指矿粉在热拌过程中受热而不产生变质的性能。

5. 塑性指数

矿粉的塑性指数是指矿粉液限与塑限之差,以百分率表示。它是评价矿粉中黏性土成分含量的指标。

(二)工业废渣

工业废渣包括粉煤灰、煤渣、粒化高炉矿渣、钢渣、冶金矿渣及煤矸石等。在公路工程中常用粉煤灰、粒化高炉矿渣、煤矸石等。

粉煤灰是火力发电厂排放的废渣,磨细的煤粉在锅炉中1100~1500℃温度下燃烧后排出的细灰即是粉煤灰。粉煤灰呈灰色或浅灰色,属于火山灰质活性材料。粉煤灰可以通过静电吸附或沉灰水池来收集,相应得到的粉煤灰分别叫干排灰和湿排灰,一般湿排灰居多。

1. 粉煤灰品质要求

从路用性能来说,对粉煤灰的技术品质要求主要体现在主要化学成分含量、烧失量以及比表面积上。

一般要求道路基层使用的粉煤灰中 SiO_2、Al_2O_3 和 Fe_2O_3 的总含量应大于70%,粉煤灰的烧失量不应超过20%,粉煤灰的比表面积宜大于 $2500cm^2/g$。

使用粉煤灰时应通过过筛来清除其中杂质,凝固的粉煤灰块应打碎过筛后再使用。

2. 粉煤灰的工程应用

粉煤灰在道路工程中可用于路面底基层、基层、水泥或沥青混凝土面层,还可以填筑路堤。其主要应用如下:

①在硅酸盐水泥中加入适量的粉煤灰制成粉煤灰质硅酸盐水泥。

②用作水泥混凝土路面的掺合料,节省水泥用量,提高混凝土的工作性。
③用作沥青混凝土路面的添加剂。
④用于无机结合料稳定材料基层、底基层等。

(三)冶金矿渣集料

冶金矿渣是指在高炉中熔炼生铁过程时矿石、燃料及助熔剂中易熔硅酸盐化合而成的副产品。矿渣化学成分随矿物成分、燃料、助熔剂及熔化金属化学成分的不同而不同。矿渣成分中基本上包含 $SiO_2—Al_2O_3—CaO$,并混有 MgO、CaO、FeO、MnO 等。根据化学成分采用碱度(或酸度)作为矿渣分类基础。碱度是矿渣中碱性氧化物之和与酸性氧化物之和的比值。

冶金矿渣从熔炉排出后,在空气中冷却或水淬,形成一种坚硬的材料。矿渣的力学强度均较高,通常极限抗压强度在50MPa以上,高者可达150MPa,相当于石灰石、花岗岩的强度,其他性能如压碎值、冲击值、磨光值和磨耗值等均符合道路用石料性能的要求。因此,冶金矿渣只要稳定性合格,其力学性能均能满足路用要求。所以冶金矿渣集料用于水泥混凝土、沥青混凝土路面的基层材料,也可作为修筑水泥混凝土或沥青混凝土路面用的集料。

三、水泥

硅酸盐系列水泥按其性能和用途,分为通用水泥和特种水泥。通用水泥包括硅酸盐水泥、普通水泥、矿渣水泥、火山灰水泥、粉煤灰水泥、复合水泥等。

(一)硅酸盐水泥主要特性

硅酸盐水泥中即使有混合材料,掺量也很少,因此硅酸盐水泥的特性基本上由水泥熟料确定。

1. 水化、凝结硬化快,强度尤其早期强度高

水泥加水拌和后,分散在水中的水泥颗粒开始与水发生水化反应,在水泥颗粒表面逐渐形成水化物膜层,此阶段的水泥浆既有可塑性又有流动性。随着水化反应的发展,膜层长厚并互相连接,浆体逐渐失去流动性,产生"初凝",继而完全失去可塑性,并开始产生结构强度,即为"终凝"。

2. 水化热大

水泥的水化反应为放热反应,水化过程放出的热量称为水泥的水化热。硅酸盐水泥的 C_3S 和 C_3A 含量高,所以水化热大,放热周期长,一般水化3d 的放热量约为总水化热的50%,7d 为75%,3个月达90%。故硅酸盐水泥不宜在大体积工程中应用。

3. 耐腐蚀性差

硅酸盐水泥的抗侵蚀性在通用水泥中是最差的。硅酸盐水泥硬化后,在一般使用条件下有较高的耐久性。可是,在淡水、酸与酸性水和硫酸盐溶液等有害的环境介质中,则会发生各种物理-化学作用,导致强度降低甚至破坏。

4. 抗冻性好,干缩小

硅酸盐水泥中混合材料的含量或为零或极少,同样强度下所需水胶比较小,所以硅酸盐水泥硬化形成的水泥石较密实,抗冻性优于其他通用水泥,干缩也较小。

5. 耐热性差

硅酸盐水泥硬化水泥石的主要水化产物在高温下会发生脱水和分解,使结构遭到破坏。所以,其耐高温性较其他几种水泥差。

(二) 普通水泥主要特性

普通水泥中混合材料的掺加量较少,其矿物组成的比例仍与硅酸盐水泥相似,所以普通水泥的性能、应用范围与同强度等级的硅酸盐水泥相近。由于普通水泥中掺入少量混合材料的主要作用是调节水泥的强度等级,因此它的强度等级比硅酸盐水泥多了 32.5 和 32.5R 两个等级,同时少了 62.5 和 62.5R 两个等级。与硅酸盐水泥相比,普通水泥的早期凝结硬化速度略微慢些,3d 强度稍低,其他如抗冻性及耐磨性等也稍差些。通用水泥的特性见表 2-1。

通用水泥的特性 表 2-1

品种	硅酸盐水泥	普通水泥	矿渣水泥	火山灰水泥	粉煤灰水泥	复合水泥
主要特征	凝结硬化快;早期强度高;水化热大;抗冻性好;干缩性小;耐蚀性差;耐热性差	凝结硬化较快;早期强度较高;水化热较大;抗冻性较好;干缩性较小;耐蚀性较差;耐热性较差	凝结硬化慢;早期强度低,后期强度增长较快;水化热较低;抗冻性差;干缩性大;耐蚀性较好;耐热性好;泌水性大	凝结硬化慢;早期强度低,后期强度增长较快;水化热较低;抗冻性差;干缩性大;耐蚀性较好;耐热性好;抗渗性较好	凝结硬化慢;早期强度低,后期强度增长较快;水化热较低;抗冻性差;干缩性较小;抗裂性较好;耐蚀性较好;耐热性好	与所掺两种或两种以上混合材料的种类、掺量有关,其特性基本上与矿渣水泥、火山灰水泥、粉煤灰水泥的特性相似

(三) 通用水泥主要技术要求

1. 化学指标

化学指标应符合表 2-2 的规定。

通用水泥化学指标 表 2-2

品种	代号	不溶物（质量分数）	烧失量（质量分数）	三氧化硫（质量分数）	氧化镁（质量分数）	氯离子（质量分数）
硅酸盐水泥	P·Ⅰ	≤0.75	≤3.0	≤3.5	≤5.0	≤0.06
	P·Ⅱ	≤1.50	≤3.5			

2. 细度(选择性指标)

细度是指水泥颗粒的粗细程度,它对水泥的凝结时间、强度、需水量和安定性有较大影响,是鉴定水泥品质的主要项目之一。要求硅酸盐水泥的比表面积不小于$300m^2/kg$。

3. 标准稠度用水量

标准稠度用水量是指水泥拌制成特定的塑性状态(标准稠度)时所需的用水量(以占水泥质量的百分数表示),也称需水量。由于用水量多少对水泥的一些技术性质(如凝结时间)有很大影响,所以测定这些性质必须采用标准稠度用水量,这样测定的结果才有可比性。

4. 凝结时间

水泥的凝结时间在施工中具有重要意义。为了保证有足够的时间在初凝之前完成混凝土成型等各工序的操作,初凝时间不宜过短;为了使混凝土浇捣完成后尽早凝结硬化,以利下道工序及早进行,终凝时间不宜过长。

国家标准规定:硅酸盐水泥的初凝时间均不得早于45min,终凝时间不得迟于6.5h;其他五类水泥的终凝时间不得迟于10h。

5. 体积安定性

水泥的体积安定性是指水泥在凝结硬化过程中,体积变化的均匀性。如果水泥硬化后产生不均匀的体积变化,会使水泥混凝土构筑物产生膨胀性裂缝,降低建筑工程质量,甚至引起严重事故,此即体积安定性不良。

引起水泥体积安定性不良的原因,是水泥熟料矿物组成中含有过多游离氧化钙(f-CaO)、游离氧化镁(f-MgO),或者水泥粉磨时石膏掺量过多。

6. 强度

水泥强度是选用水泥时的主要技术指标,也是划分水泥强度等级的依据。

国家标准规定:硅酸盐水泥分为42.5、42.5R、52.5、52.5R、62.5、62.5R 六个强度等级;普通硅酸盐水泥分为42.5、42.5R、52.5、52.5R 四个强度等级;其他四种水泥分为32.5、32.5R、42.5、42.5R、52.5、52.5R 六个强度等级。

7. 碱含量(选择性指标)

碱含量是指水泥中 Na_2O 和 K_2O 的含量。若水泥中碱含量过高,则遇到有活性的集料时,易发生碱-集料反应,造成工程危害。

国家标准规定:水泥中碱含量按($Na_2O + 0.685K_2O$)计算值来表示。若使用活性集料,用户要求提供低碱水泥时,水泥中碱含量不得大于0.60%或由供需双方商定。

对于水泥的主要技术质量要求,国家标准规定:凡氧化镁含量、三氧化硫含量、体积安定性(指 f-CaO 含量)、初凝时间中任一项不符合标准规定时,均为废品;其他要求任一项不符合标准规定时,为不合格品。

(四)其他品种水泥

1. 道路硅酸盐水泥

以适当成分的生料烧至部分熔融,所得以硅酸钙为主要成分和含较多量铁铝酸钙的硅酸盐水泥熟料称为道路硅酸盐水泥熟料。由道路硅酸盐水泥熟料、0%～10%活性混合材料和适量石膏磨细制成的水硬性胶凝材料,称为道路硅酸盐水泥(简称道路水泥)。

2. 膨胀水泥

通常,硅酸盐水泥在空气中硬化时会产生不同程度的收缩,从而导致水泥混凝土构件内部产生微裂缝,有损混凝土的整体性,同时使混凝土的一系列性能变坏。然而,膨胀水泥在硬化过程中不仅不收缩反而有一定量的膨胀,可以克服或改善普通水泥混凝土的上述缺点。

3. 抗硫酸盐硅酸盐水泥

将适当成分的生料烧至部分熔融,得到以硅酸钙为主的特定矿物组成的熟料,经磨细制成的具有一定抗硫酸侵蚀性能的水硬性胶凝材料,称为抗硫酸盐硅酸盐水泥(简称抗硫酸盐水泥)。

4. 高铝水泥

高铝水泥又称矾土水泥,是以铝矾土和石灰石为原料,经高温煅烧得到以铝酸钙为主要成分的熟料,经磨细而成的水硬性胶凝材料,属于铝酸盐系列的水泥。

高铝水泥的主要矿物成分为铝酸一钙($CaO \cdot Al_2O_3$,简写为 CA)和二铝酸一钙($CaO \cdot 2Al_2O_3$,简写为 CA_2),此外尚有少量硅酸二钙和其他铝酸盐。

四、石灰

石灰俗称白灰,根据成品加工方法的不同,可分为:

①块状生石灰:由原料煅烧而成的原产品,主要成分为 CaO。
②生石灰粉:由块状生石灰磨细而得到的细粉,主要成分亦为 CaO。
③消石灰:将生石灰用适量的水消化而得到的粉末,亦称熟石灰,主要成分为 $Ca(OH)_2$。
④石灰浆:将生石灰与多量的水(石灰体积的3～4倍)消化而得到的可塑性浆体,称为石灰膏,主要成分为 $Ca(OH)_2$ 和水。如果水分加得更多,则呈白色悬浮液,称为石灰乳。

(一)石灰的生产

将主要成分为碳酸钙和碳酸镁的岩石经高温煅烧,逸出 CO_2 气体,得到白色或灰白色的块状材料即为生石灰,其主要化学成分为氧化钙(CaO)和氧化镁(MgO)。

优质的石灰,色质洁白或略带灰色,质量较轻,其堆积密度为 800～1000kg/m³。石灰在烧制过程中,往往由于石灰石原料尺寸过大或窑中温度不均等原因,使得石灰中含有未烧透的内核,这种石灰即称为"欠火石灰"。"欠火石灰"的颜色发青且未消化残渣含量高,有效氧化钙和氧化镁含量低,使用时缺乏黏结力。另一种情况是由于煅烧温度过高、时间过长而使石灰表面出现裂缝或玻璃状的外壳,体积收缩明显,颜色呈灰黑色,块体密度大,消化缓慢,这种石灰称为"过火石灰"。"过火石灰"使用时消解缓慢,甚至用于建筑结构物中仍能继续消解,以致引起体积膨胀,导致灰层表面剥落或产生裂缝等破坏现象,危害极大。

(二) 石灰的消化和硬化

1. 石灰的消化

生石灰在使用前一般都需加水消解,这一过程称为"消化"或"熟化"。消化后的石灰称为"消石灰"或"熟石灰"。

2. 石灰的硬化

石灰的硬化过程包括干燥硬化和碳化硬化两部分。

①石灰浆的干燥硬化(结晶作用)。石灰浆在干燥过程中游离水逐渐蒸发,或被周围砌体吸收,氢氧化钙从饱和溶液中结晶析出,固体颗粒互相靠拢粘紧,强度也随之提高。

②石灰浆的碳化硬化(碳化作用)。氢氧化钙与空气中的二氧化碳作用生成碳酸钙晶体。石灰碳化作用只在有水条件下才能进行。

石灰浆体的硬化包括上面两个同时进行的过程,即表层以碳化为主,内部则以干燥硬化为主。

(三) 石灰的特性

①可塑性和保水性好。生石灰消化后形成的石灰浆是球状颗粒高度分散的胶体,表面附有较厚的水膜,降低了颗粒之间的摩擦力,具有良好的塑性,易铺摊成均匀的薄层。

②生石灰水化时水化热大,体积增大。

③硬化缓慢。石灰水化后凝结硬化时,结晶作用和碳化作用同时进行。碳化作用主要发生在与空气接触的表层,且生成的 $CaCO_3$ 膜层较致密,阻碍了空气中 CO_2 的渗入,也阻碍了内部水分向外蒸发,因而硬化缓慢。

④硬化时体积收缩大。石灰浆中存在大量的游离水分,硬化时大量水分蒸发,导致内部毛细管失水紧缩,引起显著的体积收缩变形,使硬化的石灰浆体出现干缩裂纹。所以,除调成石灰乳作薄层粉刷外,不宜单独使用。通常施工时要掺入一定量的集料(如砂子等)或纤维材料。

⑤硬化后强度低。石灰消化时理论用水量为生石灰质量的 32.13%,但为了使石灰浆具有一定的可塑性便于应用,同时考虑到一部分水分因消化时水化热大而被蒸发掉,故实际用水量很大,达 70% 以上,多余水分在硬化后蒸发,将留下大量孔隙,因而石灰体密实度小,强度低。

⑥耐水性差。由于石灰浆硬化慢、强度低,在石灰硬化体中,大部分仍是尚未碳化的 $Ca(OH)_2$。$Ca(OH)_2$ 易溶于水,这会使得硬化石灰体遇水后产生溃散,故石灰不易用于潮湿环境。

五、建筑钢材

(一) 钢材分类

钢的一般分类归纳如下:

(1)按化学成分分类

①碳素钢:亦称"碳钢",是含碳量小于2%的铁碳合金。按含碳量可分为:低碳钢,含碳量小于0.25%;中碳钢,含碳量为0.25%~0.6%;高碳钢,含碳量大于0.6%。

②合金钢:为改善钢的性能,在钢中特意加入某些合金元素,在满足塑性、韧性及工艺性能(主要指可焊性等)要求的条件下,使钢具有更高的强度,并具有耐腐蚀、耐磨损等优良性能。合金钢按合金元素含量分为三类:低合金钢,合金元素含量小于5%;中合金钢,合金元素含量为5%~10%;高合金钢,合金元素含量大于10%。

建筑用钢主要有普通碳素钢和普通低合金钢两大类。

(2)按质量(杂质含量)分类

碳素钢按供应的钢材化学成分中有害杂质的含量不同,又可划分为:普通钢,含硫量不大于0.055%,含磷量不大于0.045%;优质钢,含硫量不大于0.040%,含磷量为0.035%~0.040%。

(3)根据钢在冶炼过程中脱氧程度分类

沸腾钢:是脱氧不完全的钢。钢水浇入锭模后产生大量的 CO 气泡外逸,钢液呈剧烈沸腾状。沸腾钢内部杂质和杂物多,组织不够致密,气泡含量较多,化学成分不够均匀,强度低,冲击韧性和可焊性差,但生产成本较低,可用于一般的建筑结构。

镇静钢:脱氧充分,钢水浇入锭模后平静地凝固,基本无 CO 气泡产生。镇静钢组织致密,化学成分均匀,机械性能好,品质好,但成本较高。镇静钢可用于承受冲击荷载的重要结构。

半镇静钢:脱氧程度及钢的质量介于上述两者之间。

(4)按用途分类

结构钢:用于建筑结构、机械制造等,一般为低、中碳钢。

工具钢:用于各种工具,一般为高碳钢。

特殊钢:具有各种特殊物理化学性能的钢,如不锈钢等。

由于桥梁结构需要承受车辆等荷载的作用,同时需要经受各种大气因素的考验,因此桥梁用钢材要求具有高的强度,良好的塑性、韧性和可焊性。桥梁建筑用钢材,钢筋混凝土用钢筋,就其用途来说,属于结构钢;就其质量来说,属于普通钢;就其含碳量来说,属于低碳钢。所以桥梁结构用钢材和钢筋混凝土用钢筋属于碳素结构钢或低合金结构钢。

(二)钢材技术性能

桥梁建筑用钢材和钢筋混凝土用钢筋的基本技术性质应包括抗拉强度、伸长率、冲击韧性、冷弯性能和硬度等。

1. 抗拉强度

抗拉强度由拉伸试验测出。低碳钢在拉伸试验中表现的应力和变形关系比较典型。它在外力作用下的变形一般可分为四个阶段:弹性阶段、屈服阶段、强化阶段和颈缩阶段。

2. 塑性

钢材的塑性指标有两个:伸长率和断面收缩率。伸长率是钢材发生断裂时标距长度的增长量与原标距长度的百分比。断面收缩率指试件拉断后,断面缩小面积与原横截面积的百分比。

3. 冲击韧性

钢材抵抗瞬间冲击荷载而不破坏的能力称为冲击韧性。它按照我国国家标准试验方法的摆冲法、横梁式来测定。按规定制成有槽口的标准试件,以横梁式放在冲击试验机的支座上,然后把由于被抬高而具有一定位能的摆锤释放,使试件承受冲击弯曲以致断裂,则试件冲断时缺口处单位面积上所消耗的能为冲击韧性指标。

4. 硬度

钢材抵抗硬物压入表面的能力称为钢材的硬度,即对局部塑性变形的抗力。测定钢材硬度的方法有布氏硬度、洛氏硬度和维氏硬度三种。

5. 冷弯性能

冷弯性能是指钢材在常温下承受弯曲变形的能力。它是钢材的重要工艺性能。

冷弯是将条形钢材试件以规定的弯芯直径进行试验,弯曲至90°或180°,检查在弯曲处外面及侧面有无裂纹、裂缝、断裂等情况。弯曲角度愈大,弯芯直径与试件厚度的比值愈小,表明冷弯性能愈好。

(三)路桥结构常用钢材技术要求

1. 技术要求

用于桥梁建筑的钢材,根据工程使用条件和特点,应具有下列技术条件:

(1)良好的综合力学性能

桥梁结构在使用中承受复杂的交通荷载,同时在无遮盖的条件下经受天气条件的严酷环境考验,必须具有良好的综合力学性能。除具有较高的屈服点与抗拉强度外,还应具有良好的塑性、冷弯性能、冲击韧度和抵抗振动应力的疲劳强度以及低温(-40℃)冲击韧度。

(2)良好的焊接性

随着近代焊接技术的发展,桥梁钢结构趋向于采用焊接结构代替铆接结构,以加快施工速度和节约钢材。桥梁在焊接后不易整体热处理,因此要求钢材具有良好的焊接性,即焊接的连接部分应强而韧,其强度与韧性应不低于或略低于焊件本身,以防止产生硬化脆裂和内应力过大等现象。

(3)良好的抗蚀性

桥梁长期暴露于大气中,所以要求桥梁用钢具有良好的抵抗大气腐蚀的性能。

2. 碳素结构钢

(1)碳素结构钢的牌号

碳素结构钢以屈服点等级为主,划分成五个牌号:Q195、Q215、Q235、Q255、Q275(Q表示屈服点,数值为屈服强度值)。

(2)碳素结构钢的性能

碳素结构钢的塑性好,适宜于各种加工,在焊接、冲击及超载等不利条件下也能保证安全。

它的化学性能稳定,对轧制、加热及骤冷的敏感性较小,但与低合金钢相比强度较低。

(3)碳素结构钢的应用

由于五个牌号的性能不同,其用途也不同:

Q195、Q215号钢塑性高,易于冷弯和焊接,但强度较低,故多用于受荷载较小及焊接的构件。

Q235号钢具有较高的强度和良好的塑性、韧性,易于焊接,且经焊接及气割后力学性能仍稳定,有利于冷热加工,故广泛用于桥梁构件及钢筋混凝土结构中的钢筋等,是目前应用最广泛的钢种。

Q255、Q275号钢的屈服强度较高,但塑性、韧性和可焊性较差,可用于钢筋混凝土结构中配筋及钢结构的构件和螺栓。

3. 钢筋混凝土和预应力混凝土结构用钢筋

钢筋按生产工艺可分为热轧、冷拉、热处理钢筋等。

(1)热轧钢筋

热轧钢筋的外形有光圆和带肋两种。带肋钢筋表面有凹凸的槽纹,增强了与钢筋的结合力,提高了钢筋混凝土的整体性,所以有广泛的应用。

热轧光圆钢筋由碳素结构钢轧制而成,其牌号为HRB235、HRB300。热轧带肋钢筋由低合金钢轧制而成,其表面带有两条纵肋和沿长度方向均匀分布的横肋,纵肋是平行于钢筋轴线的均匀连续肋,横肋为与纵肋不平行的其他肋。

(2)冷拉钢筋

为了提高钢筋的强度和节约钢材,通常采用冷拉或冷拔等加工工艺。

冷拉钢筋是钢筋在常温下,受外力拉伸超过屈服点,以提高钢筋的屈服强度、强度极限和疲劳极限的一种加工工艺。但冷拉会降低钢筋延伸率、断面收缩率、冷弯性能和冲击韧度。

(3)冷轧带肋钢筋

冷轧带肋钢筋是将热轧圆盘条经冷轧后,在其表面带有沿长度方向均匀分布的三面或两面横肋的钢筋。冷轧带肋钢筋的牌号由CRB和钢筋的抗拉强度构成。

冷轧带肋钢筋的强度高、塑性好,综合力学性能优良;具有较强的握裹力;节约钢材,成本低。其中CRB550级钢筋作为钢筋混凝土结构构件的受力主筋、架力筋和构造钢筋,其余钢筋多用作中、小型预应力混凝土结构构件的受力主筋。

(4)预应力混凝土用热处理钢筋

预应力混凝土用热处理钢筋由热轧带肋钢筋经淬火和回火等调质处理而成,代号为RB150。

预应力混凝土用热处理钢筋的优点是:强度高,可代替高强钢丝使用;锚固性好,预应力值稳定。主要用于预应力钢筋混凝土轨枕,也用于预应力梁、板结构等。

4. 预应力混凝土结构用钢丝和钢绞线

(1)预应力混凝土结构用钢丝

用优质碳素结构钢,经过冷加工再经回火、冷轧等工艺制成,其强度高,分为消除应力光圆钢丝(代号为 S)、消除应力刻痕钢丝(代号为 SI)、消除应力螺旋肋钢丝(代号为 SH)和冷拉钢丝(RCD)四种。刻痕钢丝和螺旋肋钢丝与混凝土的黏结性好,即钢丝与混凝土的整体性好;消除应力钢丝的塑性比冷拉钢丝好。

(2)钢绞线

由数根优质碳素结构钢丝经绞捻和消除内应力的热处理制成。根据钢丝的股数分为三种结构类型:1×2、1×3 和 1×7。1×7 结构钢绞线以一根钢丝为中心,其余 6 根钢丝围绕着进行螺旋状绞合,再经低温回火制成。其特点是强度高,与混凝土黏结好,在结构中布置方便,易于锚固。主要用于大跨度、大负荷的混凝土结构。

第二节　水泥混凝土和砂浆

一、普通水泥混凝土技术性质

水泥混凝土是以水泥和水组成的水泥浆体为黏结介质,将分散其间的不同粒径的粗、细集料胶结起来,在一定的条件下,硬化成为具有一定力学性能的人工石材。

(一)新拌水泥混凝土的工作性

水泥混凝土在尚未凝结硬化以前,称为新拌混凝土或混凝土拌合物。新拌混凝土具有良好的工艺性质,称为工作性。

1.工作性的含义

工作性通常包含"流动性""可塑性""稳定性"和"密实性"四个方面。优质的新拌混凝土应具有满足输送和浇捣要求的流动性,不为外力作用产生脆断的可塑性,不产生分层、泌水的稳定性和易于浇捣密致的密实性。

2.影响工作性的主要因素

(1)组成材料质量及其用量(内因)

①水泥浆的数量和集浆比。

在水胶比一定的条件下,水泥浆愈多,流动性愈大,但如水泥浆过多,集料则相对减少,即集浆比小,将出现流浆现象,拌合物的稳定性变差,不仅浪费水泥,而且会使拌合物的强度和耐久性降低;若水泥浆用量过少,则无法很好包裹集料表面及填充其空隙。拌合物中水泥浆的数量应以满足流动性为宜。

②水泥浆的稠度。

水泥浆的稠度取决于水胶比。在固定用水量的条件下,水胶比小时,会使水泥浆变稠,拌合物流动性小;若加大水胶比,则可使水泥浆变稀,流动性增大,但会使拌合物流浆、离析,严重影响混凝土强度和耐久性。因此,应合理选用水胶比。

③砂率。

砂率是指混凝土中砂的质量占砂石总质量的百分率。砂率反映了粗细集料的相对比例,它影响混凝土集料的空隙率和总比表面积。砂率对混凝土拌合物的工作性影响很大:一方面砂形成的砂浆在粗集料间起润滑作用,在一定砂率范围内随砂率的增大,润滑作用愈明显,流动性可以提高;另一方面,在砂率增大的同时,集料的总表面积随之增大,需要润滑的水分增多,在用水量一定的条件下,拌合物流动性降低,所以当砂率超过一定范围后,流动性反而随砂率的增大而降低。

④组成材料性质。

水泥的品种、细度、矿物组成以及混合材料的掺量等,都会影响混凝土拌合物的工作性。由于不同品种的水泥达到标准稠度的需水量不同,所以不同品种水泥配制成的混凝土拌合物的流动性也不同。

集料影响混凝土拌合物和易性的主要因素有集料级配、颗粒形状、表面特性及粒径大小等。一般情况下,级配好的集料,其流动性较大,黏聚性与保水性较好;表面光滑的集料,其流动性较大,总表面积减小,流动性增大;集料棱角较少者,其流动性较大。

外加剂对混凝土拌合物的影响较大,在混凝土拌合物中加入少量的外加剂,可在不增加用水量和水泥用量的情况下,有效改善混凝土拌合物的工作性。

(2)环境条件与搅拌时间(外因)

对混凝土拌合物工作性有影响的环境因素主要有湿度、温度、风速。在组成材料性质和配合比一定的条件下,混凝土拌合物和易性主要受水泥的水化率和水分的蒸发率所支配。

3.混凝土拌合物工作性的选择

混凝土拌合物工作性依据结构物的断面尺寸、钢筋配置的疏密以及捣实的机械类型和施工方法等进行选择。

(二)硬化水泥混凝土的强度

强度是水泥混凝土硬化后的主要力学性质,水泥混凝土的强度有立方体抗压强度、轴心抗压强度、圆柱体抗压强度、劈裂抗拉强度、抗折强度等。

1.混凝土的抗压强度标准值和强度等级

在结构设计时,混凝土各种力学强度的标准值均可由强度等级换算出来,所以强度等级是混凝土各种力学强度值的基础。

立方体抗压强度只是一组混凝土试件抗压强度的算术平均值,未涉及数理统计、保证率的概念。而立方体抗压强度标准值是按数理统计方法确定,具有不低于95%保证率的立方体抗压强度。

混凝土强度等级是根据立方体抗压强度标准值来确定的。强度等级用符号"C"和"立方体抗压强度标准值"两项内容来表示,如C20即表示混凝土立方体抗压强度标准值为20MPa。

我国现行《混凝土结构设计标准》(GB/T 50010)规定,普通混凝土按立方体抗压强度标准值划分为C15、C20、C25、C30、C35、C40、C45、C50、C55、C60、C65、C70、C75、C80等14个等级。

2.影响水泥混凝土强度的因素

(1)材料组成

①水泥强度与水胶比。

水泥混凝土的强度主要取决于其内部起胶结作用的水泥石的质量,水泥石的质量则取决于水泥的特性和水胶比。

②集料特性与水泥浆用量。

集料的强度不同,使混凝土的破坏机理有所差别,如集料强度大于水泥石强度,则混凝土强度由界面强度及水泥石强度所支配,在此情况下,集料强度对混凝土强度几乎没有影响;如集料强度小于水泥石强度,则混凝土强度与集料强度有关,会使混凝土强度下降。

粗集料的形状与表面性质与强度有着直接关系。集料颗粒形状接近立方体形为好,若使用扁平或细长颗粒,就会给施工带来不利影响,增加了混凝土的孔隙率,导致混凝土强度降低。

水泥浆用量由强度、耐久性、工作性、成本等几个方面的因素确定,选择时需兼顾。

(2)养护温度与湿度

一般情况下,水泥的水化和混凝土强度发展的速度随环境温度的高低而增减。混凝土浇筑后,如能保持湿润的状态,则混凝土的强度和龄期按水泥的特性成对数关系增长。当湿度适当时,水泥水化得以顺利进行,使混凝土强度得到充分发展;如果湿度不够,则混凝土会失水干燥,因此混凝土浇筑后必须有较长时间在潮湿环境中养护。

(3)龄期

在正常条件下,混凝土的强度随着龄期的增长而提高,在最初3~7d内发展较快,28d达到设计强度规定的数值,以后强度发展逐渐缓慢,甚至可持续百年左右。

3.混凝土的变形

混凝土的变形,主要有温度变形、收缩变形和荷载作用下的变形等。

(1)温度变形

混凝土具有热胀冷缩的性质。温度变化引起的热胀冷缩对大体积及大面积混凝土工程极为不利。因此对大体积混凝土工程,应设法降低混凝土的发热量,应每隔一段长度设置伸缩缝,在结构物内配置温度钢筋。

(2)化学收缩

混凝土拌合物由于水化产物的体积比反应前物质的总体积要小,因而产生收缩,称为化学收缩。这种收缩随龄期增长而增加,40d以后渐趋稳定,化学收缩是不能恢复的。

(3)干湿变形

这种变形主要表现为湿胀干缩,混凝土在干燥空气中硬化时,随着水分的逐渐蒸发,体积也将逐渐发生收缩。混凝土干缩主要是水泥石所产生,因此尽量降低水泥用量,减小水胶比是减少混凝土干缩的关键。另外用水量、水泥品种及细度、集料种类和养护条件都对混凝土的干缩有一定的影响。

4.荷载作用下的变形

(1)短期荷载作用下的变形

混凝土在短期荷载作用下的变形可分为四个阶段:

第一阶段是混凝土承受的压应力低于30%极限应力时,由非荷载作用形成的微裂缝基本保持稳定,没有扩展趋势,混凝土的受压应力-应变曲线近似呈直线状。

第二阶段是混凝土承受的压应力为30%～50%极限应力时,微裂缝无论在长度、宽度和数量上均随应力水平的逐步提高而增加。混凝土的受压应力-应变曲线随界面裂缝的演变逐渐偏离直线,产生弯曲。

第三阶段是混凝土承受的压应力为50%～75%极限应力时,裂缝变得不稳定,逐渐延伸到砂浆基体中,同时砂浆基体也开始形成裂缝,裂缝逐渐开始搭接,此应力水平称为临界应力。

第四阶段是混凝土承受的压应力超过75%极限应力时,裂缝迅速扩展成为连续的裂缝体系,混凝土产生非常大的应变,其受压应力-应变曲线明显弯曲,趋向水平,直至达到极限应力。

(2)长期荷载作用下的变形

混凝土在持续荷载的作用下,随时间增长的变形称为徐变,也称为蠕变。混凝土的徐变在早期增长很快,然后逐渐减慢,一般要2～3年才可能基本趋于稳定。当混凝土卸载后,一部分变形瞬间恢复,还有一部分要若干天内才能逐渐稳定,称为徐变恢复,剩下不可恢复部分称为残余变形。

(三)混凝土的耐久性

道路与桥梁用混凝土除了要满足工作性和强度要求外,还应具有优良的耐久性。

1. 抗冻性

混凝土的抗冻性是指混凝土在饱和水状态下遭受冰冻时,抵抗冻融循环作用而不破坏的能力。冻融破坏的原因是混凝土中的水结冰后发生体积膨胀,当冰胀应力超过混凝土的抗拉强度时,便使混凝土产生微细裂缝,反复冻融使裂缝不断扩大,导致混凝土强度降低直至破坏。

2. 耐磨性

耐磨性是道路路面和桥梁工程用混凝土最重要的性能之一。作为高级路面的水泥混凝土,必须具有抵抗车辆轮胎磨耗和磨光的性能。作为大型桥梁的墩台用混凝土,也需要具有抵抗湍流空蚀的能力。

3. 碱-集料反应

水泥混凝土中水泥与某些碱活性集料发生化学反应,可引起混凝土产生膨胀、开裂甚至破坏,这种化学反应称为碱-集料反应(简称ARR)。

4. 碳化

混凝土的碳化作用是指大气中的二氧化碳在有水的条件与水泥水化产物氢氧化钙发生反应,生成碳酸钙和水。因氢氧化钙是碱性,而碳酸钙是中性,所以碳化又叫中性化。

碳化主要对混凝土的碱度、强度和收缩产生影响。

5. 抗侵蚀性

当混凝土所处的环境水有侵蚀性时,必须对侵蚀问题予以重视。环境侵蚀主要指对水泥石的侵蚀,如淡水侵蚀、硫酸盐侵蚀、酸碱侵蚀等。混凝土的抗侵蚀性主要在于选用合适的水泥品种和提高混凝土密实度。密实性好及具有封闭孔隙的混凝土,环境水不易侵入混凝土内部,故其抗侵蚀性好。

二、建筑砂浆

在道路和桥隧工程中,砂浆是一项用量大、用途广的工程材料,它主要用于砌筑桥涵、挡土墙和隧道衬砌等砌体及砌体表面的抹面。按其用途,可分为砌筑砂浆和抹面砂浆两类。

(一)砌筑砂浆

砌筑砂浆是将砖、石或砌块等黏结成为整体的砂浆。

1. 组成材料

砂浆的组成材料除了不含粗集料外,基本上与混凝土的组成材料要求相同,但亦有差异。

(1)水泥

常用的各种水泥均可作为砂浆的结合料。但由于砂浆的强度等级较低,所以水泥的强度不宜太高,否则由于水泥用量不足会导致砂浆的保水性不良。水泥砂浆中所用水泥的强度等级不宜超过32.5级。而在水泥混合砂浆中,所掺加的消石灰膏会降低砂浆强度,因此所采用的水泥强度等级可适当提高,但不宜超过42.5级。

(2)砂

常用天然砂,其质量应符合混凝土用砂的要求。砂的最大粒径应不超过灰缝的1/4~1/5。对于砖砌体,粒径不得大于2.5mm;对于石砌体,砂的最大粒径为5.0mm。对砂中泥和泥块含量常作如下限制:≥M10.0级砂浆应不超过5%,M2.5~M7.5级砂浆应不超过10%,≤M1.0级砂浆应不超过15%~20%。

(3)掺合料

为改善砂浆的和易性,除了水泥外,还掺入各种掺合料(如石灰、黏土和粉煤灰等)作为结合料,配制成各种混合砂浆,以提高质量和降低成本。

(4)外加剂

为使砂浆具有良好的和易性和其他施工性能,可以在砂浆中掺入外加剂(如引气剂、早强剂、缓凝剂、防冻剂等),外加剂的品种和掺量及物理性能等都应通过试验确定。

(5)水

拌制砂浆用水与混凝土用水相同。

2. 技术性质

(1)新拌砂浆的和易性

新拌砂浆的和易性是指其是否便于施工并保证质量的综合性质。和易性良好的砂浆易在粗糙的砖石表面铺成均匀的薄层且能与底面紧密黏结,既便于施工,又能提高生产效率和保证工程质量。新拌砂浆的和易性可以根据其流动性和保水性来综合评定。

①流动性(稠度)。

流动性是指新拌砂浆在自重或外力作用下流动,能在粗糙的砖、石基面上铺筑成均匀的薄层并能与底面很好黏结的性能。砂浆的流动性受用水量、胶结材料的品种和用量、混合材料及外加剂掺量、砂粒粗细、砂粒形状和级配以及搅拌时间的影响。

②保水性。

保水性是指新拌砂浆保持水分不流失的能力,也表示各组成材料不易分离的性质。保水性不好的砂浆,其塑性差,储运过程中水分容易离析,砌筑时水分易被砖石吸收,施工较为困难,对砌体质量将会带来不利影响。

砂浆保水性用分层度表示。分层度过大,表明砂浆的分层离析现象严重,保水性不好;分层度过小,表明砂浆干缩较大,影响黏结力。

砂浆的保水性与胶结材料的类型和用量、细集料的级配、用水量等有关。为了改善砂浆的保水性,常掺入石灰膏、粉煤灰或微沫剂等。

(2)硬化后砂浆的强度

砂浆硬化后成为砌体的组成材料之一,应能承受和传递各种外力,因此砂浆应具有一定的抗压强度。砂浆抗压强度是确定其强度等级的重要依据。

砂浆强度等级是以边长为70.7mm的6个立方体试块,按规定方法成型并养护至28d后测定的抗压强度平均值(MPa)来表示的。水泥砂浆强度等级分为M30、M25、M20、M15、M10、M7.5、M5七个等级。

(3)黏结力

由于砖石等砌体是依靠砂浆黏结成整体的,因而要求砂浆与基材之间有一定的黏结力。砂浆的黏结力与其强度密切相关,通常砂浆强度越高则黏结力越大。此外,黏结力也与基材的表面状态、清洁程度、湿润状况及施工养护条件等有关。

(4)耐久性

圬工砂浆经常受环境水的作用,故除强度外,还应考虑抗冻、抗渗、抗侵蚀等性能。提高砂浆的密实度可提高其耐久性。

(二)抹面砂浆

涂抹于建筑物或构筑物表面的砂浆称为抹面砂浆。

对抹面砂浆要求具有良好的和易性,容易抹成均匀平整的薄层,便于施工。还要有较高的黏结力,砂浆层要能与底面黏结牢固,避免干裂脱落。

根据抹面砂浆功能的不同,一般可将抹面砂浆分为普通抹面砂浆和防水砂浆等。

普通抹面砂浆对砌体起保护作用,通常分两层或三层施工。各层的成分和稠度要求各不相同。底层砂浆的作用是使其能与底面牢固黏结,因此要求砂浆具有良好的和易性及较高的黏结力,稠度较稀,其组成材料常随基底而异。中层砂浆主要是为了找平,有时可省去不用,较底层砂浆稍稠。面层砂浆主要起保护作用,一般要求用较细的砂子,且涂抹平整。

防水砂浆是一种具有高抗渗性能的砂浆,主要用于隧道和地下工程。配制防水砂浆的办法,一是合理选择配合比,用普通水泥砂浆多层抹面作为防水层时,要求水泥不低于32.5级,砂宜采用中砂或粗砂。配合比控制在水泥:砂=1:2~1:3,水灰比控制在0.40~0.50之间。用膨胀水泥或无收缩水泥配制防水砂浆时,由于水泥具有微膨胀或补偿性能,提高了砂浆的密实性,砂浆的抗渗性提高,并具有良好的防水效果。配合比(体积比)为水泥:砂=1:2.5,水灰比为0.4~0.5。另一个有效的措施是掺防水剂,常用防水剂有硅酸钠(水玻璃)类防水剂、氯化物金属盐类防水剂和金属皂类防水剂。

第三节 沥青及沥青混合料

一、石油沥青

沥青是由一些极其复杂的碳氢化合物及其非金属(氧、硫、氮)的衍生物所组成的黑色或黑褐色的固体、半固体或液体的混合物。沥青可溶于二硫化碳、四氯化碳、三氯甲烷和苯等有机溶剂。

沥青属于有机胶凝材料,与矿质混合料有非常好的黏结能力,是道路工程重要的筑路材料。沥青属于憎水性材料,结构致密,几乎不溶于水和不吸水,因此,广泛用于土木工程的防水、防潮和防渗。

石油沥青可根据不同情况分类,如按原油成分分类、按加工方法分类或按常温下沥青的稠度分类。

(一)石油沥青的分类

1. 按原油成分分类

原油是生产石油沥青的原料,原油一般可分为石蜡基原油、环烷基原油和中间基原油等。由不同基属原油炼制的石油沥青分别为:

(1)石蜡基沥青

这种沥青原油中含有大量烷烃,沥青中含蜡量一般大于5%,有的高达10%以上。蜡在常温下往往以结晶体存在,降低了沥青的黏结性和塑性。

(2)环烷基沥青

也称沥青基沥青,含有较多的环烷烃和芳香烃,所以此种沥青的芳香性高,含蜡量一般小于2%,沥青的黏结性和塑性均较高。

(3)中间基沥青

也称混合基沥青,所含烃类成分和沥青的性质一般均介于石蜡基和环烷基沥青之间。

2. 按加工方法分类

(1)直馏沥青(Straight-run asphalt)

原油经过常压蒸馏、减压蒸馏或深拔装置提取各种轻质及中质石油产品后所余可用作沥青的残渣,称为直馏沥青。在一般情况下,低稠度原油生产的直馏沥青,其温度稳定性不足,还需要进行氧化才能达到黏稠石油沥青的性质指标。

(2)氧化沥青(Oxidized asphalt)

将常压或减压渣油,或低稠度直馏沥青在250~300℃的高温下吹入空气,经数小时氧化可获得常温下为半固体或固体状的沥青,称为氧化沥青。氧化沥青具有良好的温度稳定性。在道路工程中使用的沥青,氧化程度不能太深,有时也称为半氧化沥青。

(3)溶剂沥青(Solvent asphalt)

这种沥青是对含蜡量较高的重油采用萃取工艺,提炼出润滑油原料后所余残渣。在溶剂萃取过程中,一些石蜡成分溶解在萃取溶剂中随之被拔出,因此,溶剂沥青中石蜡成分相对减少,其性质较之由石蜡基原油生产的渣油或氧化沥青有很大的改善。

3. 按沥青在常温下的稠度分类

根据用途的不同,要求石油沥青具有不同的稠度,一般可分为黏稠沥青和液体沥青两大类。黏稠沥青在常温下为半固体或固体状态。按针入度分级时,针入度小于40者为固体状态,针入度在40~300之间的呈半固体状态,而针入度大于300者为黏性液体状态。

液体沥青在常温下多呈黏稠液体或液体状态,并可按标准黏度分级划分为慢凝、中凝和快凝液体沥青。在生产应用中,常在黏稠沥青中掺入一定比例的溶剂,配制得到稠度很低的液体沥青,称为稀释沥青。

(二)石油沥青的组成

1. 元素组成

石油沥青是由多种碳氢化合物及其非金属(氧、硫、氮)衍生物组成的混合物,化学组成主要是碳(80%~87%)、氢(10%~15%),其次是其他非金属元素,如氧、硫、氮等(<3%)。此外,还含有一些微量金属元素,如镍、钒、铁、锰、钙、镁、钠等,但含量都很少。

2. 化学组分

目前的分析技术尚难将沥青分离为纯粹的化合物单体。为了研究石油沥青化学组成与使用性能之间的联系,常将沥青所含烃类化合物中化学性质相近的成分归类分析,从而划分为若干"组",称为"沥青化学组分",简称"组分"。石油沥青的三组分分析法是将石油沥青分离为油分、树脂和沥青质三个组分。

3. 含蜡量

现有研究认为,沥青中蜡的存在,在高温时使沥青容易发软,导致沥青路面的高温稳定性降低,出现车辙;在低温时会使沥青变得脆硬,路面低温抗裂性降低,出现裂缝。此外,蜡会使沥青与石料黏附性降低,在水分的作用下,使路面石子与沥青产生剥落现象,造成路面破坏。特别是含蜡沥青会使沥青路面的抗滑性降低,影响路面的行车安全性。

(三)石油沥青的技术性质

用于现代沥青路面的沥青材料,应具备下列主要技术性质:

1. 黏滞性

黏滞性又称黏性,是指沥青在外力作用下抵抗变形的能力。沥青受到外力作用后表现的变形,是由于沥青中组分胶团发生形变或胶团之间产生相互位移。

黏滞性的大小与组分及温度有关,当沥青质含量较高,又含适量的树脂、少量的油分时,则黏滞性较大。在一定温度范围内,当温度升高时,黏滞性随之降低,反之则增大。黏滞性是与沥青路面力学性质联系最密切的一种性质。在现代交通条件下,为防止路面出现车辙,沥青黏度是首要考虑的参数,沥青的黏性通常用黏度表示。绝对黏度的测定方法较为复杂,工程上常用相对黏度(条件黏度)来表示。

测定沥青相对黏度的主要方法是用标准黏度计和针入度仪。我国现行的黏稠石油沥青技术标准中,划分沥青技术等级的主要指标是针入度。针入度值愈大,表示沥青愈软(稠度愈小)。

液体石油沥青的相对黏度,用标准黏度表示。我国液体沥青采用标准黏度来划分技术等级。

2. 延展性(塑性)

延展性是指沥青在外力作用下产生变形而不破坏(裂缝或断开),除去外力后仍保持原形状不变的性质,它反映的是沥青受力时所能承受的塑性变形的能力。

沥青的延度越大,塑性越好,柔性和抗断裂性越好。在常温下,塑性好的沥青不易产生裂缝,并能减少摩擦时的噪声。它对于沥青在温度降低时抵抗开裂的性能有重要影响。

3. 温度感应性(感温性)

温度感应性是指沥青的黏滞性和塑性随温度升降而变化的性能。当温度升高时,沥青由固态或半固态逐渐软化成黏流态,当温度降低时由黏流态转变成固态甚至变脆。在工程上使用的沥青,要求有较好的温度稳定性。

(1)高温感应性用软化点表示

软化点是反映沥青温度敏感性的重要指标。由于沥青材料从固态转至黏流态时有一定的变态间隔,故规定其中某一状态作为固态转到黏流态的起点,相应的温度称为软化点。

针入度、延度、软化点是评价黏稠石油沥青路用性能最常用的经验指标,所以通称"三大指标"。

(2)低温抗裂性用脆点表示

脆点是指沥青材料由黏塑状态转变为固体状态达到条件脆裂时的温度。

4. 加热稳定性

沥青在过热或过长时间加热过程中,会发生轻馏分挥发、氧化、裂化、聚合等一系列物理及化学变化,使沥青的化学组成及性质相应发生变化。这种性质称为沥青的加热稳定性。

为了解沥青在路面施工及使用过程中的耐久性,规范规定要进行沥青加热质量损失和加热后残渣性质的试验。对于中、轻交通量用道路黏稠石油沥青采用蒸发损失试验,对于重交通量用道路黏稠石油沥青采用沥青薄膜加热试验,对于液体石油沥青采用沥青蒸馏试验。

5. 安全性

沥青材料在加热至一定温度时,挥发的油分蒸气与周围空气组成混合气体,此混合气体遇火焰则发生闪火。若继续加热,油分蒸气的饱和度增加,与空气组成的混合气体遇火焰极易燃烧,从而引起熔油车间发生火灾或导致沥青烧坏,为此必须测定沥青的闪点和燃点。

闪点(闪火点)是指加热沥青挥发出可燃气体与空气组成的混合气体在规定条件下与火接触,产生闪光时的沥青温度(℃)。燃点(着火点)指沥青加热产生的混合气体与火接触能持续燃烧5s以上时的沥青温度。我国现行试验方法常用克利夫兰开口杯式闪点仪测定。

6. 溶解度

沥青的溶解度是指石油沥青在三氯乙烯中溶解的百分率(即有效物质含量)。那些不溶解的物质为有害物质(沥青碳、似碳物),会降低沥青的性能,应加以限制。

7. 含水率

沥青中含有水分,施工中挥发太慢,影响施工速度,所以要求沥青中含水率不宜过大。在加热过程中,如水分过多,易产生"溢锅"现象,引起火灾,使材料损失。所以在熔化沥青时应加快搅拌速度,促进水分蒸发,控制加热温度。

(四)石油沥青的技术标准

1. 道路石油沥青的技术标准

道路石油沥青的等级有 A 级沥青、B 级沥青、C 级沥青,按针入度划分为 160 号、130 号、110 号、90 号、70 号、50 号、30 号等标号,同时对各标号沥青的延度、软化点、闪点、含蜡量等技术指标也提出相应的要求。

在同一品种黏稠石油沥青中,牌号愈大,沥青愈软,此时针入度、延度愈大,而软化点降低;牌号愈小,沥青愈硬,此时针入度、延度愈小,而软化点升高。

2. 液体石油沥青的技术标准

道路液体石油沥青是指用汽油、煤油、柴油等溶剂将石油沥青稀释而成的沥青产品,也称轻质沥青或稀释沥青,适用于透层、黏层及拌制常温沥青混合料。根据使用目的与场所,可选用快凝、中凝、慢凝的液体石油沥青。

(五)其他沥青

石油沥青是交通、建筑等行业不可缺少的基建材料。然而,石油沥青自身存在着需加热熔融后才能施工,固有的低温易脆裂、高温易流淌的劣性,以及易老化、寿命低的弱点,其使用范围受到限制。为改善这些不足,技术人员研制出了乳化沥青、改性沥青和再生沥青等沥青新品种。

1. 乳化沥青

所谓乳化沥青,就是将黏稠沥青热融至流动态,经过机械力的作用,使沥青以细小的微粒状态(粒径可小至 1~5μm)分散于含有乳化剂-稳定剂的水溶液中,由于乳化剂-稳定剂的作用而形成均匀稳定的乳状液,又称为沥青乳液。

乳化沥青的主要优点为:冷态施工、节约能源;便利施工、节约沥青;保护环境、保障健康。

乳化沥青按乳化剂的种类不同,分为阴离子型乳化沥青、阳离子型乳化沥青和非离子型乳化沥青三大类。

按乳化沥青破乳速度不同,分为快凝型乳化沥青、中凝型乳化沥青和慢凝型乳化沥青三种。

沥青乳液在使用过程中,与矿料接触后,乳液中水分逐渐散失,水膜逐渐变薄,并使沥青粒子互相凝聚,将乳化剂薄膜挤裂而成连续的沥青黏结膜层,称为沥青乳液的裂解(破乳)。

乳化沥青产品主要应用于以下几方面:透层油和透层油封层;洒布封层;防尘处理;表层补强;稳定作用;冷再生;改性封层;冷拌坑槽修补;黏结封层;预涂层(预拌)、道路裂缝修补、防护层。

2. 改性沥青

改性沥青是指掺加橡胶、树脂、高分子聚合物、天然沥青、磨细的橡胶粉或者其他材料等外掺剂(改性剂)制成的沥青结合料。

(1)改性沥青的路用性能

改性沥青的性能主要取决于改性工艺、基质沥青和改性剂。通过运用先进的改性工艺、优质改性剂和基质沥青,无论是采用成品改性沥青,还是施工单位自己改良的沥青,均能实现沥青混合料的路用性能,有效防止和延缓路面损坏的发生,从而大大延长路面的使用寿命。

(2)改性沥青的分类及技术性能

①热塑性树脂类改性沥青。

用作沥青改性的树脂主要是热塑性树脂,常采用的有聚乙烯(PE)和聚丙烯(PP)。它们所组成的改性沥青性能,主要是提高沥青的黏度,改善高温抗流动性,同时可增大沥青的韧性。所以它们能够改善沥青高温性能,但对低温性能的改善有时并不明显。

②橡胶类改性沥青。

合成橡胶类改性沥青中,通常认为改性效果较好的是丁苯橡胶(SBR)。丁苯橡胶改性沥青的性能主要是:在常规指标上,针入度值减小,软化点升高,常温(25℃)延度稍有增加,特别是低温(5℃)延度有较明显的增加;不同温度下的黏度均有增加,随着温度降低,黏度差逐渐增大;热流动性降低,热稳定性明显提高;韧度明显提高,黏附性亦有所提高。

3. 聚合物类改性沥青

聚合物是一类新型高分子材料,是通过两种或两种以上的单体共同聚合而形成的。如SBS就是苯乙烯和丁二烯的嵌段聚合物,它同时兼具了树脂和橡胶的优点,是一种优良的沥青改性剂。

4. 再生沥青

再生沥青,就是将已经老化的沥青掺加再生剂后,使其恢复到原来(或接近原来)性能的一种沥青。

(1)沥青的老化

沥青应用过程中,长期暴露于自然环境中,因此受到各种自然因素的作用,致使沥青的性能发生物理、化学变化,并最终表现为沥青黏度增大、脆性增加等老化现象。

(2)沥青的再生

要使老化沥青恢复原有性能,需将老化沥青和原沥青的组分进行比较后,向老化沥青中加入所缺少的组分(即添加沥青再生剂),使组分重新协调。

二、沥青混合料

(一)热拌沥青混合料

热拌沥青混合料(简称 HMA)是经人工组配的矿质混合料与黏稠沥青在专门设备中加热拌和而成,用保温运输工具运送至施工现场,并在热态下进行摊铺和压实的混合料,通称"热拌热铺沥青混合料"。

热拌沥青混合料(HMA)适用于各等级公路的沥青路面。其种类按集料公称最大粒径、矿料级配、空隙率划分,见表2-3。

热拌沥青混合料种类 表2-3

混合料类型	密级配			开级配		半开级配	公称最大粒径(mm)	最大粒径(mm)
	连续级配		间断级配	间断级配				
	沥青混凝土	沥青稳定碎石	沥青玛琋脂碎石	排水式沥青磨耗层	排水式沥青碎石基层	沥青碎石		
特粗式	—	ATB-40	—	—	ATPB-40	—	37.5	53.0
粗粒式	—	ATB-30	—	—	ATPB-30	—	31.5	37.5
	AC-25	ATB-25	—	—	ATPB-25	—	26.5	31.5
中粒式	AC-20	—	SMA-20	—	—	AM-20	19.0	26.5
	AC-16	—	SMA-16	OGFC-16	—	AM-16	16.0	19.0
细粒式	AC-13	—	SMA-13	OGFC-13	—	AM-13	13.2	16.0
	AC-10	—	SMA-10	OGFC-10	—	AM-10	9.5	13.2
砂粒式	AC-5	—	—	—	—	AM-5	4.75	9.5
设计空隙率(%)	3~5	3~6	3~4	>18	>18	6~12	—	—

1.沥青混合料的组成结构类型

通常沥青混合料按其组成结构可分为下列三类:

(1)悬浮-密实结构

是指矿质集料由大到小组成连续型密级配的混合料结构。混合料中粗集料数量较少,不能形成骨架,细集料较多,足以填补空隙。这种沥青混合料黏结力较大,内摩擦角较小,虽然可以获得很大的密实度,但是各级集料均被次级集料所隔开,不能直接靠拢而形成骨架,因而高温稳定性差。其结构组成示意如图2-3a)所示。

(2)骨架-空隙结构

是指矿质集料属于开级配的混合料结构。矿质集料中粗集料较多,可形成矿质骨架,细集料较少,不足以填满空隙,如图2-3b)所示。这种结构虽然具有较大的内摩擦角,但黏结力较低。因而此结构混合料空隙率大,耐久性差,沥青与矿料的黏结力差,热稳定性较好,这种结构沥青混合料的强度主要取决于内摩擦角。当沥青路面采用这种形式的沥青混合料时,沥青面层下必须做下封层。

(3)密实-骨架结构

此结构具有较多数量的粗集料形成空间骨架,同时又有足够的细集料填满骨架的空隙,如图2-3c)所示。这种结构不仅具有较高的黏结力,而且具有较大的内摩擦角,是沥青混合料中最理想的一种结构类型。

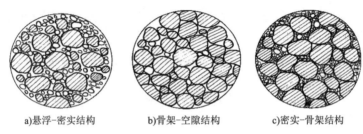

a)悬浮-密实结构　　b)骨架-空隙结构　　c)密实-骨架结构

图2-3　三种典型沥青混合料结构组成示意图

2.沥青混合料的强度形成原理

高强度沥青混合料形成的基本条件是:合理的矿物骨架,这可以通过适当选择级配和使矿物颗粒最大限度地相互接近来取得;对所用混合料拌制和压实条件都适合的最佳沥青用量;能与沥青起化学吸附作用的活性矿料。

3.沥青混合料的技术性质

沥青混合料在路面中直接承受车辆荷载的作用,首先应具备有一定力学强度;除了交通的作用外,还受到各种自然因素的影响,因此还必须具备抵抗自然因素作用的耐久性;现代交通的作用下,为保证行车安全、舒适,还需要具备特殊表面特性(即抗滑性);最后为便利施工,还应具备施工的和易性。

(1)高温稳定性

沥青混合料是一种典型的流变性材料,它的强度和劲度模量随着温度的升高而降低。所以沥青混合料路面在夏季高温时,在重交通的重复作用下,由于交通的渠化,在轮迹带逐渐形成变形下凹、两侧鼓起的所谓"车辙",这是高等级沥青路面最常见的病害。

沥青混合料高温稳定性,是指沥青混合料在夏季高温(通常为60℃)条件下,经车辆荷载长期重复作用后,不产生车辙和波浪等病害的性能。

我国现行标准采用马歇尔稳定度试验(包括稳定度、流值、马歇尔模数)来评价沥青混合料的高温稳定性。对高速公路、一级公路、城市快速路、主干路用沥青混合料,还应通过动稳定度试验检验其抗车辙能力。

(2)低温抗裂性

沥青混合料的低温抗裂性是沥青混合料在低温下抵抗断裂破坏的能力。研究认为,沥青路面在低温时的裂缝与沥青混合料的抗疲劳性能有关。

(3)耐久性

沥青混合料在路面中长期受自然因素的作用,为保证路面具有较长的使用年限,必须具备较好的耐久性。影响沥青混合料耐久性的因素很多,如沥青的化学性质、矿料的矿物成分、沥青混合料的组成结构等。

(4)抗滑性

随着高速公路的发展,对沥青混合料路面的抗滑性提出更高的要求。沥青混合料路面的抗滑性与矿质集料的微表面性质、混合料的级配组成以及沥青用量等因素有关。

(5)施工和易性

要保证室内配料在现场施工条件下顺利实现,沥青混合料除了应具备前述技术要求外,还应具备适宜的施工和易性。影响沥青混合料施工和易性的因素很多,如当地气温、施工条件及混合料性质等。

4. 热拌沥青混合料的技术标准

热拌沥青混合料马歇尔试验技术标准如表2-4、表2-5所示。

密级配沥青混凝土混合料马歇尔试验技术标准 表2-4

试验指标		单位	高速公路、一级公路				其他等级公路	行人道路
			夏炎热区 (1-1、1-2、1-3、1-4区)		夏热区及夏凉区 (2-1、2-2、2-3、2-4、3-2区)			
			中、轻交通	重载交通	中、轻交通	重载交通		
击实次数(双面)		次	75				50	50
试件尺寸		mm	φ101.6×63.5					
空隙率VV	深约90mm以内	%	3~5	4~6	2~4	3~5	3~6	2~4
	深约90mm以下	%	3~6		2~4	3~6	3~6	—
稳定度MS,不小于		kN	8				5	3
流值FL		mm	2~4	1.5~4	2~4.5	2~4	2~4.5	2~5
矿料间隙率VMA(%),不小于	设计空隙率(%)	相应于以下公称最大粒径(mm)的最小VMA						
		26.5	19	16	13.2	9.5	4.75	
	2	10	11	11.5	12	13	15	
	3	11	12	12.5	13	14	16	
	4	12	13	13.5	14	15	17	
	5	13	14	14.5	15	16	18	
	6	14	15	15.5	16	17	19	
沥青饱和度VFA(%)		55~70		65~75		70~85		

注:本表适用于公称最大粒径小于或等于26.5mm的密级配沥青混凝土混合料。

沥青稳定碎石混合料马歇尔试验配合比设计技术标准　　　表2-5

试验指标	单位	密级配基层(ATB)		半开级配面层(AM)	排水式开级配磨耗层(OGFC)	排水式开级配基层(ATPB)
公称最大粒径	mm	26.5	≥31.5	≤26.5	≤26.5	所有尺寸
马歇尔试件尺寸	mm	φ101.6×63.5	φ152.4×95.3	φ101.6×63.5	φ101.6×63.5	φ152.4×95.3
击实次数(双面)	次	75	112	50	50	75
空隙率VV	%	3~6		6~10	≥18	≥18
稳定度,不小于	kN	7.5	15	3.5	3.5	—
流值	mm	1.5~4	实测	—	—	—
沥青饱和度VFA	%	55~70		40~70	—	—

密级配基层(ATB)的矿料间隙率VFA,不小于(%)

设计空隙率(%)	ATB-40	ATB-30	ATB-25
4	11	11.5	12
5	12	12.5	13
6	13	13.5	14

注:在干旱地区,可将密级配沥青稳定碎石基层的空隙率适当放宽到8%。

(二)冷拌沥青混合料

与热拌沥青混合料相对应的是冷拌沥青混合料(或称常温沥青混合料),这类混合料的结合料可以采用液体沥青或乳化沥青。为了节约能源、保护环境,我国较少采用液体沥青。

采用乳化沥青为结合料,可拌制乳化沥青混凝土混合料或乳化沥青碎石混合料。

我国目前经常采用的冷拌沥青混合料,主要是乳化沥青拌制的沥青碎石混合料。

1.冷拌沥青碎石混合料的组成

(1)集料与填料

要求与热拌沥青碎石混合料相同。

(2)结合料

采用乳化沥青。

2.冷拌沥青碎石混合料的类型

冷拌沥青碎石混合料的类型,按其结构层位决定,通常路面的面层采用双层式时,采用粗粒式(或特粗)沥青碎石AM25(或AM40),上层选用较密实的细粒式(或中粒式)沥青碎石AM10、AM13(或AM16)。

3.冷拌沥青碎石混合料的配合比设计

(1)矿料混合料级配组成

乳化沥青碎石混合料的矿料级配组成与热拌沥青碎石混合料相同。

(2)沥青用量

乳化沥青碎石混合料的乳液用量,参照热拌沥青碎石混合料的用量折算。实际的沥青用量通常可比同规格热拌沥青碎石混合料的沥青用量减少10%~20%。确定沥青用量时,应根据当地实践经验以及交通量、气候、石料情况、沥青标号、施工机械等条件综合考虑确定。

4.冷拌沥青混合料的应用

乳化沥青碎石混合料适用于三级及三级以下公路的沥青路面层，二级公路的罩面层，以及各级公路沥青路面的基层、联层或平整层。冷拌改性沥青混合料可用于沥青路面的坑槽冷补。

(三)沥青稀浆封层混合料

沥青稀浆封层混合料，简称沥青稀浆混合料，是由乳化沥青、石屑(或砂)、水泥和水等拌制而成的一种具有流动性的沥青混合料。

1.沥青稀浆封层混合料的组成

沥青稀浆封层由下列材料组成：

(1)结合料

乳化沥青，常用阳离子慢凝乳液。

(2)集料

级配石屑(或砂)组成矿质混合料，最大粒径为10mm、5mm或3mm。

(3)填料

为提高集料的密实度，需掺加石灰或粉煤灰和石粉等填料。

(4)水

为润湿集料，使稀浆混合料具有要求的流动度，需掺加适量的水。

(5)添加剂

为调节稀浆混合料的和易性和凝结时间，需添加各种助剂，如氯化铵、氯化钠、硫酸铝等。

2.沥青稀浆封层混合料的应用

沥青稀浆封层混合料可以用于旧路面的养护维修，亦可作为路面加铺抗滑层、磨耗层。由于这种混合料施工方便，投资费用少，对路况有明显改观，所以得到了广泛应用。

(四)特殊沥青混合料

1.多孔隙沥青混凝土

多孔隙沥青混凝土也被称为透水性沥青混凝土或排水式沥青混凝土，是一种特殊的沥青混合料。它具有较高的空隙率，能够允许雨水或其他液体迅速通过路面结构层，从而减少路面积水，改善行车安全，并有助于减轻城市排水系统的负担。多孔隙沥青混凝土压实后空隙率在18%~25%之间，从而在层内形成一个水道网。

(1)降低噪声

噪声水平降低是由于：①层内孔隙吸音；②消除了轮胎与路面接触面的吸气；③有良好的平整度。噪声降低与空隙率大小密切相关，由于孔隙堵塞，减音效果随时间降低。

(2)抗滑能力

多孔隙沥青混凝土的主要优点在于改善潮湿天气(即降雨时)条件下和高速行驶时的抗

滑能力,在中速或低速行驶时,其抗滑能力并不比密实沥青混凝土面层好多少。新铺的多孔隙沥青混凝土由于集料表面有沥青膜,其抗滑能力可能比预期的低,在一定时间后(普通沥青约3个月,改性沥青1~1.5年)抗滑能力增加到正常水平。

(3)减少行车引起的水雾

在潮湿的道路上,特别是高速行车时由轮胎溅起的水雾所带来的危害已众所周知,水雾阻碍视线,会使超车变得非常危险。多孔隙沥青路面内部的空隙能够迅速吸收雨水,减少了轮胎与路面接触时产生的溅水现象,由于溅水减少,水雾现象也随之减少,驾驶员的视线得到改善,行车安全性提高。

2. 再生沥青混合料

再生沥青路面就是利用已破坏的旧沥青路面材料,通过添加再生剂、新沥青和新集料,合理设计配合比,重新铺筑的沥青路面。再生沥青混合料有表面处治型再生混合料、再生沥青碎石以及再生沥青混凝土三种形式,按集料最大粒径可以分成粗粒式、中粒式和细粒式三种,按施工温度分成热拌再生混合料和冷拌再生混合料两种。热拌由于在热态下拌和,旧沥青和新沥青处于熔融状态,经过机械搅拌,能够充分地混合,再生效果较好;冷拌再生沥青混合料再生效果较差,成型期较长,通常限于低交通量的道路上。

3. 大粒径沥青混凝土

通常所说的大粒径沥青混合料(Large Stone Asphalt Mixes,简称LSAM),一般是指所含矿料的最大粒径在25~63mm之间的热拌热铺沥青混合料。

LSAM通常铺筑在表面层的下面,其上的细集料表面层在保证必要的铺筑厚度和压实性的前提下,应当尽可能减薄其厚度,以便最大限度地发挥LSAM抗车辙能力。LSAM的铺筑厚度一般为最大粒径的2.5倍,或者为最大公称粒径的3倍。当LSAM集料的最大尺寸为38mm时,路面厚度通常为9.5~10cm;LSAM集料的最大尺寸为53mm时,路面厚度通常为11~13cm。

大粒径沥青混凝土具有以下四方面的优点:①级配良好的LSAM可以抵抗较大的塑性和剪切变形,承受重载交通的作用,具有较好的抗车辙能力,提高沥青路面的高温稳定性;特别对于低速、重车路段,需要的持荷时间较长时,设计良好的LSAM与传统沥青混凝土相比,显示出十分明显的抗永久变形能力。②大粒径集料的增多和矿粉用量的减少,使得在不减少沥青膜厚度的前提下,减少沥青总用量,从而降低工程造价。③可一次性摊铺较大的厚度,缩短工期。④沥青层内部储温能力高,热量不易散失,利于寒冷季节施工,可施工期长。

4. 沥青玛瑞脂碎石混合料

沥青玛瑞脂碎石混合料是一种由沥青与少量的纤维稳定剂、细集料以及较多量的填料(矿粉)组成的沥青玛瑞脂填充于间断级配的粗集料骨架间隙中,组成一体的沥青混合料,简称SMA。

(1)SMA的结构特点

SMA属于间断级配的沥青混合料,是目前通用的两种结构形式的有机组合,属于骨架密实结构,它既有一定数量的粗集料形成骨架结构,又有足够的细集料填充到粗集料之间的空隙中。其中4.75mm以上粒径的粗集料含量在70%~80%之间,0.075mm筛孔的通过率为

10%,粉胶比超过通常1.2的限制值。沥青用量较普通混合料高1个百分点以上。因沥青用量高而掺加纤维稳定剂,在配合比设计时,不完全依靠马歇尔配合比设计方法,主要由体积指标确定。施工中对材料要求高且拌和时间延长,施工温度提高等。由于SMA具有粗集料多、矿粉多、沥青结合料多、细集料少、掺加纤维增强剂及材料要求高的特点,使得SMA既保持了大孔隙排水性路面表面功能好的优点,又克服了其耐久性差的缺点,兼具嵌挤和密实型混合料的长处,即同时具有较高的黏结力和内摩擦阻力。

(2)SMA的路用性能

①优良的温度稳定性

在SMA的组成中,粗集料骨架占到了70%以上,混合料中粗集料相互之间的接触面较多,其空隙主要由高黏度玛琋脂填补。由于粗集料颗粒之间相互良好的嵌挤作用,传递荷载能力强,可以很快地把荷载传到下层,并承担较大轴载和轮胎高压;同时,骨架结构增加了混合料的抗剪切能力,在高温条件下,即使沥青玛琋脂的黏度下降,但由于骨架结构的存在,混合料的抗变形能力依然很强。因此,SMA具有较强的抗车辙能力及良好的高温稳定性。

在低温条件下,抗裂性能主要由结合料延伸性能决定。由于SMA的集料之间填充了相当数量的沥青玛琋脂,沥青膜较厚,温度下降时,混合料收缩变形使集料被拉开,沥青玛琋脂有较好的黏结作用,利用其柔韧性,使得混合料能够抵抗低温变形。

②良好的耐久性

沥青混合料的耐久性包括水稳定性、耐疲劳性和抗老化性能。SMA的空隙率在3%~4%之间,受水的影响很小,沥青玛琋脂与石料黏结性好,并且由于SMA不透水,对下层的沥青层和基层有较强的保护作用和隔水作用,使路面能保持较高的整体强度和稳定性,水稳定性较其他类型混合料有较大改善。

SMA内部被沥青结合料充分填充,使得沥青膜较厚且空隙率小,沥青与空气的接触少,抗老化、抗松散、耐磨耗,因而沥青混合料的耐老化性能好,耐疲劳性能大大优于密级配沥青混凝土。鉴于此,SMA具有良好的耐久性。

③优良的表面特性

SMA采用间断级配,粗集料含量高,路面压实后表面构造深度大,抗滑性好,拥有良好的横向排水性能,雨天行车不会产生较大的水雾和溅水,增加雨天行车的可见度,并减少夜间的路面反光,路面噪声可降低3~5dB,从而具有良好的表面特性。

④投资效益高

SMA结构能全面提高沥青混合料和沥青路面的使用性能,使得维修养护费用减少,使用寿命延长。

5. 温拌沥青混合料

温拌沥青混合料(WMA)是一类拌和温度介于热拌沥青混合料和冷拌沥青混合料之间,性能达到(或接近)热拌沥青混合料的新型节能减排沥青混合料,其拌和温度为110~130℃,摊铺和压实路面的温度为80~90℃,最低可达70℃。

温拌沥青混合料技术特点:①在保证沥青混合料路用性能的前提下,拌和温度可降低至110~130℃;②混合料的设计、拌和及施工工艺与热拌混合料基本一致,无须添置新的设备或简单改造即可;③具有良好的适应性:可适应不同石料,不同级配,不同沥青;④减少燃料消耗,节省 20%~30% 的燃料;⑤减少排放 50% 以上,降低对环境的污染和对施工人员健康的损害;⑥减轻热拌过程中沥青的老化,延长沥青路面的使用寿命;⑦可施工期长。

温拌沥青混合料适用场合:①根据性能,温拌沥青混合料可以用于沥青路面的各结构层;②尤其适用于沥青路面建设和维修养护中的薄层罩面和超薄罩面;③尤其适用于有更高环保要求的城市道路的建设和维修养护;④适用于隧道路面的铺筑;⑤适用于旧料比例较高的再生混合料;⑥适用于在较低环境温度条件下施工的工程。

第四节 水泥混凝土外掺剂

一、减水剂

(一)减水剂定义及分类

1. 定义

减水剂是指在混凝土和易性及水泥用量不变的条件下,能减少拌和用水量,提高混凝土强度,或在和易性及强度不变的条件下,节约水泥用量的外加剂。

2. 分类

普通减水剂:在混凝土坍落度基本相同的条件下,减水率不小于 8% 的外加剂。

高效减水剂:在混凝土坍落度基本相同的条件下,减水率不小于 14% 的减水剂。

高性能减水剂:在混凝土坍落度基本相同的条件下,减水率不小于 25%,与高效减水剂相比,坍落度保持性能好、干燥收缩小,且具有一定引气性能的减水剂。

(二)性能指标

掺减水剂受检混凝土性能指标见表 2-6。

(三)应用注意事项

(1)聚羧酸系高性能减水剂可用于素混凝土、钢筋混凝土和预应力混凝土,宜用于高强混凝土、自密实混凝土、泵送混凝土、清水混凝土、预制构件混凝土和钢管混凝土。

(2)聚羧酸系高性能减水剂宜用于具有高体积稳定性、高耐久性或高工作性要求的混凝土。

(3)缓凝型聚羧酸系高性能减水剂宜用于大体积混凝土,不宜用于日最低气温 5℃ 以下施工的混凝土。

(4)早强型聚羧酸系高性能减水剂宜用于有早强要求或低温季节施工的混凝土,但不宜用于日最低气温 -5℃ 以下施工的混凝土,且不宜用于大体积混凝土。

(5)具有引气性的聚羧酸系高性能减水剂用于蒸养混凝土时,应经试验验证。

第二章 工程材料

掺普通减水剂、高效减水剂和高性能减水剂受检混凝土性能指标

表 2-6

<table>
<tr><th rowspan="3">项 目</th><th colspan="11">外加剂类型</th></tr>
<tr><th colspan="3">高性能减水剂 (HPWR)</th><th colspan="3">高效减水剂 (HWR)</th><th colspan="3">普通减水剂 (WR)</th><th rowspan="2">引气减水剂 (AEWR)</th><th rowspan="2">泵送剂 (PA)</th><th rowspan="2">早强剂 (Ac)</th><th rowspan="2">缓凝剂 (Re)</th><th rowspan="2">引气剂 (AE)</th></tr>
<tr><th>早强型 (HPWR-A)</th><th>标准型 (HPWR-S)</th><th>缓凝型 (HPWR-R)</th><th>标准型 (HWR-S)</th><th>缓凝型 (HWR-R)</th><th>早强型 (WR-A)</th><th>标准型 (WR-S)</th><th>缓凝型 (WR-R)</th></tr>
<tr><td>减水率(%), 不小于</td><td>25</td><td>25</td><td>25</td><td>14</td><td>14</td><td>8</td><td>8</td><td>8</td><td>10</td><td>12</td><td>—</td><td>—</td><td>6</td></tr>
<tr><td>泌水率比(%), 不大于</td><td>50</td><td>60</td><td>70</td><td>90</td><td>100</td><td>95</td><td>100</td><td>100</td><td>70</td><td>70</td><td>100</td><td>100</td><td>70</td></tr>
<tr><td>含气量(%)</td><td>≤6.0</td><td>≤6.0</td><td>≤6.0</td><td>≤3.0</td><td>≤4.5</td><td>≤4.0</td><td>≤4.0</td><td>≤5.5</td><td>≥3.0</td><td>≤5.5</td><td>—</td><td>—</td><td>≥3.0</td></tr>
<tr><td>凝结时间之差(min) 初凝 / 终凝</td><td>-90~+90 / -90~+120</td><td>-90~+120</td><td>>+90</td><td>-90~+120</td><td>>+90</td><td>-90~+90</td><td>-90~+120</td><td>>+90</td><td>-90~+120</td><td>—</td><td>-90~+90</td><td>>+90</td><td>-90~+120</td></tr>
<tr><td>坍落度(mm)</td><td>≤80</td><td>—</td><td>≤60</td><td>—</td><td>—</td><td>—</td><td>—</td><td>—</td><td>—</td><td>≤80</td><td>—</td><td>—</td><td>—</td></tr>
<tr><td>1h经时变化量 含气量(%)</td><td>—</td><td>—</td><td>—</td><td>—</td><td>—</td><td>—</td><td>—</td><td>—</td><td>-1.5~+1.5</td><td>—</td><td>—</td><td>—</td><td>-1.5~+1.5</td></tr>
<tr><td>抗压强度比(%), 不小于 1d</td><td>180</td><td>170</td><td>—</td><td>140</td><td>—</td><td>135</td><td>—</td><td>—</td><td>—</td><td>—</td><td>135</td><td>—</td><td>—</td></tr>
<tr><td>3d</td><td>170</td><td>160</td><td>—</td><td>130</td><td>—</td><td>130</td><td>115</td><td>—</td><td>115</td><td>—</td><td>130</td><td>—</td><td>95</td></tr>
<tr><td>7d</td><td>145</td><td>150</td><td>140</td><td>125</td><td>125</td><td>110</td><td>115</td><td>110</td><td>110</td><td>115</td><td>110</td><td>100</td><td>95</td></tr>
<tr><td>28d</td><td>130</td><td>140</td><td>130</td><td>120</td><td>120</td><td>100</td><td>110</td><td>110</td><td>100</td><td>110</td><td>100</td><td>100</td><td>90</td></tr>
<tr><td>收缩率比(%), 不大于 28d</td><td>110</td><td>110</td><td>110</td><td>135</td><td>135</td><td>135</td><td>135</td><td>135</td><td>135</td><td>135</td><td>135</td><td>135</td><td>135</td></tr>
<tr><td>相对耐久性(200次)(%), 不小于</td><td>—</td><td>—</td><td>—</td><td>—</td><td>—</td><td>—</td><td>—</td><td>—</td><td>80</td><td>—</td><td>—</td><td>—</td><td>80</td></tr>
</table>

注:1. 表中抗压强度比、收缩率比、相对耐久性外,相对耐久性为强制性指标,其余为推荐性指标。
2. 除含气量和相对耐久性外,表中所列数据为掺外加剂混凝土与基准混凝土的差值或比值。
3. 凝结时间之差性能指标中的"-"号表示提前,"+"号表示延缓。
4. 相对耐久性(200次)性能指标中的"≥80"表示将28d龄期的受检混凝土试件快速冻融循环200次后,动弹性模量保留值≥80%。
5. 1h经时变化量指标中的"-"号表示含气量增加,"+"号表示含气量减少。
6. 其他类型的外加剂是否需要测定相对耐久性指标,由供需双方协商确定。
7. 当用户对泵送剂等产品有特殊要求时,需要进行的补充性能指标,试验方法及指标,由供需双方协商确定。

(6)聚羧酸系高性能减水剂不应与萘系和氨基磺酸盐高效减水剂复合或混合使用,与其他种类减水剂复合或混合时,应经试验验证,并应满足设计和施工要求后再使用。

(7)聚羧酸系高性能减水剂在运输、储存时,应采用洁净的塑料、玻璃钢或不锈钢等容器,不宜采用铁质容器。

(8)高温季节,聚羧酸系高性能减水剂应置于阴凉处;低温季节,应对聚羧酸系高性能减水剂采取防冻措施。

(9)聚羧酸系高性能减水剂与引气剂同时使用时,宜分别掺加。

(10)含引气剂或消泡剂的聚羧酸系高性能减水剂使用前应进行均化处理。

(11)聚羧酸系高性能减水剂应按混凝土施工配合比规定的掺量添加。

(12)使用聚羧酸系高性能减水剂生产混凝土时,应控制砂、石含水率、含泥量和泥块含量的变化。

(13)搅拌、运输过掺其他类型减水剂混凝土的搅拌机或运输罐车、泵车等设备,应清洗干净后再搅拌或运输掺聚羧酸系高性能减水剂的混凝土。

(14)使用标准型或缓凝型聚羧酸系高性能减水剂,当环境温度低于10℃时,应采取防止混凝土坍落度经时增加的措施。

二、早强剂、缓凝剂和引气剂

(一)定义及分类

1. 定义

早强剂:能加速混凝土早期强度发展的外加剂。

缓凝剂:能延长混凝土凝结时间的外加剂。

引气剂:能通过物理作用引入均匀分布、稳定而封闭的微小气泡,且能将气泡保留在硬化混凝土中的外加剂。

2. 分类

早强剂:硫酸盐、硫铝酸盐、纳米晶核等无机早强剂;三乙醇胺、甲酸盐、乙酸盐、丙酸盐等有机类,也可采用两种或两种以上无机盐类早强剂或有机化合物类早强剂复合而成的早强剂。

缓凝剂:葡萄糖、糖钙等糖类化合物;柠檬酸、酒石酸、葡萄糖酸钠及其盐类等羟基羧酸及其盐类;硼酸及其盐类等无机盐类,也可采用由不同缓凝组分复合而成的缓凝剂。

引气剂:松香热聚物等松香树脂类;十二烷基磺酸盐等烷基和烷基芳烃磺酸盐类;脂肪醇聚氧乙烯磺酸钠、脂肪醇硫酸钠等脂肪醇磺酸盐类;聚氧乙烯醚等非离子聚醚类;三萜皂甙等皂甙类;不同品种引气剂的复合物。

(二)性能指标

掺早强剂、缓凝剂和引气剂受检混凝土性能指标见表2-7。

掺早强剂、缓凝剂和引气剂受检混凝土性能指标 表2-7

项目		早强剂(HAA)	缓凝剂(REA)	引气剂(AEA)
减水率(%)		—	—	≥6
泌水率比(%)		≤100	≤100	≤70
含气量(%)		—	—	≥3.0
含气量1h经时变化量(%)		—	—	−1.5～+1.5
凝结时间之差(min)	初凝	−90～+90	>+90	−90～+120
	终凝			
抗压强度比(%)	1d	≥135	—	—
	3d	≥130	≥90	≥95
	7d	≥110	≥100	≥95
	28d	≥100	≥100	≥90
抗弯拉强度比(%)	3d	≥130	—	—
	7d	≥105	—	≥95
	28d	≥100	≥100	≥100
收缩率比(%)	28d	≤130	≤125	≤120
磨耗量(kg/m²)		≤3.5	≤3.5	≤3.5
冻融耐久性(200次)(%)		—	—	≥80
28d硬化混凝土气泡间距系数(μm)		—	—	≤300

注:1. 含气量1h经时变化量指标中的"−"表示含气量增加,"+"表示含气量减少。
  2. 凝结时间之差指标中的"−"表示提前,"+"表示延缓。
  3. 冻融耐久性(200次)性能指标中"≥80"表示将28d龄期的受检混凝土试件快速冻融循环200次后,相对动弹性模量≥80%。

(三) 应用注意事项

(1) 早强剂宜用于蒸养、常温、低温和最低温度不低于−5℃环境中施工的有早强要求的混凝土工程。炎热条件以及环境温度低于−5℃时不宜使用早强剂。早强剂不宜用于大体积混凝土;三乙醇胺等有机胺类早强剂不宜用于蒸养混凝土。

(2) 引气剂及引气减水剂宜用于有抗冻融要求的混凝土、泵送混凝土和易产生泌水的混凝土。引气剂及引气减水剂可用于抗渗混凝土、抗硫酸盐混凝土、贫混凝土、轻集料混凝土、人工砂混凝土和有饰面要求的混凝土。引气剂及引气减水剂不宜用于蒸养混凝土及预应力混凝土。必要时,应经试验确定。

(3) 缓凝剂主要用于炎热天气下施工的混凝土、大体积混凝土及需长时间停放或长距离运输的混凝土。缓凝剂及缓凝减水剂不宜用于日最低气温5℃以下施工的混凝土,也不宜单独用于有早强要求的混凝土及蒸养混凝土。缓凝剂及缓凝减水剂的品种及其掺量,应根据混凝土的凝结时间、运输距离、停放时间、强度等要求来确定,严禁过量掺入。过量掺入将导致混凝土凝结时间显著推迟,早期强度降低,甚至不凝、假凝。掺缓凝剂的混凝土终凝后才能浇水养护。

三、速凝剂、防冻剂、膨胀剂

(一)定义及分类

1. 定义

速凝剂:能使混凝土迅速凝结硬化的外加剂。
防冻剂:能使混凝土在负温下硬化,并在规定养护条件下达到预期性能的外加剂。
膨胀剂:在混凝土硬化过程中因化学作用能使混凝土产生一定体积膨胀的外加剂。

2. 分类

速凝剂按产品形态分为液体速凝剂和粉状速凝剂;按照碱含量分为无碱速凝剂和有碱速凝剂。

防冻剂可采用无氯盐类、有机化合物类及复合型防冻剂品种。

膨胀剂按水化产物分为硫铝酸钙类混凝土膨胀剂、氧化钙类混凝土膨胀剂和硫铝酸钙-氧化钙类混凝土膨胀剂三类。

(二)性能指标

掺速凝剂的净浆及砂浆性能指标见表2-8。

掺速凝剂的净浆及砂浆性能 表2-8

项目		指标	
		无碱速凝剂	有碱速凝剂
净浆凝结时间	初凝时间(min)	≤5	
	终凝时间(min)	≤12	
砂浆强度	1d 抗压强度(MPa)	≥7.0	
	28d 抗压强度比(%)	≥90	≥70
	90d 抗压强度保留率(%)	≥100	≥70

掺防冻剂的受检混凝土性能指标见表2-9。

掺防冻剂受检混凝土性能指标 表2-9

项目		要求		
减水率(%)		≥15		
泌水率比(%)		≤80		
含气量(%)		2.5~6.0		
凝结时间之差(min)	初凝	-150~+150		
	终凝			
抗压强度比(%)	规定温度(℃)	-5	-10	-15
	R_{28}	≥110	≥110	≥110
	R_{-7}	≥20	≥12	≥10

续上表

项目		要求		
抗压强度比(%)	R_{-7+28}	≥95	≥90	≥85
	R_{-7+56}	≥100	≥100	≥100
抗弯拉强度比(%)	F_{28}	≥100	≥100	≥100
	F_{-7}	≥20	≥12	≥10
	F_{-7+28}	≥90	≥85	≥80
	F_{-7+56}	≥100	≥100	≥100
收缩率比(%)	28d	≤130		
磨耗量(kg/m²)		≤2.0		
50次冻融强度损失率比(%)		≤100		
对钢筋的锈蚀作用		应说明对钢筋有无锈蚀作用		

注:1. 凝结时间之差指标中的"-"表示提前,"+"表示延缓。
2. R_{28}、R_{-7}、R_{-7+28}、R_{-7+56} 分别表示受检混凝土标养28d、负温养护7d、负温养护7d再转标养28d、负温养护7d再转标养56d的抗压强度与基准混凝土标养28d抗压强度之比。
3. F_{28}、F_{-7}、F_{-7+28}、F_{-7+56} 分别表示受检混凝土标养28d、负温养护7d、负温养护7d再转标养28d、负温养护7d再转标养56d的抗弯拉强度与基准混凝土标养28d抗弯拉强度之比。

掺膨胀剂受检混凝性能指标见表2-10。

掺膨胀剂受检混凝土性能指标 表2-10

项目		指标值	
		Ⅰ型	Ⅱ型
细度	比表面积(m²/kg),≥	200	
	1.18mm筛筛余(%),≤	0.5	
凝结时间	初凝(min),≥	45	
	终凝(min),≤	600	
限制膨胀率(%)	水中7d,≥	0.035	0.050
	空气中21d,≥	-0.015	-0.010
抗压强度(MPa)	7d,≥	22.5	
	28d,≥	42.5	

(三)应用注意事项

1. 速凝剂应用注意事项

不能在物料搅拌时添加速凝剂,因石子、砂含有大量的水分,速凝剂会在短时间内吸水;在未喷射时分解其速凝成分,影响凝结时间,降低混凝土强度,将导致喷射混凝土的不良效果;使用前,必须对施工所用水泥做最佳掺量的适应性试验,宜在喷射机出口添加液体速凝剂,混凝土的用水量应扣除速凝剂引入的水;速凝剂的掺量可用流量计或精密水表控制;粉状速凝剂有效期为6个月,液体速凝剂有效期为3个月。速凝剂应存放在专用仓库或固定的场所,妥善保管,易于识别,便于检查和提货。搬运时应轻拿轻放,防止破损。储存和运输时,粉状速凝剂应避免受潮,液体速凝剂应避免暴晒和受冻。

2.防冻剂应用注意事项

所用水泥应优先选用硅酸盐水泥或普通硅酸盐水泥;要严格控制掺量,根据施工期日最低气温为-10℃、-15℃、-20℃,可以分别采用规定温度为-5℃、-10℃、-15℃的防冻剂。不同防冻剂的掺量差别很大,过量会使混凝土凝速太快,造成施工困难、降低混凝土强度;掺量不足,混凝土结构会冻坏。掺防冻剂的混凝土搅拌时间应延长50%,以保证防冻剂在混凝土中均匀分布,从而使混凝土强度一致。为了提高混凝土早期强度,混凝土入模温度不得低于-5℃;采用含有引气剂的复合型防冻剂的混凝土应采用负温法养护,不能采用蒸汽养护。混凝土浇灌完后,立即对外露面进行覆盖,但不得浇水;当混凝土的温度降到防冻剂规定温度以下时,混凝土抗冻临界强度应达到3.5MPa,否则必须采用保温措施;含有亚硝酸盐、碳酸盐的早强型普通减水剂、早强剂、防冻剂和含有亚硝酸盐的阻锈剂,严禁用于预应力混凝土结构。

3.膨胀剂应用注意事项

掺入膨胀剂的混凝土保温保湿不少于14d;延长搅拌工序时长,让膨胀剂均匀地掺入混凝土中,膨胀效果也会均匀体现。产品在运输与储存时,不得受潮和混入杂物,不同类型的产品应分别储存,不得混杂,产品自包装日期起计算,在符合包装、运输、储存要求的条件下,储存期为180d。

第五节 沥青混合料添加剂

一、抗车辙剂

(一)定义

抗车辙剂是以高分子聚合物为主要成分,经过一定工艺制备成均匀粒子状的改性材料,可在沥青混合料拌和过程中快速、均匀熔融分散,显著提高沥青混合料抗车辙性能,同时满足沥青混合料其他性能要求。

(二)技术要求

抗车辙剂改性沥青混合料技术要求见表2-11。

抗车辙剂改性沥青混合料技术要求 表2-11

指标		单位	技术要求
马歇尔试验稳定度		kN	≥10
流值		mm	1.5~4.0
残留稳定度	半干区、干旱区	%	≥80
	潮湿区、湿润区		≥85

续上表

指标		单位	技术要求
冻融劈裂强度比	半干区、干旱区	%	≥75
	潮湿区、湿润区		≥80
低温弯曲破坏应变	冬冷区、冬温区	με	≥2500
	冬严寒区、冬寒区		≥2800
车辙试验动稳定度	标准试验条件(60℃,0.7MPa) 0.15%掺量	次/mm	≥3000
	0.3%掺量		≥6000
	模拟高温重载条件(70℃,0.9MPa)		≥4500
	浸水车辙(60℃,0.7MPa)		≥6000
动态模量	45℃,10Hz	MPa	≥200
	45℃,0.1Hz		≥500

注:1. 本表参数适用于各种密级配沥青混合料。
　2. 试验采用 A 级 70 号或 90 号沥青。
　3. 模拟高温重载条件车辙试验、动态模量试验作为重交通道路选做指标。
　4. 浸水车辙试验为南方多雨地区选做指标。

(三) 应用注意事项

添加抗车辙剂的沥青混合料施工与改性沥青混合料相同,使用常规的摊铺机和碾压设备。抗车辙剂的施工工艺方便简单,可在沥青混合料拌和过程中直接加入:

(1) 矿料加热到 170~180℃ 时,将抗车辙剂直接投入拌和锅内进行干拌,拌和时间可增加 2~3s。

(2) 加入热沥青继续搅拌,拌和时间可相对增加。

(3) 成品混合料的质量控制和储存、运输按常规的混合料进行。

二、高黏度添加剂

(一) 定义

高黏度添加剂是以高分子聚合物为主要成分,经过一定工艺合成并制备成均匀粒子状的改性材料,以增强沥青绝对黏度、增强沥青与集料之间的黏结性能为目的,可在沥青混合料拌和过程中快速、均匀熔融分散,显著提高沥青混合料强度、水稳性、高低温稳定性和抗飞散、耐疲劳等多种性能。

(二) 技术要求

高黏度添加剂、高黏度添加剂改性沥青、高黏度添加剂改性沥青混合料技术要求见表2-12~表2-14。

高黏度添加剂技术要求 表2-12

指标	单位	技术要求
外观	—	颗粒状,均匀、饱满
单粒颗粒质量	g	≤0.03
密度	g/cm³	≤1.0
熔融指数	g/10min	≥2.0
灰分含量	%	≤1.0

高黏度添加剂改性沥青技术要求 表2-13

指标		单位	技术要求
针入度(25℃,100g,5s)		1/10mm	≥40
软化点		℃	≥80
延度(5℃)		cm	≥30
溶解度		%	≥99
弹性恢复(25℃)		%	≥95
黏韧性(25℃)		N·m	≥25
韧性(25℃)		N·m	≥20
RTFOT薄膜加热试验残留物	质量变化率	%	≤0.2
	针入度残留率	%	≥80
	延度(5℃)	cm	≥20
60℃动力黏度		Pa·s	≥50000
闪点		℃	≥230
运动黏度(170℃)		Pa·s	≤3.0

注:以70号沥青为基质沥青。

高黏度添加剂改性沥青混合料技术要求 表2-14

指标	单位	不同结构类型沥青路面	
		排水沥青混合料	密级配沥青混合料
马歇尔试件击实次数	次	双面50	双面75
空隙率	%	16~24	3~6
马歇尔稳定度	kN	≥5.0	≥8.0
析漏损失(185℃)	%	≤0.6	—
飞散损失	%	≤10	—
浸水飞散损失	%	≤15	—
浸水残留稳定度	%	≥85	≥85
冻融劈裂抗拉强度比	%	≥80	≥80
低温弯曲破坏应变	με	≥2800	≥3000
车辙试验动稳定度	次/mm	≥5000	≥5000
浸水车辙试验动稳定度	次/mm	≥3000	≥3000
四点弯曲疲劳寿命(200με,15℃,20Hz)	次	200000	300000

注:四点弯曲疲劳寿命为选做项目。

(三)应用注意事项

沥青混合料中应用高黏度添加剂时,有几点注意事项非常重要,以确保混合料的性能和施工质量:

(1)相容性:确保高黏度添加剂与基础沥青和其他混合料(如集料)的相容性,避免出现分层或离析现象。

(2)温度控制:高黏度添加剂的使用往往需要精确的温度控制,以确保添加剂能够充分与沥青混合,通常需要在较高的温度下进行混合。混合和施工过程中,保持沥青混合料的温度在适宜范围内,以维持添加剂的流动性。

(3)混合时间与强度:需要足够的时间和强度来确保添加剂均匀分布在沥青混合料中,以获得一致的性能。

(4)施工适应性:高黏度添加剂可能会影响混合料的施工性能,如摊铺和压实。要确保混合料在施工过程中具有足够的工作性和可压实性,可能需要调整摊铺和压实设备的参数,以适应改性后的混合料特性。

(5)质量控制:施工过程中实行严格的质量控制,定期检测混合料的性能指标,如黏度、延度、软化点等,以确保改性效果符合预期。

(6)存储与运输:改性沥青混合料的存储时间和条件可能受到限制,避免长时间存储导致添加剂性能下降。运输过程中保持一定的温度,避免温度过低导致混合料硬化。

三、抗剥落剂

(一)定义

抗剥落剂:能与集料表面形成物理作用,或依靠其特殊的化学结构与集料表面通过化学键结合,能够增强沥青与集料的黏附性的一种沥青混合料改性添加剂,通常用以提高沥青混合料的水稳定性。

(二)技术要求

抗剥落剂的相关技术要求见表2-15。

抗剥落剂的相关技术要求 表2-15

类别	指标		单位	技术要求
抗剥落剂	水分及挥发性物质含量,不大于		%	10
	气味		—	使用中无明显外散刺激性气味
	外观		—	色泽均匀、液态抗剥落剂无分层、斑点等异常状况
添加抗剥落剂后改性沥青	黏附性	老化前,不小于	级	4
		老化后,不小于	级	3
		老化前后比较,不大于	级	1
		添加抗剥落剂前后,不小于	级	1

续上表

类别	指标		单位	技术要求
添加抗剥落剂后改性沥青混合料	残留稳定度,不小于	普通沥青	%	80
		改性沥青	%	85
	冻融劈裂强度比,不小于	普通沥青	%	80
		改性沥青	%	85

注:添加抗剥落剂后沥青和沥青混合料其他指标可参照《公路沥青路面设计规范》(JTG D50)中相应的技术要求。

(三) 应用注意事项

产品在运输时应避免日晒、受污和外包装受损;产品应存放于干燥的库房里,温度不超过40℃,储存期不宜超过12个月。

四、其他添加剂

(一) 阻燃剂

由单一或多种阻燃材料经过一定工艺生产的,对沥青及沥青混合料有阻燃作用的化工材料。

(二) 温拌剂

添加到沥青或沥青混合料中,通过物理或化学作用,使沥青混合料能在相对较低的温度下正常施工,满足热拌沥青混合料技术要求的添加剂。

(三) 废旧轮胎热解炭黑

在无氧或缺氧的条件下,利用高温使废旧轮胎中的有机物发生不完全燃烧或热解,逸出挥发性产物后形成的固体物质。

(四) 高模量剂

以高分子聚合物为主要成分,经过一定的工艺制备成均匀颗粒状或粉状的改性材料,按一定比例掺加到沥青混合料中,能够显著提高沥青混合料的模量和耐疲劳性能。

第六节 公路养护修补材料

一、聚合物树脂修补材料

(一) 定义与分类

1. 定义

聚合物树脂修补材料:由聚合物树脂、细集料、填料、助剂等按适当比例配制而成,适用于

12h 内开放交通的公路工程快速修补材料。

2.分类

聚合物树脂修补材料按强度性能分为Ⅰ型、Ⅱ型两类。

(二)性能指标

聚合物树脂修补材料的性能指标见表 2-16。

聚合物树脂修补材料性能指标　　　　　表 2-16

序号	项目		性能要求	
			Ⅰ型	Ⅱ型
1	固化时间(h)		≤12	≤12
2	抗压强度(MPa)	12h	≥40	≥30
		1d	≥65	≥45
		7d	≥75	≥55
3	抗折强度(MPa)	12h	≥8.0	≥7.0
		1d	≥10.0	≥9.0
		7d	≥12.0	≥12.0
4	黏结强度(MPa)	未处理(1d)	≥2.5	≥2.0
		浸水	≥2.0	≥1.5
		热老化	≥1.5	≥1.0
		25 次冻融循环	≥1.0	≥0.8
5	收缩率(%)	48h	≤0.05	≤0.05

注:测定黏结强度时,当破坏形式为拉伸夹具与胶黏剂破坏时,试验结果无效。

(三)应用注意事项

(1)拟修补基面的处理:
①剔除表面强度不足 20MPa 部位,露出坚实基面。
②松动物、油污、涂料及其他杂物必须清除干净。
(2)基面充分润湿,修补时保持湿润,但不得有明水。
(3)严格按照厂家的技术要求加水,调至合适的状态后涂抹于待维修部位。
(4)基层有裂缝,需采取开槽灌缝等措施进行处理。
(5)建议保湿养生 3d。

二、水泥基快速修补材料

(一)定义及分类

1.定义

水泥基快速修补材料:由水硬性胶凝材料、矿物掺合料、细集料、添加剂等按适当比例组成,使用时需与一定比例的水或其他液体搅拌均匀,适用于8h内开放交通的公路工程水泥混凝土修补材料。

2.分类

公路工程水泥混凝土用水泥基快速修补材料根据满足开放交通强度要求(不小于30MPa)的时间分为四种,分别为:

CRRM-Ⅰ型:满足开放交通强度要求的时间不大于1h。

CRRM-Ⅱ型:满足开放交通强度要求的时间不大于2h。

CRRM-Ⅲ型:满足开放交通强度要求的时间不大于4h。

CRRM-Ⅳ型:满足开放交通强度要求的时间不大于8h。

(二)性能指标

公路工程水泥混凝土用水泥基快速修补材料的性能应符合表2-17的要求,且28d强度应比基体混凝土设计强度提高一个等级。

公路工程水泥混凝土用水泥基快速修补材料的性能要求　　表2-17

序号	检验项目		技术指标			
			CRRM-Ⅰ型	CRRM-Ⅱ型	CRRM-Ⅲ型	CRRM-Ⅳ型
1	初凝时间(min)		≥15	≥20	≥30	≥60
2	抗压强度(MPa)	开放交通时①	≥30.0			
		1d	≥40.0			≥35.0
3	抗折强度(MPa)	开放交通时	≥4.5			
		1d	≥5.5			≥5.0
4	1d与基准混凝土黏结强度(MPa)		≥1.5		≥1.2	
5	28d干缩率(%)		≤0.02			
6	氯离子含量(%)		≤0.06②			
7	龄期强度比	抗压强度	$\dfrac{R_{C56d}}{R_{C28d}} \geq 1$			
		抗折强度	$\dfrac{R_{f56d}}{R_{f28d}} \geq 1$			
8	抗冻性		$F \geq 150$			

注:①开放交通时抗压强度要求不小于基体混凝土设计强度的70%。

②氯离子占胶凝材料的百分比。

(三)应用注意事项

(1)拟修补基面的处理:剔除表面不足20MPa部位,铣刨露出坚实基面;松动物、油污、涂料及其他杂物必须清除干净。

(2)基面充分润湿,修补时保持湿润,但不得有明水。

(3)严格按照厂家的技术要求加水,调至合适的状态后摊铺;当修补厚度大于2cm时,需有级配碎石。

(4)基层有裂缝,需采取开槽灌缝等措施进行处理。

(5)建议保湿养生3d。

三、密封胶

(一)定义及分类

1. 定义

密封胶:用于沥青路面裂缝修补和水泥路面填缝用的一类封缝材料,也称为灌缝胶。

加热型密封胶:以橡胶粉、聚合物改性沥青为主要成分,施工时需要进行加热的一类密封胶。

2. 分类

密封胶分为高温型、普通型、低温型、寒冷型和严寒型5类,分别适用于最低气温不低于0℃、-10℃、-20℃、-30℃和-40℃的地区。

(二)性能指标

密封胶的技术要求见表2-18。

密封胶的技术要求 　　　　　　表2-18

序号	性能指标	高温型	普通型	低温型	寒冷型	严寒型
1	锥入度(0.1mm)	≤70	50~90	70~110	90~150	120~180
2	软化点(℃)	≥90	≥80	≥80	≥80	≥70
3	流动值(mm)	≤3	≤5	≤5	≤5	—
4	弹性恢复率(%)	30~70	30~70	30~70	30~70	30~70
5	低温拉伸	0℃,25%,3次循环,通过	-10℃,50%,3次循环,通过	-20℃,100%,3次循环,通过	-30℃,150%,3次循环,通过	-40℃,200%,3次循环,通过

注:25%、50%、100%、150%和200%的拉伸量分别为3.75mm、7.5mm、15mm、22.5mm和30mm。

(三)应用注意事项

(1)涂胶时,所用材料的表面一定要干净、清洁,不影响观感。

(2)一定要在通风良好的环境下使用。

(3)使用密封胶时,要保持黏结部位的干净、清洁,保证更好的黏结度和密封度。

(4)设定一定的宽度,确保更好地注胶,施工后平整。

（5）若拼接部位不平整，在使用密封胶时，可以采用胶枪注入，以45°施工，对缝隙进行打胶密封。

（6）产品在运输过程中，严禁接近烟火，应防受热、防雨淋。在储存过程中，存放于干燥的库房里，并避免接触腐蚀性气体和液体，远离易燃物质。

学习训练

1. 在水泥混凝土中，粗集料是指粒径（　　）的集料。
   A. >9.5mm　　　　　　　　　　　　B. >4.75mm
   C. >2.36mm　　　　　　　　　　　　D. <9.5mm
   参考答案：B

2. 在沥青混合料中，粗集料是指粒径（　　）的集料。
   A. >9.5mm　　　　　　　　　　　　B. >4.75mm
   C. >2.36mm　　　　　　　　　　　　D. <9.5mm
   参考答案：C

3. 集料的空隙率是指集料试样堆积体积中空隙体积占（　　）的百分率。
   A. 矿质实体体积　　　　　　　　　　B. 矿质实体与孔隙体积之和
   C. 集料总体积扣除空隙体积　　　　　D. 集料总体积
   参考答案：D

4. 生石灰的主要化学成分是（　　）。
   A. $Ca(OH)_2$　　B. $CaCO_3$　　C. CaO　　D. $CaCl_2$
   参考答案：C

5. 抗渗性最好的水泥为（　　）。
   A. 矿渣水泥　　B. 普通水泥　　C. 粉煤灰水泥　　D. 火山灰水泥
   参考答案：D

6. 评定水泥强度等级应根据（　　）。
   A. 7d和28d抗折强度　　　　　　　　B. 7d和28d抗压强度
   C. 28d抗压强度　　　　　　　　　　D. 7d和28d抗折强度、抗压强度
   参考答案：D

7. 当使用中对水泥的质量有怀疑或水泥出厂超过（　　）时，应进行复验。
   A. 一个月　　B. 两个月　　C. 三个月　　D. 半年
   参考答案：C

8. 我国重交通道路石油沥青，按（　　）试验将其划分为五个标号。
   A. 针入度　　B. 软化点　　C. 延度　　D. 密度
   参考答案：A

9. 下面不是硬化后混凝土的物理力学性能的是（　　）。
   A. 碳化　　　　　　　　　　　　　　B. 立方体抗压强度
   C. 抗折强度　　　　　　　　　　　　D. 静力受压弹性模量
   参考答案：A

10. 用于干燥环境工程的水泥,不宜选用( )。
    A. 矿渣水泥　　　　　　　　　B. 普通水泥
    C. 粉煤灰水泥　　　　　　　　D. 硅酸盐水泥
    参考答案:C

11. 水泥胶砂抗压强度测定时,其受压面积是( )。
    A. 160mm×160mm　　　　　　B. 40mm×40mm
    C. 100mm×100mm　　　　　　D. 50mm×50mm
    参考答案:B

12. 划分石灰等级的最主要指标是( )。
    A. CaO 含量　　　　　　　　　B. Ca(OH)$_2$ 含量
    C. CaO、MgO 含量　　　　　　D. CO$_2$ 含量
    参考答案:C

13. 同种水泥,分别采用负压筛法和水筛法测定细度,结果不一致时,应以( )为准。
    A. 负压筛法　　B. 水筛法　　C. 测定的较小值　　D. 根据具体情况定
    参考答案:A

14. 在满足使用要求的前提下,尽量选用( )牌号的石油沥青,以保证较长的使用年限。
    A. 较小　　　　B. 较大　　　　C. 适中　　　　D. 不能确定
    参考答案:B

15. 车辙试验检验沥青混合料( )性能。
    A. 变形　　　　B. 抗裂　　　　C. 抗疲劳　　　　D. 热稳定
    参考答案:D

16. 沥青与矿料黏附性试验适用于评定集料的( )。
    A. 抗压能力　　B. 抗拉能力　　C. 抗水剥离能力　　D. 吸附性
    参考答案:C

17. 随着沥青含量增加,沥青混合料试件密度将( )。
    A. 保持不变　　B. 出现峰值　　C. 减少　　　　D. 增大
    参考答案:B

18. 坍落度大于 70mm 的混凝土试验室成型方法为( )。
    A. 捣棒人工捣实　　　　　　　B. 振动台振实
    C. 插入式振捣棒振实　　　　　D. 平板振动器
    参考答案:A

19. 砌筑砂浆不正确的抽检方法为( )。
    A. 每台搅拌机至少抽检一次
    B. 砂浆搅拌机出料口随机取样制作砂浆试块
    C. 从不同盘搅拌机中取等量样品混合均匀制作试块
    D. 同盘砂浆只应制作一组试块
    参考答案:C

第三章

公路工程概论

学习目标

(1) 掌握路基的组成结构和功能。
(2) 掌握路面的分类、组成结构和功能。
(3) 掌握防护工程和附属设施的分类、组成结构和功能。
(4) 掌握排水工程和附属设施的分类、组成结构和功能。
(5) 掌握桥梁、涵洞的分类、组成结构和功能。
(6) 掌握隧道的组成和功能。
(7) 掌握交通工程及沿线设施的分类、组成和功能。
(8) 掌握公路养护绿化与环保知识。
(9) 熟悉城市道路和机场场道基本组成知识。

学习内容

第一节 路 基 工 程

一、功能要求

路基是按照路线位置和一定技术要求修筑的带状构造物。路基是路面的基础,承受由路面传递下来的行车荷载。路基工程工艺较简单,工程数量大,耗费劳力多,涉及面较广,耗资亦较多。路基施工改变了沿线原有自然状态,挖填借弃土石方涉及当地生态平衡、水土保持和农田水利。路基必须具有足够的强度、稳定性和耐久性,并符合环境保护要求,避免引发地质灾害,减少对生态环境的影响。

(1) 路基必须具有足够的强度。公路上的行车荷载,通过路面传递给路基,对其产生一定压力,路基自重及路面的重量也给予路基和地基一定压力。这些压力都可使路基产生一定的变形,使路面变形而遭到破坏,直接影响路面的使用品质。因此,要求路基具有足够的强度,以保证在外力作用下,不发生过大的弹性和塑性变形。

(2)路基必须具有足够的水温稳定性。路基稳定性指路基在各种外界因素作用下保持其强度的性质。路基土在水的作用下保持其强度的性质称为水稳性,在温度作用下保持其强度的性质称为温度稳定性。路基在地面水和地下水作用下,其强度将显著地降低。特别是在季节性冰冻地区,由于水温状况的变化,路基将发生周期性冻融作用,使路基强度急剧下降。路基不仅要具有足够的强度,而且还应保证在最不利的水温状况下,强度不至于显著地降低,使路面处于正常稳定状态。

(3)路基必须具有足够的耐久性。路基是直接在地面上填筑或挖去一部分地面建成的。路基施工改变了地面的天然平衡状态。在某些地形、地质条件下,挖方边坡可能坍塌,陡坡路堤可能沿地表整体下滑,软土路基可能整体滑塌等。为使路基具有抵抗自然因素侵蚀的能力,路基设计时必须采取技术措施,例如排水、边坡加固或设置挡土墙等,以确保路基的整体耐久性。

二、路基组成

(一)路基宽度

路基宽度是在一个横断面上两路肩外缘之间的宽度。

1.路基标准断面

1)高速公路、一级公路

高速公路、一级公路路基标准横断面分为整体式和分离式路基两类。

整体式路基的标准横断面由车道、中间带(中央分隔带、左侧路缘带)、路肩(右侧硬路肩、土路肩)等部分组成(图3-1)。

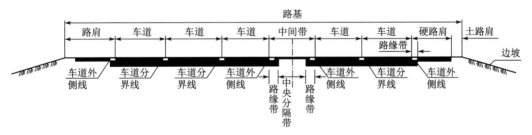

图3-1 高速公路、一级公路整体式路基断面

分离式路基的标准横断面由车道、路肩(右侧硬路肩、左侧硬路肩、土路肩)等部分组成(图3-2)。

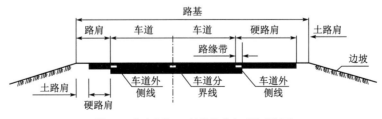

图3-2 高速公路、一级公路分离式路基断面

2)二级、三级、四级公路

路基的标准横断面由车道、路肩(右侧硬路肩、土路肩)等部分组成(图3-3)。

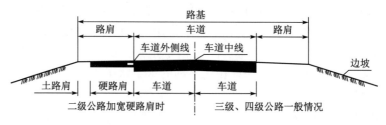

图3-3 二级、三级、四级公路路基断面

2. 车道

车道是在路面上供单一纵列车辆行驶的部分。车道宽度是道路上供一列车辆安全顺适行驶所需要的宽度,包括设计车辆的外廓宽度和错车、超车或并列行驶所必需的余宽等。附加车道是道路上局部路段增辟专供某种需要使用的车道。包括变速车道、爬坡车道等。

3. 中间带

中间带是由中央分隔带及其两侧的路缘带组成的地带,中间带由中央分隔带和两条左侧路缘带组成。

分隔带是沿道路纵向设置的分隔车行道用的带状设施,位于路中线位置的称中央分隔带;位于路中线两侧的称外侧分隔带。中央分隔带分为凹式、凸式及路面齐平式三种形式。

路缘带是路肩或中间带的组成部分,与行车道相连接,用行车道的外侧标线或不同的路面颜色来表示。其作用主要是诱导驾驶员视线和分担侧向余宽功能,以利于行车安全。

高速公路和一级公路整体式断面必须设置中间带,中间带的宽度应根据行车安全、道路用地和经济条件等综合确定,原则上应采用窄的中间带以节约用地。

4. 路肩

路肩是位于行车道外缘至路基边缘,具有一定宽度的带状结构部分(包括硬路肩与土路肩)。为保持行车道的功能和临时停车使用,并作为路面的横向支承。

硬路肩是与车行道相邻并铺以具有一定强度路面结构的路肩部分(包括路缘带)。

5. 变速车道

变速车道是高速公路、城市快速路等道路上的加速车道和减速车道的总称。加速车道是供车辆驶入高速车流之前加速用的车道。减速车道是供车辆驶离高速车流之后减速用的车道。

高速公路、一级公路互通式立体交叉、服务区、停车区、客运汽车停靠站、管理与养护设施、观景台等与主线衔接处,应设置加速车道和减速车道,加减速车道宽度应为3.50m。

二级公路在服务区、停车区、客运汽车停靠站、管理与养护设施、加油站、观景台等各类出入口处,应设置过渡段。

6. 爬坡车道

爬坡车道是设置在高速公路的上坡路段,供慢速上坡车辆行驶用的车道。

高速公路、一级公路以及二级公路连续上坡路段,当通行能力、运行安全受到影响时,应设置爬坡车道。爬坡车道宽度不应小于3.50m,且不大于4.0m,爬坡车道的外侧应设路缘带和土路肩。一级公路、二级公路的爬坡车道应紧靠车道的外侧设置,原来供混合车辆行驶的硬路肩部分移至爬坡车道的外侧。六车道以上的高速公路,可不设置爬坡车道。

7. 紧急停车带

紧急停车带是在高速公路和一级公路上,供车辆临时发生故障或其他原因紧急停车使用的临时停车地带。

8. 避险车道

连续长、陡下坡路段,应结合安全性评价论证设置避险车道。避险车道宜在右侧视距良好的适当位置设置,有条件时,宜在避险车道右侧平行设置救援车道。

9. 超车道

超车道是在高速公路、城市快速路及主干路上,专供同向车辆超车用的车道。二级公路货车比例较高时,可根据需要局部增设超车道,超车道宽度应按相应路段的车道宽度确定。

10. 慢车道

二级公路慢行车辆较多时,可根据需要采用加宽硬路肩的方式设置慢车道,并应增加必要的交通安全设施,加强交通组织管理。

11. 错车道

错车道是在单车道道路上,可通视的一定距离内,供车辆交错避让用的一段加宽车道。四级公路采用单车道时,应在不大于300m的距离内选择有利地点设置错车道,并使驾驶员能看到相邻两错车道之间的车辆。设置错车道路段的路基宽度应不小于6.50m,有效长度应不小于20m。

12. 路侧分隔带

非机动车、行人密集公路和城市出入口的公路,可根据需要设计路侧分隔带。

13. 非机动车道

一条非机动车道宽度应符合表3-1的规定

一条非机动车道宽度　　　　　　　　　　　　表3-1

车辆种类	自行车	三轮车
非机动车道宽度(m)	1.0	2.0

与机动车道合并设置的非机动车道,车道数单向不应少于2条,宽度不应小于2.5m。

非机动车专用道路面宽度应包括车道宽度及两侧路缘带宽度,单向不宜小于3.5m,双向不宜小于4.5m。

14. 人行道

人行道是道路中用路缘石或护栏及其他类似设施加以分隔的专供行人通行的部分。人行道宽度必须满足行人安全顺畅通过的要求,并应设置无障碍设施。

15. 路缘石

路缘石是设在路面边缘的界石,简称缘石。平缘石是顶面与路面平齐的路缘石。有标定路面范围、整齐路容、保护路面边缘的作用。立缘石(侧石)是顶面高出路面的路缘石。有标定车行道范围和纵向引导排除路面水的作用。平石是铺砌在路面与立缘石之间的平缘石。

16. 路拱

路拱是路面横断面的两端与中间形成一定坡度的拱起形状。

(二)路基边坡

边坡是为保证路基稳定,在路基两侧做成的具有一定坡度的坡面。坡脚是路基边坡的最低点,填方路基为边坡与原地面相接处,挖方路基为边坡底。坡顶是路基边坡的最高点,挖方路基为边坡与原地面相接处,填方路基为路肩外缘。边坡平台是当路堤较高时,为保证边坡稳定,在边坡坡面上沿纵向做成的有一定宽度的平台。

1. 边坡坡率

边坡坡率是边坡的高度与宽度之比。可用边坡高度 H 与边坡宽度 b 之比表示,并取 $H=1$,通常用 $1:n$(路堑)或 $1:m$(路堤)表示其坡率(图3-4)。

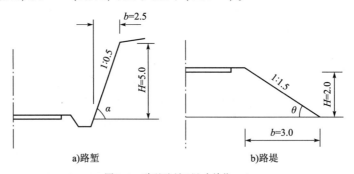

图3-4 路基边坡(尺寸单位:m)

2. 一般填方边坡

一般路堤边坡坡率可根据填料种类和边坡高度按表3-2所列的坡率选用。

路堤边坡坡率　　　　　　　　表3-2

填料类别	边坡坡率	
	上部高度($H \leq 8m$)	下部高度($H \leq 12m$)
细粒土	1:1.5	1:1.75
粗粒土	1:1.5	1:1.75
巨粒土	1:1.3	1:1.5

路堤边坡高度超过表列数值时,属高路堤,应进行单独设计。

3. 填石路堤边坡

填石路堤应由不易风化的较大(大于25cm)石块砌筑,边坡坡率一般可用1:1。当路堤填筑高度过大时,应取两个坡率,上部较陡,下部较缓。

4. 一般土质挖方边坡

土质路堑边坡形式及坡率应根据工程地质与水文地质条件、边坡高度、排水防护措施、施工方法等,并结合自然稳定边坡、人工边坡的调查及力学分析综合确定。

5. 一般岩质挖方边坡

岩质路堑边坡形式及坡率应根据工程地质与水文地质条件、边坡高度、排水防护措施、施工方法等,结合自然稳定边坡和人工边坡的调查综合确定。

(三)附属设施

1. 护坡道

护坡道是当路堤较高时,为保证边坡稳定,在取土坑与坡脚之间,沿原地面纵向保留的有一定宽度的平台。护坡道一般设在挖方坡脚处,边坡较高时亦可设在边坡上方及挖方边坡的变坡处。浸水路基的护坡道可设在浸水线以上的边坡上。

2. 碎落台

碎落台是在路堑边坡坡脚与边沟外侧边缘之间或边坡上,为防止碎落物落入边沟而设置的一定宽度的纵向平台。易风化、崩塌的挖方边坡应在路基边沟外缘和边坡坡脚间设置碎落台。

3. 堆料坪

路面养护用矿质材料,可就近选择路旁合适地点堆置备用,亦可在路肩外缘设堆料坪,其面积可结合地形与材料数量而定。

4. 取土坑

取土坑是土石方数量经过合理调配后,在公路沿线挖取土方填筑路基或用于养护所留下的整齐土坑。取土坑应采取分段集中选址的原则,结合沿线区域规划、因地制宜,兼顾土质、用土数量、用地及运输条件等因素,尽量少征用沿线农业用地,取土坑的选址、取土深度、恢复用途等涉及群众利益的项目,既要符合环保的要求,又要充分听取当地群众的意见。水土保持措施要与周边环境相协调。

5. 弃土堆

弃土堆是将开挖路基所废弃的土地放于道路沿线一定距离的整齐土堆。弃土堆宜选择路侧低洼地,原地面倾斜坡度小于1:5时,两侧均可设弃土堆,地面较陡时,弃土堆宜设在路基下方。积沙或积雪地段弃土堆宜设在迎风侧,以利于防沙防雪。

(四)公路建筑限界

公路建筑限界是为保证车辆、行人通行的安全,对公路和桥面上以及隧道中规定的高度和宽度范围内不允许有任何障碍物的空间界限,又称净空。

公路横断面设计中,公路标志、护栏、照明灯柱、电杆、管线、绿化、行道树以及跨线桥的梁底、桥台、桥墩等任何部分不得侵入公路建筑限界之内。

(五) 公路用地范围

公路用地是为修建、养护公路及其沿线设施,依照国家规定所征用的地幅。

三、自然区划与路基高度

(一) 自然区划

公路自然区划是根据全国各地气候、水文、地质、地形等条件对公路工程的影响而划分的地理区域,用以为路基、路面设计和路线勘测提供有关参数。我国公路自然区划分为3个等级。

一级区划首先将全国划分为多年冻土、季节冻土和全年不冻土三大地带,再根据水热平衡和地理位置,划分为冻土、温润、干湿过渡、湿热、潮暖、干旱和高寒7个一级区。

二级区划是在一级区划基础上以潮湿系数为主进一步划分,主要依据年降雨量 R 与年蒸发量 Z 之比划分为过湿、中湿、润湿、润干、中干、过干6个潮湿等级,同时结合各大区的地理、气候特征(如雨季、冰冻深度)、地貌类型和自然病害等因素,将全国分为33个二级区和19个二级副区(亚区)。

三级区划是在二级区划内划分更低一级的区划或类型单元。

各级区划的范围不同,在公路工程中的应用也各有侧重,一级区划主要为全国性的公路总体规划和设计服务;二级区划主要为各地的公路路基路面设计、施工、养护提供较全面的地理、气候依据和有关参数,如路基和路面材料的回弹模量、路基临界高度、路基压实标准等。

(二) 路基干湿类型

路基的强度与稳定性不但与土质有关,而且与湿度状态密切相关,并在很大程度上影响路面结构及厚度的确定。路基湿度状态确定对路面结构具有重要意义。

大气降水,通过路面、路肩和边坡渗入路基;边沟水及排水不良时的地表积水,以毛细水的形式渗入路基;靠近地面的地下水,借助毛细作用上升到路基内部;在土粒空隙中流动的水汽凝结成的水分会引起路基湿度变化。公路在使用过程中,路基最后达到的平衡湿度状况可依据路基的湿度来源分为潮湿、中湿、干燥3类。

(三) 路基高度

路基高度是路堤的填筑高度和路堑的开挖深度,是路基中心线处设计高程与原地面高程之差。路基两侧边坡的高度是填方坡脚或挖方坡顶与路基边缘的相对高差。

路基设计高程,一般公路指路肩外缘的设计高程;高速公路和一级公路指中央分隔带外侧边缘的设计高程。

最小填土高度是为保证路基稳定,根据土质、气候和水文地质条件所规定的路肩边缘至原地面的最小高度。填方路堤高度不宜小于中湿状态路基临界高度;季节性冻土地区,路堤高度不宜小于当地路基冻深;沿河及受水浸淹的路基边缘高程,应高出设计洪水频率的计算水位加壅水高度、波浪侵袭高度及0.5m 的安全高度之和。

四、路基断面形式

(一) 路堤

路堤是高于原地面的填方路基。路堤按高度可分为矮路堤、一般路堤和高路堤三种。填土高度小于路基工作区深度的路堤为低路堤;填土高度大于20m的路堤属于高路堤;填土高度介于两者之间的路堤为一般路堤。路堤由行车道、路肩、填方边坡、平台、护坡道以及取土坑等部分组成。

路堤应分层铺筑,均匀压实,压实度应符合规范要求。路基填料应满足路基强度和回弹模量的要求,宜选用级配较好的砾类土、砂类土等粗粒土作为填料。路基填筑应控制路基工后沉降量。对软弱地基、路基与桥涵结构物连接处、路基填挖交界处、高路堤、陡坡路堤等,应采取综合措施,防止路基不均匀变形。

(二) 路堑

路堑是低于原地面的挖方路基。土质挖方边坡高度大于20m或岩石挖方边坡高度大于30m的路堑称为深路堑。路堑由行车道、路肩、边沟、挖方边坡、挖方平台、截水沟等部分组成。

(三) 半填半挖式路基

半填半挖式路基是在一个横断面内,部分为路堤,部分为路堑的路基。当原地面横坡较大,一边要开挖,另一边要填筑时,形成的路基为填挖结合路基。

(四) 零填路基

在原地面上两侧挖边沟后形成的路基为零填路基。

五、路床

路床是路面结构层以下0.8m或1.2m范围内的路基部分,分为上路床及下路床两层。上路床厚度0.3m;下路床厚度在轻、中等及重交通公路为0.5m,特重、极重交通公路为0.9m。路床是路面的基础,路床将承受从路面传递下来的、较大的荷载应力,路床填料应均匀、密实,达到规定的强度。

路基应以路床顶面回弹模量为设计指标,以路床顶面竖向压应变为验算指标,路基在平衡湿度状态下,沥青路面路床顶面回弹模量应符合规范要求。

六、防护与加固工程

1. 功能要求

公路防护加固工程是为防止降水或水流侵蚀、冲刷以及温度、湿度变化的风化作用造成路基及其边坡失稳的工程措施。路基防护加固应根据当地气候、水文、地形、地质条件及筑路材料分布情况,采取工程防护和植物防护相结合的综合措施,防治路基病害,保证路基稳定,并与周围环境景观相协调。路基施工过程中应采取边坡临时防护措施,边坡临时防护工程宜与永久防护工程相结合。

2.防护与加固分类

(1)坡面防护

坡面防护工程应设置在稳定的边坡上。坡面防护是保护路基边坡坡面免受雨水冲刷、风化剥落,减缓温差及湿度变化的影响,防止和延缓岩土表面的风化、破碎、剥蚀演变过程,保证路基边坡稳定,并改善路域环境;是保护环境,防止水土流失的一种工程措施。坡面防护工程按照材料组成和环境效应等可分为植物防护、骨架植物防护和工程防护三大类,可根据气候条件、岩土性质、边坡高度、边坡坡率、水文地质条件、施工条件、环境保护、水土保持要求等因素,按表3-3 经技术经济比较后选择适宜的防护措施。

坡面防护工程类型及适用条件 表3-3

防护类型	亚类	适用条件
植物防护	植草或喷播植草	坡率不陡于1:1.0的土质边坡防护;当边坡较高时,植草可与土工网、土工网垫结合防护
	铺草皮	坡率不陡于1:1.0的土质边坡或全风化、强风化的岩石边坡防护
	种植灌木	坡率不陡于1:0.75的土质、软质岩石和全风化岩石边坡防护
	喷混植生	坡率不陡于1:0.75的砂性土、碎石土、粗粒土、巨粒土及风化岩石边坡防护,边坡高度不宜大于10m
骨架植物防护	—	坡率不陡于1:0.75的土质和全风化、强风化的岩石边坡防护
工程防护	喷护	坡率不陡于1:0.5的易风化但未遭强风化的岩石边坡防护;高速公路、一级公路和环境景观要求高的公路不宜采用
	挂网喷护	坡率不陡于1:0.5的易风化、破碎的岩石边坡防护;高速公路、一级公路和环境景观要求高的公路不宜采用
	干砌片石护坡	坡率不陡于1:1.25的土质边坡或岩石边坡防护
	浆砌片石护坡	坡率不陡于1:1.0的易风化的岩石和土质边坡防护
	护面墙	坡率不陡于1:0.5的土质和易风化剥落的岩石边坡防护

(2)冲刷防护

冲刷防护主要针对沿河、滨海、河滩及水泽区等浸水路堤,亦包括桥头引道和路基边旁堤岸等常年或季节性浸水,受水流冲刷、波浪拍击和淘洗,造成路基浸湿、坡脚掏空,或水位骤降时路基内细粒填料流失,致使路基失稳,边坡坍塌。所以浸水路堤和堤岸的冲刷防护主要针对水流的破坏作用,具有防水、固堤的双重功效。冲刷防护有直接和间接两大类。

沿河路基受水流冲刷时,应根据河流特性、水流性质、河道地貌、地质等因素,结合路基位置,按表3-4 经技术经济比较后,选用适宜的防护工程类型,或采取导流或改移河道等措施。

冲刷防护工程防护类型及适用条件 表3-4

防护类型	适用条件
植物防护	允许流速为1.2~1.8m/s、水流方向与公路路线近似平行、不受洪水主流冲刷的季节性水流冲刷地段防护;经常浸水或长期浸水的路堤边坡不宜采用
砌石或混凝土护坡	允许流速为2~8m/s的路堤边坡防护

续上表

防护类型		适用条件
土工织物软体沉排、土工模袋		允许流速为2~3m/s的沿河路基冲刷防护
石笼防护		允许流速为4~5m/s的沿河路堤坡脚或河岸防护
浸水挡墙		允许流速为5~8m/s的峡谷急流和水流冲刷严重的河段
护坦防护		沿河路基挡土墙或护坡的局部冲刷深度过大、深基础施工不便的路段
抛石防护		经常浸水且水深较大的路基边坡或坡脚以及挡土墙、护坡的基础防护
排桩防护		局部冲刷深度过大的河湾或宽浅性河流的防护
导流	丁坝	宽浅性河段,保护河岸或路基不受水流直接冲蚀而产生破坏
	顺坝	河床断面较窄、基础地质条件较差的河岸或沿河路基防护,以调整流水曲度和改善流态

七、支挡工程

路基支挡结构是一种能够抵抗侧向土压力,用来支撑天然边坡或人工边坡,保持土体稳定的建筑物。它被广泛用于公路、铁路、水利及其他土建工程中。支挡工程主要以各种形式的挡土墙为主。挡土墙是为防止路基填土或山坡岩土坍塌而修筑的、承受土体侧压力的墙式构造物。

1. 挡土墙的分类

(1) 按照挡土墙设置的位置分类

可分为路堑墙、路堤墙、路肩墙和山坡墙等类型。

(2) 按照修筑挡土墙的材料分类

石砌挡土墙、砖砌挡土墙、混凝土挡土墙、钢筋混凝土挡土墙和加筋土挡土墙等类型。

(3) 按照挡土墙的结构形式

重力式、衡重式、半重力式、悬臂式、扶壁式、锚杆式、柱板式、垛式等类型。重力式、衡重式多用石砌、混凝土浇筑,其他类型多用钢筋混凝土就地制作或预制拼装。

2. 挡土墙的适用条件

挡土墙类型应综合考虑工程地质、水文地质、冲刷深度、荷载作用、环境条件、施工条件、工程造价等因素,经论证后选择使用。各类型挡土墙主要特点与适用条件见表3-5。

各类型挡土墙的主要特点和适用条件 表3-5

挡土墙类型	结构示意图	特点	适用条件
重力式挡土墙	(墙顶、墙面、墙背、基底)	1. 依靠墙身自重抵抗土压力的作用; 2. 形式简单,取材容易,施工简易	适用于一般地区、浸水地段和高烈度区的路肩、路堤和路堑等支挡工程。墙高不宜超过12m,干砌挡土墙的高度不宜超过6m。地下水较多的土质、风化破碎岩石路段,可采用石笼式挡土墙

续上表

挡土墙类型	结构示意图	特点	适用条件
半重力式挡土墙		用混凝土灌注,在墙背设少量钢筋,并将墙趾展宽(必要时设少量钢筋),或基底设凸榫,以减薄墙身,节省圬工	适用于缺乏石料且不宜采用重力式挡土墙的地下水位较高或较软弱的地基上。墙高不宜超过8m
悬臂式挡土墙		1.由立壁、墙趾板和墙踵板3个悬臂梁组成,断面尺寸较小; 2.墙高时,立壁下部的弯矩大,消耗钢筋多,不经济	宜在石料缺乏、地基承载力较低的填方路段采用。墙高不宜超过6m
扶壁式挡土墙		沿悬臂式墙的墙长,隔一定距离加一道扶壁,使立壁与墙踵板连接起来,更好受力	宜在石料缺乏、地基承载力较低的填方路段采用。墙高不宜超过15m
锚杆挡土墙		1.由立柱、挡板和锚杆三部分组成,靠锚杆锚固在山体内拉住立柱; 2.断面尺寸小; 3.立柱、挡板可预制	宜用于墙高较大的岩质路堑地段。可用作抗滑挡土墙。可采用肋柱式或板壁式单级墙或多级墙。每级墙高不宜大于8m,多级墙的上下级墙体之间应设置宽度不小于2m的平台。需要备有钻岩机、压浆机等施工设备
锚定板挡土墙		1.由钢筋混凝土墙面(肋柱及挡板)、钢拉杆和锚定板组成,借埋置在破裂面后稳定土层内的锚定板和锚杆拉住墙面,保持墙身稳定 2.拼装简易,施工快; 3.结构轻便,柔性大	宜使用在缺少石料地区的路肩墙或路堤式挡土墙,但不应建筑于滑坡、坍塌、软土及膨胀土地区。可采用肋柱式或板壁式,墙高不宜超过10m。肋柱式锚定板挡土墙可采用单级墙或双级墙,每级墙高不宜大于6m,上下级墙体之间应设置宽度不小于2m的平台。上下两级墙的肋柱宜交错布置

续上表

挡土墙类型	结构示意图	特点	适用条件
加筋土挡土墙	(面板、加筋条、填土示意图)	加筋土挡土墙是由填土、拉带和镶面砌块组成的加筋土承受土体侧压力的挡土墙。 1. 由加筋条(带)、墙面板和填土三部分组成,借筋带与填料之间的摩擦力保持墙身稳定; 2. 施工简便,造型美观; 3. 对地基的适应性强,占地少	用于一般地区的路肩式挡土墙、路堤式挡土墙。但不应修建在滑坡、水流冲刷、崩塌等不良地质地段。高速公路、一级公路墙高不宜大于12m,二级及二级以下公路不宜大于20m。当采用多级墙时,每级墙高不宜大于10m,上下级墙体之间应设置宽度不小于2m的平台
桩板式挡土墙	(钢筋混凝土锚固桩示意图)	1. 主要由桩与桩间的挡板组成; 2. 基础开挖较悬臂式和扶壁式少; 3. 断面尺寸小; 4. 桩顶处可能产生较大的水平位移或转动; 5. 挡土板可预制拼装,快速施工	用于表土及强风化层较薄的均质岩石地基,挡土墙高度可较大,也可用于地震区的路堑或路堤支挡或滑坡等特殊地段的治理

3.挡土墙组成

挡土墙的构造必须满足强度和稳定性的要求,常用的重力式挡土墙一般是由墙身、基础、排水设施和伸缩缝等部分组成。

第二节 路面工程

一、功能要求及分类

(一) 功能要求

路面是用各种筑路材料分层铺筑在公路路基上直接承受车辆荷载的层状构造物,作用是为车辆提供良好的行驶条件,起到保证汽车能以一定的速度,安全、舒适而经济地运行的功能。

1.具有足够的强度与刚度

路面结构应具有足够的强度与刚度以抵抗车轮荷载引起的各个部位的各种应力,防止发生车辙、沉陷或波浪等各种病害。

2.具有足够的稳定性

路面应具备足够的稳定性,保持其本身结构强度的性能。路面稳定性通常分为水稳定性、温度稳定性(又可分为高温稳定性和低温稳定性)和时间稳定性,有时也将水稳定性和温度稳定性合称为气候稳定性。

3. 具有足够的耐久性

路面结构要长期承受行车荷载和冷热、干湿等气候因素的多次重复作用,因而会逐渐出现疲劳破坏和塑性变形累积,路面材料也可能会由于老化衰变而导致破坏。要求路面在行车荷载和气候因素多次重复作用下,具有较高的抗疲劳、抗老化和抗变形累积的能力,以保证路面在设计使用年限内不致过早损坏,增加养护工作量和费用,影响路面的使用性能。

4. 具有足够的平整度

路面表面平整度是反映路面使用质量的一项重要指标,用以保证行车的速度、驾驶的平稳和旅客的舒适,并减少汽车附加振动对路面的破坏作用。

5. 具有足够的抗滑性

路面表面具有足够粗糙的纹理构造以提供车轮与路面之间较高的摩擦阻力,保证行车安全和运输的经济效益。

6. 具有尽可能少的扬尘和尽可能低的噪声

路面应与周围环境协调,一般应洁净少尘,以免影响行车速度、污染环境和汽车机件的损坏。有时根据道路所在地区的环境要求,还有低振动、低噪声要求以及质地、亮度和色彩等要求。

(二)路面等级

我国的路面分为四个等级。各路面等级所具有的面层类型及其所适用的公路等级见表3-6。

路面等级的面层类型及其所适用的公路等级　　　　表3-6

路面等级	面层类型	适用公路等级
高级	水泥混凝土、沥青混凝土、厂拌沥青碎石、整齐石块或条石	高速公路,一级、二级公路
次高级	沥青贯入碎(砾)石、路拌沥青碎(砾)石、沥青表面处治、半整齐石块	二级、三级公路
中级	泥结或级配碎(砾)石、水结碎石、不整齐石块、其他粒料	三级、四级公路
低级	各种粒料或当地材料改善土,如砾石土和砂砾土等	四级公路

(三)路面分类

1. 按材料和施工方法分类

(1)碎(砾)石类路面。是用碎(砾)石按嵌挤原理或最佳级配原理配料、铺压而成的路面。

(2)结合料稳定路面。掺加各种结合料,使各种土、碎(砾)石混合料或工业废渣的工程性质改善,成为具有较高强度和稳定性的材料,经铺压而成的路面。

(3)沥青路面。是由以沥青材料作为结合料,黏结矿料修筑而成的面层与各类基层和垫层所组成的路面结构。在矿质材料中,以各种方式掺入沥青材料修筑而成的路面。

(4)水泥混凝土路面。是用水泥混凝土板作面层的路面。以水泥与水合成水泥浆作为结合料,碎(砾)石为集料,砂为填充料,经拌和、摊铺、振捣和养护而成的路面。

(5)块料路面。是用石块、水泥混凝土块等铺砌而成的路面,用整齐、半整齐块石或预制水泥混凝土块铺砌,并用砂嵌缝后碾压而成的路面。

2. 按路面力学特性分类

(1)柔性路面。柔性路面是刚度较小,抗弯拉强度较低,主要靠抗压、抗剪强度来承受车辆荷载作用的路面。它通过各结构层将车辆荷载传递给土基,使土基承受较大的单位压力。路基路面结构主要靠抗压强度和抗剪强度承受车辆荷载的作用。柔性路面主要包括各种未经处理的粒料基层和各类沥青面层、碎(砾)石面层或块石面层组成的路面结构。

(2)刚性路面。刚性路面面层呈板体状态、刚度较大、抗弯拉强度较高。一般指各类水泥混凝土路面。水泥混凝土的强度高,与其他筑路材料相比,它的抗弯拉强度高,并且有较高的弹性模量,故呈现出较大的刚性,在车辆荷载作用下,水泥混凝土结构层处于板体工作状态,竖向弯沉较小,路面结构主要靠水泥混凝土板的抗弯拉强度承受车辆荷载。通过板体的扩散分布作用,传递给基础上的单位压力较柔性路面小得多。

(3)半刚性路面。半刚性路面是沥青材料面层与其下至少一层半刚性基层组合的路面结构。路面结构的整体力学强度特性主要由半刚性基层的力学强度特性体现。用水泥、石灰等无机结合料处治的土或碎(砾)石及含有水硬性结合料的工业废渣修筑的基层,在前期具有柔性路面的力学性质,后期的强度和刚度均有较大幅度的增长,但是最终的强度和刚度仍小于水泥混凝土。

二、路面结构分层

路面结构层是构成路面的各铺砌层。行车荷载和自然因素对路面的影响,随深度的增加而逐渐减弱,对路面材料的强度、抗变形能力和稳定性的要求也随深度的增加而逐渐降低。路面结构通常按照使用要求、受力状况、土基支承条件和自然因素影响程度不同分若干层次分层铺筑,按其所处的层位和作用,主要由面层、基层和功能层组成(图3-5)。

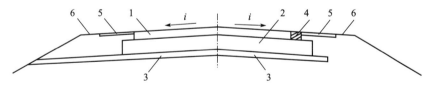

图3-5 路面结构层次示意图
1-面层;2-基层(有时包括底基层);3-功能层;4-路缘石;5-加固路肩;6-土路肩;i-路拱横坡度

(一)面层

面层是直接承受车辆荷载及自然因素的影响,并将荷载传递到基层的路面结构层。是路面结构最上面的一个层次,直接承受行车荷载的垂直力、水平力和震动冲击力的作用,同时还受到降水的侵蚀和气温变化的影响。

面层可由水泥混凝土、沥青混凝土、沥青碎(砾)石混合料、砂砾或碎石掺土或不掺土的混合料,以及块料等材料修筑。

(二)基层和底基层

基层是设在面层以下的结构层。主要承受由面层传递的车辆荷载,并将荷载分布到垫层或土基上。当基层分为多层时,其最下面的一层称底基层。基层是面层的下卧层,主要承受由面层传来的车辆荷载的垂直力,并将其扩散到下面的垫层和土基中去,是路面结构中的承重层。基层和底基层应具有足够的承载能力、抗疲劳开裂性能、足够的耐久性和水稳定性。沥青结合料类和粒料类基层尚应具有足够的抗永久变形能力。

刚性基层是采用普通混凝土、碾压式混凝土、贫混凝土、钢筋混凝土、连续配筋混凝土等材料做的基层。

半刚性基层是采用无机结合料稳定集料或土类材料铺筑的基层。在粉碎或原状松散的土(包括各种粗、中、细粒土)中,掺入适量的无机结合料(如水泥、石灰、工业废渣等)和水,经拌和、摊铺、压实与养生后,其无侧限抗压强度符合规定的材料,称为无机结合料稳定材料,以此修筑的路面基层称为无机结合料稳定土基层。包括水泥稳定土、石灰稳定土和工业废渣基层。

柔性基层是采用各类沥青混合料、沥青贯入式碎石,以及不加任何结合料的粒料类等材料铺筑的基层;块石基层是用一定规格的锥形块石经手工铺砌、碎石嵌缝并压实而成的路面基层。

(三)功能层

1.磨耗层

磨耗层是面层顶部用坚硬的细粒料和结合料铺筑的薄结构层。其作用是改善行车条件,防止行车对面层的磨损,延长路面的使用周期。

2.黏层

黏层是路面结构中起黏结作用的功能层。沥青结合料类材料层间应设置黏层,极重、特重和重交通荷载等级路面的黏层宜采用改性乳化沥青、道路石油沥青或改性沥青;中等和轻交通荷载等级路面的黏层可选用乳化沥青;水泥混凝土板与沥青面层间的黏层宜采用改性沥青。

3.透层

透层是用于非沥青类材料层上,能透入表面一定深度,增强非沥青类材料层与沥青混合料层整体性的功能层。粒料类基层和无机结合料稳定类基层顶面宜设置透层,透层沥青应具有良好的渗透性,可采用稀释沥青和乳化沥青等。

4.应力吸收层

应力吸收层是路面结构中由沥青和砂或碎石组成,铺筑于刚性或半刚性基层上具有黏附性和高变形性能、承受路面底层拉应力,预防和延缓沥青路面反射裂缝的薄层。

5.封层

封层是路面结构中用以阻止水下渗的功能层。铺筑在面层表面的称为上封层;铺筑在面层下面的称为下封层。无机结合料稳定类或冷再生类材料结构层与沥青结合料类结构层之间宜设置封层,当设置改性沥青应力吸收层时,可不再设封层。

6. 排水层

排水层是排除路面结构内部水的功能层。

7. 防水层

对抗滑、排水或降噪有特殊要求的表面层可采用开级配沥青混合料,表面层下应设置防水层,防水层可采用改性乳化沥青或改性沥青等。

8. 联结层

联结层是设置于面层与基层或旧路面之间,以增强两者的联结和相互作用、减少基层裂缝对面层的影响而设置的功能层。

9. 整平层

石质挖方或填石路床顶面应铺设整平层。整平层可采用碎石、低剂量水泥稳定粒料等材料,其厚度可根据路床顶面平整程度确定。

10. 隔水层

隔水层是为隔断侵入路面基层的毛细水,在基层与土基之间用透水性良好的或不透水的材料铺筑的结构层。

11. 隔温层

隔温层是为防止或减轻土基的冻害,在基层和土基之间用导温性低的材料铺筑的结构层。

12. 防冻层

防冻层是路面结构中按防冻要求所设置的功能层。防冻层宜采用粗砂、砂砾和碎石等粒料类材料。

(四)路肩

路肩是位于车行道外缘至路基边缘,具有一定宽度的带状部分(包括硬路肩与土路肩),为保持车行道的功能和临时停车使用,并作为路面的横向支撑。路肩结构组合和材料选用应与行车道路面相协调,不影响路面结构中水的排出。

三、沥青路面

(一)沥青路面分类

1. 按强度构成原理分类

按强度构成原理可将沥青路面分为密实类路面和嵌挤类路面两大类。

2.按施工工艺分类

按施工工艺分类,沥青路面可分为层铺法、路拌法和厂拌法。

3.按技术特性分类

按沥青路面的技术特性分类,可将其分为沥青混凝土路面、沥青玛蹄脂碎石混合料路面、沥青碎石路面、沥青贯入式路面、沥青表面处治路面等。

(二)沥青路面特点

沥青路面使用沥青结合料,增加了矿料间的黏结力,提高了混合料的强度和稳定性,使路面的使用质量和耐久性都得到提高,沥青路面具有表面平整、无接缝、行车舒适、耐磨性好、振动小、噪声低、施工期短、养护维修简便、适宜于分期修建等优点。是我国高速公路的主要路面形式。

(三)结构设计要求

沥青面层应具有平整、抗车辙、抗疲劳开裂、抗低温开裂和抗水损坏等性能,表面层混合料尚应具有抗滑和耐磨损性能,密级配沥青混合料表面层应具有低透水性能。

(四)沥青路面类型的选择

采用不同的施工工艺和材料可以修筑不同类型的沥青路面。根据路面的使用要求和施工的具体条件,按照技术经济原则来综合考虑,路面类型的选择可参照表3-7进行。

面层材料的交通荷载等级和层位　　　　　表3-7

材料类型	适用交通荷载等级和层位
连续级配沥青混合料	各交通荷载等级的表面层、中面层和下面层
沥青玛蹄脂碎石混合料	极重、特重和重交通荷载等级的表面层,对抗滑有特殊要求的表面层
厂拌热再生沥青混合料	各交通荷载等级的表面层、中面层和下面层
上拌下贯沥青碎石	中等、轻交通荷载等级的面层
沥青表面处治	中等、轻交通荷载等级的表面层

在选择沥青路面类型时,一方面要考虑任务的要求(道路的等级、交通量、使用年限、修建费用等)和工程特点(施工季节、施工期限、基层状况等),另一方面还要考虑材料供应情况、施工机具、劳动力和施工技术条件等因素。

四、水泥混凝土路面

(一)水泥混凝土路面分类

以水泥混凝土做面层(配筋或不配筋)的路面,称为水泥混凝土路面,也称刚性路面。是一种选用水泥、碎石和砂组成的粗、细集料,胶结材料和水按一定比例配合、均匀拌和而成的混合料,经摊铺、振实、整平、养生硬化而成的高级路面面层。

1. 普通混凝土路面

指除接缝和局部范围外,面层内均不配筋的水泥混凝土路面,也称素混凝土路面。在角隅和边缘,为防止啃边和板的锐角处发生断裂,常需配置一定数量的钢筋。普通混凝土面层造价低,施工简便。由于接缝多,行车舒适性差,面层常在接缝处过早产生病害,影响路面使用寿命。

2. 钢筋混凝土路面

为防止可能产生的裂缝缝隙张开,面层内配置纵、横向钢筋或钢筋网,并设接缝的水泥混凝土路面。钢筋混凝土路面适用于特重交通的道路;路面面板形状不规则的平交道口路段;靠近桥梁、涵洞的路基可能产生不均匀沉陷的路段;软弱地基处承载力不足的路段;板下埋有地下设施的路段等。

3. 钢纤维混凝土路面

在混凝土内掺入低碳钢或不锈钢纤维,形成均匀而多向配筋的混凝土面层。钢纤维混凝土路面强度高、抗裂能力强,一般适用于高程受限制路段的路面,旧混凝土路面的加铺层,以及公共汽车站、收费站、桥面铺装等路段。

4. 连续配筋混凝土路面

除了在与其他路面交接处或邻近构造物处设置胀缝,以及视施工需要设置施工缝外,路段长度内不设置横缝的一种纵向连续配置钢筋的混凝土面层,称为连续配筋混凝土面层。由于没有了横向的缩缝,路面的行驶质量会有较大提高,板的荷载受力条件得到改善,因接缝而产生的病害也会减少,但造价会增加。

5. 复合混凝土路面

面层由两种或两种以上不同材料类型和力学性质的结构层复合而成的路面。复合混凝土路面广泛用于旧水泥混凝土路面之上加铺沥青面层的路面,俗称白改黑路面。

6. 碾压混凝土路面

指水泥和水的用量较普通混凝土显著减少的水泥混凝土混合料,经摊铺、碾压成型的水泥混凝土路面。碾压水泥混凝土路面的水泥和水的用量较普通混凝土显著减少,施工周期短、工艺方便、成型后的路面强度高。碾压水泥混凝土路面的平整度差,耐磨性差,适用低等级路面或复合混凝土路面的下面层。

7. 水泥混凝土预制块路面

指面层由水泥混凝土预制块铺砌而成的路面。预制块路面强度大、承载力高,但平整度差。主要用于港口、厂矿的道路,路面承受很大的冲击力,破坏后便于维修;或用于紧急停车带和硬路肩,美观且不易积水。

(二)结构设计指标

水泥混凝土路面结构设计应以面层板在设计基准期内,在行车荷载和温度梯度综合作用下,不产生疲劳断裂作为设计标准;以最重轴载和最大温度梯度综合作用下,不产生极限断裂作为验算标准。

贫混凝土或碾压混凝土基层应以设计基准期内行车荷载不产生疲劳断裂作为设计标准。

水泥混凝土的设计强度应采用28d龄期的弯拉强度。

(三)路面接缝

接缝是混凝土路面板的重要构造部位,也是容易产生病害的薄弱部位。混凝土路面既要设置接缝,又要尽量减少接缝数量,并且从接缝构造上保持两侧面板的整体性,以提高传递荷载的能力,保证混凝土面板下路基与路面基层的正常工作条件。

混凝土路面的接缝按照几何部位,分为横向接缝和纵向接缝。横向接缝是在水泥混凝土路面板上设置的与道路中线垂直或接近垂直的缝;纵向接缝是在水泥混凝土路面板上设置的平行于道路中线的缝,纵向接缝两侧的横向接缝不得互相错位。

1. 纵向接缝

纵向接缝的间距(即板宽)宜在3.0~4.5m范围内选用,纵向接缝应与路线中线平行。可分为纵向施工缝和纵向缩缝。

2. 横向接缝

横向接缝按照作用的不同分为施工缝、横向缩缝和胀缝。

3. 接缝填封料

为防止杂物和水渗入接缝内,各类接缝的槽口均应填封,填封材料有接缝板和填缝料两类。

五、块料路面

用各种不同形状和尺寸的块状材料(天然的或人工的)铺成的路面。目前路面工程中较常用的为块石和水泥混凝土预制块两种。

(一)块石路面

用块石铺砌而成的路面。这种路面结构的强度主要取决于路基的支承力和石块之间的嵌挤和黏结力。块石按其形状、尺寸和修琢程度可分为细琢的方石和长方石,粗料的块石、拳石和片弹石,天然圆石等种类。这种路面坚固耐久,清洁少尘,养护修理方便,能适应重型汽车及履带车辆交通。但石料须加工琢制,并须用手工铺砌,较为费工,路面平整度较差,影响车速和行驶舒适。

(二)水泥混凝土预制块路面

用水泥混凝土预制块铺砌而成。块体可以预制成各种形状和色彩,并能采用机械化施工,路面平整,强度高,适用于荷载很重的工业区、港区道路及集装箱堆场等处。又因路面色彩图案美观,也适用于公园、广场及街坊、住宅区等处道路。

六、碎、砾石路面

粒料路面是用碎石、砾石、砂砾、矿渣等粗粒料为主要材料,以黏土或灰土为结合料铺筑的路面。碎、砾石路面通常指水结碎石路面、泥结碎石路面、泥灰结碎石路面及级配砾(碎)石路面等。

(一)水结碎石路面

水结碎石路面是用大小不同的轧制碎石从大到小分层铺筑,经洒水碾压后形成的一种结构层。其强度是由碎石之间的嵌挤作用以及碾压时所产生的石粉与水形成的石粉浆的黏结作用形成的。由于石灰岩或白云岩石粉的黏结力较强,是水结碎石的常选石料。

(二)泥结碎石路面

泥结碎石路面是以碎石作为集料、泥土作为填充料和黏结料,经压实修筑成的一种结构。泥结碎石路面的力学强度和稳定性不仅有赖于碎石的相互嵌挤作用,同时也有赖于土的黏结作用。泥结碎石路面虽用同一尺寸石料修筑,但在使用过程中由于行车荷载的反复作用,石料会被压碎而向密实级配转化。

(三)泥灰结碎石路面

泥灰结碎石路面是以碎石为集料,用一定数量的石灰和土作黏结填缝料的碎石路面。因为掺入石灰,泥灰结碎石路面的水稳定性比泥结碎石路面要好。

(四)级配砾(碎)石路面

级配砾(碎)石路面,是由各种集料(砾石、碎石)和土,按最佳级配原理修筑而成的路面层或基层。级配砾(碎)石路面的强度由摩阻力和黏结力构成,具有一定的水稳性和力学强度。

第三节 排 水 工 程

一、功能要求及分类

(一)公路排水的要求

路基和路面结构外露在地表,直接受温度和湿度的影响,而湿度与道路排水能力密切相关,路基路面的强度与稳定性同水的关系十分密切,路基路面的病害原因中水是最主要因素。

公路排水系统是由拦截、汇集、输送、排放公路用地范围内地表水和地下水的设施组成,形成路界地表、路面内部及路界地下排水设施的功能和相互之间的衔接和协调,与路面、桥梁、涵洞、隧道等防排水系统协同形成完善、通畅的综合性防排水系统工程体系,保证公路排水系统的有效性和耐久性。

(二)排水设施分类

根据水源的不同,影响公路的水流可分为地面水和地下水两大类。

地面水包括大气降水(雨和雪)以及海、河、湖、水渠、水库水等。地面水对路基产生冲刷和渗透,冲刷可能导致路基整体稳定性受损害,造成水毁。渗入路基土体的水分,使土体过湿而降低路基强度。降落在路表的雨水,会通过路面接缝或裂缝、松散等病害处或者沥青路面面层孔隙渗入路面结构内部,使公路在使用期间出现各种裂缝、松散、坑槽等病害。

地下水包括上层滞水、潜水、层间水等。它们对路基的危害程度,因条件不同而异。轻者使路基湿软,降低路基强度,重者会引起冻胀、翻浆或边坡坍滑,甚至整个路基沿倾斜基底滑动。

公路排水可以分为路界地表排水、横向穿越路界排水、地下排水、路面内部排水、公路构造物及沿线设施排水五种类型(图3-6)。

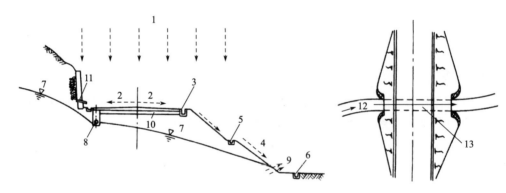

图3-6 公路排水类型

1-降水;2-路面排水;3-边沟;4-坡面排水;5-排水沟;6-坡脚排水沟;7-地下水位;8-地下排水渗沟;9-涌水;10-排水基层;11-挡土墙墙背排水;12-溪流;13-横向排水

路界地表排水是把降落在路界范围内的表面水有效地汇集并迅速排除路界,同时把路界外可能流入的地表水拦截在路界范围之外,以减少地表水对路基和路面的危害以及对行车安全的不利影响。

横向穿越路界排水是将路界(或路基)上侧的地表水横向穿越路基引排到路界(或路基)的下侧。

地下排水设施拦截、汇集、排除地下水或降低地下水位,并兼排地面水,保证路基路面的稳定和强度。

路面内部排水是排除通过各种途径渗入或浸入路面内部的水分的措施。

二、路界地表排水

路界地表排水可包括路(桥)面表面、中央分隔带、坡面和由公路毗邻地带或交叉道路流入路界内的表面水的排除(图3-7)。

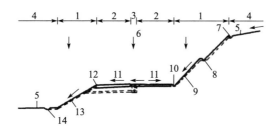

图 3-7 路界地表排水系统

1-坡面排水;2-路面排水;3-中央分隔带排水;4-相邻地段排水;5-路界;6-降雨;7-坡顶截水沟;8-边坡平台排水沟;9-竖向排水管;10-边沟;11-路面横坡;12-拦水带;13-竖向排水沟;14-坡脚排水沟

(一)路面表面排水

1.路(桥)面表面

路面表面排水是通过路面横坡排除降落在路面和路肩范围内的雨水。桥面排水系统是由桥面集水、泄水和排水结构组成的排水体系。通过行车道和路肩横坡和纵坡组成的合成坡度,使表面水流向、排向路基(桥面)边缘。路(桥)表面排水分为分散排水、集中排水两种形式,分散排水是路表面水通过横向漫流的形式向路堤坡面分散排放的排水方式;集中排水是路表面水沿拦水带、路肩边沟汇集,然后通过泄水口和急流槽排离的排水方式。

2.路堤坡面漫流

坡面排水是排除路堤边坡坡面、路堑边坡坡面和倾向路界自然坡面范围内的地表水。在路线纵坡平缓、汇水量不大、路堤较低且边坡坡面不会受到冲刷的情况下,可采用路面表面水以横向漫流形式向路堤坡面分散排放。

3.路堤拦水带

(1)拦水带。拦水带是沿硬路肩或路面外侧边缘设置,拦截路表面水的带状结构物。在路堤较高,边坡坡面未作防护可能遭受路面表面水流冲刷,或者坡面虽已采用防护措施但仍有可能受到冲刷时,对沿硬路肩外侧边缘设置拦水带,由拦水带和路肩铺面组成的浅三角形边沟汇集路面表面水,间隔一定距离设置的出水(进水)口和沿路堤坡面设置竖向排水沟(吊沟)排出路堤。

(2)泄水口。拦水带的泄水口可设置成开口(喇叭口)式。纵坡路段泄水口宜做成不对称的喇叭口,并在硬路肩边缘的外侧设置逐渐变宽的低凹区,低凹区的铺面类型与路肩相同,在平坡或缓坡上,泄水口可作成对称式。

(3)路肩急流槽。排出路肩汇集水用的急流槽,其纵向坡度与所在的路基边坡坡度一致,槽身多由水泥混凝土预制构件拼装砌筑而成。进水口做成喇叭口式的簸箕形,出水口设置消能设施;为便于进水口的汇水和泄水,在进水口处可设置低凹区。下端与路基下边坡的排水沟相接要顺适,防止水流冲出排水沟。

4.路肩排水沟

在硬路肩外侧设有 U 形混凝土排水沟时,汇集在拦水带内的表面水,可通过间隔一定距离设置的出水口和泄水槽引排到排水沟内。

5. 缘石边沟（街沟）

行车道外侧设有人行道时，可沿其边缘设置路缘石（侧石），由路缘石和平石组成 L 形边沟（或称街沟），以汇集路面和人行道铺面的表面水。

（二）中央分隔带排水

中央分隔带排水是中央分隔带范围内表面水的排除，是高速公路及一级公路路面排水的重要内容，超高路段一侧的路面水以及中央分隔带内的表面水，均由中央分隔带排水设施排除。

按照中央分隔带表面形状的不同可分为凸式、平式和凹式等。

按照中央分隔带封水与否可分为不设铺面式和铺面封闭式；当中央分隔带无铺面，经常有雨水侵入时，应视当地降雨量大小考虑设计中央分隔带地下排水系统；若中央分隔带有薄层现浇水泥混凝土或铺设预制水泥方砖铺面，雨水难以下渗时，可不设地下排水系统。

按照中央分隔带所处段落的不同可分为非超高段和超高段。

（三）坡面排水

坡面排水是排除路堤边坡坡面、路堑边坡坡面和倾向路界自然坡面范围内地表水的措施。

1. 截水沟（挡水埝）

截水沟是为拦截山坡上流向路基的水，在路堑坡顶以外设置的水沟。挡水埝设置于截水沟下边，以阻止截水沟内的水流向下漫流的土堆。截水沟根据路基填挖情况和所处位置的不同分成堑顶截水沟（天沟）、路堤截水沟和平台截水沟。主要用途是拦截并排除路基上方流向路基的地面水流，保护挖方边坡和填方坡脚不受水流冲刷和损害。

截水沟的横断面形式一般为梯形，沟底宽度及沟深应按设计流量确定，一般不应小于 0.5m；其边坡坡度根据土质条件确定，一般采用 $1:1.0 \sim 1:1.5$。

2. 边沟

边沟是为汇集和排除路面、路肩及边坡的流水，在路基两侧设置的纵向水沟。边沟一般设置在路堑、零填零挖路基的路肩外侧或矮路堤、陡坡路堤的路堤边缘外侧或坡脚外侧，用以汇集和排除路基范围内和流向路基的少量地面水。在挖方路段，可沿硬路肩边缘或者在无铺面路肩内或边缘处设置边沟，汇集路面表面水和路堑边坡坡面水。

边沟可采用三角形、碟形、U 形、梯形或矩形横断面，按公路等级、所需排泄的设计流量、设置位置和土质或岩质选定。在边沟出水口附近，水流冲刷比较严重，必须慎重布置和采取相应措施。

3. 竖向排水沟（吊沟）

在高路堤和深路堑的坡面上，从坡顶或坡面平台向下竖向集中排水时，须设置竖向排水沟（或称吊沟）。

4. 排水沟

排水沟是将边沟、截水沟和路基附近低洼处汇集的水引向路基以外的水沟,排水沟可将路基范围内各种水源的水流(如边沟、截水沟、取土坑、边坡和路基附近积水)引至桥涵或路基范围以外的天然河流、低洼地。

排水沟一般采用梯形横断面,用于边沟、截水沟及取土坑出水口的排水,底宽与深度不宜小于0.5m,土沟的边坡坡度约为1:1.0~1:1.5。

5. 跌水与急流槽

跌水是在陡坡或深沟地段设置的沟底为阶梯形,水流呈瀑布跌落式通过的沟槽,它能在较短的距离内降低水流速度,减少水流能量。急流槽是在陡坡或深沟地段设置的坡度较陡、水流不离开渡槽的沟槽。它能连接水位差较大的水流,将水流引至桥涵进口或路基下方。跌水或急流槽一般要求用浆砌片石或混凝土修筑。

跌水的基本构造按水力计算特点,可分为进水口、消力池和出水口三个组成部分。跌水可分为单级跌水和多级跌水,对于较长陡坡地段,为减缓水流速度和消能,可采用多级跌水。

急流槽基本构造按水力计算特点,分为进口、主槽(槽身)和出口三部分。

6. 蒸发池

气候干旱、排水困难地段,可在离路基适当的地方利用沿线的集中取土坑或专门开挖的凹坑修筑蒸发池,以汇集路界地表水,靠自然蒸发或下渗将水排除。

三、横向穿越路界排水

为将路界(或路基)上侧的地表水横向穿越路基引排到路界(或路基)的下侧,可设置小型排水构造物——涵洞。

(一) 横向穿越路界排水设施分类

涵洞是横贯并埋设在路基或河堤中,用以输水、排水或作为通道的构筑物。

(1) 按建筑材料分类。分为石涵、混凝土涵、钢筋混凝土涵、钢筋混凝土涵、其他材料涵洞。

(2) 按构造形式分类。分为管涵、盖板涵、拱涵、箱涵。

(3) 按洞顶填土高度分类。当涵洞洞顶填土高度小于0.5m时为明涵,适用于低路堤、浅沟渠;当涵洞洞顶填土高度大于或等于0.5m时为暗涵,适用于高路堤、深沟渠。

(4) 按水力性能分类。无压力式涵洞是入口处水流水位低于洞口高度,在洞身全长范围内的水流处于无压流动状态下的涵洞;半压力式涵洞是入口处水位高于洞口高度,洞身内只有部分段落承受水头压力的涵洞;压力式涵洞是入口处水位高于洞口高度,洞身全长范围内充满水流、洞顶承受水头压力的涵洞;倒虹吸涵是路基两侧水流都高于涵洞进、出水口,靠水流压力通过时,形成洞身像倒置的虹吸管。

(5) 按用途分类。在有冲沟的地方设置排洪涵;顺路线前进方向在地势最低的位置设置地表排水涵;路线穿越既有路线时设置立交涵;路线穿越农田时,为保证灌溉需要,设置灌溉涵;为保护大型管线(石油、天然气、热水等)设置保护涵。

各类涵洞的适用性、优缺点和常用孔径见表3-8,依据洞顶填土高度、设计流量、地基状况、车辆荷载、上下游现有水路情况、经济性等因素选用。

各类涵洞的适用性、优缺点和常用孔径　　　　　　　表3-8

结构形式	适用性	优缺点	常用孔径(cm)
圆管涵	有足够填土高度、流量较小	对基础的适应性及受力性能较好,不需墩台、造价低	75、100、125、150
盖板涵	低路堤明涵、高路堤暗涵、流量较大	构造简单、维修方便	75、100、125、150、200、250、300、400
拱涵	跨越深沟、高路堤	可采用大跨径、承载力大、施工工序较繁	100、150、200、250、300、400
箱涵	地基软弱时	整体性强,造价较高、施工较困难	200、250、300、400、500
倒虹吸及渡槽	横穿路基的沟渠水面高程与路基高程基本相同或略高	沟渠内含砂量较多时避免使用,以免堵塞	—

(二)涵洞组成

涵洞是修建在路基当中,用来沟通两侧水流的人工构筑物。一般涵洞是由基础、洞身及洞口建筑组成的排水构造物。

1.基础

基础是在地面以下,防止沉降和冲刷的部分。斜坡上的涵洞涵底纵坡不宜大于5%,圆管涵的纵坡不宜大于3%。当涵底纵坡大于5%时,涵底宜采用齿状基础;当涵底纵坡大于10%时,洞身及基础应分段做成阶梯形。

圆管涵软土地基采用混凝土或浆砌片石基础;砂砾、卵石、碎石及密实均匀的黏土或砂土地基上,可采用碎(砾)石做垫层基础;岩石地基上可不作基础,圆管下铺混凝土垫层。

盖板涵基础一般采用浆砌块(片)石或混凝土基础。

拱涵基础视地基土质情况,采用整体式或分离式。整体式基础主要用于卵形涵及小跨径涵洞;对于松软地基上的涵洞,可采用整体式基础;对于较大跨径的涵洞,宜采用分离式基础。

箱涵基础一般为双层结构,上层为混凝土,下层为砂砾石垫层。

2.洞身

洞身是在基础之上,挡住路基填土,形成流水孔洞的部分,是过水孔道的主体;洞身承受活载压力和土压力并将其传递给地基。洞身通常由承重结构物(拱圈、盖板等)、涵台、基础以及防水层、沉降缝等部分组成。涵洞洞底应有铺砌并有适当的纵坡坡度,以利于排水。

3.洞口

洞口由进水口、出水口和沟床加固三部分组成。洞口的作用是使涵洞与河道顺接,使水流进出顺畅,同时防止路基边坡受水流冲刷,确保边坡稳定。常用的洞口形式有八字翼墙式、端墙(一字墙)式、端墙加锥形护坡式、直墙翼墙式、平头式(领圈式或护坡式)、走廊式及进水洞口端墙升高的流线形式,洞口形式直接影响涵洞的泄水能力及沟床加固类型选择。各类洞口形式的适用性和优缺点参见表3-9。

各类洞口形式的适用性和优缺点　　　　　　　表 3-9

洞口形式	适用性	优缺点
八字翼墙式	平坦顺直、纵断面高差不大的河沟	水力性能较好,施工简单,工程量较小
端墙式	流速小、流量不大的平原河沟或水渠	构造简单,造价低,但水力性能差
锥形护坡式	对水流压缩较大的宽浅河沟,涵洞较高大	水力性能较好,能增强路堤稳定性,工程量较大
直墙翼墙式	沟宽与涵洞孔径相近,无须汇集和扩散水流的河沟或水渠	水力性能良好,工程量少
平头式	水流侧向挤束不大,流速较小	节省材料,工艺较复杂,水力性能稍差
走廊式	需汇集、扩散水流,流量不大	水力性能较好,工程量比八字翼墙式多,施工较麻烦
流线型	流量和流速大的涵洞	充分发挥涵洞的泄水能力,水力性能较好,施工工艺较复杂

4. 沉降缝

涵洞沿洞身长度方向应分段设置沉降缝,以防止不均匀沉降,沉降缝应用填充料填筑。

(三) 进出水口沟床处理

涵前沟床纵坡较大时,应视流速大小选择相应的沟床加固类型。水流在进水口处产生水跌时,应在进水门前设置一段缓坡,其水平距离约为涵洞孔径的 1~2 倍。如需在进水口处产生强迫式水跌以消能减速,则可往涵前设置跌水或消力池。

出水口水流超过土壤的允许冲刷流速时,下游洞口的沟床须视流速大小采取相应的铺砌加固铺砌,铺砌长度约为涵洞孔径的 1~3 倍,沟床纵坡大的陡坡涵洞,需采用急流槽或跌水、消力池等设施以消能、减速。

(四) 倒虹吸与渡水槽

倒虹吸是当水流需要横跨路基,同时受到设计高程的限制时,为了使水流能从路基底部穿越而设置的管道或沟槽。渡水槽是当水流需要横跨路基,同时受到设计高程的限制时,为了使水流能从路基上部穿越而设置的管道或沟槽。

倒虹吸和渡水槽多是配合农田水利所需而设。主要由进口段、水平段和出口段组成,进口段由进水河沟、沉淀池、进水井等组成,水平段是倒虹吸(渡水槽)的主体,由基础、管身、接缝等组成,出口段由出水井、出水河沟等组成。

四、地下排水

地下排水设施是建筑在地面以下,具有拦截、汇集、排除地下水或降低地下水位,或能兼排地面水的结构物。道路常用的地下排水设施有暗沟、渗沟和渗井等。

(一) 暗沟(管)

暗沟是指在路基或地基内设置的充填碎砾石等粗粒材料(有的在其中埋设透水管)的排水、截水暗沟。暗沟主要作用是把路基范围内的泉水或渗沟所拦截、汇集的水流,排到路基范围之外,降低地下水位,减少路基工作区的水分,避免路基强度降低。暗沟造价较高,且一旦淤塞,疏通难度大,甚至需开挖重建。

(二)渗沟

渗沟是设在地面以下或路基内,拦截、汇集、排除地下水或路基内水的沟渠。其作用是降低地下水位或者拦截地下水位。渗沟由排水层(石缝或管、洞)、反滤层和防渗层组成,按构造分为填石渗沟(也称为盲沟式渗沟)、管式渗沟和洞式渗沟等形式。

(三)渗井

渗井是竖直设置于地下,汇集、排除地表水或地下水的竖井状结构物,在多层含水的地基上,如果影响路基的地下含水层较薄,且平式盲沟排水不易布置时,可考虑设置立式渗水井,向地下穿过不透水层,将上层含水层引入下层渗水层,以利地下水扩散排除。必要时还可配合渗沟设置渗井,平竖结合以排除地下水。

五、路面内部排水

降落在路面表面的水,会通过路面接缝、裂缝、表面孔隙和路肩渗入路面,使路面结构的承载力降低,造成或加速路面损坏,缩短路面使用寿命。

(一)路面边缘排水

路面边缘排水系统是由沿路面边缘设置的透水性填料集水沟、纵向排水沟、横向出水管和过滤织物组成的排水系统。

(二)排水基层排水系统

排水基层排水系统是直接在路面面层下设置透水性排水基层,渗入路面结构中的水分,先通过竖向渗流进入透水层,然后横向渗流到路基边坡以外,或进入纵向集水沟和管,再由横向出水管排引出路基。排水基层在实施时通常采用全宽式与组合式两种。

(三)排水垫层排水系统

当路基存在地下水、临时滞水或泉水时,为拦截这些水进入路面结构,或者迅速排除因负温差作用而积聚在路基上层的自由水,可直接在路基顶面设置由开级配粒料组成的全宽式透水性排水垫层,并根据具体情况相应配置反滤层、纵向集水沟和管、横向出水管等组成排水系统。

六、公路构造物及沿线设施排水

排除公路构造物(桥梁、隧道、支挡结构物等)的表面径流,或者渗入内部的自由水。

(一)桥(涵)台和支挡构造物排水

桥(涵)台和路肩挡土墙回填料表面应采取在回填区外设置拦截地表水流入的沟渠、回填料顶面夯实或铺设不透水层等措施防止地表水渗入。桥(涵)台台背和支挡构造物墙背宜采用透水性材料回填,在台身或墙身设置泄水孔排水。

挡土墙等构造物背面有地下水渗入时,应在后部和底部增加排水层。排水层可采用级配碎石或级配砂砾,厚度不宜小于0.5m,必要时可在进水面铺设土工织物反滤层,防止淤塞。

(二)沿线设施排水

收费站、服务区、停车区和养护管理站等沿线设施的排水设计,应按照因地制宜、达标排放的原则确定排水系统的组成,合理选择污水处理方案。有条件时,宜采用雨水与污水分开排放的方案。

洗车台(场)、加油站应设置污水处理系统,污水排放前应经过处理并满足相关标准要求。

公路沿线设施的排水设计应与主线排水系统有机结合,经处理合格的污水可通过主线排水系统排放。

第四节 桥梁工程

一、桥梁组成及分类

(一)桥梁组成

桥梁是为公路、铁路、城市道路等跨越河流、山谷等天然或人工障碍物而建造的建筑物。一般由上部结构、下部结构、支座和附属设施等部分组成,梁桥基本组成如图3-8所示,拱桥基本组成如图3-9所示。

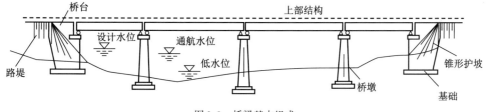

图3-8 桥梁基本组成

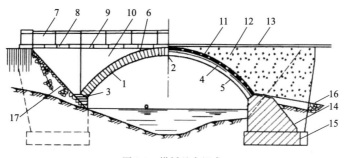

图3-9 拱桥基本组成

1-主拱圈;2-拱顶;3-拱脚;4-拱轴线;5-拱腹;6-拱背;7-栏杆;8-人行道块石;9-伸缩缝;10-侧墙;11-防水层;12-填料;13-桥面;14-桥台;15-基础;16-盲沟;17-锥坡

拱桥上部结构由主拱圈及主拱圈以上的行车道系和传力构件或填充物组成的拱上建筑组成。

上部结构(或称桥跨结构)是桥梁支座以上(拱桥起拱线或刚架桥主梁底线以上)跨越桥孔的总称,是线路中断时跨越障碍的主要承重结构。下部结构包括桥墩、桥台和基础。

桥墩和桥台用来支承上部结构,并将其传来的恒载和车辆活载传至基础。设置在桥跨中间部分的称为桥墩,设置在桥跨两端与路堤相衔接的称为桥台。桥台除了上述作用外,还起到了抵御路堤的土压力及防止路堤的滑塌等作用。单孔桥只有两端的桥台,没有中间的桥墩。

桥墩和桥台底部并与地基相接触的部分,称为基础。基础承受从桥墩或桥台传来的全部荷载,包括竖向荷载以及地震力、船舶撞击墩身等引起的水平荷载。

支座是设置在墩台的顶部,用于支承上部结构的传力装置,它不仅要传递很大的荷载,还要保证上部结构能按设计要求产生一定的变位。

桥梁附属设施包括锥坡、调治构造物等。在路堤与桥台衔接处,一般在桥台两侧设置石砌的锥形护坡。锥坡是为保护桥头路堤的稳定、防止冲刷,在桥涵与路基相接处修筑的锥形护坡,以保证迎水部分路堤边坡的稳定。根据需要还常常要修筑护岸、导流结构物等附属工程。

(二)桥梁分类

1. 按跨径分类

跨径是结构或构件支承间的水平距离。我国公路桥涵按跨径分类标准见表3-10。

桥涵分类标准 表3-10

桥梁分类	多孔跨径总长 $L(m)$	单孔跨径 $L_k(m)$
特大桥	$L > 1000$	$L_k > 150$
大桥	$100 \leq L \leq 1000$	$40 \leq L_k \leq 150$
中桥	$30 < L < 100$	$20 \leq L_k < 40$
小桥	$8 \leq L \leq 30$	$5 \leq L_k < 20$
涵洞	—	$L_k < 5$

2. 按桥面位置分类

根据容许建筑高度的大小和实际需要,桥面可布置在桥跨结构的上面、下面或中间。
(1)上承式桥,桥面布置在主要承重构件之上的桥梁。
(2)中承式桥,桥面布置在主要承重结构高度范围内的桥梁。
(3)下承式桥,桥面布置在主要承重构件之下的桥梁。

3. 按用途分类

桥梁按其用途来划分,有公路桥、铁路桥、公路铁路两用桥、农用桥、人行桥、运水桥(渡槽)及其他专用桥梁(如通过管路、电缆等)。

4. 按桥梁上部结构的受力形式分类

桥梁按上部结构的受力形式可以分为梁式桥、拱式桥和悬索桥,简称"梁""拱""吊"三大基本体系。其中梁桥以受弯为主,拱桥以受压为主,吊桥(悬索桥)以受拉为主。另外还有由两种及以上基本体系构成的组合体系桥,如刚构桥、拱梁组合体系桥、斜拉桥等。

(1)梁桥。梁桥是以梁作为上部结构主要承重构件的桥梁,是一种在竖向荷载作用下无水平反力的结构,由于外力的作用方向与桥梁结构的轴线接近垂直,与其他结构体系相比,梁桥内产生的弯矩最大,即梁桥以受弯为主(图3-10)。因此,通常需用抗弯、抗拉能力强的材料(如型钢、钢筋混凝土)来建造。梁桥按结构体系有简支梁桥、连续梁桥和悬臂梁桥。

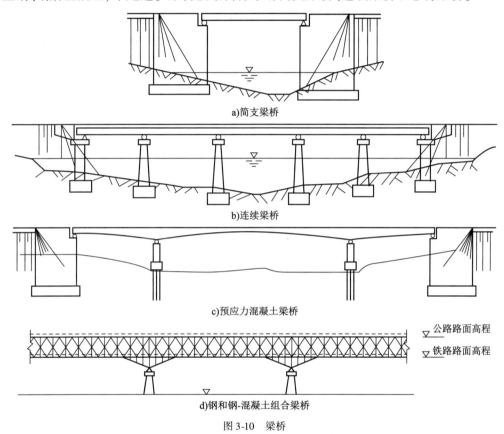

图3-10 梁桥

(2)拱桥。拱桥是在竖直平面内以拱作为上部结构主要承重构件的桥梁。实腹拱桥是拱圈上为实体建筑或填料的拱桥,空腹拱桥是拱圈上设有腹拱、立柱或横墙以支承桥面系的拱桥。在竖向荷载作用下,桥墩和桥台不仅要承受竖向反力,还要承担很大的水平反力(图3-11)。拱桥对墩台有水平推力,承重结构以受压为主,这是拱桥的主要受力特点。通常可采用抗压能力强的材料和钢筋混凝土来建造。

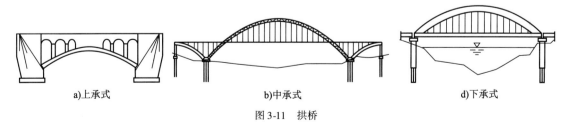

图3-11 拱桥

(3)悬索桥。悬索桥(吊桥)是以通过索塔悬挂并锚固于两岸(或桥两端)的缆索(或钢链)作为上部结构主要承重构件的桥梁(图3-12)。在竖向荷载作用下,通过吊杆使缆索承受很大的拉力,通常都需要在两岸桥台的后方修筑非常巨大的锚碇结构。悬索桥也是具有水平反力(拉力)的结构。悬索桥的跨越能力在各类桥型中是最大的。

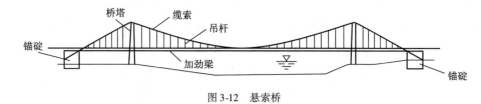

图3-12 悬索桥

(4)组合体系桥。组合体系桥是上部结构主要承重构件在同一断面由两种或两种以上独立结构体系组合而成并协同受力的桥梁。

(5)刚构桥。刚构桥是梁与墩、台为刚性联结的桥梁。刚构桥是介于梁与拱之间的一种结构体系,是由受弯的上部梁(或板)结构与承压的下部桩柱(或墩)整体结合在一起的结构(图3-13)。由于梁与柱的刚性连续,梁因柱的抗弯刚度而得到卸载作用,整个体系是压弯结构,也是推力结构。刚架分直腿刚架与斜腿刚架。

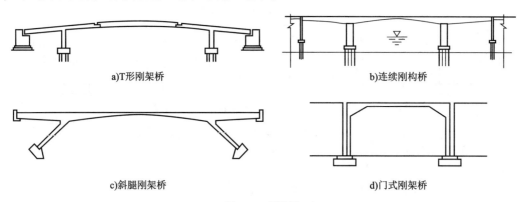

图3-13 刚构桥

(6)斜拉桥。斜拉桥是以两端分别锚固在塔和梁或其他载体上的斜拉索作为上部结构主要承重构件,形成塔、梁、索共同承载的结构体系桥梁。斜拉桥是一种主梁与斜缆相结合的组合体系(图3-14)。悬挂在塔柱上的被张紧的斜索将主梁吊住,使主梁像多点弹性支承的连续梁一样工作,这样既发挥了高强材料的作用,又显著减小了主梁截面,使结构减轻而能跨越很大的跨径。

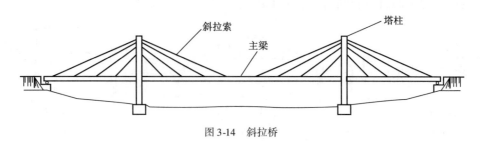

图3-14 斜拉桥

(7)梁、拱组合体系。这类体系有系杆拱、木桁架拱、多跨拱梁结构等(图3-15),是利用梁的受弯与拱的承压特点组成联合结构。其中,梁和拱都是主要承重物,两者相互配合共同受力。

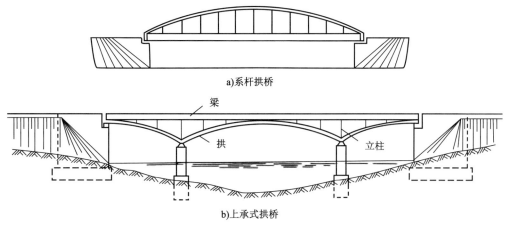

图 3-15 梁、拱组合体系

5.按跨越方式分类

桥梁除了跨越河流之外,还有跨越其他障碍的,如跨线桥和跨越深谷桥梁等。除了固定式的桥梁以外,还有开启桥、浮桥、漫水桥等。

6.按施工方法分类

在混凝土桥中,按施工的方法可分为整体式和节段式混凝土桥。

整体式混凝土桥是在桥位上搭脚手架、立模板,然后现浇成整体式的结构;节段式混凝土桥是在工厂(或施工现场、桥头)预制成各种构件,然后运输、吊装就位,拼装成整体结构;或在桥位上逐段现浇形成整体结构。

预制装配节段式混凝土桥可以省模板、支架,缩短工期;因制作条件较好,质量可以保证,但需要一定的运输条件和吊装机具。逐段现浇节段式混凝土桥主要应用在预应力混凝土结构,如采用逐跨施工法、移动模架法等的预应力混凝土节段式桥梁(悬臂梁、T形刚构、连续梁、连续-刚构等各种体系)。因这种施工是逐段推进,模板、机具设备可反复利用,所以结构整体性好,但需现场浇筑混凝土,当然,对现代混凝土施工技术来说,这已不是一个显著的缺点。

7.按建筑材料分类

按主要承重结构所用的材料来划分,有木桥、钢桥、圬工桥(包括砖、石、混凝土桥)、钢筋混凝土桥和预应力钢筋混凝土桥。在工程建设中,采用最广泛的是混凝土桥(包括钢筋混凝土桥、预应力混凝土桥和圬工拱桥)。

二、桥梁上部结构

上部结构是桥梁支座以上(无铰拱起拱线或框架底线以上)跨越桥孔部分的总称。

(一)梁桥

从承重结构的截面形式上分类,混凝土梁桥可分为板桥、肋梁桥和箱形梁桥。

从受力特点分类,混凝土梁桥可分为简支梁桥、连续梁桥和悬臂梁桥。

按施工方法分类,混凝土梁桥可分为整体浇筑式梁桥和预制装配式梁桥两类。

1. 简支梁桥

简支梁桥是以简支梁作为上部结构承重构件的梁桥。简支梁桥是以一端由固定支座支承、另一端由活动支座支承的梁作为上部结构主要承重构件的梁桥。简支梁是静定结构,相邻各跨单独受力,结构受力比较简单,不受支座变位等影响,适用于各种地质情况,构造也较简单,容易做成标准化、装配化构件,制造、安装都较方便,是一种采用广泛的梁式桥。但简支梁的跨中弯矩将随跨径增大而急剧增大,因而大跨径时显得不经济。

2. 连续梁桥

连续梁桥是上部结构由连续跨过三个及以上支座支承的梁作为承重结构的梁桥。连续梁在恒活载作用下,产生的支点负弯矩对跨中正弯矩有卸载的作用,使内力状态比较均匀合理,因而梁高可以减小,由此可以增大桥下净空,节省材料,且刚度大,整体性好,超载能力大,安全度大,桥面伸缩缝少;同时因为跨中截面的弯矩减小,使得桥跨可以增大。

3. 悬臂梁桥

悬臂梁桥是以悬臂梁作为上部结构主要承重构件的梁桥。悬臂梁桥可分为单悬臂梁桥、双悬臂梁桥、多孔悬臂梁桥、带挂孔的T形悬臂梁桥等多种形式。与简支梁桥相比,悬臂梁桥由于支点负弯矩的存在,跨中正弯矩显著减小,故可以减小跨度内主梁的高度,降低钢筋混凝土用量和结构自重,减小恒载内力;悬臂梁桥与多孔简支梁桥相比,从桥的立面上看,在桥墩上只需设置一排沿墩中心布置的支座,可减小桥墩的尺寸。

(二)拱桥

拱桥上部结构由主拱圈和拱上建筑组成。拱圈是在拱桥上部结构中,支承各种荷载并将其传递至墩、台的拱形结构,主拱圈是拱桥的主要承重结构。桥面与主拱圈之间需要有传力的构件或填充物,以使车辆能在平顺的桥道上行驶。桥面系和这些传力构件或填充物统称为拱上结构或拱上建筑。

拱桥的形式多种多样,构造各有差异,可以按照不同的方式进行分类。

按照主拱圈所使用的建筑材料可以分为圬工拱桥、钢筋混凝土拱桥及钢拱桥等。

按照拱上建筑的形式可以分为实腹式拱桥及空腹式拱桥。

按照拱轴线的形式可分为圆弧线拱桥、抛物线拱桥、悬链线拱桥等。

按照有无水平推力可分为有推力拱桥和无推力拱桥等。

按照桥面的位置可分为上承式拱桥、下承式拱桥和中承式拱桥。

按结构体系可分为简单体系拱桥、组合体系拱桥。

按主拱圈截面可分为等截面或变截面形式。

1. 上承式拱桥

(1)主拱圈。普通型上承式拱桥。根据主拱(圈)截面形式不同可分为板拱、板肋拱、肋拱、双曲拱和箱形拱等。板拱又可分为石板拱、混凝土板拱和钢筋混凝土板拱等。

肋拱桥由两条或多条分离的拱肋、横系梁、立柱和由横梁支承的行车道组成,拱肋是主要承重结构,拱肋的截面形式分为实体矩形、工字形、箱形、管形和劲性骨架混凝土箱形等,可由混凝土、钢筋混凝土、钢管混凝土、劲性骨架混凝土建造。箱形拱主拱圈可以由一个闭合箱(单室箱)或由几个闭合箱(多室箱)组成,每一个闭合箱又由箱壁(侧板)、顶板(盖板)、底板及横隔板组成。

整体型上承式拱桥。桁架拱桥由桁架拱片、横向联结系和桥面组成。桁架拱片是主要承重结构,由上、下弦杆,腹杆和实腹段组成。刚架拱桥的上部结构由刚架拱片、横向联结系和桥面等部分组成,拱片是刚架拱桥的主要承重结构,一般由跨中实腹段的主梁、空腹段的次梁、主拱腿(主斜撑)、次拱腿(次斜撑)等构成,与桥面板一起形成刚架拱的主拱片。

(2)拱上建筑。腹式拱上建筑由拱腹填料、侧墙、护拱、变形缝、防水层、泄水管以及桥面系组成。矢高较大的大、中跨径的拱桥,宜采用空腹式拱上建筑,空腹式拱上建筑除具有与实腹式拱上建筑相同的构造外,还具有腹孔和腹孔墩。

(3)其他细部构造。拱顶截面上缘以上作拱腹填充处理后,设置拱顶填料,在相对变形(位移或转角)较大的位置设置伸缩缝,而在相对变形较小处设置变形缝,渗入拱腹内的雨水,应由防水层汇集于预埋在拱腹内的泄水管排出。

2. 中、下承式钢筋混凝土拱桥

中承式拱桥的行车道位于拱肋的中部,桥面系(行车道、人行道、栏杆等)一部分用吊杆悬挂在拱肋下,一部分用刚架立柱支承在拱肋上。下承式拱桥的桥跨结构由拱肋、悬吊结构和横向联结系三部分组成。

(1)拱肋。中、下承式拱桥的主要承重构件是两个分离式的拱肋,拱肋可采用钢筋混凝土、钢管混凝土、劲性骨架混凝土或纯钢材。

(2)横向联结系。为了保证两片拱肋的横向刚度和稳定以承受作用在拱肋、桥面及吊杆上的横向水平力,一般须在两片分离的拱肋间设置横向联结系。

(3)悬吊结构。悬吊结构包括吊杆和桥面系等,吊杆将纵梁和横梁系统悬挂在拱肋下,桥面荷载通过吊杆和桥面系将作用力传递到拱肋上。

(三)刚构桥

桥跨结构(主梁)和墩台(支柱)之间采用刚性连接的桥梁称为刚构桥,也称刚架桥。刚构桥是由墩梁固结,共同工作的桥梁结构体系。刚构桥可以是单跨的,也可以是多跨的。刚构桥外形美观,结构尺寸小,桥下净空大,视野开阔。刚构桥的主梁高度可以较梁桥为小,在需要较大的桥下净空和建筑高度受限制时就具有明显的优势。刚构桥对地基条件要求较高。

1. 主梁

主梁截面形式与梁桥大致相同,主梁在纵桥向的变化可做成等截面、等高变截面和变高度三种。变高度主梁的底缘形状可以是曲线、折线、曲线加直线等,为保证底板的刚度,一般均宜在下缘转折处设置横隔板。大跨度预应力刚构桥,均采用箱形截面。

2. 节点

刚构桥的节点是指立柱(或斜支撑腿)与主梁相连接的部位,又称角隅节点。该节点必须具有强大的刚性,以保证主梁和立柱的可靠连接。

单跨刚构桥支柱可以做成直柱式或斜柱式。单跨的刚构桥可用拉杆连接两根支柱底端。单跨刚架也可以做成封闭刚架,它的整体刚度大,结构高度小,以整个底板做基础,埋深较浅,可以用在城市人行地道、高速公路下的通道,既有铁路的顶进桥等结构中。

多跨刚架(构)桥的主梁可以做成非连续式,形成带铰的T形刚构或带挂孔的T形刚构。多跨刚构桥也可以将主梁做成连续结构,形成连续刚构。

(四)斜拉桥

斜拉桥由拉索提供多点弹性支承,使其主梁弯矩、挠度显著减小,这不但可以使主梁尺寸大大减小,而且使结构自重减轻,节省材料,使得斜拉桥的跨越能力大大增强。斜拉索拉力的水平分力为主梁提供预压力,可提高主梁的抗裂性能,节省高强钢材的用量。

1. 主梁

斜拉桥的主梁结构主要采用混凝土结构、钢结构或者钢-混组合结构,在截面形式上可分为闭口截面和开口截面。

混凝土主梁横截面要求在满足抗弯、抗扭刚度的前提下,有良好的抗风动力性能,常用的有板式、半封闭箱形、闭合箱形截面等。

钢梁的常用横截面形式主要有双主梁、钢箱梁、桁架梁等。双主梁一般采用两根工字形钢主梁或钢箱梁,上置钢桥面板,主梁之间用钢横梁连接。钢箱梁截面的形式多样,有单箱单室、多箱单室、多箱多室等;为提高抗风稳定性,大跨度钢斜拉桥往往采用扁平钢箱梁。

钢-混结合梁(钢梁与混凝土桥面板)与混凝土主梁相比,结合梁自重较小、施工方便;与正交异性钢桥面板相比,工厂制造化程度较高、易于组装,混凝土桥面板耐磨耗、造价低。

2. 拉索

斜拉索是连接索塔与主梁、承受拉力、支承主梁的构件。拉索材料主要有平行钢丝索、平行钢绞线索和封闭式钢索等。平行钢丝索在工厂制造,经常采用环氧涂层来提高其抗疲劳性能和防腐蚀性能。平行钢绞线索在工厂制成半成品(对每股钢绞线均进行防护处理),在现场装配成整索,需配合夹片锚使用。

3. 索塔

索塔用以锚固或支承斜拉索,并将其索力传递给下部结构。塔柱可竖直或倾斜布置,可取单根或多根。当采用多根时,各塔柱之间需布置横梁。根据材料划分,索塔有混凝土塔、钢塔和钢-混结合的索塔。

(五)悬索桥

悬索桥主要由桥塔(包括基础)、主缆(也称大缆)、加劲梁、锚碇、吊索(也称吊杆)、鞍座及桥面结构等几部分组成。

悬索桥以高强钢丝作为主要承拉结构,具有跨越能力大、受力合理、最能发挥材料强度等优点,整体造型流畅美观,施工安全快捷。悬索是柔性结构,刚度较小,当活载作用时,悬索会改变几何形状,引起桥跨结构产生较大的挠曲变形;在风荷载、车辆冲击荷载等动荷载作用下容易产生振动。

1. 主缆

主缆是悬挂于索塔顶、两端锚固于锚碇的由平行钢丝或钢丝绳组成的悬索桥的主要承重构件。其特点是抗弯刚度很小,而抗拉刚度可以很大,故只适合于受拉。大部分悬索桥在全桥设有两根主缆,平行布置。

悬索桥的主缆可采用钢丝绳和平行钢丝束两种形式,钢丝绳一般用于中小跨度(跨度500m以下)的悬索桥,平行钢丝束适用于各种跨度的悬索桥。

2. 桥塔

桥塔的作用是支撑主缆。悬索桥的桥塔按其材料可分为砌体桥塔、钢桥塔和钢筋混凝土桥塔。早期的悬索桥多采用由石料砌筑的门架形桥塔结构。

3. 锚碇

锚碇是承受悬索桥主索两端拉力的结构,一般由锚块基础、锚块、主索的锚碇架及固定装置和遮棚等组成。悬索桥按主缆的锚固形式有地锚式和自锚式两类。

4. 加劲梁

悬索桥加劲梁的作用不像斜拉桥的那样大,它主要起支撑和传递荷载的作用。现已建成的悬索桥的加劲梁大都采用钢结构,沿桥纵向等高度设置,一般采用桁架梁或梭状扁平钢箱梁。

5. 索夹及吊索

吊杆(索)是悬索桥中连接主缆与桥面系或拱桥中连接主拱与桥面系的构件,一般可用钢丝索、钢绞线或钢丝绳制作。作用于悬索桥加劲梁上的恒载及活载通过吊索传给主缆。

6. 鞍座

鞍座是设在塔顶及桥台上直接支撑主缆,并将主缆荷载传递给塔及桥台的装置。设在塔顶的鞍座叫主鞍,用作主缆跨过塔顶的支撑,承受主缆产生的巨大压力并传递给桥塔。

三、桥梁下部结构

下部结构是支承桥梁上部结构并将其荷载传递至地基的桥墩、桥台和基础的总称。

(一) 基础

基础是将桥梁墩、台所承受的各种荷载传递到地基上的结构物,是桥梁结构物直接与地基接触的部分,是桥梁下部结构的重要组成部分。为了保证桥梁的正常使用和安全,地基和基础必须具有足够的强度和稳定性,变形也应在容许范围之内。桥梁基础根据埋置深度分为浅置基础和深置基础两类。

1. 扩大基础

扩大基础是扩大承载面积以适应地基容许承载力的基础,一般为明挖浅基础。扩大基是直接在墩台处开挖基坑修建而成的实体基础,适合于在岸上或水流冲刷影响不大的浅水处,且浅表地基承载力合适的地层。它构造简单,施工方便,最为常见。

2. 桩基础

桩基础是由桩以及连接桩顶的承台或系梁所组成的基础。由若干根桩和承台两部分组成,桩在平面排列上可为一排或几排,所有桩的顶部由承台连成一个整体。在承台上再修筑桥墩或桥台及上部结构。

桩身可全部或部分埋入地基土中,当桩身外露在地面上较高时,在桩之间应加横系梁以加强各桩的横向联系。按承台位置的不同,桩基础可分为高桩承台基础和低桩承台基础。高桩承台的承台底面位于地面(或冲刷线)以上,低桩承台的承台底面则位于地面(或冲刷线)以下。按施工方法的不同,桩基础可分为钻(挖)孔灌筑桩和沉入桩。

按基础的传力方式,桩基础可分为柱桩与摩擦桩。

3. 管柱基础

管柱基础是直径大于1.5m的钢筋混凝土或预应力混凝土圆管,用人工或机械方法清除管内土石,主要借振动逐节下沉至地基中设计高程处所构成的桥梁基础。是一种大直径桩基础,适用于深水、有潮汐影响以及岩面起伏不平的河床。

4. 沉井基础

沉井基础是带刃脚的井状构造物,用人工或机械方法清除井内土石,主要借自重克服井壁与土层的摩阻力,逐节下沉至地基中设计高程处,成为桥梁的基础。沉井有圆形、椭圆形、多边形等。沉井基础是一种历史悠久的施工方法,适用于地基表层较差而深部较好的地层,既可以用在陆地上,也可以用在较深的水中。

5. 复式基础

由常见基础通过组合而形成的深水基础结构。

(二)桥台

桥台是位于桥梁两端并与路基相连接的支承上部结构和承受台背填土压力的构造物。桥台除了支承桥跨结构的结构物之外,也是衔接两岸接线路堤的构筑物,既要能挡土护岸,又要能承受台背填土及填土上车辆荷载所产生的附加侧压力。

1. 重力式桥台

重力式桥台在承受外力时,依靠自身重力来保持稳定。

(1)U形桥台。重力式桥台为U形桥台,由台帽、台身和基础三部分组成。台身是由前墙和侧墙组成的桥台主体部分,台帽是桥台前墙顶部出檐的部分。前墙是桥台中对上部结构起支承作用的横桥向墙体。侧墙是桥台前墙两侧或涵洞洞口两侧设置的挡土墙。由于台身是由前墙和两个侧墙构成的U形结构,故而得名。

U形桥台为就地浇筑的整体式重型结构,主要靠自重平衡背后的土压力,多数台身为石砌圬工或混凝土。因其具有结构简单、基础底承压面积大、基地应力小等特点,被广泛应用于各式梁桥和拱桥的下部结构。

U形桥台圬工体积大,在使用过程中,由于设计考虑不周、台后高填土、地基承载力不足等,U形桥台会产生台身开裂、桥台基础下沉、台身倾斜、台后路面下沉等病害。

(2)其他形式实体桥台。埋置式桥台挡土采用耳墙,耳墙长度一般不超过4m,其主筋伸入台帽或背墙,以此实现锚固。

2. 轻型桥台

轻型桥台是利用钢筋混凝土结构的抗弯能力来减少圬工体积而轻型化的桥台。

(1)设有支撑梁的轻型桥台。台身为直立的薄壁墙,台身两侧有翼墙。在两桥台下部设置钢筋混凝土支撑梁,上部结构与桥台通过锚栓连接,构成四铰框架结构系统,并借助两端台后的被动土压力来保持稳定。

(2)埋置式桥台。埋置式桥台是台身大部分埋于土中,不设置翼墙,仅设耳墙局部挡土的桥台。桥台所受的土压力大为减小,桥台的体积也就相应减小。

按台身的结构形式,埋置式桥台可以分为后倾式、肋形埋置式、双柱式、框架式等。

(3)钢筋混凝土薄壁桥台。钢筋混凝土薄壁桥台由扶壁式挡土墙和两侧的薄壁侧墙构成。常用的结构形式有悬臂式、扶壁式、撑墙式及箱式等四种。

(4)加筋土桥台。在台后路基填土不被冲刷的中、小跨径桥梁,台高在3~5m时,可采用加筋土桥台。加筋土桥台可分为外露式和埋置式两种。

(5)八字形桥台。八字形桥台台身由前墙和两侧的八字翼墙构成。两者之间通常留沉降缝分砌。

(6)背撑式桥台。在八字形桥台或八字形桥台的前墙背后加一道或几道背撑,以保证结构的强度与稳定性,这类桥台为背撑式桥台。

3. 框架式桥台

框架式桥台由台帽、桩柱及基础或承台组成,是一种在横桥向呈框架式结构的桩基础轻型桥台。桩基埋入土中,所受土压力较小,适用于地基承载力较低、台身高度大于4m、跨径大于10m的桥梁。其构造形式有双柱式、多柱式、肋墙式、半重力式和双排架式、板凳式等。

4. 组合桥台

组合桥台包括台身和台座两部分。台身基础承受竖向力,一般采用桩基或沉井基础;拱的水平推力主要由后座基底的摩阻力及台后的土侧压力来平衡。因此,台座基底高程应低于拱脚下缘高程。台身与后座间受力密切配合,并设沉降缝以适应两者的不均匀沉降。

5. 承拉桥台

某些情况下,桥台可以承受拉力,因而要求在进行设计时考虑满足桥台受力要求,这就是承拉桥台。该种桥上部结构通常为单箱单室截面,箱梁的两个腹板延伸至桥台形成悬臂腹板,它与桥台顶梁之间设氯丁橡胶支座受拉,悬臂腹板与台帽之间设氯丁橡胶支座支承上部结构。

(三)桥墩

桥墩是多孔桥梁中,处于相邻桥孔之间支承上部结构的构造物,它除承受上部结构的荷载外,还要承受流水压力,水面以上的风力以及可能出现的冰荷载,船只、排筏或漂浮物的撞击力。桥墩按其构造可分为重力式、桩(柱)式、柔性排架桩式、钢筋混凝土薄壁和空心薄壁式及轻型桥墩等。

1. 重力式桥墩

重力式桥墩主要依靠自身重力(包括桥跨结构重力)来平衡外力,从而保证桥墩的稳定。它往往是用圬工材料修筑而成,具有刚度大、防撞能力强等优点,但同时存在阻水面积大、圬工数量大、对地基承载力要求高等缺点。适用于荷载较大的大、中型桥梁或流冰、漂浮物多的河流中,以及砂石料丰富的地区和基岩埋深较浅的地基。其截面形式主要有圆形、圆端形和矩形、尖端形等。

2. 柱式桥墩

柱式桥墩是墩身由一个或几个立柱所组成的桥墩,是目前公路桥梁中广泛采用的桥墩形式;特别是在桥宽较大的城市桥或立交桥中,这种桥墩不但能减轻自重,节约圬工材料,而且轻巧、美观。柱式桥墩一般由基础之上的承台、柱式墩身和盖梁组成,常用的有单柱式、双柱式、哑铃式和混合双柱式四种形式。盖梁是桩、柱式桥墩联结桩、柱顶端的横梁。承台是在群桩顶部浇筑的钢筋混凝土平台,其作用是承受、分布由墩身传来的荷载。

3. 柔性排架桩墩

排架桩墩是由成排的桩在桩顶以盖梁联结构成的桥墩。柔性墩是桥墩轻型化的途径之一,是墩身较细长,墩顶可随着上部结构顺桥向的位移而相应变位的桥墩。上部结构传来的水平力(制动力、温度影响力等)按各墩台的刚度分配到各墩台。柔性排架桩墩一般布设在两端具有刚性较大桥台的多跨桥中,不宜用在山区河流或漂流物严重的河流。

4. 空心桥墩

空心桥墩是墩身为空腔体的桥墩,有中心镂空式桥墩、薄壁空心桥墩两种形式。

中心镂空桥墩,是在重力式桥墩基础上镂空中心一定数量的圬工体积,旨在减少圬工数量,使结构更经济,减轻桥墩自重,降低对地基承载力的要求。

薄壁空心桥墩是用强度高、墩身壁较薄的钢筋混凝土构筑而成的空格形桥墩。其最大特点是大幅度削减了墩身圬工体积和墩身自重,减小了地基负荷,因而适用于软弱地基桥墩。

5. 框架式桥墩

框架式桥墩采用钢筋混凝土或预应力混凝土等压挠或挠曲构件组成平面框架代替墩身,支承上部结构,必要时可做成双层或多层框架,如 V 形墩、Y 形墩、X 形墩。这类桥墩结构不仅轻巧美观,给桥梁建筑增添了新的艺术造型,而且使桥梁的跨越能力提高,缩短了主梁的跨径,降低了梁高,但其结构复杂,施工比较麻烦。

6. 轻型桥墩

实体轻型桥墩可用混凝土、浆砌块石或钢筋混凝土材料做成。其中实体式钢筋混凝土薄壁桥墩最为典型。与重力式桥墩相比,其圬工体积显著减小,自重减小,因而其抗冲击能力较低,不宜用于流速大并夹有大量泥沙的河流,或可能有航船、冰等漂浮物撞击的河流中。一般用于中小跨径的桥梁上。

四、支座

支座是桥梁在桥跨结构与桥墩或桥台的支承处所设置的传力装置,支座受力包括恒载和活载引起的竖向力和水平力;同时,还要保证结构在活载、温度变化、混凝土收缩和徐变作用下的自由变形。支座形式有毛毡或平板支座、橡胶支座(板式或盆式)、钢支座等。

(一) 简易支座

简易支座有毛毡或平板支座(又称石棉板或铅板支座),一般使用在标准跨径10m以内的钢筋混凝土梁(板)桥。

(二) 板式橡胶支座

由数层薄橡胶片与刚性加劲材料黏结而成,一般在中等跨径桥梁上使用。

(三) 盆式橡胶支座

一般使用在大跨径钢筋混凝土梁式桥中,支座中的橡胶板置于扁平的钢盆内,盆顶用钢盖盖住。活动盆式橡胶支座由上支座板、不锈钢板、聚四氟乙烯滑板、圆钢盆、橡胶板、紧箍圈、防水圈和下支座组成。支座能承受相当大的压力。

(四) 平板式钢板支座

平板式钢板支座适用于8～12m跨径的桥梁。支座由上、下两块平面钢板组成,钢板厚度不小于20mm,钢板间接触面应经过粗制加工,活动端钢板间自由滑动,固定端在钢板间设有栓钉或镶有齿板。

(五) 弧形钢板支座

弧形钢板支座适用于跨径20m的梁桥。支座由两大块钢垫板构成,上面一块为平面形,下面一块的顶面为圆弧形。用于活动支座时,垫板沿接触面滑动,用于固定支座时,则用穿钉或齿板固定上下两块垫板位置。为使支座可自由转动,穿钉顶端制成圆弧形。

五、桥梁的附属设施

桥梁的附属设施包括桥面系、锥形护坡、桥头搭板、护岸和导流结构物等。

(一) 桥面系

上部结构中,直接承受车辆、人群等荷载并将其传递至主要承重构件的结构体系,包括桥面铺装、桥面板、纵梁、横梁、人行道等。

1. 桥面铺装

桥面铺装是为保护桥面板和分布车轮的集中荷载,用沥青混凝土、水泥混凝土、高分子聚合物等材料铺筑在桥面板上的保护层。桥面铺装应具有抗车辙、行车舒适、抗滑、不透水和与桥面板结合良好等特点。常用桥面铺装类型有水泥混凝土铺装、沥青混凝土铺装、防水混凝土铺装。

2. 桥面防水和排水设施

为了保障桥面行车通畅、安全,防止桥面结构受降水侵蚀,应设置完善的桥面防水和排水设施。桥面排水系统是由桥面集水、泄水和排水结构组成的排水体系。

3. 桥梁护栏

桥梁护栏具有使车辆不能突破、下穿、翻越桥梁以及美化桥梁建筑的功能。一般常见的护栏形式有混凝土护栏、波形梁护栏和缆索护栏。

4. 伸缩装置

伸缩装置是分离的相邻结构间,以满足结构间各自变形要求而不传递内力的预留空隙。桥梁伸缩装置的主要作用是适应桥梁上部结构在气温变化、活载作用、混凝土收缩徐变等因素的影响下变形的需要,并保证车辆通过桥面时平稳。一般设在两梁端之间,以及梁端与桥台背墙之间。常用的伸缩装置有模数式、梳齿板式、无缝(暗缝)型等。

5. 人行道及安全带

位于城镇和近郊的桥梁均应设置人行道,其宽度和高度应根据行人的交通流量和周围环境来确定。按人行道安装在主梁上的位置分搁置式(非悬臂式)和悬臂式。安全带是当桥面不设人行道时,为保障交通安全,在行车道边缘设置高出行车道的带状构造物。

6. 栏杆和灯柱

桥梁栏杆设置在人行道上,其功能主要在于防止行人和非机动车辆掉至桥下。在城市桥上以及城郊行人和车辆较多的公路桥上,都要设置照明设备。钢筋混凝土灯柱的柱脚可以就地浇筑并将钢筋锚固于桥面中。铸铁灯柱的柱脚可固定在预埋的锚固螺栓上。照明以及其他用途所需的电信线路等通常都从人行道下的预留孔道内通过。

(二) 锥形护坡

一般在桥台不能完全挡土时,为保护桥头路堤的稳定,防止冲刷,在桥台两侧设置锥形护坡。

(三) 桥头搭板

桥头搭板是搁置在桥台或悬臂梁端与路堤之间的连接板。其作用是调节板两端的不均匀沉陷,以减轻车辆对桥头的冲击。

(四) 护岸及导流结构物

调治构造物是为引导和改变水流方向,使水流平顺通过桥孔并减缓水流对桥位附近河床、河岸的冲刷而修建的水工构造物,如丁坝、顺坝、导流堤、护岸等。

丁坝是修筑于河岸或河滩路堤旁,坝根与河岸相连、坝头伸向水流(正交或斜交)的堤坝。其主要作用是束狭河床、挑流护岸,又称挑水坝。

顺坝是修筑于河岸或河滩路堤旁,坝根与河岸相连,下游坝头与河岸间留有缺口,坝身与水流大致平行的堤坝,主要作用是束狭河床、导流护岸。

护岸在河道岸坡上用块石或混凝土铺砌,以保护河岸的建筑物。

导流堤是用以平顺引导水流或约束水流的构筑物,作用是调节水流,使其均匀顺畅地通过桥孔,有效防止桥下断面和上、下游附近河床、河岸发生不利变形。

第五节 隧道工程

一、隧道的组成及分类

(一)隧道组成

隧道是一种修建在地下,两端有出入口,供车辆、行人、水流及管线等通行的工程建筑物。

公路隧道是为使公路从地层内部或水底通过而修建的建筑物,一般由洞身、洞门组成。洞门是在隧道的洞口部位,为稳定隧道洞口、挡土、坡面防护、美化洞口环境等而设置的隧道结构物。一般用于山岭隧道,常用洞门形式有端墙式、翼墙式、台阶式、削竹式、喇叭口式等。洞身狭义上指隧道的衬砌,广义上指包括围岩在内的隧道承载结构,衬砌是为控制和防止围岩的变形或坍落,确保围岩的稳定,或为处理涌水和漏水,或为隧道的内空整齐或美观等目的,将隧道的周边围岩被覆起来的结构体。

在洞口容易坍塌的地段,还可以加建明洞。明洞是位于隧道洞口或路堑地段、埋深较浅区段,采用明挖方法修建,然后又进行覆盖的隧道。

隧道的附属构筑物有防水和排水设施、通风和照明设施、交通信号设施以及应急设施等。

隧道在山岭地区可用于克服地形或高程障碍、改善线形、提高车速、缩短里程、节约燃料、节省时间、减少对植被的破坏、保护生态环境;还可以用于克服落石、塌方、雪崩、崩塌等危害。修建隧道能使路线平顺、行车安全、节省费用,能提高舒适性,战时能增加隐蔽性,提高防护能力,并且不受气候影响。

(二)隧道分类

1. 按所处的地层条件分类

(1)石质隧道。修建在成岩地层中的隧道。

(2)土质隧道。修建在土质地层中的隧道。

2. 按埋置的深度分类

(1)浅埋隧道。作用在支护结构之上的土压力受隧道埋置深度、地形条件及地表环境影响的隧道。

(2)深埋隧道。作用在支护结构之上的土压力与隧道埋置深度、地形条件及地表环境基本无关的隧道。

3. 按所处位置分类

(1)山岭隧道。贯穿山岭或丘陵台地的隧道,是线路为克服地形障碍而修建的地下构造物。

(2)水下隧道。穿越海洋、河流、湖泊、运河等水域修建的隧道,是线路为克服水域障碍而修筑的水底构造物。

(3)城市隧道。建设在城市地区的隧道,是城区道路为克服已有建筑物障碍而修筑的地下构造物,一般不具备洞内自留排水的能力。

4. 按隧道断面大小分类

(1)特大断面隧道。断面面积在100m^2以上的隧道。

(2)大断面隧道。断面面积在50~100m^2的隧道。

(3)中等断面隧道。断面面积在10~50m^2的隧道。

(4)小断面隧道。断面面积在3~10m^2的隧道。

(5)极小断面隧道。断面面积在3m^2以下的隧道。

5. 按隧道用途分类

1)交通隧道

这是隧道中为数最多的一种,它们的作用是提供运输的孔道和通道。主要包括铁路隧道、公路隧道、地下铁道、水底隧道、航运隧道和人行通道。

(1)公路隧道。专供汽车运输行驶的通道。在城市附近,为避免平面交叉,利于高速行车,也常采用隧道方案,在改善公路技术状态和提高运输能力方面起到了很好的作用。公路隧道分为特长隧道、长隧道、中隧道和短隧道四类,具体分类见表3-11。

公路隧道长度分类　　　　　　　　　　表3-11

隧道分类	特长隧道	长隧道	中长隧道	短隧道
隧道长度$L(m)$	$L>3000$	$3000 \geqslant L \geqslant 1000$	$1000>L>500$	$L \leqslant 500$

(2)人行通道。在城市中,需要穿越车辆密集的街道、高速公路、高速铁路以及交通事故易发路段时,通常采用修建人行通道的办法缓解地面交通压力,避免或减少交通事故。

2)市政隧道

在城市中为规划安置各种不同市政设施而在地面以下修建的各种地下孔道称为市政隧道。它与城镇居民的工作、生产和生活有着密切联系,是城市的生命线工程。主要包括给水隧道、污水隧道、管线隧道、综合管廊、人防隧道。

二、隧道洞身

(一)隧道净空与建筑界限

隧道净空是指隧道衬砌内轮廓线所包围的空间,包括隧道建筑限界、通风、照明及其他所需面积。

隧道建筑限界是为了保证隧道内各种交通的正常运行与安全,而规定在一定宽度和高度范围内不得有任何障碍物的空间范围。隧道净空除包括建筑限界以外,还包括通风管道、照明设施、防灾设备、监控设备、运行管理等附属设备所需要的足够空间,以及富余量和施工允许误差等。

(二)隧道衬砌内轮廓线

衬砌的内轮廓线应尽可能地接近建筑限界,而且使衬砌内表面圆顺,不留棱角。衬砌各截面厚度根据隧道所处的地质条件和水文地质条件不同而变化,也与隧道受到荷载大小、跨度、衬砌材料和施工条件有关。

1. 衬砌内轮廓线

衬砌在隧道净空内的完成线,在内轮廓线之间的空间即为隧道的净空断面。该线应满足所围成的断面面积最小,适合围岩压力和水压的特点,以经济、安全、适用和合理为目的。

2. 衬砌外轮廓线

为保持隧道净空断面的形状,衬砌必须有足够厚度(或称衬砌最小厚度)的外缘线。为了确保衬砌有足够的厚度,侵犯该线的岩土体必须全部清除,初期支护等也不应侵入。

3. 实际开挖线

在隧道光面爆破开挖时,为保证衬砌外轮廓线形状,实际开挖线不可避免成为不规则形状,而且通常开挖断面的实际轮廓线稍稍超过外轮廓线,也称超挖线。

(三)洞身衬砌

隧道开挖后,为了保持围岩稳定,确保行车与运营安全,隧道必须有足够强度的支护结构,即隧道衬砌。支护的方式有外部支护和内部支护。外部支护从外部支撑着坑道的围岩,如整体式混凝土衬砌、砌石衬砌、装配式衬砌、喷射混凝土支护等。内部支护对围岩进行加固以提高其稳定性,如锚杆支护、喷锚支护、压入浆液等。混合支护,即内部与外部支护混合一起的衬砌。

1. 整体式混凝土衬砌

指就地灌筑混凝土衬砌,也称模筑混凝土衬砌。根据不同的地质条件,或是按照不同的围岩类别,又分为整体式混凝土直墙式衬砌和曲墙式衬砌两种形式。

(1)直墙式衬砌。适用于地质条件比较好的地段。衬砌由上部拱圈、两侧竖直边墙和下部铺底三部分组合而成。

(2)曲墙式衬砌。适用于地质比较差,岩体松散破碎、强度不高、又有地下水,侧向水平压力也相当大的情况。衬砌由顶部拱圈、侧面曲边墙和底部仰拱所组成。

2. 装配式衬砌

衬砌由若干在工厂或现场预先制备的构件,运入隧道内,用机械将它们拼装成一环接着一环的衬砌。目前多在使用盾构法施工的城市地下铁道中应用。

3. 喷锚支护

喷锚支护是目前常用的一种围岩支护手段。采用喷锚支护可充分发挥围岩的自承能力,并有效地利用洞内净空,提高作业的安全性和作业的效率,并能适应软弱和膨胀性地层中的隧道开挖,还能用于整治坍方和隧道衬砌的裂损。

喷锚支护包括锚杆支护、喷射混凝土支护、喷射混凝土锚杆联合支护、喷射混凝土钢筋网联合支护、喷射混凝土与锚杆及钢筋网联合支护,以及上述几种类型加设型钢支撑(或格栅支撑)而成的联合支护等。

4. 复合式衬砌

复合式衬砌是由初期支护和二次衬砌及中间防水层组合而成的衬砌。复合式衬砌结构稳定,防水和衬砌外观均能满足公路隧道使用的基本要求,适合多种地质条件,技术较为成熟,是目前公路隧道最好的衬砌结构形式。

5. 连拱衬砌

连拱衬砌是将两隧道之间的岩体用混凝土取代,或是将两隧道相邻的边墙连接成一个整体,形成双洞拱墙相连的一种结构形式。中间的连接部分通常称为中墙。连拱洞口位置选择自由度大,适用于地形复杂、线路布设极为困难的情况;引线占地面积少,接线难度小;可降低洞口边坡高度,减少营运中的安全隐患;便于运营管理。一般适用于长度不超过500m的短隧道。

(四)隧道衬砌材料

隧道是埋藏在地层深处的工程建筑物,其衬砌通常需要承受较大的围岩压力、地下水压力,有时还要受到化学物质的侵蚀,地处高寒地区的隧道往往还要受到冻害等。用于衬砌的材料应具有足够的强度、耐久性,抗渗性、耐腐蚀性和抗冻性等。

1. 混凝土

混凝土的优点是整体性好,既可以在现场浇筑,也可以在加工场预制;同时,可以机械化施工。其本身密实性较好,具有一定的抗渗性。混凝土可以根据需要加入其他附加剂,如低温早强剂、常温早强剂、速凝剂、缓凝剂、塑化剂、加气剂等,来满足使用和施工的需要。

混凝土材料的缺点是灌注后不能立即承受荷载,需要进行养生,达到一定强度才能拆模,占用的模板和拱架较多。普通混凝土的耐侵蚀能力较差。

2. 钢筋混凝土

隧道施工时,暗挖部分就地绑扎钢筋比较困难,采用格栅钢架并加上连接钢筋和钢筋网等作为临时支护,在完成临时支护之后,成为永久支护。

3. 喷射混凝土

喷射混凝土是将混凝土干拌和料、速凝剂和水,用混凝土喷射机高速喷射到洁净的岩石表面上凝结而成。其密实性较高,能快速封闭围岩的裂隙,密贴于岩石表面,早期强度高,能很快起到封闭岩面和支护作用,是一种理想的衬砌材料。

4. 锚杆与锚喷支护

锚杆是用机械方法加固围岩的一种材料。通常可分为机械型锚杆、黏结型锚杆以及预应力锚杆。围岩不够稳定时,还可以张挂金属网,设置锚杆再加喷射混凝土,即为锚喷支护。

5. 片石混凝土

片石混凝土是通过将片状或块状的石头与混凝土混合浇筑而成的一种复合材料。应用于隧道洞门挡墙、挡土墙等结构中。缺点是砌缝多,容易漏水,施工主要是手工操作,费工费时,不能机械化施工。

6. 装配式材料

采用盾构法施工时,其衬砌材料往往采用装配式材料,如钢筋混凝土大型预制块等。在修筑棚式明洞(简称棚洞)时,可用预制板或梁装配板式棚洞或梁式棚洞。

7. 隧道衬砌防排水

采用复合式衬砌时,应在初期支护与二次衬砌之间设置防水板及无纺土工布,并设置系统盲管。

二次衬砌混凝土应满足抗渗要求,二次衬砌的施工缝、沉降缝和伸缩缝应采取防水措施。

在衬砌两侧边墙背后底部应设沿隧道的纵向排水盲管,沿衬砌背后环向应设置导水盲管,集中出水处应单独设置竖向盲管。

环向盲管、竖向盲管应与边墙底部的纵向排水盲管连通,纵向排水盲管应与横向导水管连通。

三、隧道洞口

(一) 洞门的作用

隧道两端洞口处应设置洞门。设置隧道洞门,起到挡土墙的作用,可以减少土石开挖量。洞门可以减少引线路堑的边坡高度,缩小正面仰坡的坡面长度,从而使边坡及仰坡得以稳定。洞门可以把流水引入侧沟,保证洞口的正常干燥状态。洞口是隧道唯一的外露部分,是隧道正面的外观,修建洞门也可以算是一种装饰。在城市附近的隧道,洞门尤其应当配合城市的美化要求,予以艺术处理。

(二) 洞门形式

1. 洞口环框

当洞口石质坚硬而围岩稳定,地形陡峻而又无排水要求时,可以设置一种不承载的简单洞口环框。它能起到加固洞口和减少雨后洞口滴水的作用,并对洞口作出简单的装饰。环框的宽度与洞口外观相匹配,使仰坡上流下的水从洞口正面淌下。

2. 端墙式洞门

端墙式洞门适用于地形开阔、岩质基本稳定的地区。端墙的作用在于支护洞口仰坡,保持其稳定,并将仰坡水流汇集排出。端墙的构造一般采用等厚的直墙,直墙圬工体积比其他形式都小,而且施工方便。

3. 翼墙式洞门

当洞口地质较差,山体纵向推力较大时,可以在端墙式洞门以外增加单侧或双侧的翼墙,形成翼墙式洞门。翼墙与端墙共同作用,以抵抗山体纵向推力,增加洞门抗滑动和抗倾覆的能力。

4. 柱式洞门

当地形较陡,地质条件较差,仰坡有下滑的可能性,而又受地形或地质条件限制,不能设置翼墙时,可在端墙中部设置两个断面较大的柱墩,以增加端墙的稳定性。这种洞门墙面有凸出线条,较为美观,对于长大隧道,采用柱式洞门比较壮观。

5. 台阶式洞门

当洞门处于傍山侧坡地区,洞门一侧边坡较高时,为减小仰坡高度及外露坡长,可以将端墙一侧顶部改为逐步升级的台阶形式,以适应地形的特点,减少仰坡土石方开挖量,这种洞门也有一定的美化作用。

6. 斜交洞门

当线路方向与地形等高线斜交时,可将洞门做成与地形等高线一致,使洞门左右可以保持近似对称。衬砌洞口段和洞门相对于线路呈斜交形式。

7. 削竹式洞门

当隧道洞口段有一节较长的明洞衬砌时,由于洞门背后一定范围内是以回填土为主,当山体的推滑力不大时,可采用削竹式洞门。削竹式洞门洞口边仰坡开挖量少,有利于山体的稳定,减少对植被的破坏并有利于保护环境;各种围岩类别均能适用。

四、明洞

明洞是用明挖法修建的隧道,不同于前述的一般隧道,它不是在地层内先挖出坑道,然后修建结构物的,而是在露天的路堑地面上或是在敞口的基坑内,先修筑结构物,然后再回填覆盖土石。明洞的结构类型因地形、地质和危害程度的不同而有许多种形式,采用最多的是拱式明洞和棚式明洞两种。

(一)拱式明洞

拱式明洞的结构形式与一般隧道基本相似,也是由拱圈、边墙和仰拱或铺底组成。其内轮廓也和隧道一致。由于它周围是回填的土石,结构的截面尺寸要略大一些。当洞口的地形或地质条件难以用暗挖的方法修建隧道时,需要修筑拱式明洞来防护。拱形明洞是在露天施工的,不受地下坑道条件的限制,因此,可以采用钢筋混凝土做拱圈。

(二)棚式明洞

当山坡的塌方、落石数量较少,山体侧向压力不大,或因受地质、地形限制,难以修建拱式明洞时,可采用棚式明洞(简称棚洞)。棚式明洞常见的结构形式有盖板式明洞、钢架式明洞和悬臂式明洞三种。

五、竖井、斜井

一般隧道开挖是从两洞口相向或从其中一个洞口单向进行。但对于长大隧道,因工期、经济、施工、地形、环境等条件限制,有必要分成几个工程区段进行施工,多数情况下要设工作坑道。工作坑道按坡度分为横洞、斜井、竖井和平行导坑。竖井、斜井除作为施工作业坑道外,常用作公路隧道的通风井。

(一)竖井

竖井与主坑道的衔接方式有设置在主坑道的正上方和不从主坑道设置两种。

竖井的支护和衬砌,应考虑地质、深度、断面形状、使用时间、目的、施工方法等进行设计。

通风竖井的断面,一般采用圆形,其大小由隧道所需的通风量来决定。通风竖井最恰当的位置在通风量的分区点上。山岭隧道的竖井位置受地形、地质条件、周围的环境条件、气象条件等各种因素制约,也有必要将竖井选在能限制通风动力损失最低的位置上。

(二)斜井

斜井与主坑道连接要合适,长度尽可能短,斜井坡度取决于主坑道开挖出渣的运输方式。斜井的断面由出渣运输设备、搬入主坑道使用的机械、钢支撑、混凝土输送、扬排水用的配管、送排风管、电气配线(电力、照明、信号)和用于工作的通道等因素确定。

六、隧道路面及内装、顶棚

(一)内装和顶棚

为了确保行车安全,在道路隧道中采用适当的材料加以内装处理,以改善隧道内的环境,衬托出障碍物的轮廓,并具有良好的反射率,减少眩光;吸收噪声,降低通风机产生的噪声和汽车行驶时的噪声。顶棚可以美化隧道,与整齐排列的灯具相互衬托,有明显的诱导作用和美化效果。公路隧道内壁装饰材料目前主要有瓷砖、涂料、装饰板材等,隧道内壁装饰不得侵入建筑限界。

(二)路面

隧道内路面与洞外路堑段相比存在特殊性,应具有足够强度和耐久性,要求路面漫反射率高,颜色明亮。路面材料主要有水泥混凝土和沥青混凝土两种。

七、隧道附属建筑设施

隧道主体结构完成后,还不能保证车辆的安全通行,为了隧道能正常使用,还必须修建一些附属建筑物,包括安全避让设施、电力通信信号的安放设施、防排水设施等。

(一) 紧急停车带

当隧道中行驶的车辆发生故障时应及时离开干道进行避让,以免发生交通事故,紧急停车带就是专供紧急停车使用的停车位置。尤其在长大隧道中,故障车必须尽快离开干道,否则会引起交通阻塞,甚至导致交通事故。

(二) 横洞和预留洞室

横洞和预留洞室的位置应设置在地质条件良好的地段内。分离式独立双洞公路隧道之间应设置横向通道,以供巡查、维修、救援及车辆转换方向用。横洞的衬砌类型,一般应和隧道相应部位衬砌类型相同,行人横洞的底面应与人行道或边沟盖板顶面平齐。500m以上的隧道宜单独设置存放专用消防器材等的洞室,并设置明显标志。

(三) 电缆槽与其他设施预留槽

穿越隧道的各种电缆,如照明、通信、电力等电缆需设置电缆槽来防止其潮湿、腐烂以及人为破坏。电缆槽用混凝土浇筑,可紧靠水沟并行设置,槽顶设有盖板防护。动力电缆和通信电缆分别放置在隧道两侧。公路隧道还需留有设置消防水管的位置。

(四) 运营通风设施

公路隧道通风方式分自然通风和机械通风两种方式,自然通风是利用洞内的天然风流和汽车运行引起的活塞风达到通风的目的。机械通风只在自然通风不满足要求时,设置一系列通风机械,送入或吸出空气达到通风目的。

八、隧道防排水

水是影响隧道正常施工和运营的重要因素之一,为避免和减少水的危害,隧道遵循"截、堵、排相结合"的综合治水原则,并以模筑混凝土衬砌作为防水(堵水)的基本措施。"截"是在隧道以外将地表水和地下水疏导截流,使水不能进入隧道工程范围内;"堵"是以衬砌混凝土为基本防水层,以其他防水材料为辅助防水层,阻隔地下水,使之不能进入隧道内,必要时还可以采用注浆堵水措施;"排"是人为设置排水系统,将地下水排出隧道;"相结合"是因地制宜,综合考虑,适当选择治水方案,做到技术可行,费用经济,效果良好,保护环境。

(一) 截水措施

在地表水上游设截水导流沟,地下水上游设泄水洞或洞外井点降水。

截水导流沟和泄水洞完成后即可自行永久发挥作用,而洞外井点降水,则需用水泵抽水,只能解决浅埋隧道在施工期间的降水问题。当隧道埋深较大时,可在洞内设井点降水,以解决洞内局部区段的降水问题。此外辅助坑道中的平行导坑、横洞、斜井、竖井均可以作为泄水洞。

(二) 堵水措施

常用的堵水措施有喷射混凝土堵水,塑料板堵水,混凝土衬砌堵水。当水量大、压力大时,可采取注浆堵水,注浆既可以堵水也可以起到加固围岩的作用。绝对堵死地下水是很困难的,要充分做好排水组织,做到堵排结合,边排边堵。

(三)排水措施

利用盲沟、泄水管、渡槽、中心排水沟或排水侧沟等进行排水。

盲沟是在衬砌与围岩之间提供过水通道,并使之汇入泄水孔。它主要用于引导较为集中的局部渗流水。

渡槽是在衬砌内表面设置的环向槽,其尺寸按水量大小确定,其间距一般应与筑拱环节长度配合,施工缝往往是漏水最多的位置。

隧道内的排水一般均采用排水沟方式,主要有中心排水沟和路侧排水沟,在严寒地区应设置防冻水沟。排水沟断面可为矩形或圆形,并便于清理和检查。

排水沟承接泄水孔泄出的水,并将其排出隧道。隧道纵向排水沟有单侧、双侧、中心式三种形式,根据线路坡度、路面形式、水量大小等因素确定。洞外排水应根据地形、地质、气象情况,结合农田水利情况全面规划,综合治理,因地制宜地设置疏水、截水、引水设施。

泄水孔是设于衬砌边墙下部的出水孔道,它将盲沟流来的水直接泄入隧道内的纵向排水沟。

第六节　交通工程及沿线设施

一、交通工程及沿线设施的组成

交通工程及沿线设施是公路沿线交通安全、管理、服务、环保等设施的总称,是保障公路交通便捷、安全、经济、高效必不可少的配套设施。

(一)交通安全设施

交通安全设施是指为维护交通秩序,确保交通安全,充分发挥道路交通的功能,在道路沿线设置的交通标志和标线、防撞护栏和隔离栅等交通硬件设施的总称,交通安全设施主要涵盖交通标志、标线、护栏、公路视线诱导设施以及其他安全设施。公路交通安全设施主要起安全防护和服务诱导作用,通过科学、合理地设置交通安全设施,最大限度地保障公路使用者的人身和财产安全,为公路使用者提供诱导服务,预防和减少交通事故的发生,降低事故损失程度,提高交通安全性;提高道路通行能力和交通运行效率;提高行车舒适性;保障驾乘人员安全、快速、舒适地到达目的地;降低交通能耗和交通对环境的影响。

(二)交通管理设施

交通管理就是按照既定的法规与要求,运用各种手段、方法、工具和设备等对动态交通准确地调度,使其安全通畅地运行。实行交通管制的重点在于运用各种设施控制、掌握并及时地指挥交通。管理设施包括机电设施和管理养护等设施,机电设施包括收费系统、监控系统、通信系统以及供配电、照明等。

交通监控系统是为给交通控制体系提供信息,在沿线适当地点配置的各种监视装置所组成的信息体系。监控系统由信息采集子系统、信息提供子系统和监控中心三大部分组成。

收费系统是完成收费功能的设施、装备和人员的集合体。收费站是收费业务的基层管理单位,配备有相应的收费设施(包括收费广场、收费站房和收费设备等)。

交通控制是为预防交通阻塞、促进交通畅通而采取的控制、协调和诱导交通的手段,控制系统一般采用与变化的交通情况相适应的设备,如电子计算机等。

养护工区、管理所(站)等指为保障公路完好、安全和畅通,在公路上设立的养护管理场所和设施。超限检测站等指为保障公路完好、安全和畅通,在公路上设立的对车辆实施超限检测,认定、查处和纠正违法行为的执法场所和设施。

(三)交通服务设施

服务设施包括服务区、停车区和客运汽车停靠站。服务区是指设置在公路上,主要为人、车提供服务的场所。停车区是为满足驾驶员生理上的要求,并解除疲劳和紧张所需要的最小限度的服务设施。停车区应设置停车场、公共厕所、室外休息区等设施。公共汽车停靠站是在公共交通车辆运行的道路上,按营运站位置设置的车辆停靠设施,有岛式、港湾式等。

二、交通安全设施

交通安全设施是为保障行车和行人的安全和充分发挥公路的作用,在公路沿线设置的人行地道、人行天桥、照明设备、护栏、标志、标线等设施的总称。

(一)人行地道(天桥)

当交叉口宽阔、人流量大、车流量大且车速高时,如快速路上的交叉口,可考虑设置人行天桥或人行地道,这是行人交通组织最彻底、最有效的办法。人行地道是专供行人横穿公路用的地下通道;人行天桥是专供行人通行的跨越公路或铁路用的桥梁。

(二)护栏

护栏是沿危险路段的路基边缘设置的警戒车辆驶离路基和沿中央分隔带设置的防止车辆闯入对向车道的防护设施,以及为使行人与车辆隔离而设置的保障行人安全的设施。

护栏按设置位置可分为桥侧护栏、桥梁中央分隔带护栏和人行道、车行道分界处护栏;按栏杆的使用目的可分为人行道栏杆和防撞栏杆(防撞护栏);按构造特征可分为梁柱式(金属制和混凝土)护栏、钢筋混凝土墙式护栏和组合式护栏;从形式上可分为节间式与连续式;按防撞性能可分为刚性护栏、半刚性护栏和柔性护栏。

1. 按碰撞后的变形程度分类

根据碰撞后护栏的变形程度,护栏可分为柔性护栏、半刚性护栏和刚性护栏。其中,柔性护栏变形最大,刚性护栏变形最小,半刚性护栏变形居中。

(1)刚性护栏。主要代表形式是混凝土护栏,由一定形状的混凝土块相互连接组成墙式结构,通过失控车辆碰撞后爬高并转向来吸收碰撞能量,是一种基本不变形的护栏结构。

(2)半刚性护栏。主要代表形式是波形梁护栏,由相互拼接的波纹状钢板和立柱构成连续梁柱结构,利用土基、立柱、波纹状钢板的变形来吸收碰撞能量,并迫使失控车辆改变方向,具有一定的强度和刚度。半刚性护栏损坏部件容易更换,具有一定的视线诱导作用,而且外形美观。

(3)柔性护栏。主要代表形式是缆索护栏,由数根施加拉力的缆索固定于端柱上而组成钢缆结构,主要依靠缆索的拉应力来抵抗车辆的碰撞荷载,吸收碰撞能量,是一种具有较大缓冲能力的护栏结构。护栏形式美观,车辆行驶时没有压迫感,但视线诱导效果差。

2. 按其在公路中的纵向位置分类

(1)路基护栏。设置于路基上的护栏。

(2)桥梁护栏。设置于桥梁上的护栏,目的是防止失控车辆越出桥外。

3. 按其在公路中的横向位置分类

(1)路侧护栏。是设置于公路路侧建筑限界以外的护栏,防止失控车辆越出路外或碰撞路侧构造物和其他设施。按防撞等级分为 B、A、SB、SA、SS 五级。

(2)中央分隔带护栏。设置于公路中央分隔带内的护栏,防止失控车辆穿越中央分隔带闯入对向车道,并保护中央分隔带内的构造物。按防撞等级分为 Am、SBm、SAm 三级。

(3)活动护栏。为了方便一些特种车辆,如救援车、养护作业车的行驶需要,每隔一定距离安装的护栏。

(三)交通标志

道路交通标志以颜色、形状、字符、图形等向道路使用者传递交通控制、引导信息。它的作用在于组织、管理、指导交通的运行,为道路使用者提供确切的交通信息,保证车辆安全、畅通、有序地运行,同时还是道路的装饰工程、形象工程和美化工程。

1. 分类

(1)按作用分类。分为主标志和辅助标志,主标志包括禁令标志、指示标志、警告标志、指路标志、旅游区标志和告示标志。辅助标志设在主标志下方,对其进行辅助说明。

禁令标志是禁止或限制车辆、行人交通行为的标志。

指示标志是指示车辆、行人行进的标志。

警告标志是警告驾驶员和行人注意前方有急弯、陡坡、交叉口及其他公路状况信息的标志。

指路标志是传递公路方向、地点、距离信息的标志。

旅游区标志是提供旅游景点方向、距离的标志。

告示标志是告知路外设施、安全行驶信息以及其他信息的标志。

(2)按显示位置分类。分为路侧标志和路上方标志,对应的支撑结构形式为柱式、路侧附着式、悬臂式、门架式、车行道上方附着式。

(3)按版面内容显示方式分类。分为静态标志和可变信息标志。

(4)按光学特性分类。分为逆反射标志、照明标志和发光标志三种,其中照明标志按光源安装位置又分为内部照明标志和外部照明标志。

(5)按设置的时效分类。分为永久性标志和临时性标志。由于施工作业或交通事故管理导致道路使用条件改变的区域,所使用的道路交通标志是临时性标志。

(6)按标志传递信息的强制性程度分类。分为必须遵守标志和非必须遵守标志。禁令标志、指示标志为道路使用者必须遵守标志。

2. 标志设置

道路交通标志宜设置在车辆行进方向道路右侧,也可根据具体情况在车辆行进方向道路左侧、两侧同时设置,或设置在路上方。标志安装时板面垂直于行车方向,视实际情况调整其水平或俯仰角度,路侧标志内边缘不应侵入道路建筑限界,距车行道(人行道)渠化岛的外侧边缘或土路肩应不小于25cm。

3. 标志支撑

(1)柱式。分为单柱式、多柱式。单柱式是标志板安装在一根立柱上,适用于中小型尺寸的禁令、指示、警告等标志。多柱式是标志板安装在两根及两根以上立柱上,适用于长方形标志。

(2)悬臂式。分为单悬臂式、双悬臂式,标志板安装于支撑的悬臂上。

(3)门架式。标志安装在门架上。门架上各标志板的底部高度宜保持一致。

(4)附着式。按附着板面所处位置不同,分为路上方附着式、路侧附着式。标志附着安装在路上方或路侧的构造物上。

4. 可变信息标志

可变信息标志是通过自动或手动变换图形、文字、符号,传递交通信息的标志。一般可用作速度控制、车道控制、道路状况、气象状况等内容的显示。无须根据交通、道路、气象等状况的变化而显示可变信息时,可变信息标志的显示屏应关闭。

(四)交通标线

道路交通标线是由施划或安装于道路上的各种线条、箭头、文字、图案及立面标记、实体标记、突起路标和轮廓标等所构成的交通设施,它的作用是向道路使用者传递有关道路交通的规则、警告、指引等信息,可以与标志配合使用,也可以单独使用。

1. 按功能分类

(1)指示标线。指示车行道、行车方向、路面边缘、人行道、停车位、停靠站及减速丘等的标线。

(2)禁止标线。告示道路交通的遵行、禁止、限制等特殊规定的标线。

(3)警告标线。促使道路使用者了解道路上的特殊情况,提高警觉,准备应变防范措施的标线。

2. 按设置方式分类

(1)纵向标线。沿道路行车方向设置的标线,包括可跨越对向车行道分界线、可跨越同向车行道分界线、潮汐车道线、车行道边缘线、左弯待转区线、路口导向线、导向车道线。

(2)横向标线。与道路行车方向交叉设置的标线,包括人行横道线、车距确认线。

(3)其他标线。字符标记或其他形式标线,包括道路出入口标线、停车位标线、停靠站标线、速丘标线、导向箭头、路面文字标记、路面图形标记。

3.按形态分类

(1)线条。施划于路面、缘石或立面上的实线或虚线。

(2)字符。施划于路面上的文字、数字及各种图形、符号。

(3)突起路标。安装于路面上用于标示车道分界、边缘、分合流、弯道、危险路段、路宽变化、路碍物位置等的反光体或不反光体。

(4)轮廓标。安装于道路两侧,用以指示道路边界轮廓、道路的前进方向的反光柱(或反光片)。

(五)其他安全设施

1.隔离栅

隔离栅是设置于公路沿线两侧,阻止人、动物进入公路或沿线其他禁入区域,防止非法侵占公路用地的设施。它可有效地排除横向干扰,避免由此产生的交通延误或交通事故,保障公路的通行安全和效益的发挥。隔离栅有金属网型、刺铁丝和常青绿篱三大类。

互通立交区域、服务区、停车区、收费站、管理(局)所等处及设置刺铁丝隔离栅的路段,宜与绿化相配合,选择合适的小乔木或灌木,在管辖地界范围形成绿篱,以有效增强该区域的景观。

2.防落网

防落网是设置于公路上跨桥两侧或挖方路段侧,用于阻止物品、杂物、运输散落物或地质灾害产生的土、石等材料落入公路建筑限界以内的设施。设置于公路上跨桥两侧时,称为防落物网;设置于挖方路段一侧时,称为防落石网。

3.防眩设施

防眩设施是一种提高行车安全性、舒适性的设施,防眩设施既要有效遮挡对向车辆前照灯的眩光,也要满足横向通视好、能看到斜前方,并对驾驶员心理影响小的要求。防眩设施的设置不得影响公路的停车视距。防眩设施设置应经济合理、因地制宜。

在公路上广泛使用的防眩设施结构形式主要为防眩板,其次为植树、防眩网。防眩板是一种经济美观、对风阻挡小、积雪少、对驾驶员心理影响小的比较理想的防眩结构形式。

4.限高架

公路上跨桥梁或隧道内净空高度小于4.5m时,可设置防撞限高架;上跨桥梁或隧道内净空高度小于2.5m时,宜设置防撞限高架。在进入上述路段的路线交叉入口处适当位置,宜同时设置限高要求相同的警示限高架。警示限高架与上跨桥梁或隧道的距离应满足驾驶员反应距离与制动距离需求,防撞限高架与上跨桥梁或隧道的距离应满足车辆碰撞后运行速度的制动距离需求。

5. 防撞垫

防撞垫是设置于公路交通分流处的障碍物或其他位置的障碍物前端的一种缓冲设施,车辆碰撞时通过自体变形吸收能量,从而降低乘员的伤害程度。防撞垫可分为可导向防撞垫和非导向防撞垫。它可以逐渐降低车速而使车辆安全地停下来,避免车辆与固定装置发生正面碰撞,从而避免严重的事故发生,同时对行驶车辆还具有导向作用。

6. 紧急避险车道

避险车道是在行车道外侧增设的、供制动失控车辆驶离、减速停车、自救的专用车道。紧急避险车道是道路上为失控车辆所设置的避险通道,一般设置在较易发生事故的路段。它可使失控车辆从主线中分流,避免对主线车辆造成干扰,也能使失控车辆平稳停下来,避免出现人员伤亡、车辆严重损坏和装载货物严重散落的现象。

7. 减速设施

减速设施是通过物理手段,警示驾驶员或强制改变驾驶员行为的设施。可以使驾驶员自觉、主动地降低车速。

8. 解体消能设施

解体消能设施作为宽恕型设计理念的体现,也是路侧安全设计的重要组成部分。由于其特殊的结构设计,在满足支撑固定物的要求下又具有较小的抗剪强度,在遇到外力碰撞时,会发生预期的滑动或折断现象。

三、交通管理设施

(一) 监控系统

公路监控系统主要用于对公路交通流运行状况、环境状况及设备运行状况进行检测与控制,并采取及时有效的控制措施,是实现公路运行管理现代化的主要手段。系统目的在于保证行车安全,提高行车效率,还可为决策者进行中长期宏观规划、管理和调度等提供数据支持。

公路监控系统由信息外场设施和决策系统组成,外场设施主要包括信息采集系统和信息提供系统;决策系统是进行信息处理的神经中枢,主要在省级监控中心、路段监控(分)中心和基层监控单元(隧道管理站、桥梁管理站)进行。

1. 信息采集子系统

信息采集子系统是公路上设置的用来采集信息的设备和装备。

(1) 交通流信息。如交通量、车辆速度、车流密度、车辆占有率、车重等。交通流信息的采集设备主要是各种类型的车辆检测器。

(2) 气象信息。如风力、风向、降雨、降雪、冰冻、雾区等。这些信息的检测主要靠气象检测器。

(3) 道路环境信息。如路面状况,隧道内的噪声、有害气体浓度等。这些信息靠环境检测器等检测。

(4)异常事件信息。如交通事故、车辆抛锚、物品散落、道路设施损坏、道路施工现场等。这些信息主要靠紧急电话、闭路电视、巡逻车等设备和装备搜集提供,也可以通过交通流信息进行辅助分析判断。

2. 信息提供子系统

信息提供子系统是公路上设置的用来向道路使用者提供道路交通信息和诱导控制指令的设备,以及向管理、救助部门和社会提供求助指令或道路交通信息的设备。

(1)向道路使用者提供信息。如前方路段交通阻塞情况、事故告警、气象情况、道路施工情况等。这些情况常通过可变信息标志或路侧通信系统提供。

(2)向道路使用者提供建议或控制指令。如最佳行驶路线、最佳限速车道控制信号、匝道控制信号等。这些指令常通过可变信息标志、可变限速标志、车道控制标志或匝道控制设备来实现。

(3)向管理和救助部门提供信息。在发生如交通事故、车辆抛锚、道路设施损坏等情况时,向消防、急救、服务区、道路养护工区等提供有关指令或信息。这些信息常利用指令电话或业务电话来传递。

(4)向社会提供信息。包括对新闻媒介和公路以外的道路使用者提供本条公路的交通信息。这些信息的提供往往通过交通广播系统或广域信息网来实现。

3. 监控中心

监控中心是介于信息采集子系统和信息提供子系统之间的中间环节,是监控系统的核心部分。它的主要职能是信息的接收、分析、判断、预测、确认、交通异常事件的处理决策、指令发布、设备运行状态的监视和控制等。监控中心通常由计算机系统、室内显示设备和监控系统控制台组成。

(二)收费系统

收费系统是通过对所管辖段的车流量、汽车类型及收费情况,进行实时的科学统计、分析及数据备份,并对收费广场、车道进行监控,及时处理站区内发生的紧急或异常情况。

收费系统是公路交通工程机电设施系统的一个子系统,它是指从进入公路的车辆缴纳通行费,直到费额安全进入存储点以及能提供各种相关信息的设备和人员的集合体。

收费系统主要包括收费管理系统、收费控制系统、收费土建工程、收费监控系统和收费计算机网络;从管理体制上看,收费系统主要包括收费中心、收费分中心、收费站和收费车道四级机构。

收费管理系统主要包括票务管理、设备管理、人员管理、维护维修管理以及数据安全管理。

收费站通常包括收费广场、收费车道、收费岛、收费亭、地下通道、收费天棚、收费广场标志标线以及其他设施。

收费设备通常包括接触式读卡机、非接触式读写器、票据打印机、显示终端、专用键盘、费额显示器、车型显示器、称重控制器、车道控制器、车辆通过检测器、控制柜、车道通行信号灯、手动栏杆、自动栏杆和顶棚交通灯等。

按照是否需要停车收费分类。可分为停车收费系统和不停车收费系统(ETC)。停车收费系统指的是车辆在经过收费站时需停车来完成收费工作的收费系统;不停车收费系统是集计算机技术、网络技术、无线通信等先进技术实现不停车收费的系统。

按照人工参与收费的程度分类。可分为人工收费系统、半自动收费系统和全自动收费系统。

(三)通信系统

公路通信系统是公路建设中的重要配套项目和基础设施,它为公路各级部门的运营、管理以及沿线设立的收费、监控系统提供语音、数据、图像和传输,为各种网络服务及会议电视系统提供传输通道。

作为公路机电系统的支撑系统,通信系统要实现监控系统和收费系统的数据、语音、图像等信息准确而及时的传输,保证公路各管理部门之间业务联络通信的畅通,并为公路内部各部门和外界建立必要的联系;同时公路通信系统作为交通专用通信网的重要组成部分,是交通信息的主要传输载体,为各种网络服务及电视会议系统提供传输通道。

公路上的通信设施有指挥调度电话、业务电话、紧急呼救电话、公用电话、移动电话、数据传输和电视图像传输等,不同的公路根据需要设置。

1. 指挥调度电话

为在公路内部进行交通管理和调度指挥服务,指令电话调度台应对分机具有选呼、组呼、全呼等功能,包括有线指令电话和无线指令电话。

2. 业务电话

是通信系统的基本通信业务,包括网内各级管理机构的业务电话和个人电话,能实现专用网用户和公用网用户之间的通话。

3. 紧急呼救电话

供行驶车辆发生交通事故或故障要求救援时使用。使用者只要拿起送、受话器就能自动接通控制台,控制台自动显示出该呼救电话的位置。管理人员可根据呼救内容进行处置。

4. 数据传输

数据传输主要用来发送和接收公路运输部门的各种情报和数据。传输的主要信息有交通流信息、道路状况信息、道路气象信息、交通控制信息等。包括收费系统内部的收费车道→收费站→收费(分)中心三级计算机数据通信网络和监控系统内部的外场监控设备→监控(分)中心之间的二级计算机数据通信网络。

5. 图像传输

包括 CCTV、交通监视图像及会议电视图像传输,通信系统应为各类图像信息提供传输信道。

6. 广播

包括路侧道路信息广播及交通信息电台广播。其中路侧道路信息广播由各路段通信系统实施,而交通信息电台广播一般由各省(市)统一组织建台实施。

7. 通信电缆管路

通常埋设在高速公路中央分隔带下深 1m 处,在全线管路里布设干线电缆。从干线电缆向紧急呼救电话机、指挥电话机、中继站、无线基站配线。

8. 通信电源

包括交流供电系统、直流供电系统及通信机房的接地系统。

(四) 照明系统

使驾驶员在夜间行驶时能够看清前方道路形状、周围交通情况,并能够及时认清前方障碍及各类标志标线信息等,改善夜间行车条件,提高通行能力,减少交通事故。设置照明系统还可以提高车速,减少运行时间,吸引车辆在夜间行驶,有效减轻白天高峰期的拥挤程度,提高道路使用效率。合理的照明设计还能提高交通诱导性,具有美化环境和改善景观的作用。

公路照明包括路段照明、广场照明、隧道照明和桥梁照明。

1. 路段照明系统

照明方式常采用杆柱式照明,即在灯杆上安装 1 盏或 2 盏路灯,沿道路一侧、两侧或中间车带上布置,灯杆高度通常不超过 12~13m。

2. 广场照明系统

(1) 立交广场照明。在复杂立交照明可以采用常规低杆和高杆照明两种照明方式。低杆照明具有能够有效利用光源光通量、节约能源和日常维护简单易行等优点。对于大型立体交叉宜优先采用高杆照明,高杆照明的结构通常有柱式和塔式两类,灯架分为固定式(单柱或多柱)、升降式(电动升降或手动升降)和液压可倾倒式三种。

(2) 收费广场照明。由于车辆在驶入收费广场之前就要看清周围环境,快速、安全、准确地驶入收费车道并停车交费,所以收费广场的照明要求与一般路段相比更为严格。收费广场照明方式有高杆照明、中杆照明、低杆照明。

3. 隧道照明系统

充分考虑驾驶员进入隧道时,要经历一个暗适应过程,驶出隧道时要经历一个亮适应过程,会使驾驶员暂时失去获得视觉信息的能力,视觉信息暂时中断,对隧道的交通安全产生影响。隧道照明的目的是创造洞内良好的视觉环境质量,确保在白天和夜间行驶的车辆能够以设计速度安全地接近和通过隧道。

为减小洞外和洞内的亮度变化率,隧道照明一般划分为中间段照明、入口段照明、过渡段照明、出口段照明、接近段减光设施、应急照明、洞外引道照明,各段长度和亮度随设计速度及洞外亮度等因素的变化而变化。

4. 桥梁照明系统

桥梁照明的目的是使桥下频繁往来的船只避免不利光线的干扰,并且能够确保道路交通所必需的路面照明特性。

四、交通服务设施

(一) 服务区

公路的服务设施是指设置在公路上,为公路的使用者提供服务的服务区、停车区等。公路服务设施是保障行车安全,提高公路服务水平,保证运输迅速、经济,缓解驾驶员在生理上的过度疲劳和汽车在使用上的极限状态而必不可少的设施。根据服务区所处的道路交通条件、地理位置的不同,其具备的功能也不尽相同,按照功能设置和规模大小,服务区可分为 A、B、C、D 四类,见表 3-12。

服务区分类　　　　　　　　　　　表 3-12

类型	主要功能	设置位置	建筑规模
A	停车功能、加油功能、维修功能、洗车功能、住宿功能、餐饮功能、零售功能、休息功能、公厕功能、医疗救护功能	设置在重要性较高、交通流量较大的骨干高速公路、快速路上	用地面积及建筑面积都比较大,停车位比较多
B	相对于 A 类服务区缺少了部分功能	一般在 A 类服务区之间设置	用地面积和建筑面积都小于 A 类服务区
C	以停车功能为主,同时增加了加油、驾乘人员休息、小商店和公厕等功能	主要分布在风景秀丽的地点	规模较小
D	加油功能为主,同时兼顾小商店和公厕功能	主要分布在城市边缘区	相当于规模较大的一级加油站

服务区由综合服务楼(内设饮食店、休息厅、小型超市、客房等)、公共厕所、加油站、维修用房、休闲广场、大型停车场及配套附属用房等功能区组成,服务区功能组织应充分考虑过境旅客及驾驶员的使用要求;附属设施提供场区供水、污水处理、照明、设施供电、职工设施等。

(二) 紧急救援系统

紧急救援系统能够在事故发生时,及时获取事故信息,协调有关方面迅速调集救援资源,采取紧急救援行动,为车辆和驾乘人员提供紧急服务和信息服务,并进行现场处理。紧急救援系统能够及时处理事故,减少事故对其他运行车辆的影响,对于公路的安全运营和运营效益有重要影响。

第七节　公路绿化

一、绿化

(一) 绿化的作用

公路绿化可以改善公路景观、吸尘防噪、净化空气、护坡固土及防止水土流失、视线诱导、防眩光、降低路面温度。

1. 改善公路景观

公路绿化反映公路建设系统工程的水平,景观绿化能使本来生硬、单调的公路线形变得丰富多彩,创造出许多优美的景观;能使裸露的挖方路堑岩石边坡披上绿装,使新建公路对周围环境景观的负面影响降低;能使公路两侧的自然及人文景观资源与环境景观有机结合、协调,使公路构造物(立交桥、服务区、收费站、管养站区)巧妙地融入周围的环境之中,给驾乘人员提供优美、舒适、和谐的行车环境。

2. 吸尘防噪、净化空气

绿色植物体可以通过光合作用吸收二氧化碳,放出氧气,使公路沿线的空气保持清新。同时植物的叶片还能吸收和阻滞在公路上行驶的车辆排放的尾气中所含的各种有害气体、烟尘、飘尘以及产生的交通噪声,减轻并防治污染,净化和改善大气的环境质量。

3. 护坡固土及防止水土流失

植物体通过根系对土壤的固着作用,以及植物枝叶和地被植物的有关作用达到涵养水源的目的,并能阻止或减少地表径流,降低和防止雨水冲刷路基、路堤、路堑、边沟、边坡,避免水土流失。

4. 视线诱导

公路绿化是驾驶员和游客视野范围内的主要视觉对象,规整亮丽的树木花草,不仅可以给人以优美、舒适的享受,而且可以提示高速公路路线线形的变化,使行驶于高速公路上的车辆更安全。

5. 防眩光

夜间对向行驶的车辆之间会因灯光造成眩目,给交通安全带来隐患,在中央分隔带栽植一定高度和冠幅的花灌木,能够有效形成防眩遮光作用,保障行车安全。

6. 降低路面温度

通过景观绿化、美化,可以改善地面温度和气温,改善小气候,减轻路面老化,延长公路使用寿命。

(二)绿化物种选择

公路绿化常用的植物有常绿乔木、落叶乔木、常绿灌木与小乔木、落叶灌木、草种、藤木及其他植物等。公路绿化提倡尽量选用本土物种。

绿化物种应根据气候、土壤、防治污染的要求等立地条件和功能要求进行选择。绿化物种应尽量采用乡土物种,应具有较强的抗污染和净化空气的功能;具有苗期生长快、根系发达、能迅速稳定边坡的能力;易繁殖、移植和管理,抗病虫害能力强;能与附近的植被和景观协调;应充分考虑植物的季相景观效果。

公路用地范围内的植物即为公路绿化的天然苗圃。施工期间将公路用地范围内的可绿化植物和有特殊意义的植物保护好,用于公路绿化或景观设计,不仅使公路绿化与周围环境相协调,而且大大降低了公路绿化投资。

(三)路基绿化

1.路侧绿化

从调节、屏蔽、引导等功能入手,遵循公路景观的张弛序列,既满足交通的安全性需求,又满足视觉通廊的景观性需求。

(1)栽植种类。绿化以常绿乔木、灌木为主,尽量少种落叶乔木,以免落叶后的大量林木产生眩目的效果。绿化物种类不宜过多,避免不同树种、不同冠形与色彩的植物频繁交替而产生视觉的混乱。绿化观赏线应在一定距离上保持稳定、流畅。因此,绿化栽植应在整体风格下适当变化,不单调又不过多吸引驾驶员的视线,可在一定距离增加一些跳跃性的色彩,以调节驾驶员的视线,但不能过多应用色彩太艳丽的植物。

(2)栽植位置。除考虑视距外,还应注意路侧安全。近路侧绿化一般以灌木丛为主,乔木应与行车道保持一定的距离,以免高大乔木的明暗眩光和太阳斜照时出现的光栅造成眩目和视力疲劳。

(3)栽植尺度。在公路绿化中,尺度主要指一种基于动态观赏角度考虑的比例关系。在高速行驶中,驾乘人员对周围景观的观赏只能具体到大的线和面,用大视野尺寸来考虑绿化在空间上的布设。

(4)栽植手法。路堤绿化以通透为主,削弱公路和环境的界面,驾乘人员可沿线欣赏当地的风貌。针对周边原生植被茂密且与公路路肩距离小于10m的路堤断面路段,路侧绿化应以模拟恢复为主。调节种植主要起到分割视窗或为景观平淡路段提供兴奋点的作用,种植不宜过于精细。对于路侧景观较差的路段,如取石场、杂乱的沿线民居,可采用屏蔽绿化,绿化桩号起止点取决于屏蔽对象的大小、与驾驶员的视觉角度以及与公路的距离。山区公路弯道较多,在无结构物(如边坡)提示的情况下,一般采用成列规则引导种植。

2.路堑边坡绿化

(1)坡面绿化。坡面绿化既起到防护作用,又起到改善景观作用。坡面绿化是边坡植被防护的一种,要求用于坡面绿化的植物根系发达、初期生长快、耐瘠薄、易于养护,能在短期内就起到防护的作用,多选择根系发达的草本植物。采用乔、灌、草结合,使坡面绿化达到防护与景观改善两者兼顾,最佳形态是达到与周围环境的协调一致。路堑边坡发展了直接喷播绿化、挖沟植草绿化、三维网喷播绿化、厚层有机基材喷播绿化、土工格室绿化,以及与工程防护相结合的骨架植被绿化等多种绿化措施,以适应不同坡率、不同边坡岩土体条件。

(2)坡顶绿化。坡顶是坡面与周边环境的过渡地带,是衔接边坡与原有地貌的重要位置。对背景植被繁茂、坡顶植被保留较好的边坡,可不进行坡顶绿化,只进行简单补偿绿化;对背景植被繁茂,但坡顶植被稀疏的边坡,加强坡顶绿化,使边坡边缘与周边环境和谐过渡。绿化不宜整齐列植,而采用自然式绿化手法,营造活泼的林缘线,削弱边坡边缘线形;对背景植被稀疏,为与周边环境协调,不宜强调坡顶绿化。

(3)截水沟遮掩绿化。截水沟遮掩绿化应综合考虑周边林缘线的连续性和立地条件,宜连续丛状种植灌木,起到掩映截水沟的作用,但不宜沿沟栽植,突出截水沟的线形。对原有植被良好的情况,应保留坡顶开挖线与征地红线范围内的植物,将截水沟隐藏于原有植被中。

(4)边坡端部绿化。边坡端部,宜种植长势良好的垂吊植物及灌木,将边坡端部隐入灌丛中。相邻边坡交接处植被一般不完整,可采用群落组团种植,结合边坡端部绿化形成统一的绿化效果。

3.中央分隔带绿化

中央分隔带绿化的主要功能是防眩,绿化需从遮光角、防眩高度和栽植间距三个方面统筹。中央分隔带应以栽植灌木为主,绿化植物配置有灌木绿篱型、灌木+小乔木型、灌木+花草型、乔灌草复层型等几种类型,基调应四季常绿,可间隔种植花卉,丰富公路景观。可通过合适的植株间距和植株高度、色彩的搭配,给驾乘人员带来视觉上的节奏感、变化感,减缓行车疲劳。在隧道前区、互通前区、服务区前区、避险车道等重要部位,还可考虑通过改变中央分隔带的种植方式和植物色彩,起到提示作用。

(四)景观绿化

1.服务区、停车区、管养工区

以美化为主,创造优美、舒适的工作和生活空间,以及适宜的游览、休闲环境。

服务区与收费站区的建筑物及构造物一般都较新颖别致,外观美丽,设施先进,具有较强烈的现代感,视觉标志性极强;而且通常空间较大、绿化用地较充足,除周边的大块绿地需要与周围环境互相协调外,其建筑、广场、花坛、绿地主要采用庭院园林式绿化手法,加强美化效果,使整体环境舒适宜人。亦可根据各自所处的地域特征,通过绿化加以表达,突出地方文化气息。

2.互通立交

互通立交区绿化以地被植草为主,适量配置灌木、乔木,以既不影响视线又对视线有诱导作用为原则。图案的设计简洁明快,以形成大色块。

3.边坡、土路肩、护坡道、隔离栅及内侧地带

保护路基边坡,稳定路基,减少水土流失,丰富公路景观,隔离外界干扰。

(1)公路土路肩和土质边沟。宜与当地的自然环境和路基填挖方边坡相协调,以乡土植物为主。浅碟式边沟的绿化应贴近自然。土路肩如需绿化,应选用草皮。

(2)公路边坡。公路边坡绿化根据边坡坡度、坡面土质等因素,优先选择适宜于本地生长的物种;土质或以土质为主的边坡,宜用灌木、地被植物进行绿化。坡度缓于1:1.5的坡面可种植小乔木或灌木;坡度缓于1:3的坡面可种植中乔木;坡度缓于1:4的坡面可种植大乔木。当路基高度较低并采用浅碟式边沟时,边坡的绿化应与边沟统一考虑;当边坡较高时,对于挖方路基,人的可视范围基本上在一级平台上下,其上设置种植槽,栽植乔木、灌木可绿化平台,栽植垂藤植物可绿化下边坡,栽植攀缘植物可绿化上一级边坡;对于填方路基,边坡的一级平台栽植乔木,既可绿化边坡,又给驾乘人员以安全感,增加行车的安全度。对于挡墙、浆砌护坡、石质边坡等,在其下栽植攀缘植物或在其顶部栽植垂藤植物,经过一段时期后,可起到很好的美化效果。

(3)护坡道。护坡道绿化应以防护、美化环境为目的,栽植适应性强、管理粗放的低矮灌木。

(4)隔离栅。隔离栅绿化以隔离保护、丰富路域景观为主要目的,选择当地适应性强的藤本植物对公路隔离栅进行垂直绿化。

4. 特殊路段的绿化防护带

特殊路段绿化防护林带主要功能是减轻公路运营期所造成的噪声及汽车排放的气体污染物超标造成的环境污染,保护公路免受不良环境条件影响。可根据环境影响报告书、水土保持方案报告书、公路工程地质勘察报告书等相关资料,明确防护林带的位置、长度、宽度等事宜。

绿化防护带以乔灌木栽植为主,结合植草,进行多层次防护。所选树种及草种应能对污染物有较强的抗性并有适应不良环境条件的能力。

5. 公路取(弃)土场

取、弃土场的绿化应结合区域自然环境,与当地自然地形相协调,与水土保持设计综合考虑,减少水土流失,恢复自然景观。有条件时优先进行复耕。

取(弃)土场绿化设计应以植物防护为主,公路视线之内的取、弃土场绿化,宜在防治水土流失的基础上,结合景观设计要求,选择相应的物种进行立体绿化。公路视线之外的取、弃土场绿化设计,可选用与周围环境相协调的物种进行绿化,重点防治水土流失。

第八节 城市道路及机场场道

一、城市道路分级

城市道路应按道路在道路网中的地位、交通功能以及对沿线的服务功能等,分为快速路、主干路、次干路和支路四个等级。

(一) 快速路

快速路是为流畅地处理城市大量交通而建筑的道路,是在城市内修建的具有单向多车道(双车道以上)的城市道路。

快速路应中央分隔、全部控制出入、控制出入口间距及形式,应实现交通连续通行,单向设置不应少于两条车道,并应设有配套的交通安全与管理设施。

快速路是为机动车提供连续流服务的交通设施,是城市中快速大运量的交通干道;快速路的服务对象为中长距离的机动车交通,与城市外主要的高速公路进出口连通,快速集散出入境及跨区的机动车出行。快速路的两侧不应设置吸引大量车流、人流的公共建筑物的进出口;其两侧一般建筑物的进出口应加以控制。

快速路要有平顺的线形,与一般道路分开,使汽车交通安全、通畅和舒适。与交通量大的干路相交时应采用立体交叉,与交通量小的支路相交时可采用平面交叉,但要有控制交通的措施。两侧有非机动车时,必须设完整的分隔带。横过车行道时,需经由控制的交叉路口或地道、天桥。

(二) 主干路

主干路是连接城市各主要部分的交通性干路,是承担中心城区各功能分区之间的交通骨架,是与快速路共同分担城市的主要客货交通,主干路的主要功能是交通运输。主干路应连接城市各主要分区,应以交通功能为主。主干路两侧不宜设置吸引大量车流、人流的公共建筑物的出入口。

主干路上的交通要保证一定的行车速度,应根据交通量的大小设置相应宽度的车行道,以供车辆通畅地行驶。线形应当畅顺,交叉口宜尽可能少,以减少相交道路上车辆进出的干扰;平面交叉要有控制交通的措施,交通量超过平面交叉口的通行能力时,可根据规划采用立体交叉。

主干路上的机动车道与非机动车道应用隔离带分开。交通量大的主干路上快速机动车,如小客车等也应与速度较慢的货车、公共汽车等分道行驶。主干路两侧应有适当宽度的人行道。应严格控制行人横穿主干路。主干路两侧不宜建筑吸引大量人流、车流的公共建筑物,如剧院、体育馆、大商场等。

(三) 次干路

次干路是分布在城市各区域内的地方性干道,即一个区域内的主要道路,其沿线可分布大量的住宅、公共建筑和公共枢纽等服务设施。次干路是一般交通道路,配合主干路共同组成干路网,次干路应与主干路结合组成干路网,应以集散交通的功能为主,兼有服务功能。一般情况下快慢车混合行驶,也是公交线路主要布设的道路。条件许可时也可另设非机动车道。

次干路的两侧应设人行道和吸引人流的公共建筑物,并可设置机动车和非机动车的停车场、公共交通站和出租车服务站。次干路与居住区的联络线,为地区交通服务,也起集散交通的作用,两旁可有人行道,也可有商业性建筑。

(四) 支路

城市中的支路是以服务功能为主,应为次干路与街坊路的连接线。支路宜与次干路和居住区、工业区、交通设施等内部道路相连接,应主要解决局部地区交通。

支路还是划分城市街坊的基本因素和界线,为不同性质的地块提供良好的交通可达性。支路作为城市中的集散道路,直接服务于不同土地利用上的交通集散,是非机动车交通的主要承担道路。

根据各地城市的不同情况,还可以规划自行车专用道、公交专用道、商业步行街、货运道路等专用道路。

二、城市道路横断面组成及宽度

(一) 横断面组成及宽度

横断面宜由机动车道、非机动车道、人行道、分车带、设施带、绿化带等组成,特殊断面还可包括应急车道、路肩和排水沟等。

1. 机动车道

机动车道的宽度主要取决于设计车辆车身的宽度、横向安全距离(车身边缘与相邻部分边缘之间横向净距)以及车辆行驶时的摆动宽度。横向安全距离取决于车辆在行驶中摆动与偏移的宽度,以及车身与相邻车道或人行道路缘石边缘必要的安全间隔。

一条机动车道最小宽度见表3-13。

一条机动车道最小宽度　　　　表3-13

车型及车道类型	道路等级	
	快速路	其他等级城市道路
大型车或混行车道(m)	3.75	3.5
小客车专用车道(m)	3.5	3.25

机动车道路面宽度应包括车行道宽度及两侧路缘带宽度,单幅路及三幅路采用中间分隔物或双黄线分隔对向交通时,机动车道路面宽度还应包括分隔物或双黄线的宽度。

2. 非机动车道

自行车道宽度不应小于1.0m,三轮车道宽度不应小于2.0m。与机动车道合并设置的非机动车道,车道数单向不应小于2条,宽度不应小于2.5m。非机动车专用道路面宽度应包括车道宽度及两侧路缘带宽度,单向不宜小于3.5m,双向不宜小于4.5m。

3. 路侧带

路侧带由人行道、绿化带、设施带等组成。

人行道宽度必须满足行人安全顺畅通过的要求,并应设置无障碍设施。

当绿化带内设置雨水调蓄设施时,绿化带的宽度还应满足所设置设施的宽度要求。

设施带宽度应包括设置护栏、照明灯柱、标志牌、信号灯、城市公共服务设施等的要求,各种设施布局应综合考虑。设施带可与绿化带结合设置,但应避免各种设施间,以及与树木的相互干扰。当绿化带设置雨水调蓄设施时,应保证绿化带内设施及相邻路面结构的安全,必要时,应采取相应的防护及防渗措施。

4. 分车带

分车带按其在横断面中的不同位置及功能,可分为中间分车带(简称中间带)及两侧分车带(简称两侧带),分车带由分隔带及两侧路缘带组成;分隔带应采用立缘石围砌,需要考虑防撞要求时,应采用相应等级的防撞护栏。

5. 应急车道或停车港湾

当快速路单向机动车道数小于3条时,应设不小于3.0m的应急车道。当连续设置有困难时,应设置应急停车港湾,间距不应大于500m,宽度不应小于3.0m。

6. 路肩

采用边沟排水的道路应在路面外侧设置保护性路肩,中间设置排水沟的道路应设置左侧保护性路肩。

保护性路肩宽度自路缘带外侧算起,快速路不应小于0.75m;其他等级道路不应小于0.50m;当有少量行人时,不应小于1.50m。当需设置护栏、杆柱、交通标志时,应满足其设置要求。

(二)路拱与横坡

道路横坡应根据路面宽度、路面类型、纵坡及气候条件确定,宜采用1.0%~2.0%。快速路及降雨量大的地区宜采用1.5%~2.0%;严寒积雪地区、透水路面宜采用1.0%~1.5%。保护性路肩横坡度可比路面横坡度加大1.0%。

单幅路应根据道路宽度采用单向或双向路拱横坡;多幅路应采用由路中线向两侧的双向路拱横坡、人行道宜采用单向横坡,坡向应朝向雨水设施设置位置的一侧。

(三)缘石

缘石应设置在中间分隔带、两侧分隔带及路侧带两侧,缘石可分为立缘石和平缘石。

立缘石宜设置在中间分隔带、两侧分隔带及路侧带两侧。当设置在中间分隔带及两侧分隔带时,外露高度宜为15cm~20cm;当设置在路侧带两侧时,外露高度宜为10cm~15cm。

平缘石宜设置在人行道与绿化带之间,以及有无障碍要求的路口或人行横道范围内。

三、平面交叉

(一)平面交叉口类型及适用条件

城市道路平面交叉口的形式,主要取决于道路网的规划和周围建筑的情况,以及交通量、交通性质和交通组织。根据相交道路条件和交通管制方式的不同,平面交叉口有多种形式和不同的分类方法。

1. 按相交道路的条数分类

根据道路向平面交叉口汇集的条数,可划分为三路交叉、四路交叉和五路交叉等,一般称四条道路以上相交的交叉口为多路交叉。

2. 按渠化交通程度及类型分类

城市道路按渠化交通程度及类型分类,一般可分为加铺转角式、扩宽路口式、分道转弯式和环形交叉式。

(1)加铺转角式。加铺转角式交叉口是用适当半径的圆曲线平顺连接相交道路(图3-16)。这类平面交叉口形式简单、占地较少、造价较低、设计方便,但行车速度低、通行能力小。主要适用于交通量小、车速较低、转弯车辆少的道路。当斜交不大时,也可用于转弯交通量较小的主要道路或次要道路的交叉口。加铺转角式交叉口的设计,主要应当解决合适的转角曲线半径和足够视距问题。

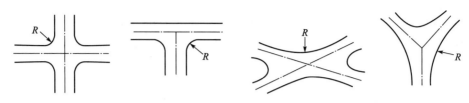

图 3-16 加铺转角式交叉口示意

(2)扩宽路口式。扩宽路口式是为了使转弯车辆不影响其他车辆的正常行驶,在交叉口连接部增加变速车道和转弯车道的平面交叉。这种平面交叉可以单增右转或左转车道,也可以同时增设左、右转车道(图3-17)。

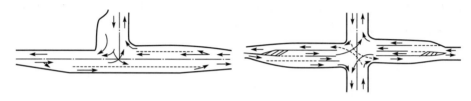

图 3-17 扩宽路口式交叉口示意

扩宽路口式交叉口可减少转弯交通对直行交通的干扰,具有车速比较高、通行能力大、事故率较低等优点,但占地比较多、投资比较大。适用于交通量较大、转弯车辆较多的城市主干路。在进行扩宽路口式交叉口设计时,主要应当解决扩宽的车道数,同时也要满足视距和转角曲线半径的要求。

(3)分道转弯式。分道转弯式交叉口是通过设置分隔岛、导流岛、划分车道等措施,使单向右转或双向左、右转车流以较大半径分道的平面交叉(图3-18)。这种平面交叉口的转弯车辆,尤其是右转弯车辆的行驶速度和通行能力都比较高。

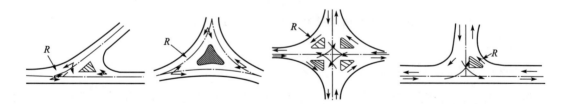

图 3-18 分道转弯式交叉口示意

分道转弯式交叉口主要适用于车速比较高、转弯车辆较多的一般城市道路。在进行分道转弯式交叉口设计时,主要应当解决分道转弯半径、保证足够的视距和满足交通岛端部半径的要求。

(4)环形交叉式。环形交叉式交叉口需要设置中心岛,用环形道组织渠化交通,使进入环道的所有车辆一律按逆时针方向绕中心岛单向行驶,直至到达所要进入的路口离开中心岛的道路,这种交叉形式是城市中最常见的平面交叉,俗称为转盘。

环形交叉式交叉口根据车辆行驶规则不同分为两类:一类是按交织原理组织交通,经过验算出口、入口间的距离能满足交织长度的要求,称为普通环形交叉(图3-19)。

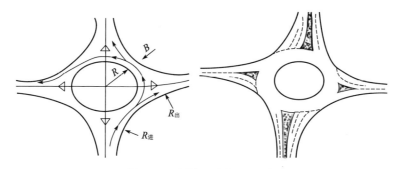

图 3-19 环形交叉式交叉口示意

(二)按交通控制方式分类

平面交叉口应按交通控制方式分为平 A 类,平 B 类和平 C 类,其选型应符合表 3-14 的规定。

1. 平 A 类:信号控制交叉口

(1)平 A1 类:交通信号控制,进口道展宽交叉口;
(2)平 A2 类:交通信号控制,进口道不展宽交叉口。

2. 平 B 类:无信号控制交叉口

(1)平 B1 类:支路只准右转通行的交叉口;
(2)平 B2 类:减速让行或停车让行标志管制交叉口;
(3)平 B3 类:全无管制交叉口。

3. 平 C 类:环形交叉口

平面交叉口选型   表 3-14

平面交叉口类型	选型	
	推荐形式	可选形式
主干路-主干路	平 A1 类	—
主干路-次干路	平 A1 类	—
主干路-支路	平 B1 类	平 A1 类
次干路-次干路	平 A1 类	—
次干路-支路	平 B2 类	平 A1 类或平 B1 类
支路-支路	平 B2 类或平 B3 类	平 C 类或平 A2 类

四、道路立体交叉

(一)城市道路立体交叉的组成

立交是平面和空间协调组合设计的建筑,其主要组成部分包括跨线构造物、正线、匝道、出口与入口、变速车道、集散车道等(图 3-20)。立体交叉的设计范围一般指各相交道路出入口变速车道渐变段顶点以内的正线、跨线构造物、匝道等的全部区域。

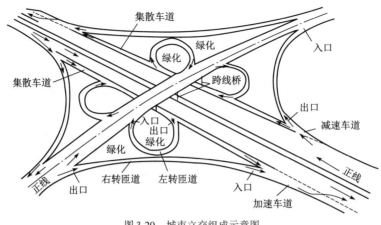

图 3-20 城市立交组成示意图

(二)城市道路立体交叉的类型

按交通功能分为互通式立交和分离式立交两大类。

互通式立交相交道路通过匝道联系、车辆可以互相往来;分离式立交没有匝道联系、车辆不能互相来往。

立体交叉应根据相交道路等级、直行及转向(主要是左转)车流行驶特征、非机动车对机动车干扰等分类,主要类型及交通流行驶特征宜符合表 3-15 的规定,分类应符合下列规定:

1. 立 A 类:枢纽立交

(1)立 A1 类:主要形式为全定向、喇叭形、组合式全互通立交;

(2)立 A2 类:主要形式为喇叭形、苜蓿叶形、半定向、组合式全互通立交。

2. 立 B 类:一般立交

主要形式为喇叭形、苜蓿叶形、环形、菱形、迂回式、组合式全互通或半互通立交。

3. 立 C 类:分离式立交

立体交叉类型及交通流行驶特征　　　　　　　表 3-15

立体交叉类型	主路直行车流行驶特征	转向车流行驶特征	非机动车及行人干扰情况
立 A 类(枢纽立交)	连续快速行驶	较少交织、无平面交叉	机非分行,无干扰
立 B 类(一般立交)	主要道路连续快速行驶,次要道路存在交织或平面交叉	部分转向交通存在交织或平面交叉	主要道路机非分行,无干扰;次要道路机非混行,有干扰
立 C 类(分离式立交)	连续行驶	不提供转向功能	—

立体交叉选型应根据交叉口在道路网中的地位、作用、相交道路的等级,结合交通需求和控制条件确定,并应符合表 3-16 的规定。

立体交叉选型　　　　　　　表 3-16

立体交叉类型	选型	
	推荐形式	可选形式
快速路-快速路	立 A1 类	—
快速路-主干路	立 B 类	立 A2 类、立 C 类

续上表

立体交叉类型	选型	
	推荐形式	可选形式
快速路-次干路	立 C 类	立 B 类
快速路-支路	—	立 C 类
主干路-主干路	—	立 B 类

注：当城市道路与公路相交时，高速公路按快速路、一级公路按主干路、二级和三级公路按次干路、四级公路按支路，确定与公路相交的城市道路交叉口类型。

五、城市道路排水

城市道路排水是一个复杂的工程，它对于城市道路使用寿命的长短影响很大。城市道路排水应全面考虑路基、路面结构内部和路表面的排水、绿化带处排水、立交排水，把它们构成了一个综合的排水系统，提高道路的使用性能和寿命。

(一) 城市道路排水体制

在城市道路及其他建设中需要建设一整套的工程设施，有组织地排除并处理雨水、废水和污水，这项工程设施称为排水系统。城市中的雨水、污水和废水是采用一个管渠系统排除，还是采用两个或两个以上各自独立的管渠系统排除，通常称为排水体制，也称为排水制度。城市排水制度可分为合流制和分流制。

1. 合流制排水系统

将生活污水、工业废水和雨水混合在同一管渠内排除的系统称为合流制排水系统。

现在城市排水常采用的是截流式合流制排水系统（图 3-21）。这种排水系统是在临河岸边建造一条截流干管，同时在合流干管与截流干管相交前或相交处设置溢流井，并在截流干管下游设置污水处理厂。在晴天和初期降雨时将所有污水都送至污水处理厂，将污水处理后再排入水体；随着降雨量的增加，雨水径流也随之增加，当混合污水的流量超过截流干管的输水能力后，就有部分混合污水经溢流井溢出，直接排入水体。

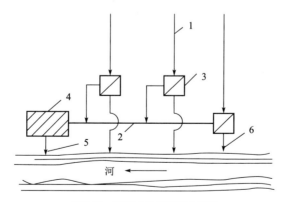

图 3-21 截流式合流制排水系统
1-合流干管；2-截流主干管；3-溢流井；4-污水处理厂；5-出水口；6-溢流出水口

2. 分流制排水系统

分流制排水系统是将生活污水、工业废水和雨水分别在两个或两个以上各自独立的管渠排除的系统(图3-22)。排除生活污水、城市污水或工业废水的系统称为污水排水系统；排除雨水的系统称为雨水排水系统。

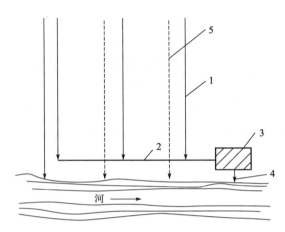

图3-22 截流式分流制排水系统
1-污水干管；2-污水主管；3-污水处理厂；4-出水口；5-雨水干管

根据排除雨水的方式,分流制排水系统又分为完全分流制和不完全分流制两种排水系统。完全分流制是指具有设置完善的污水排水系统和雨水排水系统的一种形式。不完全分流制是指具有完善的污水排水系统,雨水沿着天然地面、街道的边沟、明沟来排泄,待城市进一步发展时再修建雨水排水系统,使其转变成完全分流制排水系统。

(二)城市道路排水分类

根据排水系统构造的不同特点,城市道路雨水排水系统主要可分为明沟系统、暗管系统和混合系统三类。

1. 明沟系统

城市道路排水明沟系统与公路地面排水相同,即用明沟排水。明沟可设在道路路面的两边或一边,在街坊的出入口、人行过街等地方增设一些盖板、涵管等过水结构物。

城市道路排水明沟的排水断面,主要有梯形和矩形两种,其尺寸可按照泄水面积和水力学所述公式计算确定。

2. 暗管系统

城市道路排水暗管系统,主要由街沟、雨水口、连接管、雨水干管、检查井等部分组成。道路及其相邻地区的地面水,依靠道路设计的纵坡和横坡,流向车行道两侧的街沟,然后顺街沟的纵坡流入沿街沟设置的雨水口,再由地下的连接管引到干管,排入附近天然水体中去(图3-23)。

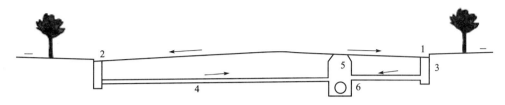

图 3-23 暗管排水示意
1-街沟;2-进水孔;3-雨水口;4-连接管;5-检查井;6-雨水干管

(1)街沟。街沟是城市道路上利用高出路面的缘石与路面边缘(或平石)地带作为排除地面水的沟道。

锯齿形街沟是保持道路中线纵坡设计线与缘石顶面线平行的条件下,交替改变缘石顶面线与路面边缘(或平石)之间的高度,在最低处设置雨水进水口,使雨水口处锯齿形街沟范围内的路面横坡度增大,增大了排水纵坡。

(2)雨水口。雨水口指的是管道排水系统汇集地表水的构筑物。雨水口一般设在道路的两侧、交叉口、广场上等水流可能流经的地方和地面水可能汇集的低洼地段。雨水口在城市道路排水系统中常见的有平式、竖式和平竖结合式三种,无论哪种雨水口均由进水箅、井身和连接管三部分组成。平式雨水口的盖平铺在道路边沟上,雨水沿着边沟进入雨水口。进水箅略微低于街沟或邻近地面,这样有利快速汇集雨水。平式雨水口设在边沟的平面上,盖子很容易被车辆压坏,清理雨水口内垃圾也不方便,所以在交通繁忙的干道上宜采用竖式(侧石式)雨水口。在大城市干道上一般多采用平竖组合式雨水口。雨水口底部可分为有沉泥槽(落底)和无沉泥槽(不落底)两种。沉泥槽可截留雨水所夹带的泥沙,不使它们进入管道而造成淤塞,但它往往影响城市道路的环境卫生,并增加养护的工作量。

(3)干管、连接管。在条件允许的情况下,城市道路的雨水管线应布置为直线,平行于道路的中心线或规划红线。雨水干管一般设置在街道中间或一侧,并宜设在快车道以外,在个别情况下(如道路规划红线大于40m)也可以分别设置于街道的两侧。由于雨水管道施工和检修对道路交通干扰较大,所以雨水干管应尽可能埋设在绿化带或较宽的人行道下,并与行道树、杆柱、侧石等保持一定的横向距离。雨水管道应尽可能避免或减少与河流、铁路以及其他城市地下管线的交叉。在不能避免相交时,相交最好采用直交方式,并保证相互之间有一定的竖向间隙。当雨水管与其他管线发生平交时,其他管线一般可采用倒虹管的办法。如雨水管和污水管相交,一般应将污水管用倒虹管穿过雨水管的下方。在满足技术要求的条件下,管道埋深越小越好。雨水管道应由上游向下游产生一定的倾斜。雨水管的纵断面设计应尽量与街道地形相适应,即管道的纵坡尽可能与街道纵坡取得一致,不至于使管道埋深过深。管道的覆土厚度要有一个最小限值称为最小覆土厚度。雨水管的最小埋深等于管道直径与管道上面的最小覆土厚度之和。当埋深不能满足最小覆土厚度时应当对管道采取加固措施。严寒地区和寒冷地区要依据防冻要求来确定管道的最小覆土厚度。

(4)检查井。为了对管道进行检查和疏通,管道系统上必须设置检查井,另外检查井还起到连接沟管的作用。检查井在地下管线位置上每隔一定距离修建的竖井,主要供检修管道、清除污泥,及用以连接不同方向、不同高度的管线使用。根据检查井的用途不同,主要有雨水检查井、冲洗检查井、街道检查井、分水检查井、污水检查井等。雨水检查井按断面形状不同,可分为圆形和矩形两种;按所用建筑材料不同,有砖石检查井、混凝土检查井和钢筋混凝土检查井等多种。相邻两个检查井之间的管道应在一条直线上,以便于检查和疏通管道,因此在管道改变方向处、管道交接处、管道高程改变处、管道断面变更处和坡度改变处都需要设置检查井。

3. 混合系统

城市中排除雨水可根据当地具体条件,采用暗管和明沟相结合的排水系统。采用明沟可以降低工程造价,但在建筑物密度较高和交通频繁的地区,采用明沟会给生产、生活和交通带来不便。若修建桥涵不仅会使工程费用增加、占用土地较多,而且严重影响市容。因此,这些地区应采用暗管排水系统。

在城镇的郊区或其他建筑物密度较小、交通较稀的地区采用明沟排水系统。工业区或居住区的边界到出水口的距离较长时,这一段雨水道也宜采用明沟,以节省工程投资。为了降低雨水管道的造价,在每一集水流域的起端可利用街道边沟排水来减少暗管的长度。

六、机场场道工程

机场道面承受飞机的机轮荷载、高温高速喷气流以及冷热、干湿、冻融等自然因素的作用。为了保证飞机在任何条件下都能执行飞行任务,机场道面必须具有足够的强度和刚度、良好的平整度、抗滑性、耐久性。

(一)机场道面分类

1. 按道面构成材料分类

(1)水泥混凝土道面。以水泥混凝土作为道面面层。这种道面强度高,使用品质好,使用寿命长,应用广泛。但初期投资大。完工后需要较长的养护期,维护、翻修比较困难。

(2)沥青混凝土道面。以沥青混凝土作为道面面层。这类道面平整性好,飞机滑行平稳舒适;强度较高,能够满足各种飞机的使用要求,维护翻修也较方便。沥青道面铺筑后不需要长期养护,特别适合于不停航施工。与水泥混凝土道面相比,养护工作量大,使用寿命较短。

2. 按道面使用品质分类

(1)高级道面。这类道面的面层用高级材料组成。道面结构强度高,抗变形能力强,稳定性和耐久性好。这类道面包括水泥混凝土道面、配筋水泥混凝土道面、预应力钢筋混凝土道面和沥青混凝土道面等。其中以水泥混凝土道面和沥青混凝土道面应用最广。高级道面具有良好的使用品质,受气候条件影响小,是民用运输机场广泛采用的机场道面。我国的民用运输机场几乎都是高级道面。

(2)中级道面。主要包括沥青贯入式、黑色碎石和沥青表面处治等类型的道面。这类道面无接缝,表面平整,使用品质较好。

(3)低级道面。主要包括砂石道面、土道面和草皮道面。这类道面承载力低,通常作为轻型飞机的起降场地,如初级航校机场、滑翔机场和农用飞机机场。

3. 按道面的力学特性分类

(1)刚性道面。刚性道面的面层是一种强度高、整体性好、刚度大的板体,能把机轮荷载分布到较大的土基面积上。刚性道面结构承载力大部分由道面板本身提供。水泥混凝土道面、钢筋混凝土道面和预应力钢筋混凝土道面等都属于刚性道面。

(2)柔性道面。柔性道面抵抗弯曲变形的能力弱,各层材料的弯曲抗拉强度均较小,在轮载作用下表现出相当大的形变性。轮载作用下的柔性道面弯沉值的大小,反映了柔性道面的整体强度。机场柔性道面厚度设计通常以容许弯沉作为控制标准,同时对面层与基层下表面的弯拉应力进行验算。沥青类道面、砂石道面、土道面等属于柔性道面。

(二)机场道面结构组成

按使用要求、受力状况、土基支撑条件和自然因素的影响程度不同,在土基顶面采用不同规格和要求的材料分别铺设垫层、基层和面层等结构层(图3-24)。

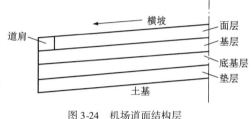

图3-24 机场道面结构层

1.面层

面层是直接承受飞机荷载作用和环境(降水和温度)影响的结构层,应具有较高的结构强度和荷载扩散能力,良好的温度稳定性(沥青混凝土道面),不透水、耐磨、抗滑和平整的表面。面层可由一层或数层组成。

(1)水泥混凝土。包括普通水泥混凝土、钢筋水泥混凝土、钢纤维水泥混凝土、抗爆水泥混凝土、水泥混凝土预制块等。这类道面具有很高的强度和刚度,能够承受重型荷载的作用,可用于跑道、滑行道、联络道和各种机坪的面层,属于高级道面。

(2)沥青混合料。如普通沥青混凝土、沥青玛蹄脂碎石(SMA)等。沥青混凝土、SMA可以作为高级道面的面层。表面平整,平稳舒适,能够满足各种飞机的使用要求。

2.基层

基层主要起承重(扩散荷载)作用,应具有足够的强度和刚度。基层受自然因素的影响不如面层强烈,但必须有足够的水稳性和抗冻性。对沥青面层下的基层,要防止湿软后变形过大而导致面层的损坏;对水泥混凝土面层下的基层,还应具有足够的抗冲刷性,以防止基层材料被水冲走而造成板底脱空。基层材料可由经沥青或水泥处治(稳定)的粒料或者未经处治的粒料组成。基层有时设两层,分别称为基层和底基层或上基层和下基层。下基层材料的要求可以低于上基层。

3.垫层

在地基土质较差和(或)水温状况不良时,宜在基层之下设置垫层,起排水、隔水、防冻等作用。垫层可采用结合料稳定粒料、土或者无结合料稳定的材料。垫层也可因道面结构总厚度要求、土基强度状况要求或防冻要求而设置数层。垫层材料水稳定性和抗冻性要好。常用的垫层材料有无机结合料稳定类材料、级配碎石、砂砾等。

4. 压实土基

压实土基是道面结构的最下层,承受全部上层的自重和机轮荷载应力。土基的平整性和压实质量,在很大程度上决定着整个道面结构的稳定性。因此,无论是填方和挖方,土基均应按要求予以严格压实。否则,在机轮荷载和自然因素的长期反复作用下,土基会产生过量的变形,从而加速面层的破坏。

学习训练

1. 路基是按照路线位置和一定的技术要求修筑的带状构造物。对路基的基本要求有足够的强度、稳定性和( )。
   A. 整体性　　　　B. 耐久性　　　　C. 排水性　　　　D. 合理性
   参考答案:B

2. 高速公路和一级公路整体式断面必须设置中间带,中间带由中央分隔带和两条( )组成。
   A. 绿化带　　　　　　　　　　　B. 左侧路缘带
   C. 右侧路缘带　　　　　　　　　D. 左侧硬路肩
   参考答案:C

3. 路基高度是指路堤的填筑高度和路堑的开挖深度,是( )和地面高程之差。
   A. 路面高程　　　　　　　　　　B. 路基设计高程
   C. 路基高程　　　　　　　　　　D. 路床高程
   参考答案:B

4. ( )是路基中心线处设计高程与原地面高程之差。
   A. 最小填土高度　　　　　　　　B. 路基设计高程
   C. 路基高度　　　　　　　　　　D. 路基临界高度
   参考答案:C

5. 能够将路基范围内各种水源的水流引至桥涵或路基范围以外的天然河流、低洼地的排水设施是( )。
   A. 截水沟　　　　B. 边沟　　　　C. 盲沟　　　　D. 排水沟
   参考答案:D

6. ( )设在地面以下或路基内,拦截、汇集、排除地下水或路基内水的沟渠。
   A. 暗沟　　　　　B. 渗沟　　　　C. 渗井　　　　D. 泄水孔
   参考答案:B

7. 行驶在路面上的车辆,通过车轮把荷载传给路面,对路面产生垂直力作用,又对路面产生水平力的作用,路面具有良好的( ),才能保证路面结构的使用性能。
   A. 足够的强度与刚度　　　　　　B. 足够的稳定性
   C. 足够的耐久性　　　　　　　　D. 足够的平整度
   参考答案:A

8. 路面结构通常是按照使用要求、受力状况、土基支承条件和自然因素影响程度的不同分层铺筑。地下水位高、排水不良的路段,有裂隙水、泉眼等水文条件不良岩石挖方路段需设置( )。

  A. 防冻层   B. 粒料层   C. 封层   D. 整平层

参考答案:B

9. 按沥青路面的( )分类,可将其分为沥青混凝土路面、沥青玛蹄脂碎石混合料路面、沥青碎石路面、沥青贯入式路面、沥青表面处治路面等。

  A. 强度构成原理   B. 施工工艺
  C. 技术特性   D. 材料类型

参考答案:C

10. 水流方向与公路路线近似平行、不受洪水主流冲刷的季节性水流冲刷地段防护,经常浸水或长期浸水的路堤边坡,不宜采用的防护形式是( )。

  A. 石笼防护   B. 抛石防护   C. 护坡防护   D. 植物防护

参考答案:D

11. ( )具有整体性好、柔韧性好、透水性好、适应变形能力强、抗冲刷能力强、绿化、景观效果好等特点。

  A. 半重力式挡土墙   B. 石笼式挡土墙
  C. 扶壁式挡土墙   D. 锚杆挡土墙

参考答案:B

12. 公路排水可以划分为路界地表排水、横向穿越路界排水、地下排水、公路构造物排水和( )五种类型。

  A. 中央分隔带排水   B. 暗沟排水
  C. 路面内部排水   D. 台背排水

参考答案:C

13. 某桥梁全长 350m,跨径组合为(30+75+80+75+60+30)m,按我国公路桥涵跨径分类,该桥为( )。

  A. 特大桥   B. 大桥   C. 中桥   D. 小桥

参考答案:B

14. 中小跨径桥梁中应用最广的桥型是( ),它具有受力明确、构造简单、施工方便等优点。

  A. 板梁桥   B. 肋梁桥   C. 箱梁桥   D. 连续梁桥

参考答案:B

15. 由前墙和侧墙基础三部分组成的桥梁结构物称( )。

  A. 重力式桥台   B. U 形桥台   C. 轻型桥台   D. 组合桥台

参考答案:B

16. ( )适宜于设置在设计流量较大的软土地基段,将路界上侧的地表水横向穿越路基引排到路界的下侧。

  A. 圆管涵   B. 盖板涵   C. 拱涵   D. 箱涵

参考答案:D

17.公路隧道分为特长隧道、长隧道、中隧道和短隧道四类。某隧道长度3000m,该隧道为( )。

    A.特长隧道   B.长隧道   C.中隧道   D.短隧道

参考答案:B

18.以颜色、形状、字符、图形等向道路使用者传递交通控制、引导信息的设施是( )。

    A.交通标志   B.交通标线   C.交通管理设施   D.交通服务设施

参考答案:A

19.公路绿化给公路使用者提供优美宜人、舒适和谐的行车环境。( )植株高度与车辆前照灯高度、驾驶员视线高度、公路状况和车型等诸因素有关。

    A.景观绿化   B.坡面绿化

    C.路基绿化   D.中央分隔带绿化

参考答案:D

20.城市道路横断面( )宽度包括设置护栏、照明灯柱、标志牌、信号灯服务设施等的要求。

    A.中央分隔带   B.绿化带   C.设施带   D.分车带

参考答案:C

第四章 公路养护概述

(1) 了解公路养护管理的内容。
(2) 了解公路养护的分类。
(3) 掌握公路养护对策。
(4) 掌握公路养护质量标准。

第一节　公路养护管理

一、公路养护管理事业发展情况

公路养护管理事业发展情况见表 4-1。

公路养护管理事业发展情况　　　　　　　　　　　　　表 4-1

2001 年至 2005 年	"十五"期间,原交通部印发了《公路养护与管理发展纲要(2001—2010 年)》,提出了"建设是发展,养护管理也是发展"的新发展观和"以人为本"的新服务观。公路养护投入大幅增加,路网技术状况显著改善,养护质量稳步提升,服务内涵得到拓展。特别是高速公路的快速发展,对高等级沥青路面的养护质量的要求越来越高,破损路面的局部铣除和重铺成为快速恢复路面承载力和平整度的主要方式
2006 年至 2010 年	"十一五"期间,原交通部印发了《更好地为公众服务——"十一五"公路养护管理事业发展纲要》,公路养护管理工作迈入"养护转型、管理升级、改革加速、服务提高"的新阶段。进一步完善养护技术体系,修订了《公路养护技术规范》(JTG H10—2009)等规范,颁布实施了《公路桥梁养护管理工作制度》;印发了《农村公路管理养护体制改革方案》,农村公路养护管理工作得到逐步加强;陆续出台了《中华人民共和国公路保护条例》等法规规章以及地方性的公路管理方面的法规和技术规范。全国公路养护管理事业健康发展,养护管理的基础性地位得到增强
2011 年至 2015 年	"十二五"期间,交通运输部印发了《"十二五"公路养护管理发展纲要》,以"公路建设是发展,养护管理也是发展,而且是可持续发展"为指导思想,坚持"提升管理水平、推进科学养护、强化应急保障、确保优质服务"的方针,进一步夯实公路养护管理基础,全面加强公路养护管理,切实提高公路基础设施网络使用效率和服务水平,促进公路交通网络"更安全、更畅通、更便捷、更高效、更经济、更和谐"

续上表

2016 年至 2020 年	"十三五"期间,交通运输部印发了《"十三五"公路养护管理发展纲要》,以"创新、协调、绿色、开放、共享"五大发展理念为指引,以构建现代公路养护管理体系为核心,围绕"改革攻坚、养护转型、管理升级、服务提质"四个方面精准发力。国务院办公厅印发《关于深化农村公路管理养护体制改革的意见》,交通运输部修订出台《公路养护工程管理办法》《超限运输车辆行驶公路管理规定》,发布《公路养护预算编制导则》《公路养护工程质量检验评定标准》等技术标准。取消高速公路省界收费站攻坚任务圆满完成,ETC 用户累计达到 2.3 亿
2021 年至今	"十四五"期间,交通运输部印发了《"十四五"公路养护管理发展纲要》,以推动高质量发展为主题,以深化供给侧结构性改革为主线,以改革创新为根本动力,以满足人民日益增长的美好生活需要为根本目的,着力推进设施数字化、养护专业化、管理现代化、运行高效化、服务优质化,全面提升公路养护管理水平,促进公路交通可持续健康发展

二、公路养护管理发展趋势

目前,我国已建立了相应的公路养护管理体制以及进行高速公路养护的机构和公司,构成了多种养护体制并存的养护管理模式。《"十四五"公路养护管理发展纲要》指出,公路养护管理的发展趋势主要体现在科学化决策、制度化管理、精准化工程、绿色化生产、管理现代化、智慧化养护等 6 个方面。同时,面对人民群众美好出行新期待、面对公路交通高质量发展要求,公路养护管理主要存在以下 5 个方面的短板和弱项:

(1)"重建轻养""以建代养"的现象仍比较普遍。

(2)公路养护管理资金保障能力不足,管养资金持续投入呈现较大压力。

(3)高速公路行业监管有待加强,普通国省道管理体制需要进一步理顺,养护管理"三基"工作仍然较为薄弱。

(4)公路桥梁面临危病桥梁多、老旧桥梁多、低荷载桥梁多等问题,隧道运行管理有待加强,安全隐患仍然存在。

(5)公路"一张网"运行监测体系尚不健全,路网运行精准感知与精确分析能力不强,出行信息发送、交互式体验等出行服务高品质供给有待加强。

三、公路养护管理模式

1. 直接型养护管理模式

该模式主要通过与公路养护管理的相关机构进行沟通,对公路养护中缺少的技术和资源给予补充,为其配置先进的公路养护设备,并对养护人员进行基础设备使用方面的培训。这种模式多用于公路养护管理工作刚开始的阶段。公路养护管理人员经过简单基础的培训之后,就能很快上手操作相关设备,也能更快地掌握相关技术,积累专业的养护经验。然而,在我国实际的公路养护管理工作中,经常会出现理论知识以外的问题,对公路养护工作造成阻碍,使养护人员的工作进度和职能受到一定的限制。

2.目标型养护管理模式

该模式为养护人员制定工作目的、工作内容和工作过程,使其按部就班地进行施工。在目标型的养护管理模式中,每一位公路养护人员的工作内容事先都已被明确规定。不过,养护人员根据实际遇到的不同养护难题可以进行方案修改,因此这种模式有利于培养养护人员的自主思维能力。存在的问题是:目前我国公路养护人员人数有限,如养护工作量较大,按照这种模式进行的养护工作一般很难及时完成。

3.市场型养护管理模式

这种养护管理模式把养护工作直接引入市场,将定期的公路养护工作直接外包给专业化公司。优点是能减少一定的养护人员和设备费用,并且因为外包公司通常拥有专业的技术和人员,能提高公路养护效率。缺点是市场上往往存在一些不正规的养护公司,为节省费用而在公路养护管理中偷工减料,影响公路养护质量,对此需要相关运营单位实时加强监督。

四、公路养护组织结构

按行政层级分,主要由不同层级的政府和机构承担相应的公路养护管理责任。在国家层面,如交通运输部,负责制定公路交通发展战略、规划、政策、法规、标准、规范等,并提供技术服务。在省、市级层面,省级和市级的公路管理部门负责当地的公路养护管理工作,制定具体的公路养护计划,并负责公路养护工程的实施和监督。县级层面,主要以农村公路养护管理为主。

高速公路的养护管理组织结构在不同的地方可能会有所不同,一般来说,会包括以下3个部分。

(1)各省(区、市)、高速公路主管局(总公司)为第一级,负责对高速公路规划建设、资金使用、规范标准、全线工程养护工作等统一领导与管理。

(2)各地区高速公路管理处(子公司)为第二级,具体负责高速公路的各项运营管理工作。各管理处建立养护队,负责所辖路段的维修保养。

(3)路段所辖各管理所为第三级,一般有收费站、监控室、通信站、养护工程队、服务区等。

普通国省干线的养护管理结构主要有两种:一种是以省统一管理为主的条条管理模式,另一种是以地方管理为主的块块管理模式。

(1)以条条为主的管理模式中,主要由省级公路管理部门直接负责普通国省干线公路的养护管理工作,统一管理其下属机构的人、财物,公路养护管理的财政支出责任由省统一安排,养护责任委托垂直系统中的市县公路管理部门负责,采用此模式的主要有青海、贵州、甘肃、云南、广西、新疆、西藏等西部省(区、市)和部分中部省(区、市)。

(2)以块块为主的管理模式中,普通国省干线公路的养护管理主要下放到市县一级政府,东中部大部分省(区、市)采用此模式,具体运行时各省、市亦有差异,一类是养护事权、资金预算、人员管理完全下放,资金由省切块下达,另一类是大中修事权、资金预算管理在省级公路管理部门,小修保养事权和人员管理下放。

第二节　公路养护的分类

一、公路养护的目的与基本任务

1. 公路养护的目的

公路养护的目的是持续跟踪和掌握公路基础设施使用情况和技术状况，通过精准施策、综合养护，使公路基础设施经常处于良好技术状态。

2. 公路养护的基本任务

公路养护的基本任务主要有以下五个方面的内容。

（1）公路养护应贯彻预防为主、防治结合、科学决策、集约高效的方针，充分发挥公路基础设施的社会效益和经济效益。

（2）公路养护应贯彻节约资源和保护环境的基本国策，推广资源再利用和循环利用，落实污染防治技术措施，提升公路绿色发展水平。

（3）公路养护各环节应严格落实安全生产和质量管理技术措施。

（4）公路养护应推广应用经实际工程验证的新技术、新工艺、新材料和新设备。

（5）公路养护应积极采用数字化技术，通过建立在役公路数字模型等方式，推进养护工程数字化和智能化改造，推动建立智能化养护机制，形成公路基础设施数字化成果。

3. 公路养护的一般规定

公路养护的一般规定主要有以下六个方面的内容。

（1）公路养护应包括路况检查及评定、养护决策、日常养护、养护工程设计和施工、技术文件和数据管理等工作。

（2）路况检查应包括对公路基础设施的日常巡查、经常检查、定期检查、专项检查和应急检查，对特殊基础设施应进行结构监测。在相关检查的基础上，应进行技术状况评定或专项性能评定。

（3）养护决策应基于检查及评定成果，通过养护决策分析，优化选择养护方案，为编制公路养护中长期规划和年度计划提供依据。

（4）应急养护工程可按技术方案组织实施，其余养护工程应按计划组织设计，依据设计及相关技术文件组织施工及验收。

（5）公路养护应收集、管理并充分利用各环节形成的技术文件和取得的数据，推进养护管理信息系统建设与应用。

（6）公路养护应配备与养护任务相适应的专业技术人员及专业机具设备，推广应用自动化、数字化快速养护检测和施工技术及设备。

二、公路养护的分类

公路养护包括日常养护和养护工程。

1. 日常养护

日常养护是指对公路基础设施的日常保养和日常维修等工作。日常养护应符合下列规定：

(1) 日常保养应维护公路基础设施及设备整洁、完好和正常运行。

(2) 日常维修应对可能危及通行安全或迅速发展的局部病害和缺损及时修复或更换，保障公路正常使用。

(3) 危及通行安全的损毁不能通过日常维修及时修复时，应立即上报，并按《公路养护技术标准》(JTG 5110—2023) 有关应急处置的规定采取相应的措施。

2. 养护工程

养护工程包括预防养护、修复养护、专项养护和应急养护工程。

(1) 预防养护工程

预防养护工程是指在公路基础设施整体性能良好但出现轻微病害及隐患时，为延缓其性能过快衰减、延长使用寿命而预先实施的主动防护等工程。

①路基预防养护工程应针对土路肩、边坡及结构物、排水设施等的表观病害或病害隐患进行设计，满足延缓病害发展、恢复路基防护和排水性能等要求。

②路面预防养护工程应针对路面轻微病害进行设计，满足延缓路面病害发展，恢复路面行驶质量、抗滑和抗老化性能等要求。

③桥涵预防养护工程应针对各类设施轻微病害、构件非结构性病害、环境作用引发的结构材料劣化及造成的及其他不利影响等进行设计，满足延缓病害发展和结构性能衰减、提升结构耐久性等要求。

④隧道土建结构预防养护工程应针对各分项设施轻微病害、衬砌非结构性开裂、渗漏水和材料劣化等进行设计，满足延缓病害发展和结构性能衰减、提升结构耐久性等要求。

⑤交通工程及沿线设施可根据养护需要开展预防养护工程设计。

(2) 修复养护工程

修复养护工程是指当公路基础设施出现明显病害或部分丧失服务功能时，为恢复其技术状况而实施的功能性修复、结构性修复或定期更换等工程。

①路基修复养护工程设计应满足地基承载能力、路堤强度、边坡稳定性和结构承载能力等要求，并应符合下列规定：路堤修复工程设计应分析地基与堤身的共同作用；地基变形等病害处治应进行沉降变形控制验算。地基受力范围存在软弱下卧层时，应进行地基承载能力验算。斜坡软弱地基处治应进行稳定性验算；高边坡路堤和陡坡路堤开裂滑移等病害处治，应进行堤身稳定性、堤身与地基整体稳定性验算；边坡支挡结构物加固应进行结构强度和整体稳定性验算；路基排水设施修复养护工程应结合路面、桥涵和隧道等排水系统进行设计。

②路面修复养护工程设计应满足路面结构强度、行驶性能和抗滑性能等要求，并应符合下列规定：路面修复养护工程应结合路堤和路床病害处治进行设计；路面加铺层材料组成、结构组合及厚度，宜通过路用性能试验和设计参数测试确定；路面结构性补强所采用结构组合及厚度，应通过结构验算确定；水泥混凝土路面加铺沥青混凝土面层时，应按复合式路面设计；在有上跨构造物的路段，加铺后的路面高程应满足建筑限界净空高度的要求。

③桥涵修复养护工程设计应满足结构耐久性、强度、刚度和稳定性等要求,并应符合下列规定:结构性修复方案应通过结构验算确定,满足正常使用极限状态和承载能力极限状态的要求;桥梁结构复位利用原桥梁构件作为支撑时,应对该构件承载安全性进行验算;桥梁梁体全幅更换时,新更换梁体应满足现行技术标准的要求。单梁更换时,新更换梁体不应低于原设计要求;需增加桥面铺装厚度或其他恒载时,应通过桥梁结构承载能力验算;更换的支座和伸缩装置应与原结构体系相适应,满足使用功能的要求。

④隧道土建结构修复养护工程设计应满足结构耐久性、强度和稳定性等要求,并应符合下列规定:结构性修复设计应对各施工阶段的构件强度、稳定性及结构变形等进行验算;衬砌结构性修复应结合衬砌背后空洞等病害处治进行设计,并应满足防排水的要求;结构承载能力验算应根据结构实际应力和边界条件进行。

⑤边坡支挡、桥涵和隧道结构等修复养护工程设计尚应符合下列规定:对于有抗震要求的结构,其结构性修复设计应进行抗震能力验算;对于由环境作用引发的结构病害,应进行相应的防治设计;结构性修复宜根据原结构实测几何尺寸和材料强度等进行设计。

⑥交通工程及沿线设施修复养护工程设计应符合下列规定:标志修复和更换所采用板面尺寸、字符、图形、标志板和支撑件等宜采用原技术标准;重新施划标线的颜色、形状、几何尺寸和材料等应采用现行技术标准;机电设施设备及软件系统修复、更换和升级设计应满足使用功能和安全要求;房屋修复养护工程应根据结构类型、部承重结构状况、地基基础状况和使用荷载等,结合使用环境和已使用年限进行设计,并应符合相关行业标准的规定;环境保护设施修复养护工程设计应满足原设计功能的要求。绿化植物补植或改植宜采用原物种,不得引入外来物种。

(3)专项养护工程

专项养护工程是指为提升或恢复公路基础设施服务功能而集中实施的完善增设、加固改造、拆除重建或灾后恢复等工程。

①提升服务功能的专项养护工程设计尚应符合下列规定:路线局部改线和路线交叉几何改造应根据实测资料进行平面和纵断面拟合设计;路基加宽部分的回弹模量不应低于原设计标准;路面重建和改建应通过实测和试验确定有关技术参数,根据实测资料进行路线纵断面拟合设计;桥梁拼接加宽应进行整体验算,评价正常使用极限状态应采用原设计荷载标准,评价承载能力极限状态应采用现行设计荷载标准。

②地质灾害防治工程设计应根据特殊地质体的性质、类型、成因、稳定状态及发展趋势、范围及其与公路的空间关系、既有治理工程技术状况等进行,设计采用的物理力学参数应根据室内试验和原位测试资料经综合分析确定。

③灾后恢复工程应在应急养护抢通后及时组织专项检查,根据基础设施技术状态实测资料、结构和材料性能试验资料,以及地形、地质和水文等实测资料,经综合论证确定技术方案并进行详细设计。

(4)应急养护工程

应急养护工程是指因突发事件造成公路基础设施损毁、交通中断或产生重大安全隐患时,为较快恢复安全通行而实施的应急性抢通、保通和抢修工程。

三、公路养护对象

公路养护对象包括已竣工验收并投入使用的路基、路面、桥涵、隧道、交通工程及沿线设施等。

1. 路基养护对象

路基养护对象包括土路肩、路堤与路床、边坡、防护及支挡结构物、路基排水设施等分项设施。

2. 路面养护对象

路面养护对象包括路面面层和基层、硬路肩和路面排水设施等。

3. 桥涵养护对象

桥涵养护对象包括桥梁桥面系、上部结构、下部结构、附属设施和调治构造物等的各部件和构件,以及涵洞各部件等。

4. 隧道养护对象

隧道养护对象包括隧道土建结构、机电设施和其他工程设施,并应包括下列分项设施及设备:

(1) 土建结构:包括洞口、洞门、衬砌、路面、检修道、排水设施、吊顶及预埋件、内装饰、标志和标线等。

(2) 机电设施:包括隧道供配电、照明、通风、消防、监控和通信等设施及设备。

(3) 其他工程设施:包括电缆沟、设备洞室及工作井、洞外联络通道、洞口限高门架、洞口环保景观设施、消音设施、减光设施、防雪棚、污水处理设施、附属房屋和通风塔等。

5. 交通工程及沿线设施养护对象

交通工程及沿线设施养护对象包括交通安全设施、机电设施、管理服务设施、绿化与环境保护设施,并应包括下列分项设施及设备:

(1) 交通安全设施:包括交通标志、标线、护栏、栏杆、视线诱导设施、防眩设施、隔离栅、防落网和避险车道,以及防风栅、防雪栅、积雪标杆和限高架等。

(2) 机电设施:包括公路监控、收费、通信、供配电、照明和监测,以及隧道通风和消防等设施及设备。

(3) 管理服务设施:包括管理中心、管理站(所)、养护工区、道班房、服务区(站)和停车区(点)用房及设备,以及场区、停车场及出入匝道等。

(4) 绿化与环境保护设施:包括公路用地范围内各类绿化,以及声屏障、污水处理设施和水土保护设施等。

四、技术状况等级

公路及其路基、路面、交通工程及沿线设施的技术状况等级由高至低划分为优、良、中、次、差,桥梁、涵洞和隧道技术状况等级可相应划分为1类、2类、3类、4类、5类。

公路技术状况等级采用技术状况指数作为评定指标,值域为 0~100。公路技术状况等级评定标准应符合表 4-2 的规定。路基、路面、桥涵、隧道、交通工程及沿线设施等基础设施的技术状况等级评定,应按行业现行有关标准的规定采用技术状况指数加控制指标的评定标准。

公路技术状况等级评定标准　　　　　表 4-2

技术状况等级	优	良	中	次	差
公路技术状况指数 MQI	≥90	≥80,<90	≥70,<80	≥60,<70	<60

五、路况检查要求

路况检查应按规定频率开展日常巡查、经常检查和定期检查,根据养护或应急需要开展专项检查和应急检查,并应符合下列规定:

(1)日常巡查应掌握公路基础设施日常表观状态和使用情况,以及可能危及通行安全的病害、损毁及其他异常情况,为日常养护提供依据。

(2)经常检查应排查和跟踪公路基础设施病害及隐患,为动态调整日常养护方案及养护重点提供依据。

(3)定期检查应查明公路基础设施技术状况,为养护决策或动态调整公路养护年度计划等提供依据。

(4)专项检查应查明公路基础设施技术状况、专项性能或病害情况,为养护决策、养护工程设计或制定相关养护对策等提供依据。

(5)因突发事件造成公路基础设施损毁、交通中断或产生重大安全隐患时,应开展应急检查,为制定应急养护工程技术方案提供依据。

对于一旦损坏将造成生命财产重大损失或产生重大社会影响、对变形及差异沉降有严格限制,以及存在高度安全风险的特殊基础设施,应进行结构监测,为结构损伤识别、技术状态评估及养护对策的制定等提供技术支持。

六、养护作业

养护作业包括日常养护、养护工程施工和路况检查等上路作业。养护作业质量、质量控制与验收应符合《公路养护技术标准》(JTG 5110—2023)的有关规定。

养护作业应统筹安排作业路段、作业内容和工序,作业时段宜避开交通高峰期,避免造成交通堵塞。对维修时限要求高的公路或路段,养护工程施工宜采用快速施工工艺和设备、集约化施工组织方案及不中断通行的交通组织方案。集约化施工组织方案指在同一路段和时段,集多支队伍和多种装备同步进行多类设施及多个养护单元上路作业的养护工程施工组织方案,甚至还可以同步加入部分日常养护及路况检查上路作业,从而有效提高工作效率,减少总的占道作业时间及交通安全隐患。养护作业应优先使用清洁能源,优先采用资源利用率高、污染物排放量少的工艺和机械设备。

1. 日常养护

日常养护作业主要内容见表4-3，具体内容根据养护对象和日常养护方案等，结合实际情况确定。

日常养护作业主要内容　　　　　　　　　　表 4-3

设施类别	作业主要内容
路基	1. 清除土路肩、坡面、中央分隔带、防挡及支挡结构物上的杂物、杂草。 2. 局部加固路肩，填补路肩零星缺口和坡面零星冲沟等。 3. 疏通防护及支挡结构物的泄水孔。 4. 疏通边沟、截水沟、排水槽和集水井等排水设施。 5. 清除遮挡安全视距和标志的设施和植物。 6. 清除零星塌方、上边坡危石和碎落岩。 7. 防护及支挡结构物日常维修。 8. 小型灾毁处治
路面	1. 清除路面泥土、积沙、杂物、散落物、积水、积雪和积冰等。 2. 铺撒路面防冻和防滑料等。 3. 疏通路面排水设施。 4. 沥青路面局部裂缝、坑槽、车辙、沉陷、拥包、松散和泛油等病害处治。 5. 水泥混凝土路面清缝、填缝料局部填补或更换，局部裂缝、坑洞、角隅断裂、错台和脱空等病害处治
桥梁、涵洞	1. 清除桥面泥土、积沙、杂物、散落物、积水、积雪和积冰等。 2. 铺撒桥面防冻和防滑料。 3. 桥面系其他设施、桥梁上部结构和下部结构部件及构件保洁、除冰和除雪等。 4. 疏通排水设施。 5. 桥面局部病害处治、桥面系其他设施日常维修或局部更换。 6. 桥梁上部结构和下部结构局部病害处治，钢结构连接件日常维修或更换。 7. 河床铺砌、防护及调治构造物日常维修。 8. 清除桥下和调治构造物周边漂浮物。 9. 疏通涵洞，洞身、洞外工程及附属设施日常维修
隧道	1. 清扫路面，清除路面泥土、积沙、杂物和散落物等。 2. 清除半山洞内积水、积雪、积冰、杂物及坠落石块等。 3. 清除洞口边仰坡危石和碎落岩土等。 4. 洞门、侧墙、检修道、吊顶和内装饰等保洁及杂物清除。 5. 疏通隧道排水设施。 6. 路面局部病害处治。 7. 洞口、洞门、衬砌、检修道、吊顶及预埋件和内装饰等日常维修。 8. 隧道供配电、照明、通风、消防、监控和通信等设施及设备经常性检修，易耗和易损部件定期更换。 9. 设备洞室、风机房、水泵房、洞外联络通道等其他工程设施日常保养和维修
交通安全设施	1. 标志牌、里程碑、百米桩和界碑保洁、局部修复或更换。 2. 路面标线、立面标记和突起路标保洁、局部补划、更换或补缺。 3. 护栏、栏杆、防撞垫和防撞桶等防护设施局部修复或更换。 4. 轮廓标、示警桩、示警墩和道口标柱等视线诱导设施保洁、局部修复或更换。 5. 中央分隔带防眩板或防眩网保洁、补缺、局部修复或更换。 6. 隔离栅、防落物网和防落石网防腐层补涂、局部修补或增补，清除杂物和杂草。 7. 避险车道制动床集料定期翻松，清除避险车道内的事故车辆和制动床杂物，化解冻结集料等。 8. 防风栅、防雪栅、防沙栅和积雪标杆等局部修复、增设或更换

续上表

设施类别	作业主要内容
机电设施	1. 监控、收费、通信、供配电、照明和监测等机电设施及设备清洁保养。 2. 监控、收费、通信、供配电、照明和监测等机电设施及设备经常性检修,易耗和易损部件定期更换
管理服务设施	1. 管理服务设施用房及设备、场区、停车场及出入匝道等清洁保养。 2. 管理服务设施用房及设备、场区、停车场及出入匝道等日常维修
绿化与环境保护设施	1. 公路用地范围绿化植物灌溉、排涝、施肥、中耕除草、整形修剪和病虫害防治等。 2. 公路用地范围绿化植物局部补植和改植。 3. 行道树冬季刷白。 4. 声屏障、污水处理设施和水土保持设施等日常维护

日常养护应在汛期、春融期、暴雨、暴雪、台风和沙尘暴等到来之前采取灾害预防措施。因自然灾害等突发事件造成公路基础设施损毁时,应按《公路养护技术标准》(JTG 5110—2023)的有关规定进行处理。日常养护应填写日常保养和日常维修等记录。

2. 养护工程

养护工程作业主要内容见表4-4,具体内容根据养护工程项目、设计文件及合同等,结合实际情况确定。

养护工程作业主要内容 表4-4

工程类别	设施类别	作业主要内容
预防养护	路基	1. 路基防护工程增设或完善。 2. 路基排水系统增设或完善。 3. 防护及支挡结构物表面破损集中处治,泄水孔疏通等。 4. 边坡坡面冲刷、碎落和局部崩塌等集中处理
	路面	1. 沥青路面整路段防损、防水、抗滑、抗老化或提高平整度等表面处治。 2. 水泥混凝土路面整路段防滑、防水、防剥落或提高平整度等表面处治,板底脱空处治和接缝材料集中清理更换等
	桥梁、涵洞	1. 混凝土构件非结构性裂缝和表观缺损等集中处治,钢筋防锈和防侵蚀等预防处治。 2. 钢构件防腐、防锈和防侵蚀处理等周期性预防处治。 3. 吊杆、拉索两端锚头除锈、锚具锚杯内的防腐油脂定期更换;钢护筒与套管连接处的防水垫圈及阻尼垫圈定期更换。 4. 砌体非结构性开裂和砂浆剥落等集中处治。 5. 桥面铺装层轻微病害集中处治。 6. 伸缩装置和支座等构件维护。 7. 构件防水和防渗漏,箱室结构内部通风和除湿等预防处治。 8. 桥涵基础抗冲刷防护工程增设或完善
	隧道	1. 结构防腐、防侵蚀、防火阻燃等周期性预防处治。 2. 结构表面裂缝和剥落等集中处治。 3. 结构表面浸渗等集中处治。 4. 路面轻微病害集中处治。 5. 高寒地区隧道防冻和保温设施维护和保养

续上表

工程类别	设施类别	作业主要内容
修复养护	路基	1. 路堤沉降、桥头跳车、翻浆和开裂滑移等处治。 2. 边坡失稳、坍塌和滑坡等治理。 3. 支挡结构物修复或增设。 4. 路基排水设施修复。 5. 路肩硬化，路缘石集中更换。 6. 局部路段路基加高、加宽或改建。 7. 防雪、防石和防风沙等防灾设施修复或增设
	路面	1. 沥青路面表面层结构功能衰减的修复、加铺或重铺。 2. 沥青路面面层和基层结构性破坏的修复、加铺或重铺。 3. 水泥混凝土路面裂缝、断裂和破碎等的修复或换板。 4. 水泥混凝土路面整体结构破坏的结构形式改造或结构加铺。 5. 砂石和块石路面整路段结构性修复及改善。 6. 配套路面修复，标志、标线、护栏、路缘石及分隔带开口等的恢复和完善
	桥梁、涵洞	1. 混凝土构件变形、承载能力不足、结构性裂缝和缺损的修复或更换。 2. 砌体结构变形、结构性开裂和破损等的修复。 3. 钢构件变形、开裂、连接失效和承载能力不足等的修复或更换。 4. 钢管混凝土结构管内混凝土脱空处治。 5. 斜拉索、吊索和吊杆等的调整或更换。 6. 桥面铺装病害处治，附属设施集中修复或更换。 7. 伸缩装置和支座等构件集中更换。 8. 调治构造物和径流系统等的修复或完善。 9. 涵洞修复、加固、增设或接长等
	隧道	1. 衬砌变形、结构性裂缝、破损和渗漏水等的修复。 2. 隧底涌水、翻浆、隧面隆起或路面板断裂等的修复。 3. 洞口边仰坡边坡失稳和坍塌等治理。 4. 洞门结构物修复。 5. 检修道、吊顶及预埋件和内装饰等的修复。 6. 排水设施集中修复。 7. 隧道供配电、照明、通风、消防、监控和通信等机电设施及设备集中维修或更换。 8. 设备洞室、风机房、水泵房、洞外联络通道等其他工程设施的修复
	交通安全设施	1. 标志牌、里程碑、百米桩和界碑等的集中修复或更换，标志牌补设。 2. 路面标线、立面标记和突起路标的整路段重新施划或更换。 3. 护栏、栏杆、防撞垫和防撞桶等防护设施的集中修复、更换或补设。 4. 轮廓标、示警桩、示警墩和道口标柱等的集中修复、更换或补设。 5. 中央分隔带防眩板或防眩网的集中更换。 6. 隔离栅、防落物网和防落石网的集中修复或更换。 7. 避险车道整体修复或制动床集料更换。 8. 防风栅、防雪栅、防沙栅、积雪标杆等的集中修复或更换
	机电设施	1. 监控、收费、通信、供配电、照明、监测、隧道通风和消防等设施及设备集中维修或更换。 2. 软件系统增设或升级
	管理服务设施	1. 管理服务设施用房定期修缮，设备集中维修或更换。 2. 场区、停车场及出入匝道等的修复或改造
	绿化与环境保护设施	1. 公路用地范围绿化植物集中更换或新植，开辟苗圃等。 2. 声屏障、污水处理设施、烟气除尘设施和水土保护设施等的修复、改造、扩建或增设。 3. 公路景观提升、路域环境治理等

续上表

工程类别	设施类别	作业主要内容
专项养护	各类设施	1. 为提升服务功能的路段或路线交叉改建工程。 2. 为提升结构强度的路面大规模改建或重建工程。 3. 为提升承载能力或抗灾能力等的危旧桥梁改造专项行动。 4. 为提升交通安全保障水平的交通工程及沿线设施完善增设或升级改造等工程。 5. 为提升抗灾能力的地质灾害防治工程。 6. 为恢复公路服务功能的灾后恢复工程。 7. 其他如"畅安舒美"示范公路创建工程等
应急养护	各类设施	1. 清理自然灾害及其他突发事件造成的障碍物。 2. 公路突发损毁的抢通、保通和抢修。 3. 可能危及交通安全的重大安全隐患处治

养护工程应以养护单元作为作业组织基本单元。养护单元的划分应根据单位养护工程组成、路段长度、结构类型、材料类型和施工工艺等确定。单位养护工程指路基、路面、桥梁、隧道、交通安全设施和机电设施等养护工程,其特点是具备独立的结构功能和施工组织条件。

养护工程施工前应进行现场调查及核对,根据设计文件和现场条件编制实施性交通组织方案。养护工程施工作业除应符合行业现行有关公路施工及养护标准的规定外,尚应符合下列规定:

(1)路面加铺层施工前,应对既有病害进行处治。
(2)结构物修复应先清除损坏部分,修复过程应避免对原结构产生新的结构性损伤。
(3)结构损坏由相关联的其他结构病害引发时,应先处治其他结构的病害。
(4)结构病害由环境作用引发时,在结构修复的同时应采取相应的防治措施。
(5)支挡结构物存在倾斜、滑动或下沉等病害时,应先卸载再加固。
(6)结构物修复过程可能发生倾斜、失稳、坍塌或过大变形时,应预先采取临时性加固措施。
(7)养护作业临时措施改变桥梁气动外形时,应对作业方案进行论证和安全评估。

养护工程施工质量除应符合设计文件和行业现行有关标准的要求外,尚应符合下列规定:

(1)路面加铺层与下承层、局部修补部分与原路面应黏结牢固。
(2)水泥混凝土路面相邻板间接缝应表面平整,传荷有效、防水和伸缩性能良好。
(3)混凝土表面缺损修补应黏结牢固、表面平整、露筋除锈及防护有效。
(4)钢构件修复或更换应节点紧固,除锈及涂装性能有效。
(5)新增结构与原结构应连接牢固、整体性能有效。

应急养护工程应按先抢通、后修复,先干线、后支线,先路基桥涵、后路面工程的原则安排施工作业,并应符合下列规定:

(1)经加固或支护可继续使用的结构物,应采取应急加固或支护措施。
(2)一时难以修复的路段,应根据恢复交通的需要和现场条件组织抢修临时通行便道和便桥。
(3)应急抢通、保通和抢修工程应与后期灾后恢复工程相结合。

(4)施工期间应对车辆和行人采取疏导、限制通行或禁止通行等措施。

(5)施工期间存在次生灾害风险时,应进行灾害监测和施工监测。

3.作业安全

日常养护和路况检查应制定交通组织方案,现场布置作业区,布设临时交通安全设施。养护工程施工现场应依据交通组织方案布置作业区,落实临时通行方案,布设临时交通安全设施。

(1)交通组织方案

养护工程施工期间的交通组织方案设计应提出作业区布置方案、车辆临时通行方案和临时交通安全设施布置方案等。

①作业区布置方案。

作业区布置方案按长期作业、短期作业、临时作业和移动作业等作业类型进行设计。作业区由警告区、上游过渡区、缓冲区、工作区、下游过渡区和终止区等区段组成,警告区和工作区必须设置,其余区段的设置应根据公路技术等级、作业类型作业方式和安全要求等确定。

②车辆临时通行方案。

车辆临时通行方案根据公路技术等级和作业类型,结合作业区布置方案进行设计,并符合下列规定:

a.短期作业、临时作业和移动作业应利用现有路面为车辆通行提供临时车道,长期作业宜利用现有路面提供临时车道。

b.高速公路和一级公路半幅封闭作业,或单向临时车道数不足时,可借对向车道设置临时车道。

c.双车道公路半幅封闭作业时,可用对向车道双向交替通行。

d.长期作业路段全幅封闭作业,或现有路面设置的临时车道数不足时,应修建临时通行便道,或采用路网分流方案。

临时通行路段设计速度应根据实际交通需求和现场条件等确定。临时通行路段设计速度及车道最小宽度应符合表4-5的规定,且限速过渡的速度差不宜超过20km/h。

临时通行路段设计速度及车道最小宽度 表4-5

原路设计速度(km/h)	120	100	80	60	40	30	20
临时通行路段设计速度(km/h)	80	70	60	40	30	30	20
车道最小宽度(m)	3.75	3.75	3.50	3.50	3.25	3.25	3.00

③临时交通安全设施布置方案。

临时交通安全设施布置方案设计应符合下列规定:

a.除移动作业外,作业区和通行车道之间应设置隔离设施。

b.高速公路和一级公路的对向交通流之间应设置隔离设施。

c.长期作业应采用稳固式交通安全设施。

d.短期作业和临时作业宜采用易于安装、拆除的交通安全设施。

e.移动作业宜采用移动式标志车,临时作业可采用移动式标志车。

对于车辆通行可能影响安全、结构和材料性能的关键施工环节,应根据施工工艺、结构和材料性能要求等,提出该路段在作业期间车辆限制通行或禁止通行方案。

(2)安全要求

养护作业应配备专职或兼职安全生产管理人员,现场作业人员应经安全生产教育培训,配备安全防护用品和用具。作业机械设备应配备安全防护、保险限位、安全装置及作业标志。长期作业、短期作业和临时作业应封闭作业区,限制人员作业范围,以及车辆停放、材料和设备堆放范围。临时交通安全设施应经常维护保养,定期检测。作业完成后应拆除,及时恢复原有标志、标线和护栏等交通安全设施。

隧道内作业期间,工作区烟尘浓度不应大于 $0.0030 m^{-1}$,CO 浓度不应大于 $30 cm^3/m^3$,NO_2 浓度不应大于 $0.12 cm^3/m^3$。

除应急养护工程等作业外,大雨、大雪、大雾和六级以上大风等特殊气象条件下严禁养护作业。

安全生产风险较大的桥梁、隧道和路基高边坡等施工作业,应根据风险等级按有关规定采取相应的风险管控措施。应急养护、险要路段和高空作业等,应采取防止危害作业人员安全的专项技术措施。

第三节　公路养护对策

一、路基养护对策

路基养护应经常保持路基整体处于良好技术状况,路肩、边坡和支护结构完好稳定,排水设施排水通畅。

路基日常养护应加强路基日常巡查和保养工作,及时清除零星坍方、碎落石、积水和杂物等,及时修剪杂草、疏通排水系统,定期整理路肩、边坡、排水系统及结构物泄水孔,及时维修路肩、边坡、排水设施和各类结构物的局部轻微损坏。

路基养护应加强预防养护工作,结合日常巡查和各类检查及监测,及时排查病害及灾害的各类隐患。当路基及结构物技术状况为优、良,但有局部轻微损坏或病害迹象时,应适时采取预防性养护措施,防止或延缓病害的发生和发展。

当路基及结构物出现明显病害或较大损坏时,应及时组织专项检查和评定及必要的工程勘察,采取相应工程措施,并应符合下列规定:

(1)路基及结构物技术状况等级为中,或出现局部损坏时,应实施修复养护工程,及时处治或加固。

(2)路基及结构物技术状况等级为次及以下,路基整段出现大范围病害,或重要结构物出现较大损坏时,应实施专项养护工程,及时处治、加固或改建。

路基养护对策应根据路基技术状况评定结果、养护工作对象与内容,以及病害处治类型,按表4-6进行选择。对于路基某一养护工作对象与内容,存在两个或两个以上对策可供选择时,应根据实际情况选择其一。

路基养护对策　　　　　　　　表4-6

养护工作对象与内容		日常养护		养护工程			
		日常保养	日常维修	预防养护	修复养护	应急养护	
						抢通保通	应急修复
路肩	路肩清扫	√	—	—	—	—	—
	路肩整修	√	√	—	√	—	—
	路缘石维修	√	√	—	√	—	—
路堤与路床	沉降处治	—	—	√	√	√	√
	开裂滑移处治	—	—	√	√	√	√
	冻胀翻浆处治	—	√	—	√	—	—
	桥头跳车处治	—	—	—	√	—	—
边坡	坡面防护	√	√	√	√	—	—
	碎落崩塌处治	√	√	—	√	√	—
	局部坍塌处治	—	√	—	√	—	—
	滑坡处治	—	—	—	—	√	√
既有防护及支挡结构物	表观破损处治	—	√	—	√	—	—
	排(泄)水孔淤塞处治	√	√	—	√	—	—
	局部损坏修复	—	—	√	√	—	—
	结构失稳加固	—	—	—	√	—	√
排水设施	排水设施疏通	√	√	—	—	—	—
	排水设施修复	—	√	√	√	—	—
	排水设施增设	—	—	√	√	—	—

对路基技术状况指数SCI为0的路段,应及时采取应急养护措施,并应按现行行业标准《公路路基养护技术规范》(JTG 5150)的有关规定执行。

二、路面养护对策

路面养护应经常保持路面结构承载能力与技术状况良好,路面无明显病害,车辆行驶舒适、安全。

路面日常养护应加强日常巡查和保养工作,及时清除路面积雪、积冰、积水和杂物等,及时修补路面局部轻微损坏。

路面预防养护应在路面技术状况尚为优良、出现轻微病害或病害隐患时,适时、主动采取减缓路面老化、提高路面抗滑和耐磨性能等预防性养护措施。

当全路段路面出现明显病害或较大损坏时,应及时组织专项检查和评定,采取相应工程措施,并应符合下列规定:

(1)路面结构强度优、良,但高速公路和一级公路其余路况指数为中及以下,二级及以下公路其余路况指数为次及以下时,应实施修复养护工程,及时修复。

(2)路面结构强度为中及以下时,高速公路和一级公路应实施专项养护;二级及以下公路应根据病害严重程度,实施修复养护或专项养护工程,及时修复、翻修或重建。

1. 沥青路面养护对策

沥青路面养护对策包括预防养护对策和修复养护对策。

（1）预防养护对策

预防养护技术适用的公路技术等级和交通荷载等级应符合表4-7的规定。

预防养护技术适用的公路技术等级和交通荷载等级　　表4-7

场合		预防养护技术								
		雾封层a	碎石封层、纤维封层	稀浆封层	微表处	复合封层b	薄层罩面	超薄罩面	封层罩面	就地热再生
公路技术等级	高速公路	√	×	×	√	√	√	√	√	√
	一级公路	√	×	×	√	√	√	√	√	√
	二级公路	√	√	√	√	√	√	△	√	√
	三级公路	√	√	√	△	√	√	△	√	×
	四级公路	√	√	√	√	√	√	√	√	×
交通荷载等级	极重	△	△	×	√	√	√	√	√	√
	特重	△	△	×	√	√	√	√	√	√
	重	△	△	△	√	√	√	√	√	√
	中	√	√	√	√	√	√	√	√	√
	轻	√	√	√	√	√	√	√	√	√

注:符号说明:√-适用,△-可用,×-不适用。
a 表示不含砂雾封层不适用于高速公路和一级公路。
b 表示复合封层中,碎石封层或纤维封层加铺微表处适用于二级及二级以上公路,适用于各交通荷载等级情况;碎石封层加铺稀浆封层适用于二级及二级以下公路,适用于重及以下交通荷载等级情况。

根据路面功能状况,预防养护技术宜按表4-8进行选择。

预防养护技术适用的路面功能状况　　表4-8

路面功能状况	预防养护技术								
	雾封层	碎石封层、纤维封层	稀浆封层	微表处	复合封层	薄层罩面	超薄罩面	封层罩面	就地热再生
抗滑损失	×	√	√	√	√	√	√	√	√
路面渗水	√	√	√	√	√	√	√	√	△
路面磨耗	×	√	√	√	√	√	√	√	√
沥青老化	√	√	√	√	√	△	△	△	√
路面不平整	×	×	×	×	×	√	×	△	△

注:√-适用,△-可用,×-不适用。

预防养护前,应按表4-9的规定对不同类型和不同严重程度的路面病害进行预处理。

预防养护前的病害预处理　　　　　　　　　　　　　　　　　表4-9

路面主要病害类型		病害程度	预防养护技术								
			雾封层	碎石封层、纤维封层	稀浆封层	微表处	复合封层	薄层罩面	超薄罩面	封层罩面	就地热再生
裂缝类	龟裂	轻	√	√	△	√	√	√	△	√	√
		中	△	×	×	×	×	×	×	×	√
		重	×	×	×	×	×	×	×	×	×
	块状裂缝	轻	√	√	△	√	√	√	△	√	√
		重	×	×	×	×	×	×	×	×	△
	纵向裂缝	轻	√	√	√	√	√	√	√	√	√
		重	×	×	×	×	×	×	×	×	△
	横向裂缝	轻	√	√	√	√	√	√	√	√	√
		重	×	×	×	×	×	×	×	×	△
变形类	车辙	轻	×	×	×	√	√	√	△	√	√
		重	×	×	×	△	×	×	×	×	×
	沉陷、波浪、拥包	轻	×	×	×	△	√	√	√	√	√
		重	×	×	×	×	×	×	×	×	×
表面损坏类	坑槽	轻	×	×	×	×	×	×	×	×	√
		重	×	×	×	×	×	×	×	×	×
	松散	轻	√	√	△	△	√	√	√	√	√
		重	×	×	×	×	×	×	×	×	×
	泛油	轻	×	△	√	√	△	√	√	√	×
		重	×	△	√	√	△	√	√	√	×

注:√-免预处理,△-可预处理,×-需预处理。

(2)修复养护对策

修复养护对策应根据修复养护专项数据调查结果,结合路面病害发展程度、路面结构强度、病害原因诊断及结构层完整性评价结果等因素综合考虑,并进行技术经济分析比选后合理选择。

路面修复养护类型划分及养护对策选择可参照表4-10进行。

路面修复养护类型划分及养护对策选择　　　　　　　　　　表4-10

养护类型划分	适用性条件			建议养护对策
	病害原因类型	路面结构完整性评价	整体结构强度	
功能性修复	表面层性能衰减	基层及中下面层保持完好 多数病害未贯穿表面层结构	满足	直接加铺罩面 直接加铺碎石封层+罩面
		基层及中下面层保持完好 表面层发生较大面积损坏	满足	表面层铣刨重铺

续上表

养护类型划分	适用性条件			建议养护对策
	病害原因类型	路面结构完整性评价	整体结构强度	
结构性修复	表面层性能衰减	基层及面层保持完好 多数病害未贯穿表面层结构	不足	直接加铺补强
	面层结构破坏	基层保持完好 面层整体发生较大面积损坏	满足	沥青面层铣刨重铺
			不足	面层铣刨,基层补强
	路基结构不稳定基层结构破坏	基层或底基层发生较大面积破坏	不足	路基、路面结构重建

注:1. 根据路面技术状况和病害发生层位确定铣刨厚度。
  2. 沥青面层铣刨重铺包括铣刨一层加铺两层、铣刨两层重铺两层或三层、铣刨三层重铺三层等类型。
  3. 整体结构强度应结合弯沉检测、承载板、钻芯取样等数据综合判定。

开展修复养护工程前,应综合病害类型、分布范围、病害层位及产生原因等因素,合理确定既有路面病害的处治措施。

2. 水泥混凝土路面养护对策

高速公路及一级公路的路面破损状况等级为优和良,或者二级及二级以下公路的路面破损状况等级为中及中以上时,可采用日常养护和局部或个别板块修补措施。各种病害的养护或修补措施,可参考表4-11中所列。

各种病害的养护或修补措施　　表4-11

养护或修补措施	可暂不修	填封裂缝	填封接缝	部分深度修补	全深度修补	换板	沥青混合料修补	板底堵封	板顶研磨	刻槽	边缘排水
纵、横、斜裂缝和角隅断裂	L	L,M,H			H						
交叉裂缝和断裂板		L,M				M,H					
沉陷、胀起	L,M					M,H	H	M,H			
唧泥、错台	L		L,M					H	H		M,H
接缝碎裂	L			M,H	H		M,H				
拱起	L			M,H	H						
纵缝张开		L,H									
填缝料损坏	L		M,H								
纹裂或网裂和起皮	L,M			M			M,H				
磨损和露骨	磨损						露骨		磨光		
活性集料反应	L				H	M					
集料冻融裂纹	L			M,H	H						

注:表中 L、M、H 表示病害轻重程度等级:L-轻度;M-中等;H-严重。

三、桥梁、涵洞养护对策

1. 桥梁养护对策

桥涵养护应经常保持技术状况良好，外观整洁，排水系统完善，桥面铺装坚实平整，各部件、构件和设施齐全、功能正常，结构无损坏、无异常变形，结构内部空间通风干燥，基础无冲蚀。

桥涵日常养护应加强日常巡查工作，定期检修和保养各类构件及设施，及时清除桥面积雪、积冰、积水和杂物等，及时疏通泄水孔，及时修复各类设施和构件的表观缺陷和局部轻微损坏，及时更换损坏的附属设施。

桥涵预防养护应结合日常巡查和各类检查及监测工作，及时排查各类隐患。当桥涵技术状况等级为1、2类，但有轻微损坏或病害迹象时，应适时采取主动防护措施。对于侵蚀环境中的桥梁，应加强混凝土和金属构件的防腐工作。

桥梁出现下列情况时，应根据病害情况和对结构安全影响程度等，及时组织专项检查和评定，并采取相应工程措施：

（1）技术状况等级为3类，或构件出现明显病害、局部丧失功能时，应实施修复养护工程，及时修复。

（2）技术状况等级为4类，或主要构件出现结构性损坏时，应根据病害严重程度，实施修复养护或专项养护工程，及时修复或加固。

（3）技术状况等级为5类，或整体强度、刚度和稳定性不足时，应实施专项养护工程，及时加固、改建或重建。

2. 涵洞养护对策

涵洞养护除应符合钢筋混凝土结构、砌体结构及其基础等养护有关规定外，应保持其正常的排水功能。洞内及洞口排水设施出现淤积、积雪或积冰时，应及时清除和疏通。涵洞各部位出现局部破损、渗漏水、基础沉陷或洞口冲刷等病害时，应及时修复。波纹管涵洞出现防护涂层剥落、波纹管锈蚀时，应及时维修。涵洞病害严重、承载能力或排水功能不足时，应及时加固或改建。

四、隧道养护对策

隧道养护应经常保持土建结构及附属设施技术状况良好，外观整洁，排水系统排水通畅，路面无明显病害，衬砌和洞口结构无损坏、无异常变形；机电设施齐全完好、运行正常、工作可靠。隧道养护应加强日常养护、预防养护及机电设施的维护工作。当土建结构技术状况等级为3类及以下时，应根据病害情况和对结构安全影响程度等，及时组织专项检查和评定，及时实施修复、加固或改建等养护措施。

土建结构日常养护应经常和定期清洁、保养结构物及各类附属设施，及时清除洞口和半山洞内的碎落石、积雪、积冰、积水及隧道内外杂物等，及时处理渗漏水，及时疏通排水系统，及时修复结构物的表观缺陷和局部轻微损坏。

土建结构预防养护应结合日常巡查和各类检查及监测工作,及时排查各类隐患,当技术状况等级为1、2类,但有轻微损坏或病害迹象时,应适时采取主动防护措施。

土建结构修复养护和专项养护工程应符合下列规定:

(1)技术状况等级为3类,结构出现局部损坏或局部丧失功能时,应实施修复养护工程,及时修复。

(2)技术状况等级为4类,或结构出现结构性损坏时,应根据病害严重程度,实施修复养护或专项养护工程,及时修复或加固。

(3)技术状况等级为5类,或结构出现结构性较大损坏时,应实施专项养护工程,及时加固、改建或重建。

结合公路等级、结构形式、病害情况等,进行加固方案设计。加固方案可由一种或多种处治方法组成,处治方法如表4-12所示。

隧道加固方法选择表　　　　　　表4-12

处治方法		病害原因										病害(缺陷)特征	预期效果
		不利外力因素						其他					
		松弛压力	偏压	地层滑坡	膨胀性压力	承载力不足	静水压	冻胀力	地震	火灾	材料劣化	渗漏水	衬砌背后空洞	衬砌厚度不足	无仰拱		
衬砌加固	粘贴纤维复合材料加固									☆	○		○			①衬砌网状裂缝;②衬砌受拉开裂趋于稳定;③衬砌材料轻微劣化	①与衬砌共同承担拉应力,防止衬砌拉裂;②防止衬砌局部劣化
	粘贴钢板(带)加固	☆	○	○	○	★	☆	○	○		★					①衬砌开裂、剥离、剥落;②衬砌材料劣化;③衬砌厚度、强度轻微不足,结构基本稳定	与衬砌共同受力,一定程度提高承载能力,改善受力状况
	喷射混凝土	☆	○	○	★	☆	○	○	○	★	★		★			①衬砌开裂、剥离、剥落;②衬砌材料劣化;③衬砌厚度、强度不足	①与衬砌共同受力,提高承载能力,改善受力状况;②防止衬砌局部劣化
	嵌入钢架加固	★	☆	○	★	○	○	☆	☆				☆			衬砌裂损严重	与衬砌共同受力,提高承载能力
	锚杆加固	★	★	○	★	☆		○	☆	○			○			衬砌混凝土开裂,侧壁混凝土挤压错台	①提高岩体稳定性,防止松弛压力增大;②平衡、改善衬砌受力状态;③改善围岩物理力学性能
	套拱	★	☆	☆	★	★	★	★	☆	☆	★					①衬砌严重裂损、剥离、剥落;②衬砌材料劣化严重;③大面积渗漏水	①提高衬砌整体承载能力;②防止衬砌渗漏水

续上表

处治方法		病害原因														病害(缺陷)特征	预期效果
		不利外力因素								其他							
		松弛压力	偏压	地层滑坡	膨胀性压力	承载力不足	静水压	冻胀力	地震	火灾	材料劣化	渗漏水	衬砌背后空洞	衬砌厚度不足	无仰拱		
注浆加固	围岩注浆	★	★	☆	★	☆	★	☆	☆		☆		○	○		①围岩松弛导致衬砌混凝土开裂、变形；②衬砌渗漏水	①改善围岩物理力学性能,提高岩体的抗剪强度和黏结力；②抑制衬砌渗漏水
	衬砌背后空洞注浆					○	☆	★			☆		★	☆		①空洞导致衬砌开裂、剥离、剥落；②衬砌渗漏水	①衬砌与岩体紧密结合,荷载作用均匀,防止围岩失稳；②抑制衬砌渗漏水
	换拱	☆	☆	☆		★	☆	○	★	★	★	○			★	①衬砌混凝土严重开裂、变形、错台；②衬砌混凝土严重劣化	提高衬砌承载能力、耐久性
隧底加固	隧底换填			○	★											基底围岩软化、虚渣等导致路面开裂	提高地基承载力,防止隧底变形
	仰拱补强	☆	☆	○	★	★	☆	○	☆							①仰拱混凝土开裂,局部破损；②路面开裂、底鼓	增强仰拱强度,提高结构承载能力
	增设仰拱	★	○	○	★	★	★	○	☆						★	①衬砌混凝土开裂,墙脚向内收敛；②路面开裂、底鼓严重	①改善衬砌整体受力；②提高对膨胀围岩和软弱围岩压力的抵抗能力
	加深仰拱				★	☆	★	○								①仰拱破坏；②路面严重开裂、底鼓	①改善衬砌整体受力；②提高对膨胀围岩、软弱围岩压力及承压水的抵抗能力
	隧底桩基		☆	○	★									☆		①路面沉陷、错台、开裂；②衬砌结构受力不均	提高地基承载力
	隧底注浆	○			☆	★								☆		①隧底基础软弱、承载力不足；②衬砌结构受力不均	提高地基承载力
	锚杆(管)锁脚					☆								☆		①边墙不均匀沉降；②衬砌开裂	提高衬砌墙脚结构稳定性

续上表

处治方法		病害原因														病害(缺陷)特征	预期效果
		不利外力因素								其他							
		松弛压力	偏压	地层滑坡	膨胀性压力	承载力不足	静水压力	冻胀力	地震	火灾	材料劣化	渗漏水	衬砌背后空洞	衬砌厚度不足	无仰拱		
洞口工程加固	洞门墙加固	☆	☆	☆				☆	★	○						洞门墙体有尚在发展的裂缝，墙体局部倾斜、错台	恢复洞门墙整体性、稳定性
	重建洞门	☆	☆	☆				☆	★							洞门墙体严重倾斜，结构严重破坏，墙体有大面积开裂错台，洞门墙倒塌	重建洞门，提高安全性
	接长明洞、棚洞		☆	★					☆							洞口有落石、滚石、崩塌、泥石流、雪崩等危及洞口安全的因素	增长保护区，降低边仰坡，提高洞口安全性
	主、被动防护网								★							洞口有落石、滚石、崩塌等危及洞口安全的因素	防止落石、滚石、崩塌体等滚落
	排水止水	○	○	☆	☆	☆	★	★	○			★				①衬砌渗漏水；②路面翻浆、唧泥	①无渗漏水；②恢复排水系统功能

注：1. 符号说明：★-对病害处治非常有效的方法；☆-对病害处治较有效的方法；○-对病害处治有些效果的方法。
2. 松弛压力中包括突发性坍塌情况；火灾是材料劣化的一种特殊形式，单独列出。

五、沿线设施养护对策

1. 交通安全设施

交通安全设施日常养护应加强日常巡查工作，定期清洗和保养各类设施，发现轻微损坏或局部缺失时，应及时修复或补设。

交通安全设施预防养护应结合日常养护工作，经常和定期检修各类设施，在技术状况等级为优、良时，应适时实施预防性维护和保养措施。

交通安全设施出现下列情况时，应采取修复养护或专项养护措施：

（1）技术状况等级为中，局部路段设施出现损坏，或设施局部丧失使用功能时，应及时实施修复养护。

（2）技术状况等级为次，较大范围设施出现损坏时，应根据损坏数量和严重程度，实施修复养护或专项养护，及时修复或更换。

（3）技术状况等级为差，整路段设施出现较大损坏，或重要设施不能满足功能和安全需求时，应实施专项养护，及时更换、增设或升级改造。

2. 绿化养护

公路绿化养护应加强日常养护、预防养护和定期维护工作，对植物应适时灌溉、排涝、施肥、中耕除草、整形修剪、补植和改植，并应加强病虫害日常防治等工作。植物灌溉应根据绿地的土壤质地、土壤墒情、天气情况和植物的生理需水量等,确定灌溉时间和灌溉量。当雨后绿地出现积水时,应及时排出积水,对经常性积水的绿地,宜增设排水设施。植物施肥应根据绿地土壤肥力、季节及植物生理需肥特点等合理进行。植物整形修剪应结合植物的生物学特性、生态习性、景观需求和树木健康管理要求等,适时适量进行。当路侧乔灌木影响建筑限界和路侧安全净空,遮挡视距、标志,或与路灯、架空线及其他变电设备等安全距离不足时,应及时修剪、清除或改植。病虫害防治应加强日常巡查、定期检疫和预报工作,发现疫情应及时处置。病虫害防治宜采用生物防治和物理防治为主,化学药剂防治为辅的方法。采用化学药剂防治时,不应使用有机磷类药剂。

第四节 公路养护质量标准

一、一般规定

公路养护质量应符合下列规定:
(1)路基应完好整洁,路堤及地基、边坡及结构物稳定,排水设施完善、排水通畅。
(2)路面应完好整洁,使用性能满足安全通行要求,排水设施完善、排水通畅。
(3)桥涵应外观整洁,各类部件、构件齐全完好,结构功能和性能满足安全使用要求,基础无冲蚀,排水设施完善、排水通畅。
(4)隧道土建结构应完好整洁,衬砌、洞门及洞口结构功能和性能满足安全使用要求,排水设施完善、排水通畅,机电设施应齐全完好、工作可靠。
(5)交通工程及沿线设施的各分项设施应齐全完好、功能正常,各类设备应齐全完好、工作可靠。

二、路基养护质量标准

1. 路基修复

路基填料应符合有关规范和设计要求,新老路基应采用台阶法或按设计要求进行有效衔接,路基压实度应分层检测并应符合现行《公路养护工程质量检验评定标准》(JTG 5220)的规定,地基处理应符合有关规范和设计要求。
(1)土方路基修复
土方路基修复应符合下列基本要求:
①路基填料应符合规范和设计的要求。
②填方路基应分层填筑压实,每层表面平整,路拱合适,排水良好。不宜使用大型压实机具的工作面,分层的最大松铺厚度应不超过200mm。
③施工临时排水系统应与原路基排水系统结合,避免冲刷边坡,不得使路基附近积水。
④修复的路基应与现有路基连接平顺,线形顺畅。
⑤土质路基填挖衔接处及零填方处应根据土质、含水率情况采取翻晒处理、超挖换填等措

施或按设计要求进行处理,路基的压实度及路基的稳定性应满足要求。

土方路基修复外观质量应符合下列规定:

①路基表面应平整,边线直顺,曲线圆滑。

②路基边坡坡面应平顺、稳定,不得亏坡,与旧路基边坡衔接曲线应平顺。

(2)填石路基修复

填石路基修复应符合下列基本要求:

①填石路基施工应逐层水平填筑,边部应码砌牢固。

②修复的路基应与现有路基连接平顺,线形顺畅。

③路基表面应整修平整。

填石路基修复外观质量应符合下列规定:

①码砌石块应紧贴、密实,无明显空洞、松动现象。

②路基边坡坡面应平顺、稳定,不得亏坡,与旧路基边坡衔接曲线应平顺。

2. 填方土边坡修复

填方土边坡修复应符合下列基本要求:

①土边坡坡面应平顺、坚实、饱满。

②坡脚线应顺直,曲线应圆滑。

填方土边坡修复外观质量应符合下列规定:

①应密实稳定,无坍塌、分层、开裂、流槽、冲沟现象。

②修复的边坡应与原边坡衔接平顺。

③坡面应无堆积杂物。

3. 既有防护及支挡结构物修复

支挡、防护及其他砌筑工程的修复和加固维修工程应按现行《公路养护工程质量检验评定标准 第一册 土建工程》(JTG 5220)的相关规定进行质量检验评定;增设的支挡、防护及其他砌筑工程,以及钢筋混凝土结构或构件(均应包含钢筋加工及安装的养护单元)的工程质量检验评定,应符合现行《公路工程质量检验评定标准 第一册 土建工程》(JTG F80/1)的规定。

(1)砌体挡土墙修复

砌体挡土墙修复应符合下列基本要求:

①修复前,应完全清除已松动挡土墙砌体。

②石料或混凝土预制块的强度、规格和质量应符合有关规范和设计要求。

③砂浆所用的水泥、砂、水的质量应符合有关规范的要求,按规定的配合比施工。

④地基承载力应满足设计要求,基础埋置深度应满足设计规范要求。

⑤砌筑应分层错缝。浆砌时坐浆挤紧,嵌填饱满密实,不得有空洞;干砌时不得出现松动、叠砌和浮塞。

⑥沉降缝、泄水孔、反滤层的设置位置、质量和数量应符合设计要求,新旧挡土墙应结合平顺。

砌体挡土墙修复外观质量应符合下列规定:

①砌体表面应平整,砌缝应完好、无开裂现象,勾缝应平顺、无脱落现象。
②泄水孔应无反坡、堵塞现象。
③沉降缝应整齐垂直,上下贯通。
④新砌部分与原挡墙应接缝平顺、圆滑。

(2)护面墙修复

护面墙修复应符合下列基本要求:

①修复前应将已损坏的墙体包括墙背脱空砌体完全拆除。
②拆除旧墙后如坡面存在松软或缺土现象,应换土填坡,护面坡的坡度、密度、填土厚度均应符合设计要求。
③石料强度和规格应符合规范要求。
④砂浆所用水泥、砂、水的质量应符合规范要求。
⑤砌筑应分层错缝,砂浆饱满,不得有空洞。
⑥沉降缝、泄水孔、反滤层的设置位置、质量和数量应符合设计要求,新旧结合应平顺稳固。

护面墙修复外观质量应符合下列规定:

①砌体应表面平整,新旧结合应平顺牢固,勾缝应平顺饱满、无脱落现象。
②泄水孔应无反坡、堵塞现象。
③沉降缝应整齐垂直,上下贯通。

(3)预应力锚杆、锚索加固

预应力锚杆、锚索加固应符合下列基本要求:

①加固前应依据设计方案对旧砌体及加固面进行安全分析评估,已损坏的墙体和存在隐患的部分应完全拆除。
②拆除旧墙体时应遵循边拆边恢复的原则,不得采用大面积拆除、一次性恢复的施工工序。
③挡墙加固采用预应力锚杆、锚索框架结构时,墙面修复应符合设计要求。
④所用材料的种类、型号、规格、数量和质量必须符合有关规范及设计要求。
⑤锚孔的位置、方向、孔径、深度等应符合设计要求。
⑥注浆的工艺、工序应符合有关规范及设计要求。
⑦现浇钢筋混凝土框架时,应保证护坡坡面平整、梁底密实,无溜滑体、蠕滑体和松动岩石。

预应力锚杆、锚索加固实测项目、外观质量应符合现行《公路工程质量检验评定标准 第一册 土建工程》(JTG F80/1)的有关规定。

(4)锥、护坡修复

锥、护坡修复应符合下列基本要求:

①修复前应先将已损坏的部分完全拆除,同时对原有坡面进行补土修复并夯实。
②修复时应严格控制新旧结合处的砌筑质量,新旧砌体应密实,砂浆饱满。
③石料质量、规格应符合有关规定。砂浆所用水泥、砂、水的质量应符合有关规范的要求,按规定的配合比施工。

④锥、护坡基础埋置深度及地基承载力应符合设计要求。
⑤砌体应咬扣紧密,嵌缝应饱满密实。
⑥锥、护坡填土密实度应达到设计要求,坡面刷坡整平后方可铺砌。
锥、护坡修复外观质量应符合下列规定:
①修复后的锥、护坡应表面平整,无垂直通缝。
②修复后的锥、护坡应勾缝平顺,无脱落现象。
(5)边坡锚喷防护
边坡锚喷防护应符合下列基本要求:
①锚杆、钢筋和土工格栅的强度、数量、质量和规格必须符合设计和有关规范的要求。
②混凝土及砂浆所用水泥、砂、石、水和外掺剂必须符合有关规范的要求,按规定的配合比施工。
③边坡坡度、坡面应符合设计要求。岩面应无风化、无浮石,喷射前必须用水冲洗。
④钢筋应清除污锈,钢筋网与锚杆或其他锚固装置应连接牢固,喷射时钢筋不得晃动,保护层厚度不应小于20mm。
⑤锚杆插入锚孔深度不得小于设计长度的95%,孔内砂浆应密实、饱满,锚杆孔深应至少大于锚固长度20mm。
⑥喷射前应做好排水设施,对个别漏水空洞的缝隙应采取堵水措施。
⑦钢筋、土工格栅或锚杆不得外露,混凝土不得开裂脱落。
边坡锚喷防护外观质量应符合下列规定:
①混凝土应表面密实,不得有突变。
②应与原表面结合紧密,不应起鼓。
(6)边坡框架梁加注浆锚杆防护
边坡框架梁加注浆锚杆防护应符合下列基本要求:
①应按设计要求的程序施工,结合面的处理、混凝土的浇筑和养生应符合设计要求。
②原构件裂缝应压浆封闭处理,其他缺陷部分应按设计要求修复。
③锚杆插入锚孔深度不得小于设计长度。
④注浆锚杆的灌浆强度应不小于设计和规范要求,锚杆孔内灌浆应密实、饱满。
⑤锚杆垫板应满足设计要求,紧贴框架梁,不平时应用M10砂浆填平。
⑥钢筋、锚杆不得外露,混凝土不得开裂脱落。
边坡框架梁加注浆锚杆防护外观质量应符合下列规定:
①锚头应封闭密实、牢固,整齐美观。
②框架梁表面应平整,无蜂窝、麻面。
(7)泄水孔整修、增设
泄水孔整修、增设应符合下列基本要求:
①所用材料的种类、型号、规格、强度和质量应符合设计要求。
②孔位的布置位置、设置间距、钻孔深度、孔径和仰斜坡度等应符合设计要求。
③泄水管铺设应平顺、稳固,连接应正确、牢固,进(渗)水孔的大小和间距、管底坡度、铺设深度应符合设计要求。

④如有滤层,应回填密实,且滤层材料粒径级配应符合设计要求。

泄水孔整修、增设外观质量应符合下列规定:

①泄水孔坡度应向外;出水口应牢固整齐。

②排水应通畅,应无浊水、堵塞现象。

4.排水设施修复

排水设施应保持完好,排水通畅,并应与道路范围内或周边的排水系统相衔接;损坏的排水设施应按设计要求进行修复,边沟、排水沟、截水沟应根据材料、工艺等,分别按现行《公路养护工程质量检验评定标准》(JTG 5220)检验;排水养护工程涉及的机械设备安装工程以及泵站的电气安装工程、房屋结构、混凝土结构、泵站沉井等,应按相关标准进行质量检验。

(1)土沟整修、增设

土沟整修、增设应符合下列基本要求:

①土沟边坡应平整、稳定,严禁贴坡。

②沟底应平顺密实、排水畅通。

土沟整修、增设外观质量应符合下列规定:

①沟底应无明显凹凸不平或阻水现象。

②不得有松散土和其他杂物。

(2)砌筑排水沟整修、增设

砌筑排水沟整修、增设应符合下列基本要求:

①石料或混凝土预制构件的强度、质量应符合设计要求和现行《公路圬工桥涵设计规范》(JTG D61)的相关规定。

②混凝土和砌体砂浆所用的原材料应符合设计要求。

③基础、沟体断面形式,压项、沉降缝和盖板的形式应符合设计要求。

砌筑排水沟整修、增设外观质量应符合下列规定:

①砌缝应均匀、密实;砌体抹面应平整,不得有空鼓现象。

②砌体内侧及沟底应平整、直顺,沟顶不得高于周边地平面;沟底不得有杂物、阻水现象。

③盖板应安放平稳,盖板间隙应均匀。

(3)急流槽和跌水整修、增设

急流槽和跌水整修、增设应符合下列基本要求:

①急流槽、跌水的断面形式和阻水设施形式、尺寸、数量、设置位置应符合设计要求。

②石料或混凝土预制构件的强度、质量应符合设计要求和现行《公路圬工桥涵设计规范》(JTG D61)的相关规定。

③混凝土和砌体砂浆所用的原材料和配合比以及基础(或垫层)材料应符合设计要求。

急流槽和跌水整修、增设外观质量应符合下列规定:

①槽体砌缝应均匀、密实;槽体抹面应平整,不得有空鼓现象。

②槽体内侧及沟底应平整、直顺,槽底不得有杂物。

(4)盲沟整修、增设

盲沟整修、增设应符合下列基本要求:

①盲沟的断面结构、设置位置应符合设计要求;所用土工材料的规格、质量应符合设计要求和现行《公路路基施工技术规范》(JTG/T 3610)的相关规定。

②反滤层应采用洁净、坚硬、不易风化,并经筛选过的中、粗砂或砾石;粒料反滤层应分层填筑。

③排水层应采用洁净、坚硬、不易风化,并经筛选过的碎、砾石;排水性能应符合设计要求。

盲沟整修、增设外观质量应符合下列规定:

①反滤层应层次分明。

②进出水口应排水通畅。

三、路面养护质量标准

路面加铺、罩面前应按规范和设计要求对下承层病害进行处治,对施工作业面进行清理,保证施工作业面干燥、清洁;路面养护工程应在符合规范要求的气象条件下施工;水泥混凝土路面上加铺沥青面层,以及使用厂拌热再生混合料铺筑面层时应按现行《公路养护工程质量检验评定标准》(JTG 5220)检验;垫层应按相同材料的底基层检验;透层、黏层和封层的基本要求应符合《公路养护工程质量检验评定标准》(JTG 5220)的有关规定;无机结合料冷再生混合料铺筑的基层或底基层,应按相同结合料的基层或底基层检验。

1. 沥青路面养护

(1)加铺或铣刨重铺沥青混凝土面层

加铺或铣刨重铺沥青混凝土面层应符合下列基本要求:

①各类原材料的质量,包括使用厂拌热再生时沥青混合料回收料(RAP)及再生剂的质量应满足规范和设计要求。沥青含量、矿料级配等沥青混合料质量指标应满足规范和设计要求。

②应按设计进行路面铣刨或挖除。分层铣刨时路槽侧面应做成台阶。铣刨或挖除后的路槽应清理干净,无松散、夹层。铣刨或挖除的路面废料应妥善堆放和处理。桥面铣刨时不得伤及桥面铺装钢筋,有伸缩缝处不得铣刨。

③铣刨或挖除后路槽上的裂缝、坑槽、松散等局部病害应按设计进行处理。

④应按设计和现行《公路沥青路面施工技术规范》(JTG F40)的规定进行黏层、封层等层间黏结施工。

⑤应严格控制沥青混合料拌和温度。沥青混合料应拌和均匀,无花白,无粗细料分离和结团成块现象。

⑥应严格控制摊铺和碾压温度,加强边部和接缝处碾压,按规定工艺将摊铺的沥青混合料碾压至要求的压实度。多层摊铺时,上层摊铺之前应保持下层整洁,不得污染。

⑦路面应完成压实并冷却至表面温度低于50℃后方可开放交通或在路面上进行其他作业。

⑧路面横坡应能保证路面横向排水顺畅,且不得出现反坡。单车道施工的路面横坡应与整幅路面横坡相协调,且不得出现反坡。

加铺或铣刨重铺沥青混凝土面层外观质量应符合下列规定:

①表面应平整密实,泛油、松散、脱皮、坑槽、粗细料明显离析、明显碾压轮迹等的累计长度

不应超过100m。

②接缝处应紧密、平顺,烫缝应无枯焦。

③路面与路缘石应密贴接顺。

(2)微表处和稀浆封层

微表处和稀浆封层应符合下列基本要求：

①原材料及混合料质量应满足设计和规范要求。

②原路面技术状况应满足设计要求。

③应采用工程实际使用的材料对摊铺机进行标定,确定摊铺机料门、乳化沥青泵等的设定值。当(改性)乳化沥青蒸发残留物含量、矿料含水率等发生变化时,应根据标定结果及时调整摊铺机各项设定。

④混合料在摊铺过程中应保持良好的稀浆状态,不得有破乳结团现象。

⑤开放交通或进行下一步工序施工前,混合料初期强度应满足要求。

微表处和稀浆封层外观质量应符合下列规定：

①表面应平整密实、均匀,无花白料、轮迹、拖痕、泛油、松散、脱皮等的累计长度不应超过100m。

②纵向及横向接缝处应紧密、平整、顺直。

(3)碎石封层

碎石封层应符合下列基本要求：

①集料及结合料质量应满足设计和规范要求。

②原路面或下承层技术状况应满足规范和设计要求。

③集料规格应与碎石封层设计厚度和工艺相匹配,碎石封层厚度应满足设计要求。

④沥青洒布车和集料石料撒布机应处于良好工作状态,计量系统应进行标定。

⑤施工时材料洒(撒)布设备应保持速度稳定,保证整个洒(撒)布宽度内材料洒(撒)布均匀。材料温度应符合设计要求。集料应紧跟结合料撒布,集料撒布后应使用轮胎压路机紧跟碾压。

⑥使用乳化沥青的,应待乳化沥青破乳、水分蒸发后方可开放交通或进行下一工序施工。

⑦集料应与原路面或下承层黏结牢固。用于表面磨耗层时,集料应嵌挤密实;用于防水黏结层时,集料覆盖率应满足设计要求。

碎石封层外观质量应符合下列规定：

①表面应平整,松散、油包、油丁、泛油、剥落、封面料明显散失等的累计长度不应超过100m。

②接缝应整齐、平顺。

(4)含砂雾封层

含砂雾封层应符合下列基本要求：

①含砂雾封层材料质量应满足设计和规范要求。

②洒布车应处于良好工作状态,计量系统应进行标定。

③洒布车应保持稳定的行驶速度,保证喷洒均匀。

④开放交通时含砂雾封层应已干燥。

⑤含砂雾封层后的路面抗滑性能应不低于原路面。
含砂雾封层外观质量应符合下列规定：
①表面应均匀一致，流淌、露白、条痕、泛油、油斑等的累计长度不应超过100m。
②侧缘及纵向接缝处应顺直、美观，无多洒、漏洒。
③含砂雾封层材料不得污染沿线护栏、伸缩缝、路面标线等设施和构造物。
（5）沥青路面局部挖补
沥青路面局部挖补应符合下列基本要求：
①原材料和沥青混合料质量应满足设计和规范要求。
②沥青路面开挖或铣刨的外缘应超出病害外缘，开挖或铣刨后发现的下承层病害应按设计要求进行处理。采用两层及以上材料填补时，开挖或铣刨的边缘应做成台阶状。
③铣刨槽的四壁和底面应按设计涂刷黏结沥青。
④混合料摊铺时应避免离析。应保证混合料摊铺温度和碾压温度。应加强边部和接缝处碾压，应按规定的压实工艺将摊铺的混合料碾压至要求的压实度。分层摊铺时，应在上层摊铺前保持下层整洁，不得污染。
沥青路面局部挖补外观质量应符合下列规定：
①路面开挖应为矩形，轮廓线应顺直，铣刨或开挖后的路槽应清理干净，表面平整、坚实、无杂物、油污、夹层、松散、积水现象。
②挖补后的路面应平整密实，无泛油、松散。挖补后的路面应略高于开挖线周围路面。
③挖补后的路面与周边路面应连接紧密，不得有渗水现象。
（6）沥青路面开槽灌缝
沥青路面开槽灌缝应符合下列基本要求：
①灌缝材料质量应满足设计和规范要求。
②开槽应与裂缝吻合，槽壁不应有松散、啃边等现象，槽内尘土、杂物应清除干净。
③灌缝前，裂缝及周边区域应保持干燥。
④灌缝材料应在规定的材料温度下使用。
⑤灌缝材料应与路面黏结牢固。
沥青路面开槽灌缝外观质量应符合下列规定：
①灌缝材料应填充饱满，与路面基本平齐。
②灌缝材料溢出、污染路面、被车辆卷走、脱落等的累计长度不得超过灌缝总长度的3%。
（7）就地热再生
就地热再生应符合下列基本要求：
①原路面技术状况应满足规范和设计要求。原路面标线、突起路标、灌封胶等应按设计要求进行处理。
②原路面应在不造成沥青过度老化的前提下充分加热，翻松裸露面温度、再生混合料摊铺温度应满足设计和规范要求，路面加热宽度应大于翻松宽度。
③路面翻松深度和翻松速度应保持稳定，再生混合料应拌和均匀。
④应将再生路面碾压至要求的压实度。开放交通前路表温度应低于50℃。
⑤再生混合料的沥青含量、矿料级配、马歇尔稳定度指标应满足生产配合比要求。

就地热再生外观质量应符合下列规定：
①表面应平整密实,泛油、松散、裂缝、粗细料明显离析等的累计长度不应超过100m。
②路面应无积水。
③接缝处应紧密、平顺。

(8)厂拌冷再生、就地冷再生、全深式冷再生
厂拌冷再生、就地冷再生、全深式冷再生应符合下列基本要求：
①原材料和再生混合料质量应满足设计和规范要求。乳化沥青温度、沥青发泡温度、沥青的发泡率和半衰期应符合设计和规范要求。
②下承层应满足设计要求。
③混合料应拌和均匀,无结团、成块现象。
④应在最佳含水率状况下碾压至要求的压实度。使用水泥类材料时碾压终了的时间不应超过水泥的终凝时间。
⑤应按要求进行养生,养生时间应符合规范规定。
⑥施工及养生期间应做好防排水,再生层在加铺面层结构前不得浸水。
厂拌冷再生、就地冷再生、全深式冷再生外观质量应符合下列规定：
①表面应平整密实,无坑洼、弹簧现象,无明显碾压轮迹。
②施工接茬应平顺、稳定。

2. 水泥混凝土路面养护

(1)加铺水泥混凝土面层
加铺水泥混凝土面层应符合下列基本要求：
①原材料及水泥混凝土质量应满足设计和规范要求。
②下承层质量应满足设计要求,表面清洁、无浮土。
③接缝内杂物应清除干净,并灌入符合要求的接缝材料。
④分离式加铺层应保证隔离层施工质量。结合式加铺层,旧面板表面应按设计作凿毛等处理,保证层间结合面平整、密实、粗糙。
⑤接缝的位置、规格、尺寸及传力杆、拉力杆的设置应满足设计要求。
⑥加铺层铺筑后应按要求进行养生。
加铺水泥混凝土面层外观质量应符合下列规定：
①混凝土板的断裂块数,高速公路和一级公路不得超过评定路段混凝土板总块数的0.3%,其他公路不得超过0.5%。
②混凝土板表面脱皮、印痕、裂纹、石子外露和缺边掉角等缺陷,高速公路和一级公路不得超过受检面积的0.3%,其他公路不得超过0.4%。
③接缝填筑应饱满密实,不得污染路面。

(2)水泥混凝土路面换板
水泥混凝土路面换板应符合下列基本要求：
①原材料及水泥混凝土质量应满足设计和规范要求。
②旧板凿除施工不应对相邻板造成扰动和损伤。

③基层损坏和强度不足的应按设计要求进行修复。基层表面应平整、无浮土。
④接缝位置、规格、尺寸及传力杆、拉杆、钢筋网位置应符合设计要求。
⑤新板浇筑完成后应及时养生、拉毛、切缝、灌缝、刻槽。新板应表面平整、粗糙,刻槽均匀、深度一致。
⑥新旧路面应平顺连接,路面边缘应无积水。
水泥混凝土路面换板外观质量应符合下列规定:
①混凝土板表面脱皮、印痕、裂纹、石子外露和缺边掉角等缺陷,高速公路和一级公路不得超过受检面积的0.3%,其他公路不得超过0.4%。
②新板应表面平整,刻纹均匀、深度一致。

(3)水泥混凝土路面板底注浆
水泥混凝土路面板底注浆应符合下列基本要求:
①注浆材料配比和质量应满足设计和规范要求。
②注浆孔的布设应合理,钻孔不得损坏路面板整体性。
③注浆压力应经试压后确定或符合设计要求。
④注浆时应严格按工艺要求进行施工,并有完整的施工记录。
⑤注浆后应按设计要求进行养生。
⑥注浆不得产生新的路面裂缝、局部脱空和板块超量抬升,不得堵塞路面排水系统。
水泥混凝土路面板底注浆外观质量应符合下列规定:
①注浆过的板块应与周边板块平齐,不应有松动、空鼓、唧泥。
②钻孔处应填补至与路面平齐。
③灌浆后残留在路面的灰浆应清理干净。

(4)水泥混凝土路面刻槽
水泥混凝土路面刻槽应符合下列基本要求:
①刻槽机具应满足设计刻槽宽度和槽间距的施工要求。
②刻槽走向应满足设计要求。
水泥混凝土路面刻槽外观质量应符合下列规定:
①刻槽应顺直。
②刻槽深浅、疏密应一致。

(5)水泥混凝土路面碎石化
水泥混凝土路面碎石化应符合下列基本要求:
①碎石化前的路基强度和含水率应满足设计要求,不满足要求时应按设计进行处治;路面基层应基本稳定;板体应无松散。
②混凝土板块上存在的沥青罩面层和沥青表面修补材料应在碎石化施工前清除。
③破碎后路面出现的局部破损坑洼,应按设计要求进行挖补找平,形成平整的表面。
④碎石化施工不得对路幅内构造物与管线、路幅外建筑物等的结构安全构成影响。
⑤路面破碎后应按要求进行碾压,并及时完成封层等层间处理。碎石化路面在加铺面层结构前不得浸水,不得开放交通。
水泥混凝土路面碎石化外观质量应符合下列规定:

①碎石化后的路面应平整、坚实,不得有松散、不稳定等现象。
②碎石化后的路面破碎程度应满足设计要求。

3. 基层养护

(1)沥青碎石基层翻修

沥青碎石基层翻修应符合下列基本要求:

①原材料及沥青混合料质量应满足设计和规范要求。

②应按设计进行路面铣刨或挖除,铣刨或挖除后的路槽应清理干净,无松散、夹层。铣刨或挖除的路面废料应妥善堆放和处理。分层铣刨时铣刨槽的侧面应做成台阶状。

③铣刨或挖除后路槽上的裂缝、坑槽、松散等局部病害应按设计进行处理。

④应按设计和规范要求进行黏层、封层等层间黏结施工。

⑤应严格控制沥青混合料拌和温度。混合料应拌和均匀,无花白,无粗细料分离和结团成块现象。

⑥混合料摊铺时应避免离析。应按规定工艺将沥青混合料碾压至要求的压实度,严格控制摊铺和碾压温度。多层摊铺时,在上层摊铺之前应保持下层整洁,不得污染。

沥青碎石基层翻修外观质量应符合下列规定:

①表面应平整密实,泛油、松散、脱皮、坑槽、粗细料明显离析、明显碾压轮迹等的累计长度不应超过100m。

②接缝处应紧密、平顺,烫缝应无枯焦。

(2)稳定土基层和底基层翻修

稳定土基层和底基层翻修应符合下列基本要求:

①原材料质量应满足设计和规范要求。

②水泥、石灰用量应按设计要求控制准确。石灰应充分消解,不得含有灰团和生石灰块。

③路拌法施工时,路拌深度应达到层底。

④混合料应处于最佳含水率状况下,用重型压路机碾压至要求的压实度。水泥类材料碾压终了的时间不应超过水泥的终凝时间。

⑤碾压检查合格后立即覆盖或洒水养生,养生期应符合规范规定。

稳定土基层和底基层翻修外观质量应符合下列规定:

①表面应无松散、无坑洼、无碾压轮迹。

②施工接茬应平整、稳定。

(3)稳定粒料基层和底基层翻修

稳定粒料基层和底基层翻修应符合下列基本要求:

①原材料质量应满足设计和规范要求。

②水泥、石灰用量应按设计要求控制准确。石灰应充分消解,不得含有灰团和生石灰块。矿渣应分解稳定,未分解渣块应予剔除。

③路拌法施工时,路拌深度应达到层底。

④混合料应处于最佳含水率状况下,用重型压路机碾压至要求的压实度。水泥类材料碾压终了的时间不应超过水泥的终凝时间。

⑤碾压检查合格后立即覆盖或洒水养生,养生期应符合规范规定。
稳定粒料基层和底基层翻修外观质量应符合下列规定:
①表面应无松散、无坑洼、无碾压轮迹。
②离析累计长度不应超过100m。
(4)级配碎石基层和底基层翻修
级配碎石基层和底基层翻修应符合下列基本要求:
①碎石质量应满足设计和规范要求。
②配料应准确。
③塑性指数应满足设计要求。
级配碎石基层和底基层翻修外观质量应符合下列规定:
①表面应无松散、无坑洼、无碾压轮迹。
②离析累计长度不应超过100m。

四、桥梁、涵洞养护质量标准

桥梁、涵洞养护工程的每个结构或构件均应进行检验,另有规定的除外。钢筋混凝土结构或构件均应包含钢筋加工及安装养护单元,预应力混凝土结构或构件均应包含预应力筋安装及张拉养护单元,并应按现行《公路工程质量检验评定标准 第一册 土建工程》(JTG F80/1)的相关规定进行检验。注浆处治桥头跳车可按现行《公路养护工程质量检验评定标准》(JTG 5220)进行检验。桥梁和涵洞结构、构件更换时,新的结构、构件应按现行《公路工程质量检验评定标准 第一册 土建工程》(JIG F80/1)的相关规定进行检验,植筋应按现行《公路养护工程质量检验评定标准》(JTG 5220)进行检验,另有规定的除外。墩、台增补桩基应根据桩基的类型和成桩工艺,按现行《公路工程质量检验评定标准 第一册 土建工程》(JTG F80/1)的相关规定或按现行《公路养护工程质量检验评定标准》(JTG 5220)进行检验,并应按设计要求在施工过程中对相邻桩基的墩台进行监控。喷射混凝土维修、加固应按现行《公路养护工程质量检验评定标准》(JTG 5220)进行检验。桥台锥护坡、调治构造物和河床防护铺砌的修复或增设应根据构造物类型,按现行《公路养护工程质量检验评定标准》(JTG 5220)或现行《公路工程质量检验评定标准 第一册 土建工程》(JTG F80/1)的相关规定进行检验。

1. 桥梁养护
(1)桥面铺装维修
桥面铺装维修应符合下列基本要求:
①混凝土所用水泥、砂、石、水、外加剂及掺合料的品种、规格和质量应符合相关技术规范的规定并满足设计要求,按试验确定的配合比拌制。
②沥青混合料的矿料级配、沥青和集料质量应符合相关施工技术规范的规定并满足设计要求。
③重铺前,应按设计要求对原铺装下的主体结构缺陷、病害进行处治。
④原桥面铺装应清理干净,清理时应避免损伤原桥主体结构,重复利用的原桥面铺装钢筋应做除锈处理。

⑤铺装结合面处理及防水层应满足设计要求。

⑥应控制沥青混合料拌和的加热温度,拌和后的沥青混合料应均匀,无花白,无粗细料分离和结团成块现象。

⑦沥青混合料的摊铺和碾压温度、碾压工艺应符合相关施工技术规范的规定。

⑧混凝土铺装浇筑后应按相关施工技术规范要求养生,接缝填料应满足设计要求,嵌填连续、密实。

⑨泄水孔的进水口应略低于桥面面层,其数量和位置应满足设计要求。

桥面铺装维修外观质量应符合下列规定:

①应符合加铺或铣刨重铺沥青混凝土面层、水泥混凝土路面换板外观质量的规定。

②桥面排水良好,新旧桥面衔接应平顺。

(2)伸缩装置更换

伸缩装置更换应符合下列基本要求:

①伸缩装置类型、规格、性能等应符合相关技术规范的规定并满足设计要求,验收合格后方能安装。

②锚固混凝土的品种、性能应符合设计要求。

③开槽应符合设计要求,并对原结构影响伸缩装置使用的缺损进行处治。

④植筋应按现行《公路养护工程质量检验评定标准》(JTG 5220)的相关规定检验合格,并应按设计要求的构造形式与伸缩装置钢构件牢固连接。

⑤伸缩装置处不得出现积水现象。

伸缩装置更换外观质量应符合下列规定:

①伸缩装置应无渗漏、异常变形、破损、开裂。

②锚固混凝土应密实,无空洞、蜂窝、露筋及宽度超过 0.2mm 的裂缝,且与桥面衔接平顺。

③焊缝应成形良好,无裂缝、未熔合、夹渣、未填满弧坑、电弧擦伤、焊瘤等外观缺陷。

④伸缩缝内及伸缩装置中应干净,无积土、垃圾等杂物。

(3)排水设施维修

排水设施维修应符合下列基本要求:

①排水管、封堵渗漏所用材料的类型、规格和质量应符合相关技术规范的规定并满足设计要求,排水管安装前应逐节检查,不得有裂缝、破损。

②排水管件应安装牢固,固定构造应满足设计要求;管中垃圾应清理干净,管道应无阻塞。

③进水口不得高于集水面,防堵塞部件应安装牢靠。

④排水设施不得出现渗水、漏水现象,出口处排水不得溅落到桥梁结构上。

⑤桥梁结构、构件内部不得因排水不当而出现积水。

⑥金属构件应按设计要求进行防护处理。

排水设施维修外观质量应符合下列规定:

①排水设施应齐全,不得有缺失。

②管节铺设应平顺,管路坡度不得出现反坡,管节接头处流水面高差不应大于 2mm。

(4)混凝土栏杆及护栏维修

表面缺损维修应按现行《公路养护工程质量检验评定标准》(JTG 5220)混凝土表面缺损

修补、混凝土裂缝修补检验。重新制作、安装时应按现行《公路工程质量检验评定标准　第一册　土建工程》(JTG F80/1)的相关规定进行检验,与既有栏杆及护栏连接应满足设计要求,且线形无异常弯折。植筋应按现行《公路养护工程质量检验评定标准》(JTG 5220)的相关规定检验评定。

(5)梁体顶升

梁体顶升应符合下列基本要求:

①混凝土所用水泥、砂、石、水、外加剂及掺合料的品种、规格和质量应符合相关技术规范的规定并满足设计要求,按试验确定的配合比拌制。

②千斤顶、油压表应配套标定和使用,并不得超过标定期限和使用次数。

③梁体顶升前应按设计要求解除约束,顶升和落梁顺序、顶升力、顶升高度、落梁高差及同步应满足设计要求,并应有防止落梁、倾覆措施。

④顶升应按设计要求进行监控,不得损伤原结构。

⑤支撑构件和其他新增构件应与原结构连接可靠、位置准确。

梁体顶升外观质量应符合下列规定:

①新增构件表面应平整密实,无空洞、蜂窝、露筋及宽度超过设计规定或设计未规定时超过0.2mm的裂缝,与原结构应连接紧密。

②顶升的桥梁与相邻结构应连接顺适,无异常突变。

(6)支座更换

顶升和落梁应按梁体顶升的相关规定检验且合格,垫石存在缺陷或病害时应修复。支座安装应按现行《公路工程质量检验评定标准　第一册　土建工程》(JTG F80/1)相关分项工程进行检验评定。

(7)混凝土表面缺损修补

混凝土表面缺损修补应符合下列基本要求:

①混凝土或砂浆所用胶黏剂、水泥、砂、石、水和外加剂的品种、规格和质量应符合相关技术规范的规定并满足设计要求,按试验确定的配合比拌制。

②混凝土黏合剂(界面剂)的品种、级别、技术性能指标应符合相关技术规范的规定并满足设计要求,具有完整的出厂质量合格证明书。

③缺陷区域的混凝土应清除至坚实的基层混凝土,凿除深度不得小于缺陷深度及设计要求的深度,边缘处不得为斜坡面。基层混凝土表面应干净、粗糙,不得有疏松碎块。

④露筋修补应除锈,并按设计要求涂刷阻锈剂。

⑤修补结合面不得出现开裂。

混凝土表面缺损修补外观质量应符合下列规定:

①修补处应平整、密实。

②修补混凝土表面应无空鼓、剥落、宽度超过设计规定或设计未规定时超过0.2mm的裂缝。

(8)混凝土裂缝修补

混凝土裂缝修补应符合下列基本要求:

①裂缝修补所用材料的品种、性能、规格等应符合相关技术规范的规定并满足设计要求。

②应按设计要求对混凝土表面进行处理,含水率应与修补材料的使用要求相适应。表面封闭时基面应清洁、密实、坚固;灌胶时裂缝两侧基面应清理出密实新鲜混凝土,表面应清洁、干燥。

③在裂缝交叉点、端部及宽度较大处应设灌胶嘴,且在封缝胶固化后应检查其气密性,应无漏气。

④修补工艺、顺序应符合设计要求。

混凝土裂缝修补外观质量应符合下列规定:

①应无漏封闭或漏灌胶的裂缝。

②裂缝封闭的表面应平整,无裂缝、脱落,粘贴物表面应无气泡、空鼓。

③灌浆嘴应清除,封缝胶应无大块堆积和流挂。

(9)混凝土构件表面防护

混凝土构件的缺陷或病害处治应验收合格。表面防护应按现行《公路工程质量检验评定标准 第一册 土建工程》(JTG F80/1)相关分项工程进行检验。

(10)植筋

植筋应符合下列基本要求:

①所用材料的品种、型号、规格和质量应符合相关技术规范的规定并满足设计要求。

②植筋前应探测原结构内部钢筋位置,钻孔时不应对其造成损伤。

③植筋孔位附近的混凝土应密实,无裂缝和疏松层,含水率及施工环境条件应符合胶黏剂的使用要求。

④植筋的数量不得少于设计要求,植筋插入锚孔深度不得小于设计深度的95%。植筋间距及植筋至构件边缘距离不得小于构造规定值。

⑤需焊接的植筋应采取降温措施,不得因焊接降低胶黏剂的技术性能。

植筋外观质量应符合下列规定:

①锚孔内胶黏剂应饱满。

②钢筋表面应无颗粒状或片状老锈及损伤,焊接不得松脱、开焊。

(11)钢筋混凝土构件增大截面

钢筋混凝土构件增大截面应符合下列基本要求:

①混凝土所用水泥、砂、石、水、外加剂及掺合料的品种、规格和质量应符合相关技术规范的规定并满足设计要求,按试验确定的配合比拌制,混凝土的收缩变形应在设计允许范围内。

②新增钢筋与原结构钢筋的连接应满足设计要求,植筋应按上述规定进行检验,其他按现行《公路工程质量检验评定标准 第一册 土建工程》(JTG F80/1)相关分项工程进行检验,并且合格。

③被增大截面的混凝土构件表面应凿毛,露出新鲜、密实混凝土,表面应清洁、无污垢,凿除深度和粗糙度应符合设计要求,暴露的原有钢筋出现锈蚀影响承载力的应进行除锈处理。

④施工顺序及混凝土的养护应满足设计要求。

⑤支架和模板的强度、刚度、稳定性应符合相关施工技术规范的规定。

⑥支架变形及支承的下沉量应满足施工后构件设计高程的要求。

钢筋混凝土构件增大截面外观质量应符合下列规定:

①增大截面混凝土表面应平整密实,无空洞、蜂窝、露筋及宽度超过设计规定或设计未规

定时超过 0.2mm 的裂缝。

②新旧混凝土结合面不得出现裂缝,无明显施工接缝。

(12)设置体外预应力

设置体外预应力应符合下列基本要求:

①所用预应力筋(束)、锚具、连接器、防护层及防腐填充物等的品种、规格、性能应符合相关技术规范的规定并满足设计要求,预应力筋(束)展开后应平顺无弯折。

②锚固块和转向块所采用的材料和制作应满足设计要求,与原结构构件连接牢固;导向管不得损伤预应力筋(束)及其防护层,弯曲应圆顺。

③施工顺序应满足设计要求。

④张拉设备应配套标定和使用,并不得超过标定期限和使用次数。

⑤预应力张拉时,混凝土齿板的强度和龄期应符合设计要求,并应严格按设计规定的张拉顺序操作,不得出现滑丝现象。

⑥锚垫板平面应与预应力筋(束)轴线垂直,预应力筋(束)锚固后应采用机械切割,外露长度应符合设计要求。

⑦减振限位装置应夹紧预应力筋(束),并不得改变其线形。

⑧应按设计要求进行锚头和锚固段防护,锚具防护罩应安装牢固,内填油脂充盈。

设置体外预应力外观质量应符合下列规定:

①预应力筋(束)的防护层应无裂纹、损伤。

②预应力筋(束)与导向管、限位器间的橡胶垫块(圈)不应出现缺失、破损、松动。

(13)粘贴钢板

粘贴钢板应符合下列基本要求:

①所用的钢板、锚固螺栓、胶黏剂等材料的品种、规格和质量应符合相关技术规范的规定并满足设计要求。

②对原结构、构件的孔洞、蜂窝、裂缝、露筋等缺陷应按设计要求修补,黏合范围内应打毛、清理干净,含水率应满足胶黏剂的使用要求。

③钢板粘贴面应按设计要求进行糙化处理,表面平整,不得有折角,粘贴前应清理、擦拭干净。

④粘贴施工的环境条件应符合施工技术规范的规定并满足所用胶黏剂的要求,且应在粘贴界面处理完后设计要求的时间内完成粘贴作业。

⑤锚固螺栓数量不得少于设计数量,锚固螺栓的螺母承压面应与钢板密贴。

⑥胶黏剂厚度、压力注胶时的注胶压力及稳压时间应满足设计要求。

⑦钢板、锚固螺栓应按设计要求进行涂装防护处理。

粘贴钢板外观质量应符合下列规定:

①钢板各边缘胶体应饱满,无空洞。

②钢板应平直、顺贴,无凹陷、划痕、焊疤,边缘应无毛刺。

③钢板、锚固螺栓的防护应无破损。

(14)粘贴纤维复合材料

粘贴纤维复合材料应符合下列基本要求:

①所用胶黏剂、纤维复合材料的品种、规格、性能应符合相关技术规范的规定并满足设计要求。

②原结构、构件的孔洞、蜂窝、裂缝等表面缺陷应按设计要求修补,粘贴范围内应无劣化混凝土、浮浆等,表面应平整、干净,折角处应呈平滑曲面,含水率应满足胶黏剂的使用要求。

③粘贴施工的环境条件应符合相关施工技术规范的规定,且满足所用胶黏剂的要求。

④纤维板材粘贴面应按设计要求进行擦拭,表面应无灰尘、碳粒。

⑤纤维片材应无褶皱及折痕,搭接长度、宽度及多层搭接时的接头间距应满足设计要求。

⑥粘贴面积及层数不得少于设计数量。

⑦胶黏剂厚度、最外层纤维表面浸渍胶黏剂涂刷应满足设计要求。

粘贴纤维复合材料外观质量应符合下列规定:

①板材各边缘胶体应饱满无空洞。

②片材应无起泡,表面浸渍胶应无漏涂、流挂、起皮。

(15)钢结构涂装防护

初始涂装或重新涂装应按现行《公路工程质量检验评定标准 第一册 土建工程》(JTG F80/1)的相关规定进行检验。维护性涂装应对涂层劣化区域进行清理,清理范围、层面应满足设计要求,其他应符合初始涂装的相关规定。

(16)高强螺栓更换

高强螺栓更换应符合下列基本要求:

①高强螺栓连接副的规格、质量、扭矩系数应满足设计要求并符合相关技术规范的规定。

②连接零件的材质、规格、质量应满足设计要求。

③栓接板面、螺栓孔应干净、干燥、平整,高强螺栓连接摩擦面的抗滑移系数应满足设计要求。

④施拧扳手应标定,标定扭矩偏差不得大于使用扭矩的5%。

⑤应按设计要求设置支撑并采取安全措施,高强螺栓连接施拧阶段、施拧顺序应满足设计要求并符合相关技术规范的规定。

⑥节点板与连接构件板面之间的间隙处理应符合相关技术规范的规定。

对于高强螺栓更换外观质量,终拧后高强螺栓外露丝扣应为2~3扣,不符合的不应超过10%,设计另有规定的除外。

(17)钢管混凝土拱脱空注浆

钢管混凝土拱脱空注浆应符合下列基本要求:

①注浆所用材料的品种、规格和质量应满足设计要求并符合相关技术规范的规定,按试验确定的配合比拌制,且浆体收缩变形应在设计允许的范围内。

②注浆孔和排气孔的位置及数量应满足注浆工艺及设计要求。

③应按设计要求的顺序注浆,排气孔应冒出原浆方可停止加压。

④注浆孔和排气孔的封堵及防护应满足设计要求。

钢管混凝土拱脱空注浆外观质量应符合下列规定:

①注浆孔和排气孔的封堵塞焊应平整、无裂纹。

②注浆孔和排气孔的防护涂装不得出现漏涂、起泡、裂纹、起皮及返锈,颜色与原涂装应基本一致。

(18)钢管混凝土拱外包混凝土

钢管混凝土拱外包混凝土应符合下列基本要求:

①混凝土所用水泥、砂、石、水、外加剂及掺合料的品种、规格和质量应符合相关技术规范的规定并满足设计要求,按试验确定的配合比拌制。

②钢管表面处理及连接构造应符合设计要求。

③应按设计要求的施工顺序,分层、对称地浇筑钢管拱外包混凝土。

④浇筑混凝土过程中应对拱肋变形进行观测,拱肋变形应控制在允许范围内。

钢管混凝土拱外包混凝土外观质量应符合下列规定:

①混凝土表面应平整、密实,无空洞、蜂窝、露筋及宽度超过设计规定或设计未规定时超过0.2mm的裂缝,无明显施工接缝。

②拱的线形应顺畅,无折弯。

(19)更换吊杆、吊索和拱桥系杆

更换吊杆、吊索和拱桥系杆应符合下列基本要求:

①吊杆、吊索、系杆及锚具、锚头的品种、规格、技术性能应满足设计要求并符合相关技术规范的规定。

②锚垫板平面应与吊杆、吊索轴线垂直,并应按设计要求对已有锚垫板进行防护处理。

③张拉设备应配套标定和使用,并不得超过标定期限和使用次数。

④应按设计要求的顺序进行施工,并应有施工安全防范措施。

⑤系杆更换时应对拱的应力、变形及拱脚位移进行监控,吊杆、吊索更换时应对吊点的高程进行监控,监控结果应在设计允许范围内。

⑥吊杆、吊索锚头应锁定牢固。

⑦锚具、锚头防护应满足设计要求,锚具防护罩应安装牢固,内填油脂充盈。

更换吊杆、吊索和拱桥系杆外观质量应符合下列规定:

①吊杆、吊索、系杆应顺直,无扭曲、缠绕。

②吊杆、吊索、系杆的防护应无破损。

(20)斜拉桥换索及调索

斜拉桥换索及调索应符合下列基本要求:

①斜拉索的品种、规格和技术性能应满足设计要求并符合相关技术规范的规定。

②锚垫板平面应与斜拉索轴线垂直,应按设计要求对已有锚垫板进行防护处理。

③张拉设备应配套标定和使用,并不得超过标定期限和使用次数。

④拆索、安装、张拉顺序应满足设计要求。

⑤施工过程中应对索力、高程、塔顶变位进行监控,控制结果应在设计要求的范围内。

⑥锚头防护应符合设计要求,斜拉索与塔、梁连接处不得出现渗漏。

斜拉桥换索及调索外观质量应符合下列规定:

①新换斜拉索防护不得出现裂纹和破损,斜拉索的钢丝、钢绞线不应出现缠绕、扭结。

②锚头应无损伤、锈蚀,防护油脂应涂敷均匀、无遗漏。

(21)斜拉索、吊杆防护套修补

斜拉索、吊杆防护套修补应符合下列基本要求：

①防护套修补材料的类型、规格及性能应满足设计要求并符合相关技术规范的规定。

②切割剥离损坏防护套不应伤及索内钢丝或钢绞线，防护套修补处氧化层、钢丝锈迹、污物等应清理干净，清洗材料不得影响护套焊接和腐蚀钢丝。

③修补加热温度应控制在修补材料及斜拉索钢丝或钢绞线允许范围内，不得使修补材料发生碳化。

④索的钢丝或钢绞线防护应满足设计要求。

斜拉索、吊杆防护套修补外观质量应符合下列规定：

①修补的防护套应致密、平滑，表面应无孔洞、气泡、横纹、竹节。

②与既有防护套连接应平顺。

(22)混凝土盖梁、台帽维修

混凝土盖梁、台帽维修应符合下列基本要求：

①既有混凝土盖梁、台帽的缺陷处治应满足设计要求。

②其他要求同钢筋混凝土构件增大截面。

混凝土盖梁、台帽维修外观质量应符合下列规定：

①混凝土表面应平整密实，无空洞、蜂窝、露筋及宽度超过设计规定或设计未规定时超过0.2mm的裂缝。

②新旧混凝土结合面不得出现裂缝，应无明显施工接缝。

(23)墩身外包钢

墩身外包钢应符合下列基本要求：

①外包钢所采用的钢材和焊接材料的品种、规格、力学性能应符合相关技术规范的规定并满足设计要求，具有完整的出厂质量合格证明。

②混凝土、砂浆所用水泥、砂、石、水、外加剂及掺合料的品种、规格和质量应符合相关技术规范的规定并满足设计要求，按试验确定的配合比拌制；混凝土、砂浆收缩变形应在设计允许范围内。

③锚固螺栓数量不应少于设计数量，锚固螺栓的螺母承压面应与钢板密贴。

④墩身空洞、蜂窝、裂缝等缺陷应按设计要求修补，墩身表面处理应符合设计要求。

⑤应自下而上进行压浆或灌注混凝土，浆体或混凝土应密实。

⑥钢构件涂装防护应满足设计要求。

墩身外包钢外观质量应符合下列规定：

①焊缝应无裂纹、焊瘤、夹渣、电弧擦伤、未焊透、未填满弧坑，构件表面应无焊渣和飞溅物。

②钢套箍端头应抹平修整，且不得出现积水现象。

③防护涂装应无破损。

(24)钢花管注浆锚杆加固桥台

钢花管注浆锚杆加固桥台应符合下列基本要求：

①钢花管、锚垫板、水泥、水和外加剂的品种、规格和质量应符合相关技术规范的规定并满

足设计要求。

②应通过试验确定注浆相关参数,并制订注浆方案。

③注浆顺序、注浆压力和稳压时间应符合设计及注浆方案的要求。

④钢花管插入锚孔深度不得小于设计长度的95%。

⑤锚杆垫板应与钢花管垂直,且应与台身密贴。

⑥应按设计要求封锚并对台身缺陷进行修补。

钢花管注浆锚杆加固桥台外观质量应符合下列规定:

①锚杆、垫板不得外露。

②封锚混凝土应平整、密实,表面应无裂缝、空洞、蜂窝。

(25)墩、台增补静压桩

墩、台增补静压桩应符合下列基本要求:

①混凝土桩所用水泥、砂、石、水、外加剂及掺合料的品种、规格和质量应符合相关技术规范的规定并满足设计要求,按试验确定的配合比拌制。

②钢管桩采用的钢材和焊接材料的品种、规格、化学成分、力学性能及钢管防护应符合相关技术规范的规定并满足设计要求。

③桩尖及接头必须按设计设置预埋件,其材料、规格和质量应满足设计要求。

④压入桩节时不应偏心加压,千斤顶、桩节轴线应重合,且桩身完整,无裂缝、压碎或压屈现象。

⑤桩的接头质量应满足设计要求。

⑥嵌入承台、盖梁的锚固钢筋或钢管桩长度不得小于设计要求的最小长度。

⑦施工过程中应按设计要求对相邻桥梁结构的沉降、位移进行观测,其结果应控制在允许范围内。

墩、台增补静压桩外观质量应符合下列规定:

①预制混凝土桩不得出现空洞、蜂窝和露筋,宽度超过设计规定或设计未规定时超过0.2mm的裂缝。

②钢管桩桩身不得有凹凸现象,焊缝应无裂纹、焊瘤、夹渣、未焊透、未填满弧坑及设计不允许出现的外观缺陷。

③混凝土桩头应无劈裂,钢管桩桩头应无破损。

(26)混凝土桩身修补

混凝土桩身修补应符合下列基本要求:

①修补所用水泥、砂、石、水、外加剂及掺合料、灌浆料的种类、规格和质量应满足设计要求并符合相关技术规范的规定。

②应清除桩身混凝土表面的松动石子、浮浆、污物,并对锈蚀钢筋除锈;清理后的混凝土表面应坚实、粗糙。

③水下混凝土或灌浆料应连续灌注,不得出现断层。

④桩身的新旧混凝土应连接紧密。

⑤钢护套的强度、刚度、水密性应满足混凝土或灌浆料的灌注和成形要求。

2.涵洞养护

(1)涵洞接长

涵洞接长应符合下列基本要求：

①所用材料应符合相关技术规范的规定并满足设计要求，应按设计文件要求完成全部内容。

②拆除旧涵洞帽石、护栏、八字墙、一字墙、护坡等构造物时，应按设计要求制订施工方案，按规定工艺、步骤施工。

③各结构构件应无异常变形，新旧涵洞结合面处理应满足设计要求。

④各接缝、沉降缝位置应正确，填缝应无空鼓、开裂、漏水现象。对预制构件，其接缝应与沉降缝吻合。

⑤砌块应错缝、坐浆挤紧，砌块间嵌缝料和砂浆应饱满。

⑥勾缝砂浆强度不得小于砌筑砂浆强度。

涵洞接长外观质量应符合下列规定：

①新旧涵洞衔接应平顺，排水应畅通。

②涵洞内不得遗留建筑垃圾、杂物等，进出口、洞身、与沟槽衔接处应无阻水现象。

③新浇混凝土表面应平整，不得出现蜂窝、麻面、孔洞、露筋和宽度超过设计规定限制的裂缝。

④砌缝应无空洞、宽缝、大堆砂浆填隙和假缝。

⑤锥护坡不得出现塌陷和亏坡。

(2)涵洞台身增大截面加固

涵洞台身增大截面加固应符合下列基本要求：

①所用材料应符合相关技术规范的规定并满足设计要求。

②应按设计要求、施工规范、相关技术操作规程和批准的施工工艺进行。

③当新增主筋需与原构件钢筋焊接时，应先对原有钢筋除锈，且施焊前应采取措施避免烧伤混凝土。

④结合面处理应符合设计要求，处理过程中不得对原结构造成损伤。

⑤浇筑混凝土的支架、模板的强度、刚度、稳定性应满足施工技术规范的要求。

涵洞台身增大截面加固外观质量应符合下列规定：

①新增混凝土表面应平整，不得出现蜂窝、麻面、孔洞、露筋和宽度超过设计规定限制的裂缝。

②新、旧结构结合面不得出现裂缝，应无明显施工接缝。

(3)地基注浆加固

地基注浆加固应符合下列基本要求：

①所用材料应符合相关技术规范的规定并满足设计要求。

②应按设计、相关技术规范和批准的施工方案及工艺进行施工。

③地基注浆应采用间歇性注浆，间隔时间应符合设计要求。

④在日平均气温低于5℃或最低气温低于-3℃的条件下注浆时，应采取保温措施，防止浆液及管路冻结。

⑤施工过程中应对涵洞及其邻近建筑物、地下管线和地面的沉降、位移和裂缝进行监测和控制,并采取措施减少因注浆产生的附加沉降。

(4)混凝土涵管增大截面加固

混凝土涵管增大截面加固应符合下列基本要求:

①所用材料应符合相关技术规范的规定并满足设计要求,混凝土应满足耐久性(抗冻、抗渗、抗侵蚀)等设计要求。

②应按设计要求对原涵洞渗漏水、构件缺陷进行处治。

③结合面处理应满足设计要求,处理过程中不得对原结构造成损伤。

④接缝应与沉降缝吻合,接缝、沉降缝填料应嵌填密实,表面应平整。

⑤浇筑混凝土的模板的强度、刚度、稳定性应满足施工技术规范的要求。

⑥设计中有防渗漏要求的应做渗漏试验,渗漏量应满足设计要求。

混凝土涵管增大截面加固外观质量应符合下列规定:

①新增混凝土表面平整,不得出现蜂窝、麻面、孔洞、露筋和宽度超过设计规定限制的裂缝。

②新旧涵管结合面不得出现脱空、开裂现象。

③涵洞内不得遗留建筑垃圾、杂物等,排水应畅通。

(5)拱涵主拱圈增大截面加固

拱涵主拱圈增大截面加固基本要求应符合涵洞台身增大截面加固的规定。

拱涵主拱圈增大截面加固外观质量应符合下列规定:

①新增混凝土表面应平整,不得出现蜂窝、麻面、孔洞、露筋和宽度超过设计规定限制的裂缝。

②新旧拱圈结合面不得出现脱空现象。

(6)一字墙和八字墙局部更换砌块

一字墙和八字墙局部更换砌块应符合下列基本要求:

①所用材料应符合相关技术规范的规定并满足设计要求。

②拆除原砌块时,应采取措施保证原结构物安全。

③新砌块应错缝、坐浆挤紧,砌块间嵌缝料和砂浆应饱满。

④新砌块就位后应用楔子固定,并采取有效措施确保封口砌块砌缝质量。

⑤勾缝砂浆强度不得小于砌筑砂浆强度。

一字墙和八字墙局部更换砌块外观质量应符合下列规定:

①更换砌块后线形应顺畅,表面应平整。

②砌缝应平顺,应无开裂和脱落现象。

五、隧道养护质量标准

隧道路面养护工程应按路面养护工程相关内容检验。隧道洞门翼墙和洞口边(仰)坡防护等养护工程应按桥梁、涵洞养护工程相关内容检验。洞外排水设施的养护工程应按路基养护工程相关内容检验。隧道内安全设施养护工程应按交通安全设施养护工程相关内容检验。隧道结构加固中裂缝修补、粘贴钢板加固、纤维复合材料加固应分别按桥梁、涵洞养护工程中混凝土裂缝修补、粘贴钢板、粘贴纤维复合材料相关规定进行检验。隧道装饰装修维护应按现行《建筑装饰装修工程质量验收标准》(GB 50210)制定相应的质量检验评定标准。

1. 排水设施维修

排水设施维修应符合下列基本要求：
①所用材料的类型、规格、数量、质量和性能应满足设计要求并符合相关技术规范的规定。
②排水设施的断面形状、尺寸、位置和埋设深度以及纵坡应符合设计要求。
③修复部分与原结构搭接应平顺。

排水设施维修外观质量应符合下列规定：
①排水应畅通，应无淤积。
②排水设施应完好，应无渗漏。

2. 人行道(检修道)维修

人行道(检修道)维修应符合下列基本要求：
①维修所用材料的类型、规格、质量应满足设计要求并符合相关技术规范的规定。
②与原人行道(检修道)的衔接处应平顺，无错台。

人行道(检修道)维修外观质量应符合下列规定：
①人行道和检修道构件连接应牢固、密贴，线形直顺，表面平整。
②勾缝应密实均匀，无杂物污染。

3. 衬砌背面压(注)浆

衬砌背面压(注)浆应符合下列基本要求：
①所用材料的类型、质量、规格和性能应满足设计要求并符合相关技术规范的规定。
②应根据孔隙位置合理布置注浆孔，压浆前应对衬砌进行临时支挡，注浆过程中应监测注浆压力。
③衬砌后空洞压浆应饱满。
④地下水富集、有水压的段落，应设置排水孔排水，再进行压浆。
⑤钻孔注浆顺序应由水少向水多方向进行。

衬砌背面压(注)浆外观质量应符合下列规定：
①封浆孔处理应完好。
②处理后应清洁无污染。

4. 喷射混凝土加固

喷射混凝土加固应符合下列基本要求：
①所用材料类型、质量、规格和性能应满足设计要求并符合相关技术规范的规定。
②喷射前，应检查喷射面的质量，对衬砌裂缝、剥离等应按设计要求进行处理；对受喷结构面表面渗漏水、流水处应采取引排、堵水措施。
③受喷结构面必须清洁。
④采用钢纤维喷射混凝土时，钢纤维抗拉强度应满足设计要求，设计无要求时不应低于380MPa，且不得有油渍及明显的锈蚀。

对于喷射混凝土外观质量，喷射混凝土表面应无漏喷、离鼓、钢筋网和钢架外露现象。

5. 套(嵌)拱

套(嵌)拱应符合下列基本要求：

①钢架的材质、规格、形式、制作和架设应满足设计要求并符合相关技术规范的规定。

②嵌槽应满足设计要求，开槽时不应损伤嵌槽周围的混凝土。

③嵌槽应填充密实，并与周围混凝土相接平顺。

④钢架之间必须用纵向钢筋连接，安装基础必须牢固。

⑤钢架安装基底高程不足时，不得用石块、碎石砌垫，应设置钢板或采用强度等级不低于C20的混凝土垫块。

⑥钢架应紧靠初喷面；与初喷面出现间隙时，应采用钢楔或混凝土预制块使其与初喷面楔紧，顶楔后的连续间隙长度不得大于2m，间隙应用喷射混凝土喷填密实。

⑦连接钢板与钢架必须焊接牢固，焊缝应饱满密实；钢架节段之间必须采用螺栓连接或焊接牢固。

套(嵌)拱的外观质量应符合下列规定：

①焊接处应无假焊、漏焊，安装时基底应无虚渣及杂物，接头连接应牢固。

②混凝土表面应密实。每延米面积中，蜂窝、麻面和气泡面积应不超过1%。蜂窝、麻面深度应不超过10mm。

③混凝土表面裂缝宽度应不大于0.15mm。

6. 混凝土衬砌更换

混凝土衬砌更换应符合下列基本要求：

①材料的质量和规格应满足设计要求并符合相关技术规范的规定。

②基底承载力应满足设计要求，必要时应进行基底承载力试验。

③拆除衬砌时应根据围岩地质情况及时进行支撑，原有破损的衬砌应清理到位。

④衬砌背后的空隙必须回填注浆。

⑤衬砌的内轮廓线应与原有轮廓线一致。

混凝土衬砌更换的外观质量应符合下列规定：

①混凝土表面应密实，无裂缝、无污染。每延米的隧道面积中，蜂窝、麻面和气泡面积不超过1%，深度超过10mm时应处理。

②结构轮廓线条应顺直美观，表面协调一致，维修范围内混凝土颜色应均匀。

③混凝土表面裂缝宽度应不大于0.2mm。

7. 增设仰拱

增设仰拱应符合下列基本要求：

①仰拱混凝土所用材料应满足设计要求并符合相关技术规范的规定。

②与既有衬砌结构应连接牢固。

③仰拱基底应无杂物、无积水、无虚渣。

增设仰拱外观质量应符合下列规定：

①混凝土衬砌应表面密实。每延米面积中，蜂窝、麻面和气泡面积应不超过1%。蜂窝、

麻面深度应不超过10mm。

②混凝土表面裂缝宽度应不大于0.2mm。

8.渗、漏水处治

渗、漏水处治应符合下列基本要求：

①水管不得堵塞，管道材料应具有抗老化性和足够强度。

②应先清除衬砌表面灰尘及劣化部分。

③槽内止水材料应填充密实。

④水泥砂浆防水层各层之间应结合牢固，无空鼓现象。

⑤水泥砂浆防水层施工缝留茬位置应正确，接搓应按层次顺序操作，层层搭接紧密。

渗、漏水处治外观质量应符合下列规定：

①引、排水管应完好畅通、无渗水现象，并与衬砌附着牢固。

②止水砂浆表面应平顺，均匀密实。

③表面应整洁无污染。

9.冻害处治

冻害处治应符合下列基本要求：

①防冻隔温层厚度、长度应满足设计要求。

②防冻隔温层的基层应干燥、坚实、平整。

冻害处治外观质量应符合下列规定：

①防冻隔温层表面应平顺，无明显突出部分，不得产生裂缝、空鼓、变形。

②防冻隔温层接缝粘贴应密实饱满，无气泡、空隙。

③处理过的部位不得出现渗漏水、结冰。

六、沿线设施养护质量标准

1.交通安全设施养护

交通安全设施应保持完好，功能齐全；损坏的交通安全设施应按设计要求修复或更换，且应符合现行《公路交通安全设施施工技术规范》(JTG F71)的规定。交通安全设施应经有资质的检测机构检测；并经进场检验确认满足设计要求后方可使用。交通安全设施采用钢质材料时，应按现行《公路交通工程钢构件防腐技术条件》(GB/T 18226)的规定进行防腐处理。交通安全设施中的各种构件及原材料，其型号规格和技术性能应符合设计要求和相关标准的规定。交通安全设施养护工程中，如使用整修后的旧构件，其技术性能应符合相关规定，且应与相衔接的同类既有设施匹配。用绿篱作隔离栅时，其质量要求和检验评定可参照绿化养护工程的相关规定。该部分内容适用于交通安全设施的损坏修复或更换以及局部增设的质量检验。整路段新增的交通安全设施，宜按现行《公路工程质量检验评定标准　第一册　土建工程》(JTG F80/1)进行质量检验。

(1)交通标志更换、增设

交通标志更换、增设应符合下列基本要求：

①标志的设置位置、数量及安装角度应符合设计要求;板面信息不得被其他标志或树木等遮挡。

②交通标志的字符、图形应符合现行《道路交通标志和标线 第2部分:道路交通标志》(GB 5768.2)的规定;标志板及支撑件应符合现行《道路交通标志板及支撑件》(GB/T 23827)的规定。

③标志的地基承载力应满足设计要求。标志钢构件的焊接部分应符合钢结构焊接规范的质量要求,无裂缝与未熔合、夹渣等缺陷。金属构件的镀层厚度应符合设计要求。

④标志板面反光膜应符合现行《道路交通反光膜》(GB/T 18833)的规定;字符、图形不得拼接。

交通标志更换、增设外观质量应符合下列规定:

①标志板反光膜和标志金属构件镀层应无明显损伤。

②紧固件数量及规格应符合设计规定,并应拧紧。

(2)路面标线划设

路面标线划设应符合下列基本要求:

①路面标线的颜色、形状和设置位置应符合现行《道路交通标志和标线 第3部分:道路交通标线》(GB 5768.3)的规定和设计要求。

②路面标线材料应符合设计要求和现行《路面标线涂料》(JT/T 280)、《路面标线用玻璃珠》(GB/T 24722)、《道路预成形标线带》(GB/T 24717)、《路面防滑涂料》(JT/T 712)的相关规定;局部补划的路面标线材料及形状宜与相邻路段原有路面标线一致。

③路面标线喷涂前应先清洁路面,保持路面干燥,无起灰现象。

④复划标线前对基底原路面标线的清理应符合设计要求。

⑤反光标线玻璃珠应撒布均匀,施划后标线应无起泡、剥落现象。

路面标线划设外观质量应符合下列规定:

①标线应具有良好的视认性,颜色均匀、边缘整齐;线形应流畅,应与道路线形相协调。

②标线表面不应出现网状裂缝、断裂裂缝和起泡等现象;标线边缘不应出现明显毛边,复划标线应覆盖基底原路面标线。

(3)里程碑、百米桩和界碑更换、增设

里程碑、百米桩和界碑更换、增设应符合下列基本要求:

①混凝土预制及石质的百米桩、里程碑、界碑的几何尺寸和字符应符合现行《道路交通标志和标线 第2部分:道路交通标志》(GB 5768.2)的规定;混凝土及石料的强度、质量应符合设计要求和现行《公路圬工桥涵设计规范》(JTG D61)的相关规定。局部补设的百米桩、里程碑、界碑应与同路段原有百米桩、里程碑、界碑材质一致。

②混凝土预制块件和石制块件不得有裂纹,不得采用风化石料;损边、掉角长度每处不得超过15mm,否则应修补后才能安装使用。

③金属板材反光型里程牌、百米牌的制作应符合现行《道路交通标志和标线 第2部分:道路交通标志》(GB 5768.2)的规定;反光膜应符合现行《道路交通反光膜》(GB/T 18833)的规定,且不得拼接。

④里程碑和百米桩在安装前应进行里程定位。因安装位置受限而移位安装时产生的位移

量不得叠加至相邻安装段,且路段上的最大位移量不得超过2m。

⑤里程碑、百米桩、界碑应安装稳固,正面不得有遮挡视线的障碍物;里程碑、百米桩的正面不得偏向路面外侧。

里程碑、百米桩和界碑更换、增设外观质量应符合下列规定:

①混凝土预制块件表面应平整,色泽应均匀;蜂窝、麻面、小气孔、裂纹、石子外露和缺边掉角等缺陷面积不得超过构件同一侧表面积的1%,深度不得超过8mm。

②石制块件表面应光滑平整、色泽均匀。

③金属板材反光型里程牌、百米牌的面板不应有宽度超过0.2mm的划痕、面积超过5mm^{2}的气泡和颜色不匀、明暗不匀等表面缺陷。

(4)波形梁钢护栏更换、增设

波形梁钢护栏更换、增设应符合下列基本要求:

①波形梁钢护栏的防撞等级和路侧最小设置长度应符合现行《公路交通安全设施设计规范》(JTG D81)和《高速公路交通工程及沿线设施设计通用规范》(JTG D80)的规定。

②波形梁钢护栏构件的材质、几何尺寸应符合现行《波形梁钢护栏 第1部分:两波形梁钢护栏》(GB/T 31439.1)、《波形梁钢护栏 第2部分:三波形梁钢护栏》(GB/T 31439.2)的规定,防腐层质量应符合现行《公路交通工程钢构件防腐技术条件》(GB/T 18226)的规定;局部更换的波形梁钢护栏材质、几何尺寸应与相邻的原有波形梁钢护栏一致。

③波形梁钢护栏板的端部、中央分隔带开口及护栏过渡段的处理应符合设计要求。

④波形梁钢护栏立柱、波形梁、防阻块及托架的安装应符合设计要求,不得现场焊割和钻孔;波形梁板应沿行车方向平顺搭接。

⑤路肩和中央分隔带的土基压实度不应小于设计值,达不到压实度要求的路段不应进行护栏立柱打入施工;桥梁、石方路段和挡土墙上的护栏立柱的埋深及基础处理应符合设计要求。

波形梁钢护栏更换、增设外观质量应符合下列规定:

①波形梁钢护栏镀锌构件表面应具有均匀完整的锌层,颜色一致,表面具有实用性光滑,不得有流挂、滴瘤或多余结块、漏镀、气泡、剥落和宽度超过0.5mm的擦痕等缺陷;构件涂塑层应均匀光滑、连续,无肉眼可分辨的小孔、空间、孔隙、裂缝、脱皮等有害缺陷。

②护栏安装线形应顺畅,并应与道路线形及两端既有护栏线形协调一致。

③立柱、柱帽、波形梁板及防阻块、托架、端头均应安装牢固,不得有明显变形;紧固件不得缺失。

(5)混凝土护栏整修、增设

混凝土护栏整修、增设应符合下列基本要求:

①混凝土护栏的防撞等级和路侧最小设置长度应符合现行《公路交通安全设施设计规范》(JTG D81)和《高速公路交通工程及沿线设施设计通用规范》(JTG D80)的规定。

②混凝土护栏块件所用水泥、粗细集料、水、外加剂、掺合料和钢材等原材料的规格、质量以及混凝土配合比应符合设计要求和现行《公路桥涵施工技术规范》(JTG/T 3650)的规定。

③混凝土护栏块件标准段、混凝土护栏起终点及其他开口处的混凝土护栏块件的几何尺寸应符合设计要求;局部更换的混凝土护栏块件材质、尺寸应与相邻的原有混凝土护栏一致。

④各混凝土护栏块件之间、护栏与基础之间的连接以及护栏端头处理和过渡段的处理,均应符合设计要求。

⑤混凝土护栏的地基承载力、埋入深度、配筋方式及数量应符合设计要求。

⑥混凝土预制块件的损边、掉角的长度每处不得超过20mm,否则应修补后才能安装使用,断裂的混凝土护栏块件不得使用。

混凝土护栏整修、增设外观质量应符合下列规定:

①混凝土护栏块件表面色泽应均匀;蜂窝、麻面、裂缝、脱皮等缺陷面积不得超过该面面积的0.5%,深度不得超过10mm。

②护栏安装线形应顺畅,并应与道路线形及两端既有护栏线形协调一致。

(6)缆索护栏更换、增设

缆索护栏更换、增设应符合下列基本要求:

①缆索护栏的防撞等级和路侧最小设置长度应符合现行《公路交通安全设施设计规范》(JTG D81)和《高速公路交通工程及沿线设施设计通用规范》(JTG D80)的规定。

②缆索、立柱、锚具、紧固件的材质、性能、结构、尺寸及镀层质量应符合设计要求和现行《缆索护栏》(JT/T 895)的规定。

③护栏的端头处理及护栏过渡段的处理应符合设计要求。

④立柱应安装牢固。采用挖埋法施工时,立柱埋入土中时,回填土应分层(每层厚度不超过100mm)夯实;立柱埋入混凝土中时,基础混凝土的几何尺寸、强度等应符合设计要求;采用打入法施工时,立柱顶部不应出现明显变形、倾斜扭曲或卷边等现象。

⑤端部立柱调节螺杆行车方向外露部分长度和安全防护形式应符合设计要求。

缆索护栏更换、增设外观质量应符合下列规定:

①金属构件表面不得有流挂、滴瘤或多余结块、漏镀、气泡、剥落和宽度超过0.5mm的擦痕等表面缺陷。

②索端锚具、托架、索夹螺栓应安装到位、固定牢固;托架编号和组合应与缆索护栏的类别相适应;上、下托架位置应正确,中央分隔带缆索护栏的托架应两边对称。

③护栏安装线形应顺畅,并应与道路线形及两端既有护栏线形协调一致。

(7)混凝土隔离墩更换、增设

混凝土隔离墩更换、增设应符合下列基本要求:

①混凝土预制块件所用水泥、粗细集料、水、外加剂、掺合料和钢材等原材料的规格、质量以及混凝土配合比应符合设计要求和现行《公路桥涵施工技术规范》(JTG/T 3650)的规定。

②混凝土预制块件的表面颜色、反光以及各混凝土预制块件之间、预制块件与基础之间的连接方式应符合设计要求。

③混凝土预制块件的损边、掉角的长度每处不得超过20mm,否则应修补后才能安装使用;断裂的混凝土预制块件不得使用。

混凝土隔离墩更换、增设外观质量应符合下列规定:

①水泥混凝土块件表面的色泽应均匀一致;蜂窝、麻面、小气孔、裂纹、脱皮、石子外露和缺边掉角等缺陷面积不得超过构件表面积的1%,缺陷深度不得超过10mm。

②隔离墩线形应顺畅,并应与道路线形协调一致。

(8)隔离栏更换、增设

隔离栏更换、增设应符合下列基本要求：

①所有金属构件的材质、规格及防腐处理、接头位置应符合设计要求。

②明显变形和弯曲度超过10mm/m的构件不得使用。

③立柱埋深和基础尺寸应符合设计要求。

④立柱与金属栏之间的连接应稳固。

⑤竖直杆件顶端应有端盖，隔离栏的起终点应符合端头封围的设计要求。

隔离栏更换、增设外观质量应符合下列规定：

①外观应色泽一致。

②有金属构件防护层的剥落、气泡、露铁、流挂、滴瘤、擦伤、锈蚀等表面缺陷面积不得超过该构件表面积的1%。

(9)突起路标更换、增设

突起路标更换、增设应符合下列基本要求：

①突起路标产品应符合现行《突起路标》(GB/T 24725)、《太阳能突起路标》(GB/T 19813)的规定和设计要求。

②突起路标的布设应符合设计要求和现行《道路交通标志和标线 第3部分：道路交通标线》(GB 5768.3)的规定。

③突起路标应在路面干燥、清洁并经测量定位后施工。

④突起路标与路面应黏结牢固。

突起路标更换、增设外观质量应符合下列规定：

①突起路标不得有明显的损伤、破裂和脱落；黏结剂不得造成路面污染。

②突起路标安装线形应顺畅，并应与道路线形协调一致。

(10)轮廓标更换、增设

轮廓标更换、增设应符合下列基本要求：

①轮廓标产品应符合现行《轮廓标》(GB/T 24970)的规定和设计要求。

②轮廓标的布设应符合设计要求和现行《公路交通安全设施设计规范》(JTG D81)的规定。

③柱式轮廓标的基础混凝土强度、基础尺寸应符合设计要求。

④轮廓标应安装牢固，色度性能和光度性能应符合设计要求。

轮廓标更换、增设外观质量应符合下列规定：

①轮廓标及反射器不得有明显的污损；反射器不得有缺失、破裂。

②轮廓标安装线形应顺畅，并应与道路线形协调一致。

(11)防眩设施更换、增设

防眩设施更换、增设应符合下列基本要求：

①防眩设施产品应符合现行《防眩板》(GB/T 24718)的规定和设计要求。

②防眩设施整体布设应符合设计要求和现行《公路交通安全设施设计规范》(JTG D81)的规定；遮光角和防眩板的几何尺寸均应符合设计要求。

防眩设施更换、增设外观质量应符合下列规定：

①防眩设施应安装牢固;表面应色泽均匀,不得有气泡、裂纹、疤痕等缺陷。
②防眩设施安装线形应顺畅,并应与道路线形协调一致。

(12)隔离栅和防落网更换、增设

隔离栅和防落网更换、增设应符合下列基本要求:

①隔离栅和防落网产品应符合现行《隔离栅　第1部分:通则》(GB/T 26941.1)、《隔离栅　第2部分:立柱、斜撑和门》(GB/T 26941.2)、《隔离栅　第3部分:焊接网》(GB/T 26941.3)、《隔离栅　第4部分:刺钢丝网》(GB/T 26941.4)、《隔离栅　第5部分:编织网》(GB/T 26941.5)及《隔离栅　第6部分:钢板网》(GB/T 26941.6)的规定和设计要求。

②隔离栅和防落网的安装位置应符合设计规定。

③立柱的强度应符合设计要求;折断或有明显缺陷的立柱不得使用。

④立柱与基础、立柱(框架)与网片之间的连接应稳固;网面应平整绷紧。

⑤防落网应网孔均匀,结构牢固,围封严实。

⑥隔离栅起终点及遇桥梁、通道断开处,应符合端头封围的设计要求;跨越沟渠等形成的隔离栅下缘空缺处应按设计要求实施封堵。

隔离栅和防落网更换、增设外观质量应符合下列规定:

①钢板网、编织网不得断丝,焊接网不得脱焊、虚焊。

②金属构件的镀锌层应均匀完整、颜色一致,不得有流挂、滴瘤或多应余结块、漏镀、露铁等缺陷;构件涂(浸)塑层应均匀光滑、连续,无肉眼可分辨的小孔、空间、孔隙、裂缝、脱皮等缺陷。

③混凝土立柱表面应平整;蜂窝、麻面、小气孔、裂纹、石子外露和缺边掉角等缺陷面积不得超过构件同一侧表面积的4%,深度不得超过10mm。

④安装线形应顺畅,并应与地形相协调。

(13)金属框架声屏障更换、增设

金属框架声屏障更换、增设应符合下列基本要求:

①整修和更换金属框架声屏障的结构和降噪效果应符合设计要求。

②所用的声屏障体、金属立柱应经进场检验,确认其材质、规格、颜色符合设计要求,并与同路段原有金属结构声屏障基本一致后方可使用。

③基础的承载力及埋置深度、材料质量应符合设计要求。

④所使用的焊接材料和紧固件应符合设计要求;焊接不得有裂纹、未熔合、夹渣和未填满弧坑等缺陷。

⑤立柱与基础、立柱(框架)与屏体之间的连接应稳固;固定件位置应正确,数量应符合设计要求。

⑥局部更换或增设的声屏障应与两端衔接的既有声屏障及桥梁等构筑物相协调。

金属框架声屏障更换、增设外观质量应符合下列规定:

①镀(涂)层应均匀;剥落、气泡、漏镀(涂)、刻痕、擦伤等表面缺陷面积不得超过该构件表面积的0.2%。

②屏体颜色应均匀一致,无裂纹,划伤面积不得超过该构件表面积的0.1%。

③屏体与立柱(框架)、屏体之间的连接缝应密实;所有紧固件应按规定拧紧。

④基础外观应平整,不得造成路面污染及构筑物损坏。

2. 绿化养护

公路绿化应及时养护，保持形态整齐，无死树残桩，无影响植物生长的病虫害；绿地内应保持整洁、无积水。不符合要求的和缺损的绿化应按该部分内容进行更新、补植和调整。植物材料和绿化辅助材料的质量与规格应在栽植前分批进行检验；种植植物的定位应在挖种植穴（槽）前进行检验；种植穴（槽）以及客土或施肥量等应在种植前进行检验评定；种植植物的成活率、覆盖率的检验评定应在一个年生长周期满后进行。绿化养护工程应满足交通功能的需要，不得影响行车安全视距和公路排水，不得遮挡交通标志。

（1）栽植土补缺、更换

栽植土补缺、更换应符合下列基本要求：

①栽植土壤应符合植物生长要求，理化指标应符合设计要求。

②栽植土层应平整；排水坡度和土层下渗水途径应符合设计要求。

栽植土补缺、更换外观质量应符合下列规定：

①栽植土层经自然沉降后表面应无明显低洼或积水。

②栽植土表层不得有成堆块径超过60mm（乔木及大、中灌木）或超过20mm（草坪、地被）的瓦砾、废渣等杂物。

（2）植物材料更新、补缺

植物材料更新、补缺应符合下列基本要求：

①植物材料的种类、规格应符合设计要求，并与周边既有植物相适配；应生长健壮，根系无明显损伤，严禁带有严重病害、虫害、草害；播种用的种子应提供由国家法定种子检验机构出具的种子质量检验报告，外省市调入的苗木和种子还应有植物检疫证明。

②树冠应基本完好，不脱脚，生长健壮；不应有影响生长或景观的损伤。

③草块尺寸应基本一致；木、草本地被应发育匀齐，根系应良好、无损伤。

④植物材料应按相关要求进行现场接收。

植物材料更新、补缺外观质量应符合下列规定：

①乔木主干应挺直，灌木重心应无明显偏斜。

②草皮、地被应整齐、健壮。

（3）乔木、灌木栽植

乔木、灌木栽植应符合下列基本要求：

①放样定位和种植穴规格应符合设计要求；树木栽植不应影响行车安全视距。

②树干应与地平面垂直；扎缚应恰当，不得伤及树木。

③修剪切口应平整，留枝正确，树形匀称；绿篱、色块、球类的栽植、修剪应整齐，线条分明，无空缺。

乔木、灌木栽植外观质量应符合下列规定：

①支撑材料的高度、支撑方向、扎缚位置应整齐、统一。

②绿篱不得有空缺。

（4）草坪、草本地被栽植

草坪、草本地被栽植应符合下列基本要求：

①籽播或散铺草坪应平整、均匀,生长势良好。
②草块、草卷铺种的间隙应均匀,密度应符合设计要求,株行距应基本均匀;草势生长方向应一致,生长势良好。

草坪、草本地被栽植外观质量应符合下列规定:
①草块、草卷应与土壤密结。
②草坪、地被不得有连续空秃。

学习训练

1. 公路养护包括( )两大类。
   A. 日常养护　　　B. 养护工程　　　C. 专项养护工程　　　D. 应急养护工程
   参考答案:AB

2. 公路养护对象包括( )。
   A. 路基、路面　　　　　　　　　　B. 桥涵
   C. 隧道　　　　　　　　　　　　　D. 交通工程及沿线设施
   参考答案:ABCD

3. 当 80≤MQI<90 时,该公路技术状况等级为( )。
   A. 优　　　B. 良　　　C. 中　　　D. 次
   参考答案:B

4. 路肩整修对策有( )。
   A. 日常保养　　　B. 日常维修　　　C. 预防养护　　　D. 修复养护
   参考答案:ACD

5. 路堤与路床沉降处治对策有( )。
   A. 预防养护　　　B. 修复养护　　　C. 抢通保通　　　D. 应急修复
   参考答案:BC

6. 路基边坡滑坡处治对策有( )。
   A. 修复养护　　　B. 抢通保通　　　C. 应急修复　　　D. 日常保养
   参考答案:ABC

7. 既有防护及支挡结构物结构失稳加固对策有( )。
   A. 日常维修　　　B. 预防养护　　　C. 修复保通　　　D. 应急修复
   参考答案:CD

8. 路基排水设施修复对策有( )。
   A. 日常保养　　　B. 日常维修　　　C. 预防养护　　　D. 修复养护
   参考答案:BD

9. 适用于高速公路的预防养护技术有( )。
   A. 微表处　　　B. 薄层罩面　　　C. 超薄罩面　　　D. 封层罩面
   参考答案:ABCD

10. 路面磨耗可采用的预防养护技术有( )。
    A. 稀浆封层　　　B. 复合封层　　　C. 薄层罩面　　　D. 超薄罩面

参考答案:ABCD

11. 符合土方路基修复外观质量的规定有( )。
   A. 路基表面平整　　　　　　　　　B. 边线直顺,曲线圆滑
   C. 路基边坡坡面平顺、稳定　　　　D. 与旧路基边坡衔接曲线平顺
   参考答案:ABCD

12. 符合砌体挡土墙修复外观质量的规定有( )。
   A. 砌体表面平整,砌缝完好、无开裂现象　B. 泄水孔无反坡、堵塞现象
   C. 沉降缝整齐垂直,上下贯通　　　　　　D. 新砌部分与原挡墙接缝平顺、圆滑
   参考答案:ABCD

13. 微表处和稀浆封层应符合的基本要求有( )。
   A. 原路面技术状况满足设计要求
   B. 对摊铺机进行标定,确定摊铺机料门、乳化沥青泵等的设定值
   C. 混合料在摊铺过程中保持良好的稀浆状态,不得有破乳结团现象
   D. 开放交通或进行下一步工序施工前,混合料初期强度满足要求
   参考答案:ABCD

14. 水泥混凝土路面板底注浆外观质量符合的规定有( )。
   A. 注浆过的板块与周边板块平齐　　　B. 无松动、空鼓、唧泥
   C. 钻孔处填补至与路面平齐　　　　　D. 灌浆后残留在路面的灰浆清理干净
   参考答案:ABCD

15. 桥梁伸缩装置更换外观质量符合的规定有( )。
   A. 伸缩装置无渗漏、异常变形、破损、开裂
   B. 锚固混凝土密实,无空洞、蜂窝、露筋及宽度超过 0.2mm 的裂缝,且与桥面衔接平顺
   C. 焊缝成形良好,无裂缝、未熔合、夹渣、未填满弧坑、电弧擦伤、焊瘤等外观缺陷
   D. 伸缩缝内及伸缩装置中干净,无积土、垃圾等杂物
   参考答案:ABCD

16. 路面标线划设外观质量符合的规定有( )。
   A. 标线具有良好的视认性,颜色均匀、边缘整齐
   B. 线形流畅,与道路线形相协调
   C. 标线表面未出现网状裂缝、断裂裂缝和起泡等现象
   D. 标线边缘未出现明显毛边,复划标线能覆盖基底原路面标线
   参考答案:ABCD

17. 波形梁钢护栏更换、增设外观质量符合的规定有( )。
   A. 镀锌构件表面具有均匀完整的锌层,颜色一致
   B. 构件涂塑层均匀光滑、连续,无肉眼可分辨缺陷
   C. 护栏安装线形顺畅,并与道路线形及两端既有护栏线形协调一致
   D. 立柱、柱帽、波形梁板及防阻块、托架、端头均安装牢固,无明显变形
   参考答案:ABCD

18. 缆索护栏更换、增设外观质量符合的规定有( )。

A. 金属构件表面不得有流挂、滴瘤 B. 索端锚具、托架、索夹螺栓安装到位
C. 上、下托架位置正确 D. 中央分隔带缆索护栏的托架两边对称

参考答案：ABCD

19. 防眩设施更换、增设外观质量符合的规定有(　　)。
A. 安装牢固 B. 表面色泽均匀
C. 不得有气泡、裂纹、疤痕等缺陷 D. 安装线形顺畅

参考答案：ABCD

第五章

安全、环保与职业健康知识

(1) 掌握安全防护知识。
(2) 掌握养护作业安全操作规程。
(3) 掌握劳动保护知识。
(4) 熟悉职业健康相关知识。
(5) 熟悉养护施工环境保护知识。

第一节 安全防护知识

一、一般规定

(1) 公路养护生产作业人员必须经过安全教育和维修作业安全规程培训。在高速公路上进行养护作业的人员,必须事前接受专门的安全教育和养护作业规程培训。

(2) 凡在公路上进行养护生产作业的人员必须穿着带有反光标志的橘红色工作装,管理人员必须穿着带有反光标志的橘红色背心。

(3) 在高速公路和封闭式一级公路上养护生产作业时,养护生产作业人员宜用车辆接送。

(4) 从事特殊公众或易污染材料施工的作业人员应采取必要的劳动保护措施。

(5) 养护工程开工前应根据交通运输部发布的《公路养护安全作业规程》(JTG H30—2015)(以下简称《规程》)制定安全操作细则,向施工人员进行安全技术交底,并对施工现场、机具设备及安全防护措施等进行全面检查,确保符合安全要求。

(6) 公路养护生产作业必须按《规程》中作业区交通控制标准设置相关的渠化装置和标志,并指派专人负责维持交通。

（7）在收费区域进行养护生产作业时,应关闭所对应的收费通道,并按《规程》对作业区的交通进行控制。

（8）养护维修作业的安全设施,应顺着交通流方向设置,作业完成后应逆着交通流方向撤除,恢复正常交通。

（9）夜间施工现场必须设置符合生产操作要求的照明设备,施工中的小型桥涵两侧及穿越路基的管线等临时工程,应设置围栏并悬挂红灯警示。

（10）边通车边施工的养护大中修工程路段,在车辆驶出(入)前方应设置正在施工的警告标志和指示方向及减速慢行的标志,同时在施工作业区的两端设置明显路栏,半幅施工区与行车道之间必须设置隔离措施。

（11）确需中断交通施工的养护大中修工程,应在适当位置设置绕行指示标志,并在施工现场两端设置路栏和禁令标志。

（12）养护工程施工驻地及场站应设置必要的消防设备,临时设施必须避开泥沼、悬崖、陡坡、泥石流等危险区域,生活及生产房屋、变电室、发电机房、临时油库、易燃易爆仓库等均应设在干燥地基上,并应符合防火、防洪、防风、防爆、防震的要求。

（13）养护工程施工驻地及场站应设置必要的安全标志,并不得擅自拆除。施工驻地内的沟、坑、水塘等边缘应设安全护栏或警告标志,较高设施或建筑物需加设避雷装置,现场临时道路应加强养护维修。

（14）养护工程施工现场架设临时线路必须用绝缘物支持,各种电器设备应配备专用开关。

（15）电器设备检修必须在切断电源后由电工或专业技术人员进行。

（16）当养护工程采取爆破作业时,必须有经批准的控制爆破文件。爆破作业以及爆破器材的管理、加工、运输、检验和销毁等工作均应按照国家现行的《爆破安全规程》执行。

（17）在山区公路进行养护生产作业时,由于视距条件较差,车道坡度较大,要设专人指挥交通。

二、路基路面

（1）公路养护保养作业人员所携带交通工具及小型作业机具应放置在行车道以外。

（2）公路陡坡、急弯内侧的路肩严禁堆放砂石料等堆积物,其余路段因养护施工作业需临时堆料的,材料应整齐堆放在作业区域内。

（3）高速公路日常清扫应以机械作业为主,机械清扫应沿路面右侧或左侧进行,并应尽量避免在中间行车道进行清扫作业及变换车道进行清扫作业。对清扫机械无法扫及的路面死角,应进行人工辅助清扫。

（4）在因山体滑坡、塌方、泥石流等路段进行养护生产作业时要指派专人观察险情,以防意外。

（5）在山区公路路肩、边坡等路段进行养护生产作业时,应采取防滑坠落措施,并注意防止危岩、浮石滚落。

（6）山区公路作业区的布置应考虑纵坡的影响而增加安全防护措施。

（7）山区公路作业区的施工标志应设置在竖有急弯路标志、反向弯路标志或连续弯路标志等同一位置处。

(8)在同一山区公路弯道养护作业,不得同时设置两个或两个以上的作业区。

三、桥涵隧道

(1)大型桥梁施工现场、隧道和预制场地应有自备电源,以免因电网停电造成工程损失和出现事故。自备电源和电网之间必须有联锁保护。

(2)桥梁养护生产作业时,应首先了解架设在桥面上下的各种管线,并要注意保护公用设施(煤气、水管、电缆、架空线等),必要时应与有关单位联系,取得配合。

(3)在桥梁栏杆外进行生产作业应设置悬挂式吊栏等防护措施,夜间要设置警示信号。桥下为通航河道,必要时与航道管理部门联系取得配合。

(4)拆除桥涵等建(构)筑物前,应制定安全可靠的拆除方案。

(5)加强桥涵施工临时道路及便桥维护管理,并设置施工警告标志和减速慢行标志,确保车辆及行人通行。

(6)在养护维修明洞和半山洞时,要及时清除山体边坡或洞顶危石。

(7)在隧道内进行登高堵漏作业或维修照明设施时,登高设施的周围应设醒目的安全标志,登高作业人员必须采取安全保护措施。

(8)在隧道内衬砌局部坍塌养护生产作业时,可在塌方范围选择适当位置做坍体护拱,作业人员可在其掩护下操作。

(9)在实测的隧道内一氧化碳浓度或烟尘浓度高于规定的容许浓度时,作业人员应及时撤离,并开启或架设通风设备进行通风。

(10)在未设置照明设施的隧道内养护生产作业时,应在隧道洞门外设置施工、限速、限宽等交通标志,并指派专人负责交通。

(11)隧道内不准存放汽油等易燃易爆物品,严禁明火作业或取暖。隧道内的紧急停车带、行车(人)横洞、避车洞及错车道不准堆放施工材料。

四、沿线设施

(1)交通标志埋设、更换以及标线实划必须严格按照现行《道路交通标志和标线》所有部分(GB 5768)规定设置移动性施工标志,并有专人负责指挥交通。

(2)监控车辆运行状况和运行环境以及照明、通信、配电设备等自动控制设备和监视设备的施工、维修等项目实施均应符合交通运输部颁布的有关规范、《规程》要求。

(3)服务设施和养护房屋的建设、维修等项目实施均应符合国家相关规范、《规程》要求。

五、公路绿化

(1)凡需占用车道进行绿化作业时必须按照《规程》中作业区交通控制标准设置相关的交通控制设施。

(2)路树整段采伐作业人员必须穿着规定的反光标志服,并按边通车边施工或中断交通情况设置相应的标志。

(3)在高速公路和封闭式一级公路中央隔离带绿化作业时,养护作业人员一律车辆接送,不得横穿公路或随意跨越护栏。绿化作业机具一律安置在中央隔离带或绿化区域内。

(4)遇大风、大雨、大雪、雾天等特殊气候必须停止绿化养护工程作业。

(5)在陡坡悬岩处砍伐树木,应有防止树木伐倒后顺坡溜滑和撞落石块伤人的安全措施。在山坡上严禁在同一路段的上下同时作业。

六、特殊季节

(1)公路除雪作业分为新雪处理和压实雪处理,除雪作业过程中应加强交通管制。

(2)除雪作业应以清除早晨新雪为主,要以最快的速度及时清除急弯、陡坡、桥面等特殊路段积雪,尽可能防止形成压实雪。压实雪不能及时予以清除的应撒铺防滑材料。

(3)高速公路除雪和防冻作业应不分昼夜快速进行,作业现场必须实行统一指挥,并落实与作业形势相适应的安全作业措施和交通控制措施。

(4)高速公路除雪作业应以机械除雪为主,在机械除雪不能操作的地方可辅之以人工除雪或化学除雪。

(5)暴风雨前后,应检查工地建筑物、临时设施、脚手架、机电设备、临时路线,发现倾斜、变形、下沉、漏电、漏雨等现象,应及时修理加固。

(6)雨季施工的养护工程施工现场,施工驻地及场站应采取排涝防洪措施,并及时清除雨后积水。

(7)处于洪水和海潮可能淹没地带的机械设备、材料等应提前做好防范措施,施工作业人员要提前做好安全撤离的准备工作。

(8)长时间在雨季施工作业的养护工程,应根据条件搭设雨棚。施工中遇有暴风雨应停止施工。

(9)水毁抢修工程除设置相应标志外,应及时予以恢复。

(10)雾天由于能见度低,通常不宜进行养护生产作业。

(11)需雾天进行抢修作业的,必须联合有关部门封闭交通进行,所有交通安全设施和标志均需设置黄色施工警告信号。

(12)风暴期间能见度较低,应适当增加警告区长度。

(13)为防止风暴吹倒交通安全设施和标志,设置交通安全设施和标志应采取必要的加固措施。

(14)严禁在能见度差(如夜晚、大雾天)的条件下进行人工清扫。

(15)高温季节施工,应按劳动保护规定做好防暑降温措施。适当调整作息时间,尽量避开高温时间。有条件的宜搭设凉棚,供应冷饮,准备防暑药品。

第二节 养护作业安全操作规程

一、养护安全设施

(1)用于养护的标志标线属于临时性安全设施,交通标志与标线应组合使用。

(2)在养护维修作业中,可用作渠化交通的安全设施有锥形交通路标、安全带、路栏、施工隔离墩和防撞桶(墙)等。

①锥形交通路标:宜由橡胶等柔性材料制成,底部应有一定的摩阻性能。形状为圆锥形,其颜色、尺寸和形状应符合《道路交通标志和标线》(GB 5768)规定。布设间距宜为10m~20m。用于夜间作业时应有反光功能,并配施工警告灯号。

②安全带:宜由布质等柔性材料制成,宽度为10cm~20cm,带上有红白相间色,用于夜间作业应有反光功能。宜与其他设施一起组合使用。

③路栏:应由刚性材料制成,用于夜间作业时应有反光功能,其颜色、尺寸和形成应符合《道路交通标志和标线》(GB 5768)规定。

④施工隔离墩:宜为由线性低密度聚乙烯等高强合成材料制成的空心半刚性装置。其上有黄、黑色和反光器,使用时内部应放置水袋或灌水,并由连杆相连接。

⑤防撞桶(墙):应为半刚性装置,由线性低密度聚乙烯等高强合成材料制成的空心装置,其上有黄色相间色,顶部可安装黄色施工警告灯号,使用时内部应放置水袋或灌水。防撞墙还应两个为一组,组合在一起使用。

(3)移动式标志车:带有动力装置或可移动装置(拖车)的安全防护设施,颜色应为醒目黄色,装有黄色施工警告灯号,其后部有醒目的标志牌,图案和显示形式可按实际需要改变,使用时其尾部应面向交通流方向,设置于上游过渡区内或缓冲区内。

(4)施工警告灯号:应符合《道路交通标志和标线》(GB 5768)规定。施工警告灯号宜与其他安全设施一起使用。

(5)夜间照明设施:当夜间进行养护维修作业时,应设置照明设施。照明必须满足作业要求,并覆盖整个工作区域。

(6)养护安全设施的设置与撤除:当进行养护维修作业时,应顺着交通方向流方向设置安全设施。当作业完成后,应逆着交通方向撤除为养护维修作业而设置的有关安全设施,恢复正常交通。

(7)公路养护作业控制区应按警告区、上游过渡区、纵向缓冲区、工作区、下游过渡区和终止区的顺序依次布置,养护作业控制区示例如图5-1和图5-2所示。

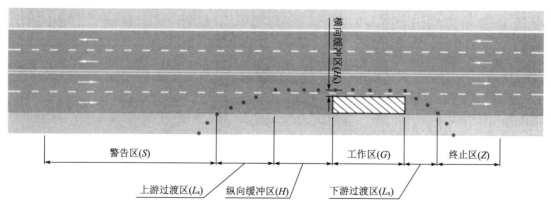

图5-1 封闭车道养护作业控制区

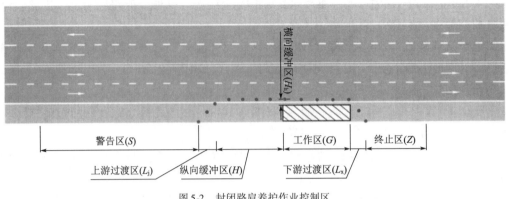

图 5-2 封闭路肩养护作业控制区

二、高速公路及一级公路养护维修作业控制区布置

1. 基本要求

(1) 养护维修作业控制区布置应考虑养护维修作业的内容与要求、时间和周期、交通量、经济效益等因素,控制区的内交通标志的设置必须合理、前后协调,起到引导车流平稳变化的作用。

(2) 工作区应设置工程车辆专门的进口和出口,出入口应设在顺行车方向的下游过渡区内。

(3) 同一方向不同断面的不同车道不宜同时维修作业,下游工作区距上游工作 1000m 以上时,应在下游工作区前端设置施工标志。

(4) 同一方向不同断面的不同车道不宜同时维修作业;当必须同时维修作业时,其控制区布设间距,高速公路不小于 1000m,一级公路应不小于 500m。

(5) 当单向三车道及以上公路的中间车道养护维修作业时,应与相邻一侧车道同时封闭。

(6) 应利用作业区上游的可变信息标志显示"前方××km 封闭车道施工,请谨慎驾驶"的信息。

2. 养护维修作业控制区布置

(1) 在警告区内应设置施工标志、限制速度标志和可变信息标志或线形诱导标等;在上游过渡区起点至下游过渡区终点之间放置锥形交通路标;在缓冲区与工作区交界处应布设路标栏。控制区内其他安全设施可以视具体情况而定。

(2) 当需要布置改变交通流方向的作业控制区时,可与中央分隔带开口位置相结合,利用非作业控制区一侧的车道。当警告区范围内有入口匝道时,应在匝道右侧路肩外设置施工标志。

(3) 同一位置的作业时间在半天以内时,可适当减少交通标志,但应设置施工标志以及锥形交通路标,并应在上游过渡区内设置移动式标志或配备交通指挥人员。

(4) 借用对向车道通行的养护作业,应结合中央分隔带开口位置,利用靠近养护作业一侧的车道通行,双向车道都应布置作业控制区。借用车道双向通行分隔宜采用带有链接的车道渠化设施,并应在前一出口或平面交叉口布设长大车辆绕行标志。

(5)立交出、入口匝道附近及匝道上养护作业控制区布置,应根据工作区在匝道上的具体位置而定。匝道养护作业警告区长度不宜小于300m。当匝道长度小于警告区最小长度时,作业控制区最前端的交通标志应布设在匝道入口处。

临时养护作业控制区布置可采用单一限速控制,警告区长度宜取长、短期养护作业警告区长度的一半,但应配备交通引导人员,当布设移动式标志车时,可不布设上游过渡区。

(6)机械移动养护作业宜布设移动式标志车;当作业机械配备闪光箭头或车辆闪光灯时,可不布设移动式标志车。作业控制区布置示例如图5-3所示。

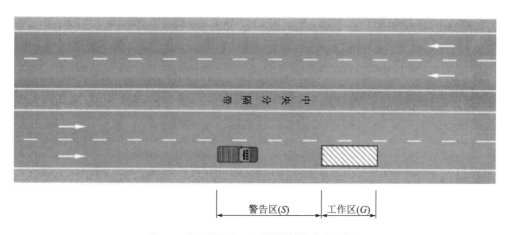

图5-3 高速公路及一级公路机械移动养护作业

(7)当占用路面进行人工移动养护作业时,宜封闭一定范围的养护作业区域,并按临时养护作业的有关规定执行。对于路肩清扫人工移动养护作业,宜布设移动式标志或交通锥,其距人工移动养护作业起点不宜小于150m。人工移动养护作业应避开高峰时段。路肩人工养护作业控制区布置示例如图5-4所示。

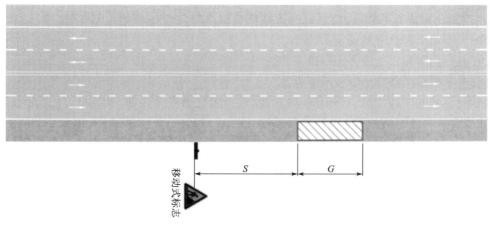

图5-4 高速公路及一级公路路肩人工移动养护作业

三、二、三级公路养护维修作业控制区布置

1. 基本要求

(1) 控制区布置应兼顾养护维修作业的内容与要求、时间和周期、交通量、经济效益等因素,控制区内交通标志的设置应前后协调,起到引导车流平衡变化的作用。

(2) 控制区上游因道路线形造成视距不良时,应在控制区上游的适当位置处增设施工标志。

2. 养护维修作业控制区布置

(1) 双向交替通行路段养护作业,除布设必要的安全设施外,宜配备交通引导人员,也可布设临时交通控制信号设施。

(2) 路肩施工保持双向通行路段养护作业,控制区布置应符合下列规定:

①警告区可仅布设一块限速标志,工作区作业车辆上应配备警示频闪灯或反光标志。

②布设移动式标志车时,可不布置上游过渡区。

以设计速度80km/h为例,作业控制区布置示例如图5-5所示。

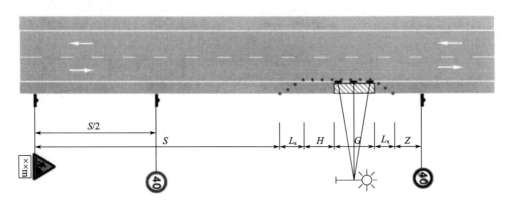

图5-5 二、三级公路双向通行的养护作业

(3) 全封闭路段养护作业,应采取分流措施或修筑临时交通便道。修筑临时交通便道的作业控制区布置应符合下列规定:

①控制区内应布设附设警示灯的路栏。

②作业车辆应配备警示灯或反光标志。

③临时修建的交通便道,宜施划临时标线,可设置交通安全设施。以设计速度60km/h为例,作业控制区布置示例如图5-6所示。

(4) 弯道路段养护作业,应根据工作区与弯道的相对位置关系确定养护作业控制区布置方法。

①弯道路段养护作业,工作区在弯道前,下游过渡区宜布置在弯道后的直线段;工作区在弯道后,上游过渡区宜布置在弯道前的直线段。

②连续弯道路段养护作业,警告区起点宜在弯道起点上,且警告区长度不宜超出最小长度的200m。

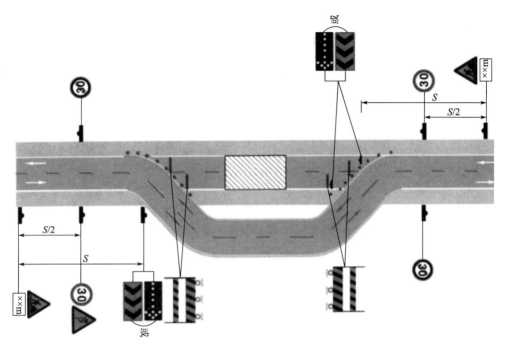

图 5-6 二、三级公路便道双向通行的养护作业

③反向弯道路段养护作业,上游过渡区应布置在反向弯道中间的平直路段;当警告区起点在弯道上时,应将其提前至该弯道起点。

④回头弯道路段养护作业,回头曲线段的作业车道应作为缓冲区。

纵坡路段养护作业,应在竖曲线顶点配备交通引导人员;工作区在封闭车道行车方向的下坡路段时,在工作区或上游过渡区与缓冲区之间应布设防撞桶、水马、防撞墙、隔离墩等安全设施。

临时养护作业控制区可简化为警告区、上游过渡区、工作区和下游过渡区,警告区长度宜取长、短期养护作业警告区长度的一半。当布设移动式标志车时,可不布置上游过渡区,移动式标志车与工作区净距宜为 10~20m。对向车道可仅布置警告区。

四、桥涵养护作业控制区布置

1. 一般规定

(1)养护作业控制区布置除应符合有关规定外,尚应兼顾养护作业控制区桥梁养护作业特点、养护作业位置、作业影响范围等因素。

(2)桥梁养护作业时应加强车辆限速、限宽和限载的通行控制。经批准允许通行的危险品运输车辆应引导通过。

(3)当预判桥梁养护作业会出现车辆排队时,应利用桥梁检查站、收费站、正常路段或警告区布置大型载重汽车停靠区,并布设"重车靠右停靠区"标志,间隔放行大型载重汽车,不得集中放行。

(4)立交桥上养护作业控制区布置应符合下列规定:
①养护作业影响桥下净空时,应在立交桥下方公路上布设施工标志、限高及限宽标志,并

不得向桥下抛投任何物品。

②养护作业占用下方公路路面时,立交桥下方公路应布置养护作业控制区。

(1)桥梁养护作业影响桥下通航净空时,应按有关规定布设标志及安全设施。

(2)特大、大桥养护作业除应满足桥梁养护作业控制区布置的一般要求外,尚应符合该特大、大桥养护作业的特定技术要求。

2.养护作业控制区布置

(1)中、小桥和涵洞养护作业应封闭整条作业车道作为工作区,纵向缓冲区终点宜止于桥头。以设计速度100km/h为例,作业控制区布置示例如图5-7所示。

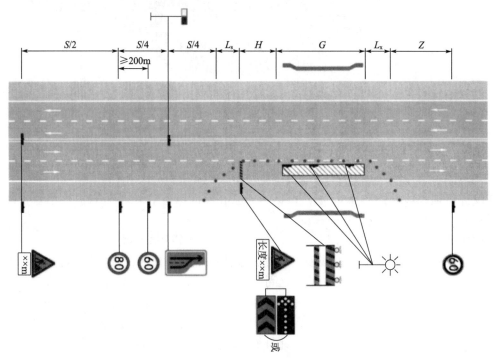

图5-7 中、小桥面封闭车道养护作业

(2)特大、大桥养护作业控制区布置应符合下列规定:

①工作区起点距桥头小于300m时,纵向缓冲区起点应提前至桥头。

②工作区起点距桥头大于或等于300m时,应按相应的等级公路养护作业控制区布置,并在桥头布设施工标志。

(3)桥梁半幅封闭养护作业控制区布置,应符合下列规定:

①中间分隔带不能开口时,上游过渡区终点应止于桥头。

②借用对向车道通行的桥梁养护作业,应全时段配备交通引导人员。

(4)机动车道与非机动车道分隔的桥梁,非机动车道养护作业,非机动车借用机动车道行驶时,可将缓冲区并入工作区。以设计速度100km/h的公路为例,作业控制区布置示例如图5-8所示。

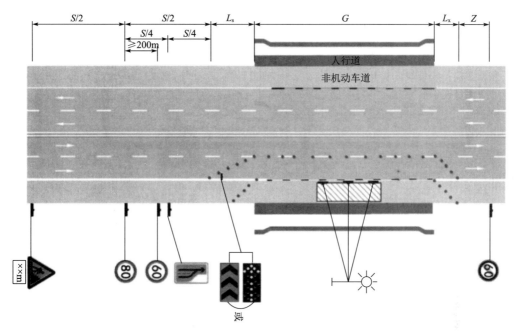

图 5-8 桥梁封闭非机动车道养护作业

五、隧道养护作业控制区布置

1. 一般规定

(1) 养护作业控制区布置除应符合有关规定外,尚应兼顾养护作业控制区隧道养护作业特点、养护作业位置等因素。

(2) 隧道养护作业时,当隧道养护作业影响原建筑限界时,应设置限高及限宽标志。

(3) 隧道养护作业控制区中交通锥的布设间距不宜大于4m,缓冲区和工作区照明应满足养护作业照明要求。

(4) 隧道养护作业人员应穿戴反光服装和安全帽,养护作业机械应配备反光标志,施工台架周围应布设防眩灯。

(5) 隧道养护作业宜在交通量较小时进行。

(6) 特长、长隧道养护作业应全时段配备交通引导人员,轮换时间不应超过4h。

(7) 特长、长隧道养护作业时,应间隔放行大型载重汽车。

2. 养护作业控制区布置

(1) 单洞双向隧道养护作业控制区布置应符合下列规定:

①封闭一条车道双向交替通行时,隧道入口处应布设临时交通控制信号设施或配备交通引导人员,上游过渡区应布置在隧道入口前。

②中、短隧道养护作业应封闭隧道内整条作业车道,下游过渡区宜布置在隧道出口外。

(2) 单洞双向通行的隧道全幅封闭养护作业时,应做好分流信息提示,并在作业控制区前后的交叉路口布设隧道封闭或改道标志。

(3) 双洞单向通行的中、短隧道养护作业控制区布置应符合下列规定：
①上游过渡区应布置在隧道入口前。
②隧道群养护作业，当警告区标志位于前方隧道内时，应将标志提前至前方隧道入口处。
(4) 以设计速度80km/h为例，单洞全幅封闭并借用另一侧通行的隧道，养护作业控制区布置示例如图5-9所示。

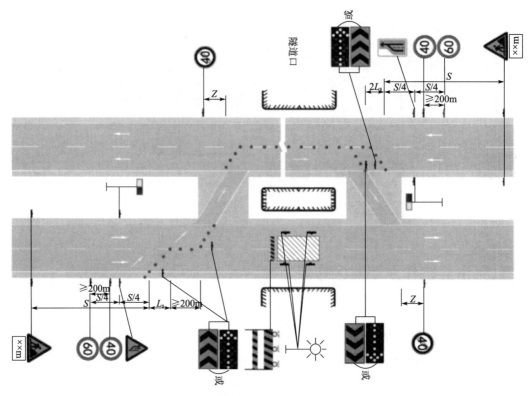

图5-9 双洞单向通行的单洞全封闭养护作业

六、平面交叉口养护维修作业控制区布置

1. 一般规定

(1) 平面交叉养护作业的范围界定应符合下列规定：
①有渠化的平面交叉养护作业的范围应包括平面交叉规划及渠化范围。
②无渠化的平面交叉养护作业的范围距交叉入口不应超过停车视距范围。
(2) 当工作区上游存在交叉，且其在养护作业控制区内时，可将警告区起点移至其出口处。
(3) 平面交叉养护作业控制区的上游视距不良时，可在视距不良处增设施工标志。
(4) 平面交叉入口或出口封闭车道改为双向通行时，应划出橙色临时标线；当车道宽度无法满足双向通行时，应配备交通引导人员引导车辆交替通行。
(5) 平面交叉养护作业车辆应配备闪光箭头或车辆闪光灯，可布设移动式标志车。

2.养护作业控制区布置

(1)十字交叉入口养护作业,应根据入口封闭情况布置养护作业控制区,并应符合下列规定:

①入口封闭且需借用对向车道交替通行的养护作业,应布设临时交通信号灯。

②入口封闭且需借用对向车道双向通行的养护作业,应在借用车道上布设车道渠化设施分隔双向交通。

(2)十字交叉出口养护作业,应根据出口封闭情况布置养护作业控制区,并应符合下列规定:

①出口封闭且需借用对向车道交替通行的养护作业,应布设临时交通信号灯。

②出口封闭且需借用对向车道双向通行的养护作业,应在借用车道上布设车道渠化设施分隔双向交通。

③出口单车道封闭且本向车道维持通行的养护作业,对应入口车道宜封闭一定区域,布置上游过渡区和缓冲区。

(3)十字交叉中心处养护作业,应同时在四个交叉入口布置作业控制区。

(4)被交道为单车道四级公路的十字交叉养护作业,主线养护作业的终止区应布置在通过被交道后的位置,被交道可简化作业控制区布置,应在被交道入口配备交通引导人员。

(5)环形交叉封闭入口车道养护作业,应在入口处布置养护作业控制区。当中间车道进行养护作业时,应封闭相邻一侧车道。

(6)环形交叉封闭出口车道养护作业,应在出口处布设闪光箭头或导向标志和附设警示灯的路栏,尚应在另三个交叉入口分别布设施工标志。

(7)环形交叉中心处养护作业,应在交叉入口处布设施工标志。

(8)T形交叉养护作业,可按十字交叉封闭入口车道养护作业控制区布置。

(9)在受影响的交叉入口应配备交通引导人员。作业控制区布置示例如图5-10所示。

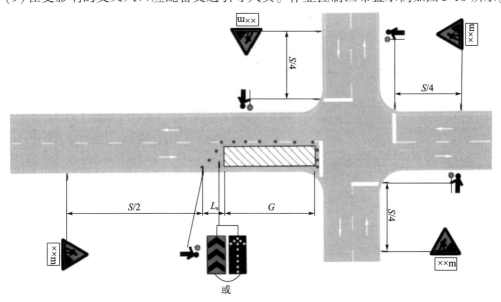

图5-10 平面交叉临时养护作业

七、收费广场养护作业控制区布置

(1) 收费广场养护作业应关闭受养护作业影响的收费车道,并布置养护作业控制区。进行各类养护作业时,不得全部封闭单向收费车道。

(2) 主线收费广场养护作业控制区可简化,并应符合下列规定:

①工作区在收费车道入口处,可仅布置警告区、上游过渡区、缓冲区和工作区,警告区应布设施工标志,上游过渡区应布设闪光箭头或导向标志,车辆无须变道时,宜布设施工标志。

②工作区在收费车道出口处,可仅布置工作区和下游过渡区,并关联对应的收费车道。

(3) 匝道收费广场养护作业,应按作业位置确定作业控制区布置,并应符合下列规定:

①匝道收费口前养护作业,应在匝道入口布设施工标志,并关闭养护作业的收费车道,上游过渡区和缓冲区长度均可取10~20m。

②匝道收费口后养护作业,应关闭对应的收费车道,并应布置下游过渡区,其长度可取5~10m。

八、交通工程及沿线设施养护作业控制区布置

(1) 护栏、防眩板和视线诱导标养护作业,可按封闭内侧车道或封闭路肩的临时养护作业控制区布置,交通锥宜布设在车道分隔标线内侧,可布设移动式标志车。

(2) 交通标志养护作业,根据其所在的位置,可按封闭路肩或封闭车道的临时养护作业控制区布置,可布设移动式标志车。拆除交通标志时,必须保证原有标志的指示、警示等功能,可布设临时性标志。

(3) 交通标线养护作业,应充分考虑施划标线的位置,按移动养护作业控制区布置,可布设移动式标志车,划线车辆应配备闪光箭头。施划标线后,应沿标线摆放交通锥,并应符合下列规定:

①同向车道分隔标线、车辆导向箭头、路面文字或图形标记的养护作业,应将移动式标志车布设在施工车辆后方20~30m处,移动式标志车应配备限速标志,限速值宜取20km/h。

②双向通行车道分隔标线的养护作业,应将移动式标志车布设在施工车辆之前,并应在施划标线的路段起终点布设施工标志。

九、养护维修安全作业

1. 公路养护维修安全作业

(1) 凡在公路上进行养护维修作业的人员必须穿着带有反光标志的橘红色工作装(套装),管理人员必须穿着带有反光标志的橘红色背心。

(2) 公路路面养护维修作业必须按作业控制区交通控制标准设置相关的渠化装置和标志,并指派专人负责维持交通。

(3) 在高速公路和一级公路上养护维修作业时,应用车辆接养护维修作业人员,养护维修

作业人员不得在控制区外活动或将任何物体置于控制区以外。

(4)在山体滑坡、塌方、泥石流等路段养护维修作业时,应设专人观察险情。

(5)在高路堤路肩、陡边坡等路段养护维修作业时,应采取防滑坠落措施,并注意防备危岩、浮石滚落。

(6)坑槽修补应当天完成,若不能完成须按规定布置养护维修作业控制区。

2. 桥梁、隧道养护维修安全作业

(1)公路桥梁、涵洞、隧道养护现场要专门设置养护维修作业时的交通标志。桥面养护应按作业控制区布置要求设置相关的渠化装置和标志,并设专人负责维持交通。

(2)桥梁养护维修作业时,应首先要了解架设在桥面上下的各种管线,并应注意保护公用设施(煤气、水管、电缆、架空线等),必要时应与有关单位联系,取得配合。

(3)在桥梁栏杆外进行作业须设置悬挂式吊篮等防护设施,作业人员须系安全带。

(4)桥墩、桥台维修时,应在上、下游航道两端设置安全设施,夜间须设置警示信号。必要时应与有关单位取得联系,得到配合。

(5)在养护维修明洞和半山洞前,应及时清除山体边坡或洞顶危石。

(6)在隧道内进行登高堵漏作业或维修照明设施时,登高设施的周围应设醒目的安全设施。

(7)对隧道衬砌局部坍塌进行养护维修作业时,应采取措施保证养护人员安全。

(8)当实测的隧道内一氧化碳浓度或烟尘浓度高于规定的允许浓度时,作业人员应及时撤离,并开启通风设备进行通风。

(9)隧道内不准存放易燃易爆物品,严禁明火作业或取暖。

(10)隧道洞口周围100m范围内,未经隧道养护机构许可,不得挖砂、采石、取土、倾倒废弃物,不得进行爆破作业及其他危及公路隧道安全的活动。

(11)养护作业宜选择在交通量较小时段进行。在进行养护作业前,应做好以下工作:

①检测隧道内CO、烟雾等有害气体的浓度及能见度是否会影响施工安全。

②检测隧道结构状况是否会影响作业安全,如有危险,应先处理后作业。

③检查施工道信号灯是否准确、明显,施工标志设置是否规范。

④对养护机械、台架应进行全面的安全检查,并应在机械上设置明显的反光标志,在台架周围设置防眩灯,以反映作业现场的轮廓。

(12)在隧道内进行养护作业时,应遵守以下规定:

①养护维修作业控制区经划定后不得随意变更。

②作业人员不得在工作区外活动或将任何施工机具、材料置于工作区以外。

③养护施工路段内的照明应满足要求。

(13)电力设施等有特别维护要求的,应按有关部门的安全操作规程执行。

(14)隧道内发生交通事故时,应通知并配合交通安全管理部门到现场处理交通事故。

(15)事故发生后,应尽快清理现场,排除路障,恢复隧道正常行车,并登记相关损失,应认真分析事故原因,恢复或改善隧道的防灾能力。

3. 冬季除雪安全作业

(1) 除雪作业时应加强交通管制。

(2) 除雪应以机械为主,在除雪机械不能操作的地方可辅之以人工除雪。

(3) 除雪作业人员和除雪机械作业时除按本章有关规定执行外,应做好防滑措施。

4. 雨季安全作业

(1) 现场道路应加强维护,斜道和脚手板应有防滑措施。

(2) 暴雨台风前后,应检查工地临时设施、脚手架、机电设备、临时线路,发现倾斜、变形、下沉、漏电、漏雨等现象,应及时修理加固。

(3) 在雨季养护维修作业时,作业现场应及时排除积水,人行道的上下坡应挖步梯或铺砂,脚手板、斜道板、跳板上应采取防滑措施。加强对排架、脚手架和土方工程的检查,防止倾倒和坍塌。

(4) 长时间在雨季中作业的工程,应根据条件搭设防雨棚。作业中遇有暴风雨应停止施工。

5. 雾天养护维修安全作业

(1) 雾天不宜进行养护维修作业。

(2) 雾天需要进行抢修时,宜会同有关部门,封闭交通进行作业,所有安全设施上均须设置黄色施工警告灯号。

6. 山区养护维修安全作业

(1) 在视距条件较差或坡度较大的路段进行养护维修作业时,应设专人指挥交通,作业控制区应增加有关设施。

(2) 控制区的施工标志应与急弯路标志、反向弯路标志或连续弯路标志等并列设置。

(3) 在同一弯道不得同时设置两个或两个以上养护维修作业控制区。

7. 清扫、绿化养护及道路检测安全作业

(1) 严禁在能见度差(如夜晚、大雾天)的条件进行人工清扫。

(2) 凡需占用车道进行绿化作业时,必须按作业控制区布置要求设置有关标志。

(3) 遇大风、大雨、下雪、雾天等特殊气候时必须停止绿化养护维修作业。

(4) 高速公路、一级公路中央分隔带绿化浇水作业时,浇水车辆尾部必须安装发光可变标志牌或按移动养护维修作业控制区布置。

(5) 道路检测车在高速公路、一级公路进行道路性能检测时,凡行进速度低于 50km/h 时,均应按临时定点或移动养护维修作业控制区布置,或应在检测设备尾部安装发光可变标志牌。

8. 养护维修机具安全操作

(1) 养护机械应按其技术性能要求正确使用,不得使用缺少安全装置或安全装置已失效的机械作业,不得操作带故障的机械作业。

(2) 操作人员必须执行有关工作前的检查制度、工作中的观察制度和工作后的检查保养制度。

(3)养护机械进入施工现场前,应查明行驶路线上的隧道、跨线桥的通行净空,必要时应验算桥梁的承载力,确保机械设备安全通行。

(4)养护机械在作业时,操作人员应熟悉作业环境与施工条件。

(5)养护机械在靠近架空输电线路作业时,必须采取安全保护措施,养护机械工作装置运动轨迹范围与架空导线的安全距离必须符合相关规定。

(6)养护机械应按时进行保养,严禁养护机械带故障运转或超负荷运转。

(7)禁止在养护机械运转过程中进行保养、修理作业。各种电气设备的检查维修,应停电作业。

第三节　劳动保护知识

公路养护职工是一线劳动者,面对各种复杂的工作环境和高危险性,必须时刻保持高度的警惕和正确的劳动防护意识。以下是公路养护职工常见的劳动保护常识。

(1)戴好安全帽:安全帽是公路养护职工的头部保护用具,必须佩戴。帽壳应完整,不得有破损,平放时帽檐应与地面保持1~2cm的距离。乘车时也要戴好安全帽,确保安全。

(2)穿好防护服:公路养护职工应穿着防护服进行作业,工作服应符合安全标准,材质坚固耐用。不能穿拖鞋、凉鞋等不符合安全要求的鞋子。工作服颜色要醒目,方便他人识别。

(3)身体保护:公路养护现场可能存在危险物件,因此要注意保护自己的身体。长时间暴露在阳光下要做好防晒工作,多喝水,避免中暑。在作业过程中要注意手部保护,戴好防护手套,避免受伤。

(4)注意呼吸道保护:公路养护现场可能存在浓烟、粉尘等对呼吸道有害的物质,因此在作业前要佩戴好防护口罩,确保呼吸道得到有效的保护。

(5)用好耳塞和防护眼镜:公路养护工作中可能存在噪声和飞溅物,因此要佩戴耳塞和防护眼镜,保护好听力和视力。

(6)防止跌落:公路养护职工经常需要在高处作业,因此要注意防止跌落。在爬高时要选择稳固的支架和工具,保持平稳站立,尽量不要同时工作和徒手攀爬,确保自身安全。

(7)使用工具注意安全:在公路养护作业中使用的各种工具和机械设备都有一定的安全风险,因此要严格按照操作规程进行操作,并始终注意安全。使用电动工具时要注意防止电击,使用尖锐工具时要小心操作,避免划伤或戳伤自己。

(8)注意交通安全:在公路养护工作现场,可能需要与车辆和行人产生互动,因此要注意交通安全。作业时要做好隔离措施,设置警示标志和警示灯,引导车辆绕行或减速慢行。

(9)警示标志和标线:在公路养护工作中,要设立清晰明确的警示标志和标线,指示作业区域和危险区域,提醒过往车辆和行人注意安全。

(10)培训和教育:公路养护职工要定期参加安全培训和教育,增强安全意识和安全知识,掌握正确的劳动防护方法和技巧。

第四节　职业健康相关知识

一、职业健康方针及管理目标

1. 职业健康方针

以人为本、预防为主、文明施工、共益发展。

2. 职业健康安全管理目标

生活及工作场所干净整洁，生产布局合理，有害作业与无害作业分开；职业危害因素的强度或浓度符合国家标准、行业标准，施工现场粉尘及有害气体不超过国家规定的标准，劳动保护符合有关规定；防止食物中毒、传染病扩散及职业病、地方病的发生。

二、职业病种类及防治措施

1. 职业病种类

职业病是指劳动者在职业活动中，因接触粉尘、放射性物质和其他有毒、有害物质等因素而引起的疾病。在公路建设过程中易发生的职业病有中暑、电光性眼炎、电光性皮炎、高原病、矽肺病（粉尘矽肺、水泥尘肺、电焊工尘肺）、噪声聋、振动病等。

2. 职业病防治措施

（1）中暑防治措施

①技术措施：合理设计施工工艺过程，隔绝热源，合理布置和疏散热源，加强通风。

②保护措施：合理安排作息时间，并创造一个舒适、凉爽的休息环境，保证高温作业人员有充分的休息和睡眠；加强个人防护；进行职业健康监护，禁止有高温作业禁忌证的人员从事高温作业。

③组织措施：加强领导和管理，认真执行防暑措施。

④职工上岗前应进行体检，在岗期间每年体检一次。凡查出心血管疾病、中枢神经系统疾病、消化系统疾病者应禁止或脱离高温作业。

⑤当在高温或烈日下工作一定时间之后，出现头晕、出汗、口渴、恶心、胸闷、心悸、乏力等中暑先兆症状时，应当立即到阴凉处休息，并服防暑药品、清凉饮料及擦拭防暑药品万金油、祛风油，预防病情发展。

⑥如果已经发生中暑，应尽快把病人抬到阴凉的地方，解开衣扣和裤带，把上身稍垫高，然后先用温水敷头部及擦全身，后用冰水或井水敷病人头部，或用酒精遍擦全身。同时给病人扇凉，按摩四肢及皮肤，以促进血液的循环，增加散热能力。必要时可采取刮痧或针刺疗法急救。

（2）电光性眼炎

①加强个人防护，高温烈日下工作要佩戴防护镜和加强屏遮保护，遵守操作规程。在进行电气焊时一定要佩戴防护面罩。

②职工上岗前应进行体检,在岗期间每年体检一次。凡查出活动性角膜性疾病,明显的角膜遗留病变患者不宜从事有关的接触紫外线辐射作业。

（3）电光性皮炎

①加强个人防护,避免紫外线光源直接照射身体的裸露部位。

②职工上岗前应进行体检,在岗期间每年体检一次。凡查出严重的变硬性皮肤病或手及前臂等暴露部位有湿疹、严重皲裂等慢性皮肤病患者不宜接触可诱发或加剧该病的致病物质。

（4）矽肺病（粉尘矽肺、水泥尘肺、电焊工尘肺）是一种严重危害作业者健康的职业病。主要是由于长期吸入二氧化碳的粉尘,引起的肺间质纤维化及矽肺结节为主的疾病。严重者可影响肺功能,丧失劳动能力,甚至发展为肺心病、心衰及呼吸衰竭。

①改善劳动环境,采取机械化、自动化操作及湿式作业,降低粉尘浓度,减少粉尘损害。

②加强工作环境通风除尘,对个人加强劳动保护。

③加强营养及体育锻炼,增强抵抗力。

④定期查体,做到早期发现,早期治疗,并早期脱离致病环境。

⑤本病病程长,病情重者愈后较差。

（5）噪声聋

①根据具体情况采取不同的措施,控制和消除噪声源,同时采取吸声、消声、隔声和隔振等措施,控制噪声的传播和反射;对生产场所的噪声得不到有效控制或必须在特殊高强度噪声环境工作时,应佩戴符合卫生标准的个人防护用品。

②职工上岗前应进行体检,在岗期间每两年体检一次。凡查出各种病因引起的永久性感官神经性听力损失大于25db,各种能引起耳聋、听觉神经系统功能障碍的疾病不宜从事噪声的作业。

（6）振动病

①振动危害的控制:改革工艺,从根本上取消和减少手持风动工具的使用;手持振动工具的职工应戴双层衬垫无指手套或衬垫泡沫塑料无指手套,并注意保暖防寒。

②对新工人应进行岗前体检,有血管痉挛和肢端血管失调及神经炎患者,禁止从事振动作业。

③对接触振动作业工人应定期体检,对振动病患者应给予必要的治疗,对反复发作者应调离振动作业岗位。

三、传染病防治及措施

（1）作业队负责人要高度重视施工工地的疾病预防工作。作业队要将疾病预防工作作为安全生产的重要内容来抓,逐级落实到人。

（2）项目部定期检查或不定期抽查各作业队的传染病防治工作,对出现的情况及时向上级单位通报;对作业队存在的问题及时要求作业队在规定时间内认真整改。

（3）项目部领导及各职能部门应高度重视施工传染病防治工作,认真做好食品卫生安全和结核病等传染病的防治工作,严防传染病蔓延。

（4）一旦发生传染病流行事件,各作业队应立即报告项目部领导,并同时报告当地建设行政主管部门和当地疾病预防控制中心、监督机构,任何人不得以任何借口瞒报、迟报或漏报。

在发生传染病流行事件后不及时报告或隐瞒不报的,要依法追究责任人。

(5)在传染性人禽流感及其他恶性传染病流行期间,要按照卫生部门的要求建立严格的人员晨检制度,设专人每日测量体温、询问健康状况,认真做好记录,以及时发现传染病患者,并采取积极的隔离防范措施,切断传染病在施工工地的传播途径,把不安全因素消灭在萌芽状态。

(6)充分加强卫生知识的宣传,对施工工地的管理人员和施工人员进行卫生法律法规、传染病常识(包括高致病性禽流感、食品卫生、操作加工要求)等知识培训,通过宣传使职工掌握基本的传染病安全知识,提高职工卫生意识和自我防范能力,确保项目经理部传染病防治工作的落实,保障施工现场人员的身体健康。

四、食品卫生安全

为加强施工工地食堂卫生管理工作,切实维护现场人员的身体健康,项目部及各作业队领导应认识到工地食堂食品卫生安全的重要性,了解《中华人民共和国食品卫生法》相关知识,为保证工程顺利进行起积极作用。作业队队长为工地食堂负责人,负责工地食堂的食品卫生安全工作,将食品卫生管理列入日常工作的议事日程。

(1)提高认识,增强做好施工工地卫生监督工作的紧迫感和责任感,密切关注职工的食品卫生安全问题。

(2)明确责任,强化管理人员的意识。工地负责人和食堂管理人员要强化责任意识,将食堂卫生管理工作列入日常工作和创建文明施工工地的重要内容,加大投入,完善硬件设施,建立健全卫生管理组织和制度,加强职工卫生法律法规和卫生知识教育,定期检查,层层落实责任,切实保障职工的身体健康。

(3)加强施工工地食品卫生工作,严防食物中毒事件发生。工地食堂必须符合下列基本卫生条件并取得卫生许可证方可经营。

①便于排水,内外整洁,路面硬化。25m内无有碍食品卫生的污染源(如旱厕、露天垃圾场、污水坑等)。

②水源充足,水质符合国家生活饮用水卫生标准。

③设有原料库房、烹调间、就餐间,并做到布局合理,地面用不透水材料建造并有一定的坡度,便于清洗。烹调间有排烟排气设施,墙壁有不透水材料贴面,高度不低于1.5m,下水道通畅。

④用流水洗手,有采光照明设施,防苍蝇、防尘、防鼠设施齐备。配备足够的冰箱(柜),配有餐具消毒柜。

⑤从业人员经健康检查和卫生知识培训合格,配备工作服、帽等卫生用品并保持清洁。

⑥严把原料采购关。采购食品和原料时,同时进行必要的感官检查,严禁购进陈化粮和其他感官指标不合格的食品。运输工具要保持清洁,库房保持阴凉通风,分类存放,对库存食品经常检查,发现过期变质的食品,要及时处理销毁,并做好记录。食品加工时要生熟分开,煮熟煮透,凡隔餐或隔夜的熟制品必须经充分加热方可食用。要特别注意预防芸豆、豆浆、发芽土豆、毒蘑菇、亚硝酸盐、农药、鼠药等引起的中毒。

(4)具体应做到下列要求:

①施工工地设立临时食堂时必须向当地卫生监督机构提出申请,取得卫生许可证后方可

开业提供服务,同时报县(市)建设行政主管部门备案。

②食堂灶房面积要与就餐人数相适应,要保证加工环境、就餐环境卫生清洁。严禁在灶房内搭铺住人。

③食堂内严禁存放有毒、有害物品,工业用盐不得带入食堂。

④食堂饭菜在烹制时必须要加工彻底,易发生中毒的蔬菜(如菜豆等),必须烧熟、烧透后方可食用;严禁食用青皮、发芽马铃薯、不明来历的蘑菇等有毒植物。

⑤炊管人员和直接接触食品的人员上岗前必须取得健康证,卫生培训合格后方可上岗,工作时要戴口罩、穿工作服;勤洗手、勤换洗工作服。

⑥严禁购买、食用腐败变质食品,对无检验合格证的食品一律不得购进,以确保所购食品卫生安全;所采购的肉类、禽类产品必须有检疫和定点屠宰的证明(标记)。

(5)认真落实各项卫生防病措施,预防传染病发生。施工工地要保持环境卫生,采取灭鼠、防蝇、防蚊措施。做好水源防护和饮用水供用设施的卫生防护,落实水质消毒措施,防止水质污染。对污水、污物、粪便进行无害化处理,及时清运生活和建筑垃圾。积极倡导文明健康的生活方式,革除不卫生陋习,工地宿舍要经常打扫,保持通风良好,教育职工勤换洗衣服,勤晒被褥,勤洗澡,不喝生水,保持个人卫生,合理安排作息时间,注意饮食调剂,提高抗病能力。如发现传染病病人或疑似传染病病人,应及时向当地疾病预防控制机构或医疗机构报告。

(6)充分发挥舆论作用,通过各种宣传方式,广泛宣传做好工地卫生监督工作,普及有关卫生法律法规和卫生知识,增强各单位职工的食品卫生安全信心,共同为施工工地营造卫生安全的环境。

第五节　养护施工环境保护知识

一、总体说明

环境保护是我国的一项基本国策,也是我们每个公民应尽的义务和职责,它直接影响到我们的生活环境和生存条件,同时也影响我国社会经济的可持续发展。随着我国公路技术的发展,公路养护中的环境保护问题也需要我们关注。

"公路养护"就是对公路的保养与维护,保养侧重于从建成通车开始的全过程养护,维护侧重于对被破坏的部分进行修复。在全力建设发展和谐社会的今天,公路养护的概念不能仅仅停留在传统意义上的清扫、补坑、绿化等,更应赋予环保的理念,促进公路养护事业与生态环境的和谐发展。

二、公路养护对生态环境影响

1. 公路养护占用土地资源

公路养护工程项目虽然无须占用公路施工期间那么多的土地资源,但是为养护公路而采用的一些大型临时设备、施工人员生活而建筑的临时房屋、堆放施工材料的场地等仍然会占用一定量的土地,同时,施工过程中的机械设备碾压以及施工人员的践踏也会对农作物造成一定的不利影响。

2. 水污染

在公路养护管理工作中,由于植被覆盖不足以及养护方法不当等可能会对水资源造成严重的污染。在公路的养护过程中,由于过量使用一些化学溶剂或者是重金属物质,并且由于植被覆盖率的不足,就会导致这些溶剂和物质进入公路附近的土壤或者河水内,进而对地下水或者河水造成严重的污染。

3、空气污染

由于车流来往,排出大量尾气,这也是产生空气污染的主要原因之一;路面上的沥青随着车辆的碾压逐渐变热会排出一些有害气体,这些气体未经处理直接进入空气中,不仅污染环境,还危害养护工人的身体健康。

4. 固体废物污染

养护施工过程中产生的固体废弃物主要有开挖出的弃渣、废弃的水泥等散装材料、多余的零星材料、生活垃圾、散落的土石。如果任意处置或放任不管,将对周边环境产生一定影响。

5. 噪声污染

养护施工过程中产生的噪声污染主要来自交通噪声、机械噪声及施工噪声。公路养护过程中,机械、车辆运行使用产生的噪声会对周边居民环境造成严重影响。

6. 对植被等的破坏

在公路的养护过程中,由于铲土刨基、清理路边树木等,会使道路周边的植被遭到破坏,严重的话会产生水土流失;新建施工便道、工棚、搅拌站、料场等不仅对道路景观有影响,而且对动植物的栖息地也有影响;临时占道施工对植被产生破坏。

三、公路养护施工环境保护措施

1. 加强管理

应在设计和投标文件中反映出环境管理计划,环境管理计划中应包含环境缓解措施,施工方根据环境管理计划编制施工环境工作计划,然后再按照施工计划采取相应的缓解措施组织施工。

2. 减少养护施工过程占地土地资源的措施

公路养护采用的大型临时设施、建筑的施工人员生活的临时房屋、施工材料堆放场地和灰土拌和以及混凝土拌和等会占用相当多的土地,而且养护工程施工过程中的机械设备碾压以及施工人员的践踏等也会对土地资源造成不利影响,所以养护施工时的临时占地应尽可能地选择耕作条件不好、农作物产量不高的土地,少占用可耕作农田。在施工过程中,先可将土地原表层的熟土集中堆放,等养护施工完毕后,再将这些熟土推平,恢复原地表层,这样有助于恢复土地原貌。

3. 减少大气污染

养护施工期的扬尘分为两种,分别为灰土拌和扬尘和筑路材料运输过程中道路扬尘。为了减少扬尘带来的不利影响,首先,在灰土拌和站内工作的人员应采取适当的自我防护措施,如配备口罩和风镜,减少呼吸道感染和眼部感染。运输筑路材料的过程中应科学地选择材料运输的路线,争取运距最短起尘少,对养护路段及时进行清扫,同时严格控制养护维修车辆的速度并对路面洒水,运送土、粉煤灰类的材料时,材料表面也应洒上一定量的水或用篷布遮盖,减少运输过程和装卸过程中受风起尘。养护施工时筑路材料不得堆放在附近居民点上风向,遇大风天气时应对筑路材料进行覆盖。

4. 减少沥青烟的排放

浇筑公路路面的沥青混凝土由搅拌站集中制备,沥青加热时会产生大量的沥青烟气,沥青烟气中有一定含量的有毒有害物质。集中拌和站的物料输送系统要装配有一个除尘设备,除去一定量的有害物质。拌和站不能设在居民点上风向,应设在距离居民点至少200m以外的位置,避免对居民造成危害。在拌和站内的工作人员应采取必要的自我防护措施,戴上口罩和风镜,并实行轮班制来缩短每位操作人员与沥青烟的接触时间,最大限度减少沥青烟对其造成的伤害。

5. 统一规划,集中采料

加强对公路沿线石料开采进行管理,统一由当地公路管理部门规划实施,设定开采规模和开采量,禁止乱采乱挖,合理规划开采地点,减少由于开采混乱对环境造成的破坏。

6. 减少养护施工期水污染的措施

养护施工期间,沥青、油料、化学物品等施工材料不得堆放在居民区水井和河流湖泊附近一定范围内,并防止其被雨水冲刷进入水体以污饮用水和农用水。养护施工中产生的淤泥要设法进行回收处理或抛到指定的地点,切勿直接抛入河流以致堵塞河道或形成二次污染。养护施工期间对施工队伍的生活污水要加强处理。施工驻地的生活污水、垃圾和粪便等应集中处理,比如建立化粪池、沼气池等进行简单处理后再排放,也可交与当地的农民作农用肥料使用,切勿直接排入河流中。养护施工期间对养护施工的机械要定期进行检查和维修,防止油料泄漏渗入河从而污染水体。

7. 减少公路噪声

由于某些公路路段要经过居民区或穿越居民区,而这部分区域又是产生噪声污染的严重地带,所以要做好管理工作,采取在该路段限制鸣笛,增设鸣笛标志、设置隔声墙、竖立降声板等降噪设备,减少对沿线居民的噪声污染;重点监测敏感路段,定期定时统计监测结果,并根据监测信息对该路段采取相应措施,及时调整、完善环保措施;合理在施工期间安排修补作业时间,正常条件下禁止机械在夜间施工;灵活设置公路路线,缩短敏感地点的距离,选用障碍物阻隔噪声的传播,减少噪声污染程度;优化公路车辆行驶环境,避免由于道路本身造成的噪声污染。

8. 加强公路绿化,防止水土流失

要对已施工的地段重点进行维护,确保被砍伐的树木又被新的植被所替代;对沿线路边坡

地等环境重新考量,选用与环境相符的绿化方式,加强公路环境绿化,做好维护养护工作。

9. 推广应用新技术、新工艺

积极应用先进的施工技术和方法,如沥青再生技术,可重复利用废旧沥青,节省材料降低养护成本。沥青路面稀浆封层修补、喷射法补塘、灌缝等新工艺,可降低铺路产生的噪声。

学习训练

1. 凡在公路上进行养护生产作业的人员必须穿着带有反光标志的( )工作装。
   A. 绿色　　　　B. 蓝色　　　　C. 红色　　　　D. 橘红色
   参考答案:D

2. 公路养护保养作业人员所携带交通工具及小型作业机具应放置在( )。
   A. 就近位置　　B. 行车道内　　C. 行车道外　　D. 隔离带附近
   参考答案:C

3. 在山区公路路肩、边坡等路段进行养护生产作业时,应采取( )措施,并注意防止危岩、浮石坠落。
   A. 防滑坠落　　B. 防撞　　　　C. 警示标志　　D. 反光标志
   参考答案:A

4. 在同一山区公路弯道养护作业,不得同时设置( )的作业区。
   A. 2个及2个以上　　　　　　　　B. 3个及3个以上
   C. 4个及4个以上　　　　　　　　D. 5个及5个以上
   参考答案:A

5. 锥形交通路标的布设间距宜为( ),用于夜间作业时应有反光功能,并配施工警告灯号。
   A. 10~15m　　B. 5~10m　　C. 5~15m　　D. 10~20m
   参考答案:D

6. 安全带宽度为10~20cm,安全带上有( )相间色,用于夜间作业应有反光功能。
   A. 红黄　　　　B. 红白　　　　C. 白黄　　　　D. 黑黄
   参考答案:B

7. 同一方向不同断面的不同车道不宜同时维修作业,下游工作区距上游工作( )以上时,应在下游工作区前端设置施工标志。
   A. 800m　　　B. 900m　　　C. 1000m　　　D. 1200m
   参考答案:C

8. 当对整个路面进行养护维修作业时,应修筑临时交通便道,以保证车辆通行,对控制区的布置规定描述,不正确的是( )。
   A. 临时路面标线应使用白色
   B. 控制区内必须设置路栏和施工警告灯号
   C. 作业车上必须安装施工警告灯号
   D. 所修筑的交通便道应规划道路轮廓线并应设置可渠化交通的安全设施

参考答案:A

9. 隧道养护维修作业时,移动维修作业时,宜设置移动式标志车,并应在隧道两端配备交通指挥人员。作业周期大于( )时须设置锥形交通路标。
   A.30 分钟　　　　B.1 小时　　　　C.2 小时　　　　D.3 小时
   参考答案:C

10. 隧道洞口周围( )范围内,未经隧道养护机构许可,不得挖砂、采石、取土、倾倒废弃物,不得进行爆破作业及其他危及公路隧道安全的活动。
    A.50m　　　　B.100m　　　　C.150m　　　　D.200m
    参考答案:B

11. 当有电的电线触及人体引起触电时,不能采用其他方法脱离电源时,为了使人体脱离电源,将电线移开过程中可用绝缘的物体不包括( )。
    A.干燥的木棒　　　B.竹竿　　　C.潮湿的木棍　　　D.绝缘手套
    参考答案:C

12. 较轻的闭合性创伤,如局部挫伤、皮下出血,可在受伤部位进行( ),以防止组织继续肿胀,减少皮下出血。
    A.热敷　　　　B.冷敷　　　　C.按压　　　　D.吹风
    参考答案:B

13. 一般来说,起火的条件包括( )。
    A.可燃物　　　B.助燃物　　　C.点火源　　　D.以上都是
    参考答案:D

14. 食物中毒救护描述正确的是( )。
    A.发现饭后有多人呕吐、腹泻等不正常症状时,尽量让病人大量饮水,刺激喉部使得其呕吐
    B.立即将病人送往就近医院或打急救电话120
    C.及时报告工地负责人和当地卫生防疫部门,并保留剩余食品以备检验
    D.以上都对
    参考答案:D

15. 烫伤后,要迅速除去热源,离开现场,在第一时间用清水冲洗伤口( )分钟以上。如烫伤较轻无伤口,可用獾油、烫伤药膏或牙膏涂在患处。
    A.3　　　　B.5　　　　C.10　　　　D.20
    参考答案:C

16. 对于溺水救护应急要点描述,正确的是( ):
    A.发现溺水者后应尽快将其救出水面,施救者可以直接下水救人
    B.将溺水者救出水中平放在地面,无须任何处置,等待专业救援人员到达
    C.倒出腹腔内吸入物,但要注意不可一味倒水而延误抢救时间。倒水方法:将溺水者置于抢救者屈膝的大腿上,头部朝下,按压其背部迫使呼吸道和胃里的吸入物排出
    D.以上都对
    参考答案:C

17. 职工上岗前应进行体检,在岗期间每两年体检一次。凡查出各种病因引起的永久性感官神经性听力损失大于( )db,各种能引起耳聋、听觉神经系统功能障碍的疾病不宜从事噪声的作业。

  A.10   B.25   C.50   D.100

参考答案:B

18. 炊管人员和直接接触食品的人员上岗前必须取得( ),卫生培训合格后方可上岗,工作时要戴口罩、穿工作服;勤洗手、勤换洗工作服。

  A.厨师证 B.工作证 C.健康证 D.技师证

参考答案:C

19. 食品安全卫生的基本条件为设有原料库房、烹调间、就餐间,并做到布局合理,地面用不透水材料建造并有一定的坡度,便于清洗。烹调间有排烟排气设施,墙壁有不透水材料贴面,高度不低于( ),下水道通畅。

  A.1.0m B.2.0m C.0.5m D.1.5m

参考答案:D

20. 沥青拌和站不能设在居民点上风向,应设在距离居民点至少( )以外的位置,避免对居民造成危害。

  A.200m B.300m C.500m D.1000m

参考答案:A

第六章 相关法律、法规

学习目标

(1) 熟悉《中华人民共和国劳动法》相关知识。
(2) 熟悉《中华人民共和国公路法》相关知识。
(3) 掌握《中华人民共和国道路交通安全法》相关知识。
(4) 掌握《中华人民共和国环境保护法》相关知识。
(5) 掌握《公路安全保护条例》(中华人民共和国国务院令第593号)相关知识。
(6) 掌握《中华人民共和国安全生产法》相关知识。
(7) 熟悉《中华人民共和国突发事件应对法》相关知识。
(8) 熟悉《公路养护工程管理办法》相关知识。
(9) 熟悉《公路养护作业单位资质管理办法》相关知识。

学习内容

第一节 《中华人民共和国劳动法》相关知识

《中华人民共和国劳动法》是国家为了保护劳动者的合法权益,调整劳动关系,建立和维护适应社会主义市场经济的劳动制度,促进经济发展和社会进步,根据宪法而制定颁布的法律。《中华人民共和国劳动法》由1994年7月5日第八届全国人民代表大会常务委员会第八次会议通过,自1995年1月1日起施行,2009年8月27日第十一届全国人民代表大会常务委员会第十次会议进行了第一次修正,2018年12月29日第十三届全国人民代表大会常务委员会第七次会议进行了第二次修正。

《中华人民共和国劳动法》规定,在中华人民共和国境内的企业、个体经济组织(以下统称用人单位)和与之形成劳动关系的劳动者,适用本法。国家机关、事业组织、社会团体和与之建立劳动合同关系的劳动者,依照本法执行。劳动者享有平等就业和选择职业的权利、取得劳动报酬的权利、休息休假的权利、获得劳动安全卫生保护的权利、接受职业技能培训的权利、享受社会保险和福利的权利、提请劳动争议处理的权利以及法律规定的其他劳动权利。劳动者应当完成劳动任务,提高职业技能,执行劳动安全卫生规程,遵守劳动纪律和职业道德。用人单位应当依法建立和完善规章制度,保障劳动者享有劳动权利和履行劳动义务。劳动者依照法律规定,通过职工大会、职工代表大会或者其他形式,参与民主管理或者就保护劳动者合法权益与用人单位进行平等协商。

《中华人民共和国劳动法》全文共 13 章 107 条,本书选取了"劳动合同和集体合同、工作时间和休息休假、工资、职业培训、社会保险和福利、劳动争议"等章节部分内容进行介绍。

一、劳动合同和集体合同

1. 劳动合同的基本规定

劳动合同是劳动者与用人单位确立劳动关系、明确双方权利和义务的协议。建立劳动关系应当订立劳动合同。订立和变更劳动合同,应当遵循平等自愿、协商一致的原则,不得违反法律、行政法规的规定。劳动合同依法订立即具有法律约束力,当事人必须履行劳动合同规定的义务。

劳动合同应当以书面形式订立,并具备以下条款:劳动合同期限,工作内容,劳动保护和劳动条件,劳动报酬,劳动纪律,劳动合同终止的条件,违反劳动合同的责任。

2. 劳动合同的期限

劳动合同的期限分为有固定期限、无固定期限和以完成一定的工作为期限。劳动者在同一用人单位连续工作满十年以上,当事人双方同意续延劳动合同的,如果劳动者提出订立无固定期限的劳动合同,应当订立无固定期限的劳动合同。

劳动合同可以约定试用期,试用期最长不得超过六个月。劳动合同当事人可以在劳动合同中约定保守用人单位商业秘密的有关事项。劳动合同期满或者当事人约定的劳动合同终止条件出现,劳动合同即行终止。

3. 劳动合同的解除

(1)用人单位可以解除劳动合同的情形:在试用期间被证明不符合录用条件的;严重违反劳动纪律或者用人单位规章制度的;严重失职,营私舞弊,对用人单位利益造成重大损害的;被依法追究刑事责任的。

(2)用人单位可以解除劳动合同,但是应当提前三十日以书面形式通知劳动者本人,并应当依照国家有关规定给予经济补偿的情形:劳动者患病或者非因工负伤,医疗期满后,不能从事原工作也不能从事由用人单位另行安排的工作的;劳动者不能胜任工作,经过培训或者调整工作岗位,仍不能胜任工作的;劳动合同订立时所依据的客观情况发生重大变化,致使原劳动合同无法履行,经当事人协商不能就变更劳动合同达成协议的。

(3)用人单位不得依据本法的规定解除劳动合同的情形:患职业病或者因工负伤并被确认丧失或者部分丧失劳动能力的;患病或者负伤,在规定的医疗期内的;女职工在孕期、产期、哺乳期内的;法律、行政法规规定的其他情形。

(4)劳动者解除劳动合同的情形:应当提前三十日以书面形式通知用人单位。在试用期内,用人单位以暴力、威胁或者非法限制人身自由的手段强迫劳动,及用人单位未按照劳动合同约定支付劳动报酬或者提供劳动条件的劳动者,可以随时通知用人单位解除劳动合同。

4. 集体合同的有关规定

企业职工一方与企业可以就劳动报酬、工作时间、休息休假、劳动安全卫生、保险福利等事项,签订集体合同。集体合同草案应当提交职工代表大会或者全体职工讨论通过。集体合同由工会代表职工与企业签订;没有建立工会的企业,由职工推举的代表与企业签订。

集体合同签订后应当报送劳动行政部门;劳动行政部门自收到集体合同文本之日起十五日内未提出异议的,集体合同即行生效。依法签订的集体合同对企业和企业全体职工具有约束力。职工个人与企业订立的劳动合同中劳动条件和劳动报酬等标准不得低于集体合同的规定。

二、工作时间和休息休假

1. 工作时间的有关规定

国家实行劳动者每日工作时间不超过八小时、平均每周工作时间不超过四十四小时的工时制度。对实行计件工作的劳动者,用人单位应当根据本法规定的工时制度合理确定其劳动定额和计件报酬标准。企业因生产特点不能实行前文规定的,经劳动行政部门批准,可以实行其他工作和休息办法。

用人单位由于生产经营需要,经与工会和劳动者协商后可以延长工作时间,一般每日不得超过一小时;因特殊原因需要延长工作时间的,在保障劳动者身体健康的条件下延长工作时间每日不得超过三小时,但是每月不得超过三十六小时。用人单位不得违反本法规定延长劳动者的工作时间。

在发生自然灾害、事故或者因其他原因,威胁劳动者生命健康和财产安全,需要紧急处理时;生产设备、交通运输线路、公共设施发生故障,影响生产和公众利益,必须及时抢修时;法律、行政法规规定的其他情形,延长工作时间不受本法规定的限制。

2. 休息休假的有关规定

用人单位应当保证劳动者每周至少休息一日。用人单位在下列节日期间应当依法安排劳动者休假:元旦、春节、国际劳动节、国庆节及法律、法规规定的其他休假节日。

3. 延长工作时间工资报酬的有关规定

用人单位应当按照下列标准支付高于劳动者正常工作时间工资的工资报酬:安排劳动者延长工作时间的,支付不低于工资的150%的工资报酬;休息日安排劳动者工作又不能安排补休的,支付不低于工资的200%的工资报酬;法定休假日安排劳动者工作的,支付不低于工资的300%的工资报酬。

国家实行带薪年休假制度。劳动者连续工作一年以上的,享受带薪年休假。具体办法由国务院规定。

三、工资

1. 工资的基本规定

工资分配应当遵循按劳分配原则,实行同工同酬。工资水平在经济发展的基础上逐步提高,国家对工资总量实行宏观调控。国家实行最低工资保障制度,最低工资的具体标准由省、自治区、直辖市人民政府规定,报国务院备案。

确定和调整最低工资标准应当综合参考劳动者本人及平均赡养人口的最低生活费用、社会平均工资水平、劳动生产率、就业状况及地区之间经济发展水平的差异等因素。

2. 用人单位的工资规定

用人单位根据本单位的生产经营特点和经济效益,依法自主确定本单位的工资分配方式和工资水平。用人单位支付劳动者的工资不得低于当地最低工资标准。工资应当以货币形式按月支付给劳动者本人。不得克扣或者无故拖欠劳动者的工资。

劳动者在法定休假日和婚丧假期间以及依法参加社会活动期间,用人单位应当依法支付工资。

四、职业培训

国家通过各种途径,采取各种措施,发展职业培训事业,开发劳动者的职业技能,提高劳动者素质,增强劳动者的就业能力和工作能力。

各级人民政府应当把发展职业培训纳入社会经济发展的规划,鼓励和支持有条件的企业、事业组织、社会团体和个人进行各种形式的职业培训。

用人单位应当建立职业培训制度,按照国家规定提取和使用职业培训经费,根据本单位实际,有计划地对劳动者进行职业培训。从事技术工种的劳动者,上岗前必须经过培训。

国家确定职业分类,对规定的职业制定职业技能标准,实行职业资格证书制度,由经备案的考核鉴定机构负责对劳动者实施职业技能考核鉴定。

五、社会保险和福利

1. 社会保险的有关规定

国家发展社会保险事业,建立社会保险制度,设立社会保险基金,使劳动者在年老、患病、工伤、失业、生育等情况下获得帮助和补偿。国家鼓励用人单位根据本单位实际情况为劳动者建立补充保险。国家提倡劳动者个人进行储蓄性保险。

社会保险水平应当与社会经济发展水平和社会承受能力相适应。社会保险基金按照保险类型确定资金来源,逐步实行社会统筹。用人单位和劳动者必须依法参加社会保险,缴纳社会保险费。

劳动者享受社会保险待遇的条件和标准由法律、法规规定。劳动者享受的社会保险金必须按时足额支付。劳动者在下列情形下,依法享受社会保险待遇:

(1)退休；
(2)患病、负伤；
(3)因工伤残或者患职业病；
(4)失业；
(5)生育。

劳动者死亡后,其遗属依法享受遗属津贴。

2. 社会保险基金的有关规定

社会保险基金经办机构依照法律规定收支、管理和运营社会保险基金,并负有使社会保险基金保值增值的责任。社会保险基金监督机构依照法律规定,对社会保险基金的收支、管理和运营实施监督。社会保险基金经办机构和社会保险基金监督机构的设立和职能由法律规定。任何组织和个人不得挪用社会保险基金。

3. 福利的有关规定

国家发展社会福利事业,兴建公共福利设施,为劳动者休息、休养和疗养提供条件。用人单位应当创造条件,改善集体福利,提高劳动者的福利待遇。

六、劳动争议

用人单位与劳动者发生劳动争议,当事人可以依法申请调解、仲裁、提起诉讼,也可以协商解决。调解原则适用于仲裁和诉讼程序。解决劳动争议,应当根据合法、公正、及时处理的原则,依法维护劳动争议当事人的合法权益。

劳动争议发生后,当事人可以向本单位劳动争议调解委员会申请调解；调解不成,当事人一方要求仲裁的,可以向劳动争议仲裁委员会申请仲裁。当事人一方也可以直接向劳动争议仲裁委员会申请仲裁。对仲裁裁决不服的,可以向人民法院提起诉讼。劳动争议经调解达成协议的,当事人应当履行。

第二节 《中华人民共和国公路法》相关知识

《中华人民共和国公路法》是为了加强公路的建设和管理,促进公路事业的发展,适应社会主义现代化建设和人民生活的需要,制定的法律。《中华人民共和国公路法》由1997年7月3日第八届全国人民代表大会常务委员会第二十六次会议通过,1998年1月1日起正式实施,标志着我国公路事业迈向法治化。《中华人民共和国公路法》共进行了5次修正,最新一次修正于2016年11月07日发布。

《中华人民共和国公路法》规定,在中华人民共和国境内从事公路的规划、建设、养护、经营、使用和管理,适用本法。本法所称公路,包括公路桥梁、公路隧道和公路渡口。公路按其在公路路网中的地位分为国道、省道、县道和乡道,并按技术等级分为高速公路、一级公路、二级公路、三级公路和四级公路。具体划分标准由国务院交通主管部门规定。

《中华人民共和国公路法》规定,公路受国家保护,任何单位和个人不得破坏、损坏或者非法占用公路、公路用地及公路附属设施。任何单位和个人都有爱护公路、公路用地及公路附属设施的义务,有权检举和控告破坏、损坏公路、公路用地、公路附属设施和影响公路安全的行为。公路的发展应当遵循全面规划、合理布局、确保质量、保障畅通、保护环境、建设改造与养护并重的原则。

《中华人民共和国公路法》规定,国务院交通主管部门主管全国公路工作。县级以上地方人民政府交通主管部门主管本行政区域内的公路工作;其对国道、省道的管理、监督职责,由省、自治区、直辖市人民政府确定。县级以上地方人民政府交通主管部门可以决定由公路管理机构依照本法规定行使公路行政管理职责。乡、民族乡、镇人民政府负责本行政区域内的乡道的建设和养护工作。

《中华人民共和国公路法》全文共9章87条。本书选取了公路建设、公路养护、路政管理等章节部分内容进行介绍。

一、公路建设

公路建设应当按照国家规定的基本建设程序和有关规定进行。公路建设项目应当按照国家有关规定实行法人负责制度、招标投标制度和工程监理制度。公路建设单位应当根据公路建设工程的特点和技术要求,选择具有相应资格的勘察设计单位、施工单位和工程监理单位,并依照有关法律、法规、规章的规定和公路工程技术标准的要求,分别签订合同,明确双方的权利义务。承担公路建设项目的可行性研究单位、勘察设计单位、施工单位和工程监理单位,必须持有国家规定的资质证书。

公路建设项目的施工,须按国务院交通主管部门的规定报请县级以上地方人民政府交通主管部门批准。公路建设必须符合公路工程技术标准。承担公路建设项目的设计单位、施工单位和工程监理单位,应当按照国家有关规定建立健全质量保证体系,落实岗位责任制,并依照有关法律、法规、规章以及公路工程技术标准的要求和合同约定进行设计、施工和监理,保证公路工程质量。

公路建设项目的设计和施工,应当符合依法保护环境、保护文物古迹和防止水土流失的要求。公路规划中贯彻国防要求的公路建设项目,应当严格按照规划进行建设,以保证国防交通的需要。因建设公路影响铁路、水利、电力、邮电设施和其他设施正常使用时,公路建设单位应当事先征得有关部门的同意;因公路建设对有关设施造成损坏的,公路建设单位应当按照不低于该设施原有的技术标准予以修复,或者给予相应的经济补偿。

改建公路时,施工单位应当在施工路段两端设置明显的施工标志、安全标志。需要车辆绕行的,应当在绕行路口设置标志;不能绕行的,必须修建临时道路,保证车辆和行人通行。

公路建设项目和公路修复项目竣工后,应当按照国家有关规定进行验收;未经验收或者验收不合格的,不得交付使用。建成的公路,应当按照国务院交通主管部门的规定设置明显的标志、标线。

县级以上地方人民政府应当确定公路两侧边沟(截水沟、坡脚护坡道,下同)外缘起不少于一米的公路用地。

二、公路养护

公路管理机构应当按照国务院交通主管部门规定的技术规范和操作规程对公路进行养护,保证公路经常处于良好的技术状态。国家采用依法征税的办法筹集公路养护资金,具体实施办法和步骤由国务院规定。依法征税筹集的公路养护资金,必须专项用于公路的养护和改建。公路用地范围内的山坡、荒地,由公路管理机构负责水土保持。

县、乡级人民政府对公路养护需要的挖砂、采石、取土以及取水,应当给予支持和协助。县、乡级人民政府应当在农村义务工的范围内,按照国家有关规定组织公路两侧的农村居民履行为公路建设和养护提供劳务的义务。

为保障公路养护人员的人身安全,公路养护人员进行养护作业时,应当穿着统一的安全标志服;利用车辆进行养护作业时,应当在公路作业车辆上设置明显的作业标志。公路养护车辆进行作业时,在不影响过往车辆通行的前提下,其行驶路线和方向不受公路标志、标线限制;过往车辆对公路养护车辆和人员应当注意避让。公路养护工程施工影响车辆、行人通行时,施工单位应当依照本法改建公路的相关规定办理。

因严重自然灾害致使国道、省道交通中断,公路管理机构应当及时修复;公路管理机构难以及时修复时,县级以上地方人民政府应当及时组织当地机关、团体、企业事业单位、城乡居民进行抢修,并可以请求当地驻军支援,尽快恢复交通。

公路绿化工作,由公路管理机构按照公路工程技术标准组织实施。公路用地上的树木,不得任意砍伐;需要更新砍伐的,应当经县级以上地方人民政府交通主管部门同意后,依照《中华人民共和国森林法》的规定办理审批手续,并完成更新补种任务。

三、路政管理

各级地方人民政府应当采取措施,加强对公路的保护。县级以上地方人民政府交通主管部门应当认真履行职责,依法做好公路保护工作,并努力采用科学的管理方法和先进的技术手段,提高公路管理水平,逐步完善公路服务设施,保障公路的完好、安全和畅通。

任何单位和个人不得擅自占用、挖掘公路。因修建铁路、机场、电站、通信设施、水利工程和进行其他建设工程需要占用、挖掘公路或者使公路改线的,建设单位应当事先征得有关交通主管部门的同意;影响交通安全的,还须征得有关公安机关的同意。占用、挖掘公路或者使公路改线的,建设单位应当按照不低于该段公路原有的技术标准予以修复、改建或者给予相应的经济补偿。

跨越、穿越公路修建桥梁、渡槽或者架设、埋设管线等设施的,以及在公路用地范围内架设、埋设管线、电缆等设施的,应当事先经有关交通主管部门同意,影响交通安全的,还须征得有关公安机关的同意;所修建、架设或者埋设的设施应当符合公路工程技术标准的要求。对公路造成损坏的,应当按照损坏程度给予补偿。

任何单位和个人不得在公路上及公路用地范围内摆摊设点、堆放物品、倾倒垃圾、设置障碍、挖沟引水、利用公路边沟排放污物或者进行其他损坏、污染公路和影响公路畅通的活动。

在大中型公路桥梁和渡口周围二百米、公路隧道上方和洞口外一百米范围内,以及在公路两侧一定距离内,不得挖砂、采石、取土、倾倒废弃物,不得进行爆破作业及其他危及公路、公路桥梁、公路隧道、公路渡口安全的活动。

在公路上行驶的车辆的轴载质量应当符合公路工程技术标准要求。超过公路、公路桥梁、公路隧道或者汽车渡船的限载、限高、限宽、限长标准的车辆,不得在有限定标准的公路、公路桥梁上或者公路隧道内行驶,不得使用汽车渡船。超过公路或者公路桥梁限载标准确需行驶的,必须经县级以上地方人民政府交通主管部门批准,并按要求采取有效的防护措施;运载不可解体的超限物品的,应当按照指定的时间、路线、时速行驶,并悬挂明显标志。

第三节 《中华人民共和国道路交通安全法》相关知识

《中华人民共和国道路交通安全法》是为了维护道路交通秩序,预防和减少交通事故,保护人身安全,保护公民、法人和其他组织的财产安全及其他合法权益,提高通行效率,制定的法律。《中华人民共和国道路交通安全法》由 2003 年 10 月 28 日第十届全国人大常委会常务委员会第五次会议审议通过,2004 年 5 月 1 日与之配套的《道路交通安全法实施条例》经国务院第 49 次常务会议通过,一法一规同步实施。《中华人民共和国道路交通安全法》共进行了 3 次修正,最新一次修正根据 2021 年 4 月 29 日第十三届全国人民代表大会常务委员会第二十八次会议《关于修改〈中华人民共和国道路交通安全法〉等八部法律的决定》。

《中华人民共和国道路交通安全法》规定,中华人民共和国境内的车辆驾驶人、行人、乘车人以及与道路交通活动有关的单位和个人,都应当遵守本法。道路交通安全工作,应当遵循依法管理、方便群众的原则,保障道路交通有序、安全、畅通。国务院公安部门负责全国道路交通安全管理工作。县级以上地方各级人民政府公安机关交通管理部门负责本行政区域内的道路交通安全管理工作。县级以上各级人民政府交通、建设管理部门依据各自职责,负责有关的道路交通工作。

《中华人民共和国道路交通安全法》全文共 8 章 124 条。本书选取了"道路通行条件、道路通行规定、法律责任"等章节部分内容进行介绍。

一、道路通行条件

1. 交通信号的有关规定

全国实行统一的道路交通信号。交通信号包括交通信号灯、交通标志、交通标线和交通警察的指挥。交通信号灯、交通标志、交通标线的设置应当符合道路交通安全、畅通的要求和国家标准,并保持清晰、醒目、准确、完好。交通信号灯由红灯、绿灯、黄灯组成。红灯表示禁止通行,绿灯表示准许通行,黄灯表示警示。

根据通行需要,应当及时增设、调换、更新道路交通信号。增设、调换、更新限制性的道路交通信号,应当提前向社会公告,广泛进行宣传。

2. 道路设施的有关规定

铁路与道路平面交叉的道口,应当设置警示灯、警示标志或者安全防护设施。无人看守的铁路道口,应当在距道口一定距离处设置警示标志。任何单位和个人不得擅自设置、移动、占用、损毁交通信号灯、交通标志、交通标线。

道路两侧及隔离带上种植的树木或者其他植物,设置的广告牌、管线等,应当与交通设施保持必要的距离,不得遮挡路灯、交通信号灯、交通标志,不得妨碍安全视距,不得影响通行。

道路、停车场和道路配套设施的规划、设计、建设,应当符合道路交通安全、畅通的要求,并根据交通需求及时调整。公安机关交通管理部门发现已经投入使用的道路存在交通事故频发路段,或者停车场、道路配套设施存在交通安全严重隐患的,应当及时向当地人民政府报告,并提出防范交通事故、消除隐患的建议,当地人民政府应当及时作出处理决定。

学校、幼儿园、医院、养老院门前的道路没有行人过街设施的,应当施划人行横道线,设置提示标志。

城市主要道路的人行道,应当按照规划设置盲道。盲道的设置应当符合国家标准。

3. 道路应急抢险的有关规定

道路出现坍塌、坑槽、水毁、隆起等损毁或者交通信号灯、交通标志、交通标线等交通设施损毁、灭失的,道路、交通设施的养护部门或者管理部门应当设置警示标志并及时修复。公安机关交通管理部门发现前款情形,危及交通安全,尚未设置警示标志的,应当及时采取安全措施,疏导交通,并通知道路、交通设施的养护部门或者管理部门。

4. 掘占路施工的有关规定

未经许可,任何单位和个人不得占用道路从事非交通活动。

因工程建设需要占用、挖掘道路,或者跨越、穿越道路架设、增设管线设施,应当事先征得道路主管部门的同意;影响交通安全的,还应当征得公安机关交通管理部门的同意。

施工作业单位应当在经批准的路段和时间内施工作业,并在距离施工作业地点来车方向安全距离处设置明显的安全警示标志,采取防护措施;施工作业完毕,应当迅速清除道路上的障碍物,消除安全隐患,经道路主管部门和公安机关交通管理部门验收合格,符合通行要求后,方可恢复通行。

对未中断交通的施工作业道路,公安机关交通管理部门应当加强交通安全监督检查,维护道路交通秩序。

二、道路通行规定

1. 一般规定

机动车、非机动车实行右侧通行。根据道路条件和通行需要,道路划分为机动车道、非机动车道和人行道的,机动车、非机动车、行人实行分道通行。没有划分机动车道、非机动车道和人行道的,机动车在道路中间通行,非机动车和行人在道路两侧通行。道路划设专用车道的,在专用车道内,只准许规定的车辆通行,其他车辆不得进入专用车道内行驶。

车辆、行人应当按照交通信号通行;遇有交通警察现场指挥时,应当按照交通警察的指挥通行;在没有交通信号的道路上,应当在确保安全、畅通的原则下通行。公安机关交通管理部门根据道路和交通流量的具体情况,可以对机动车、非机动车、行人采取疏导、限制通行、禁止通行等措施。遇有大型群众性活动、大范围施工等情况,需要采取限制交通的措施,或者作出与公众的道路交通活动直接有关的决定,应当提前向社会公告。

遇有自然灾害、恶劣气象条件或者重大交通事故等严重影响交通安全的情形,采取其他措施难以保证交通安全时,公安机关交通管理部门可以实行交通管制。

2. 机动车通行规定

机动车载物应当符合核定的载质量,严禁超载;载物的长、宽、高不得违反装载要求,不得遗洒、飘散载运物。机动车运载超限的不可解体的物品,影响交通安全的,应当按照公安机关交通管理部门指定的时间、路线、速度行驶,悬挂明显标志。在公路上运载超限的不可解体的物品,并应当依照公路法的规定执行。机动车载运爆炸物品、易燃易爆化学物品以及剧毒、放射性等危险物品,应当经公安机关批准后,按指定的时间、路线、速度行驶,悬挂警示标志并采取必要的安全措施。

禁止货运机动车载客。货运机动车需要附载作业人员的,应当设置保护作业人员的安全措施。

机动车行驶时,驾驶人、乘坐人员应当按规定使用安全带,摩托车驾驶人及乘坐人员应当按规定戴安全头盔。

机动车在道路上发生故障,需要停车排除故障时,驾驶人应当立即开启危险报警闪光灯,将机动车移至不妨碍交通的地方停放;难以移动的,应当持续开启危险报警闪光灯,并在来车方向设置警告标志等措施扩大示警距离,必要时迅速报警。

警车、消防车、救护车、工程救险车执行紧急任务时,可以使用警报器、标志灯具;在确保安全的前提下,不受行驶路线、行驶方向、行驶速度和信号灯的限制,其他车辆和行人应当让行。警车、消防车、救护车、工程救险车非执行紧急任务时,不得使用警报器、标志灯具,不享有前款规定的道路优先通行权。

道路养护车辆、工程作业车进行作业时,在不影响过往车辆通行的前提下,其行驶路线和方向不受交通标志、标线限制,过往车辆和人员应当注意避让。洒水车、清扫车等机动车应当按照安全作业标准作业;在不影响其他车辆通行的情况下,可以不受车辆分道行驶的限制,但是不得逆向行驶。

3. 非机动车通行规定

驾驶非机动车在道路上行驶应当遵守有关交通安全的规定。非机动车应当在非机动车道内行驶;在没有非机动车道的道路上,应当靠车行道的右侧行驶。残疾人机动轮椅车、电动自行车在非机动车道内行驶时,最高时速不得超过15km。

非机动车应当在规定地点停放。未设停放地点的,非机动车停放不得妨碍其他车辆和行人通行。

4. 行人和乘车人通行规定

行人应当在人行道内行走,没有人行道的靠路边行走。行人通过路口或者横过道路,应当走人行横道或者过街设施;通过有交通信号灯的人行横道,应当按照交通信号灯指示通行;通过没有交通信号灯、人行横道的路口,或者在没有过街设施的路段横过道路,应当在确认安全后通过。

行人不得跨越、倚坐道路隔离设施,不得扒车、强行拦车或者实施妨碍道路交通安全的其他行为。

学龄前儿童以及不能辨认或者不能控制自己行为的精神疾病患者、智力障碍者在道路上通行,应当由其监护人、监护人委托的人或者对其负有管理、保护职责的人带领。盲人在道路上通行,应当使用盲杖或者采取其他导盲手段,车辆应当避让盲人。

5. 高速公路的特别规定

行人、非机动车、拖拉机、轮式专用机械车、铰接式客车、全挂拖斗车以及其他设计最高时速低于70km的机动车,不得进入高速公路。高速公路限速标志标明的最高时速不得超过120km。

机动车在高速公路上发生故障时,应当依照本法的有关规定办理;但是,警告标志应当设置在故障车来车方向150m以外,车上人员应当迅速转移到右侧路肩上或者应急车道内,并且迅速报警。

机动车在高速公路上发生故障或者交通事故,无法正常行驶的,应当由救援车、清障车拖曳、牵引。

任何单位、个人不得在高速公路上拦截检查行驶的车辆,公安机关的人民警察依法执行紧急公务除外。

三、法律责任

1. 道路交通安全违法行为的处罚

公安机关交通管理部门及其交通警察对道路交通安全违法行为,应当及时纠正。公安机关交通管理部门及其交通警察应当依据事实和本法的有关规定对道路交通安全违法行为予以处罚。对于情节轻微,未影响道路通行的,指出违法行为,给予口头警告后放行。

对道路交通安全违法行为的处罚种类包括:警告、罚款、暂扣或者吊销机动车驾驶证、拘留。行人、乘车人、非机动车驾驶人违反道路交通安全法律、法规关于道路通行规定的,处警告或者五元以上五十元以下罚款;非机动车驾驶人拒绝接受罚款处罚的,可以扣留其非机动车。机动车驾驶人违反道路交通安全法律、法规关于道路通行规定的,处警告或者二十元以上二百元以下罚款。本法另有规定的,依照规定处罚。

2. 饮酒后驾驶机动车的处罚

饮酒后驾驶机动车的,处暂扣六个月机动车驾驶证,并处一千元以上二千元以下罚款。因饮酒后驾驶机动车被处罚,再次饮酒后驾驶机动车的,处十日以下拘留,并处一千元以上二千元以下罚款,吊销机动车驾驶证。

醉酒驾驶机动车的,由公安机关交通管理部门约束至酒醒,吊销机动车驾驶证,依法追究刑事责任;五年内不得重新取得机动车驾驶证。

饮酒后驾驶营运机动车的,处十五日拘留,并处五千元罚款,吊销机动车驾驶证,五年内不得重新取得机动车驾驶证。

醉酒驾驶营运机动车的,由公安机关交通管理部门约束至酒醒,吊销机动车驾驶证,依法追究刑事责任;十年内不得重新取得机动车驾驶证,重新取得机动车驾驶证后,不得驾驶营运机动车。

饮酒后或者醉酒驾驶机动车发生重大交通事故,构成犯罪的,依法追究刑事责任,并由公安机关交通管理部门吊销机动车驾驶证,终生不得重新取得机动车驾驶证。

3. 公路客、货运车辆超载的处罚

公路客运车辆载客超过额定乘员的,处二百元以上五百元以下罚款;超过额定乘员百分之二十或者违反规定载货的,处五百元以上二千元以下罚款。

货运机动车超过核定载质量的,处二百元以上五百元以下罚款;超过核定载质量百分之三十或者违反规定载客的,处五百元以上二千元以下罚款。

有前两款行为的,由公安机关交通管理部门扣留机动车至违法状态消除。运输单位的车辆有本条规定的情形,经处罚不改的,对直接负责的主管人员处二千元以上五千元以下罚款。

4. 擅自掘占路施工的处罚

未经批准,擅自挖掘道路、占用道路施工或者从事其他影响道路交通安全活动的,由道路主管部门责令停止违法行为,并恢复原状,可以依法给予罚款;致使通行的人员、车辆及其他财产遭受损失的,依法承担赔偿责任。

有前款行为,影响道路交通安全活动的,公安机关交通管理部门可以责令停止违法行为,迅速恢复交通。

5. 道路养护相关问题的处罚

道路施工作业或者道路出现损毁,未及时设置警示标志、未采取防护措施,或者应当设置交通信号灯、交通标志、交通标线而没有设置或者应当及时变更交通信号灯、交通标志、交通标线而没有及时变更,致使通行的人员、车辆及其他财产遭受损失的,负有相关职责的单位应当依法承担赔偿责任。

在道路两侧及隔离带上种植树木、其他植物或者设置广告牌、管线等,遮挡路灯、交通信号灯、交通标志,妨碍安全视距的,由公安机关交通管理部门责令行为人排除妨碍;拒不执行的,处二百元以上二千元以下罚款,并强制排除妨碍,所需费用由行为人负担。

第四节 《中华人民共和国环境保护法》相关知识

《中华人民共和国环境保护法》是为保护和改善环境,防治污染和其他公害,保障公众健康,推进生态文明建设,促进经济社会可持续发展,制定的法律。《中华人民共和国环境保护法》由1989年12月26日第七届全国人民代表大会常务委员会第十一次会议通过,中华人民共和国主席令第二十二号公布,经2014年第十二届全国人民代表大会常务委员会第八次会议修订,自2015年1月1日起施行。

《中华人民共和国环境保护法》规定,本法所称环境,是指影响人类生存和发展的各种天然的和经过人工改造的自然因素的总体,包括大气、水、海洋、土地、矿藏、森林、草原、湿地、野生生物、自然遗迹、人文遗迹、自然保护区、风景名胜区、城市和乡村等。本法适用于中华人民共和国领域和中华人民共和国管辖的其他海域。

《中华人民共和国环境保护法》规定,保护环境是国家的基本国策,每年 6 月 5 日为环境日。国家采取有利于节约和循环利用资源、保护和改善环境、促进人与自然和谐的经济、技术政策和措施,使经济社会发展与环境保护相协调。环境保护坚持保护优先、预防为主、综合治理、公众参与、损害担责的原则。一切单位和个人都有保护环境的义务。地方各级人民政府应当对本行政区域的环境质量负责。企业事业单位和其他生产经营者应当防止、减少环境污染和生态破坏,对所造成的损害依法承担责任。公民应当增强环境保护意识,采取低碳、节俭的生活方式,自觉履行环境保护义务。

《中华人民共和国环境保护法》全文共 7 章节 70 条。本书选取了"监督管理、防治污染和其他公害、法律责任"等章节部分内容进行介绍。

一、监督管理

企业事业单位和其他生产经营者,在污染物排放符合法定要求的基础上,进一步减少污染物排放的,人民政府应当依法采取财政、税收、价格、政府采购等方面的政策和措施予以鼓励和支持。

企业事业单位和其他生产经营者,为改善环境,依照有关规定转产、搬迁、关闭的,人民政府应当予以支持。企业事业单位和其他生产经营者违反法律、法规规定排放污染物,造成或者可能造成严重污染的,县级以上人民政府环境保护主管部门和其他负有环境保护监督管理职责的部门,可以查封、扣押造成污染物排放的设施、设备。

二、防治污染和其他公害

企业应当优先使用清洁能源,采用资源利用率高、污染物排放量少的工艺、设备以及废弃物综合利用技术和污染物无害化处理技术,减少污染物的产生。建设项目中防治污染的设施,应当与主体工程同时设计、同时施工、同时投产使用。防治污染的设施应当符合经批准的环境影响评价文件的要求,不得擅自拆除或者闲置。

排放污染物的企业事业单位和其他生产经营者,应当采取措施,防治在生产建设或者其他活动中产生的废气、废水、废渣、医疗废物、粉尘、恶臭气体、放射性物质以及噪声、振动、光辐射、电磁辐射等对环境的污染和危害。

排放污染物的企业事业单位,应当建立环境保护责任制度,明确单位负责人和相关人员的责任。重点排污单位应当按照国家有关规定和监测规范安装使用监测设备,保证监测设备正常运行,保存原始监测记录。严禁通过暗管、渗井、渗坑、灌注或者篡改、伪造监测数据,或者不正常运行防治污染设施等逃避监管的方式违法排放污染物。

排放污染物的企业事业单位和其他生产经营者,应当按照国家有关规定缴纳排污费。排污费应当全部专项用于环境污染防治,任何单位和个人不得截留、挤占或者挪作他用。依照法律规定征收环境保护税的,不再征收排污费。

国家实行重点污染物排放总量控制制度。重点污染物排放总量控制指标由国务院下达,省、自治区、直辖市人民政府分解落实。企业事业单位在执行国家和地方污染物排放标准的同时，应当遵守分解落实到本单位的重点污染物排放总量控制指标。对超过国家重点污染物排放总量控制指标或者未完成国家确定的环境质量目标的地区，省级以上人民政府环境保护主管部门应当暂停审批其新增重点污染物排放总量的建设项目环境影响评价文件。

国家依照法律规定实行排污许可管理制度。实行排污许可管理的企业事业单位和其他生产经营者应当按照排污许可证的要求排放污染物；未取得排污许可证的，不得排放污染物。

国家对严重污染环境的工艺、设备和产品实行淘汰制度。任何单位和个人不得生产、销售或者转移、使用严重污染环境的工艺、设备和产品。禁止引进不符合我国环境保护规定的技术、设备、材料和产品。

三、法律责任

企业事业单位和其他生产经营者违法排放污染物，受到罚款处罚，被责令改正，拒不改正的，依法作出处罚决定的行政机关可以自责令改正之日的次日起，按照原处罚数额按日连续处罚。

企业事业单位和其他生产经营者超过污染物排放标准或者超过重点污染物排放总量控制指标排放污染物的，县级以上人民政府环境保护主管部门可以责令其采取限制生产、停产整治等措施；情节严重的，报经有批准权的人民政府批准，责令停业、关闭。

建设单位未依法提交建设项目环境影响评价文件或者环境影响评价文件未经批准，擅自开工建设的，由负有环境保护监督管理职责的部门责令停止建设，处以罚款，并可以责令恢复原状。

违反本法规定，重点排污单位不公开或者不如实公开环境信息的，由县级以上地方人民政府环境保护主管部门责令公开，处以罚款，并予以公告。

企业事业单位和其他生产经营者有下列行为之一，尚不构成犯罪的，除依照有关法律、法规规定予以处罚外，由县级以上人民政府环境保护主管部门或者其他有关部门将案件移送公安机关，对其直接负责的主管人员和其他直接责任人员，处十日以上十五日以下拘留；情节较轻的，处五日以上十日以下拘留：

（1）建设项目未依法进行环境影响评价，被责令停止建设，拒不执行的；

（2）违反法律规定，未取得排污许可证排放污染物，被责令停止排污，拒不执行的；

（3）通过暗管、渗井、渗坑、灌注或者篡改、伪造监测数据，或者不正常运行防治污染设施等逃避监管的方式违法排放污染物的；

（4）生产、使用国家明令禁止生产、使用的农药，被责令改正，拒不改正的。

因污染环境和破坏生态造成损害的，应当依照《中华人民共和国侵权责任法》的有关规定承担侵权责任。

第五节 《公路安全保护条例》相关知识

《公路安全保护条例》是为加强公路保护，保障公路完好、安全和畅通，根据《中华人民共和国公路法》制定的条例。2011年3月7日，中华人民共和国国务院令第593号公布，自2011

年7月1日起施行。

《公路安全保护条例》规定,各级人民政府应当加强对公路保护工作的领导,依法履行公路保护职责。任何单位和个人不得破坏、损坏、非法占用或者非法利用公路、公路用地和公路附属设施。国务院交通运输主管部门主管全国公路保护工作。县级以上地方人民政府交通运输主管部门主管本行政区域的公路保护工作;但是,县级以上地方人民政府交通运输主管部门对国道、省道的保护职责,由省、自治区、直辖市人民政府确定。

《公路安全保护条例》规定,公路管理机构依照本条例的规定具体负责公路保护的监督管理工作。县级以上各级人民政府发展改革、工业和信息化、公安、工商、质检等部门按照职责分工,依法开展公路保护的相关工作县级以上各级人民政府应当将政府及其有关部门从事公路管理、养护所需经费以及公路管理机构行使公路行政管理职能所需经费纳入本级人民政府财政预算。但是,专用公路的公路保护经费除外。县级以上各级人民政府交通运输主管部门应当综合考虑国家有关车辆技术标准、公路使用状况等因素,逐步提高公路建设、管理和养护水平,努力满足国民经济和社会发展以及人民群众生产、生活需要。

《公路安全保护条例》规定,国家建立健全公路突发事件应急物资储备保障制度,完善应急物资储备、调配体系,确保发生公路突发事件时能够满足应急处置工作的需要。县级以上各级人民政府交通运输主管部门应当依照《中华人民共和国突发事件应对法》的规定,制定地震、泥石流、雨雪冰冻灾害等损毁公路的突发事件(以下简称公路突发事件)应急预案,报本级人民政府批准后实施。公路管理机构、公路经营企业应当根据交通运输主管部门制定的公路突发事件应急预案,组建应急队伍,并定期组织应急演练。

《公路安全保护条例》全文共6章77条。本书选取了公路路线、公路通行、公路养护等章节部分内容进行介绍。

一、公路线路

1.公路用地的有关规定

(1)公路管理机构应当建立健全公路管理档案,对公路、公路用地和公路附属设施调查核实、登记造册。

(2)县级以上地方人民政府应当根据保障公路运行安全和节约用地的原则以及公路发展的需要,组织交通运输、国土资源等部门划定公路建筑控制区的范围。

公路建筑控制区的范围,从公路用地外缘起向外的距离标准为:国道不少于20m,省道不少于15m,县道不少于10m,乡道不少于5m。

属于高速公路的,公路建筑控制区的范围从公路用地外缘起向外的距离标准不少于30m。公路弯道内侧、互通立交以及平面交叉道口的建筑控制区范围根据安全视距等要求确定。

(3)新建、改建公路的建筑控制区的范围,应当自公路初步设计批准之日起30日内,由公路沿线县级以上地方人民政府依照本条例划定并公告。

公路建筑控制区与铁路线路安全保护区、航道保护范围、河道管理范围或者水工程管理和保护范围重叠的,经公路管理机构和铁路管理机构、航道管理机构、水行政主管部门或者流域管理机构协商后划定。

(4)在公路建筑控制区内,除公路保护需要外,禁止修建建筑物和地面构筑物;公路建筑控制区划定前已经合法修建的不得扩建,因公路建设或者保障公路运行安全等原因需要拆除的应当依法给予补偿。

在公路建筑控制区外修建的建筑物、地面构筑物以及其他设施不得遮挡公路标志,不得妨碍安全视距。

(5)新建村镇、开发区、学校和货物集散地、大型商业网点、农贸市场等公共场所,与公路建筑控制区边界外缘的距离应当符合下列标准,并尽可能在公路一侧建设:国道、省道不少于50m,县道、乡道不少于20m。

2. 公路建设费用的有关规定

新建、改建公路与既有城市道路、铁路、通信等线路交叉或者新建、改建城市道路、铁路、通信等线路与既有公路交叉的,建设费用由新建、改建单位承担;城市道路、铁路、通信等线路的管理部门、单位或者公路管理机构要求提高既有建设标准而增加的费用,由提出要求的部门或者单位承担。

需要改变既有公路与城市道路、铁路、通信等线路交叉方式的,按照公平合理的原则分担建设费用。

3. 公路周边地区禁止开展的有关活动

(1)禁止将公路作为检验车辆制动性能的试车场地。

禁止在公路、公路用地范围内摆摊设点、堆放物品、倾倒垃圾、设置障碍、挖沟引水、打场晒粮、种植作物、放养牲畜、采石、取土、采空作业、焚烧物品、利用公路边沟排放污物或者进行其他损坏、污染公路和影响公路畅通的行为。

(2)禁止在下列范围内从事采矿、采石、取土、爆破作业等危及公路、公路桥梁、公路隧道、公路渡口安全的活动:

①国道、省道、县道的公路用地外缘起向外100m,乡道的公路用地外缘起向外50m。

②公路渡口和中型以上公路桥梁周围200m。

③公路隧道上方和洞口外100m。

在前款规定的范围内,因抢险、防汛需要修筑堤坝、压缩或者拓宽河床的,应当经省、自治区、直辖市人民政府交通运输主管部门会同水行政主管部门或者流域管理机构批准,并采取安全防护措施方可进行。

(3)除按照国家有关规定设立的为车辆补充燃料的场所、设施外,禁止在下列范围内设立生产、储存、销售易燃、易爆、剧毒、放射性等危险物品的场所、设施:

①公路用地外缘起向外100m。

②公路渡口和中型以上公路桥梁周围200m。

③公路隧道上方和洞口外100m。

(4)禁止损坏、擅自移动、涂改、遮挡公路附属设施或者利用公路附属设施架设管道、悬挂物品。

(5)禁止破坏公路、公路用地范围内的绿化物。需要更新采伐护路林的,应当向公路管理机构提出申请,经批准方可更新采伐,并及时补种;不能及时补种的,应当交纳补种所需费用,由公路管理机构代为补种。

4. 公路桥梁的有关规定

(1)禁止擅自在中型以上公路桥梁跨越的河道上下游各1000m范围内抽取地下水、架设浮桥以及修建其他危及公路桥梁安全的设施。

在前款规定的范围内,确需进行抽取地下水、架设浮桥等活动的,应当经水行政主管部门、流域管理机构等有关单位会同公路管理机构批准,并采取安全防护措施方可进行。

(2)禁止在公路桥梁跨越的河道上下游的下列范围内采砂:

①特大型公路桥梁跨越的河道上游500m,下游3000m。

②大型公路桥梁跨越的河道上游500m,下游2000m。

③中小型公路桥梁跨越的河道上游500m,下游1000m。

(3)在公路桥梁跨越的河道上下游各500m范围内依法进行疏浚作业的,应当符合公路桥梁安全要求,经公路管理机构确认安全方可作业。

(4)禁止利用公路桥梁进行牵拉、吊装等危及公路桥梁安全的施工作业。

禁止利用公路桥梁(含桥下空间)、公路隧道、涵洞堆放物品,搭建设施以及铺设高压电线和输送易燃、易爆或者其他有毒有害气体、液体的管道。

(5)公路桥梁跨越航道的,建设单位应当按照国家有关规定设置桥梁航标、桥柱标、桥梁水尺标,并按照国家标准、行业标准设置桥区水上航标和桥墩防撞装置。桥区水上航标由航标管理机构负责维护。

通过公路桥梁的船舶应当符合公路桥梁通航净空要求,严格遵守航行规则,不得在公路桥梁下停泊或者系缆。

(6)重要的公路桥梁和公路隧道按照《中华人民共和国人民武装警察法》和国务院、中央军委的有关规定由中国人民武装警察部队守护。

5. 涉路施工的有关规定

(1)进行下列涉路施工活动,建设单位应当向公路管理机构提出申请:

①因修建铁路、机场、供电、水利、通信等建设工程需要占用、挖掘公路、公路用地或者使公路改线。

②跨越、穿越公路修建桥梁、渡槽或者架设、埋设管道、电缆等设施。

③在公路用地范围内架设、埋设管道、电缆等设施。

④利用公路桥梁、公路隧道、涵洞铺设电缆等设施。

⑤利用跨越公路的设施悬挂非公路标志。

⑥在公路上增设或者改造平面交叉道口。

⑦在公路建筑控制区内埋设管道、电缆等设施。

(2)申请进行涉路施工活动的建设单位应当向公路管理机构提交下列材料:

①符合有关技术标准、规范要求的设计和施工方案。

②保障公路、公路附属设施质量和安全的技术评价报告。

③处置施工险情和意外事故的应急方案。

公路管理机构应当自受理申请之日起20日内作出许可或者不予许可的决定;影响交通安

全的,应当征得公安机关交通管理部门的同意;涉及经营性公路的,应当征求公路经营企业的意见;不予许可的,公路管理机构应当书面通知申请人并说明理由。

(3)建设单位应当按照许可的设计和施工方案进行施工作业,并落实保障公路、公路附属设施质量和安全的防护措施。

涉路施工完毕,公路管理机构应当对公路、公路附属设施是否达到规定的技术标准以及施工是否符合保障公路、公路附属设施质量和安全的要求进行验收;影响交通安全的,还应当经公安机关交通管理部门验收。涉路工程设施的所有人、管理人应当加强维护和管理,确保工程设施不影响公路的完好、安全和畅通。

二、公路通行

1.车辆的有关规定

(1)车辆的外廓尺寸、轴荷和总质量应当符合国家有关车辆外廓尺寸、轴荷、质量限值等机动车安全技术标准,不符合标准的不得生产、销售。

(2)公安机关交通管理部门办理车辆登记,应当当场查验,对不符合机动车国家安全技术标准的车辆不予登记。

(3)运输不可解体物品需要改装车辆的,应当由具有相应资质的车辆生产企业按照规定的车型和技术参数进行改装。

2.超限运输的有关规定

(1)超过公路、公路桥梁、公路隧道限载、限高、限宽、限长标准的车辆,不得在公路、公路桥梁或者公路隧道行驶;超过汽车渡船限载、限高、限宽、限长标准的车辆,不得使用汽车渡船。公路、公路桥梁、公路隧道限载、限高、限宽、限长标准调整的,公路管理机构、公路经营企业应当及时变更限载、限高、限宽、限长标志;需要绕行的,还应当标明绕行路线。

(2)县级人民政府交通运输主管部门或者乡级人民政府可以根据保护乡道、村道的需要,在乡道、村道的出入口设置必要的限高、限宽设施,但是不得影响消防和卫生急救等应急通行需要,不得向通行车辆收费。

(3)车辆载运不可解体物品,车货总体的外廓尺寸或者总质量超过公路、公路桥梁、公路隧道的限载、限高、限宽、限长标准,确需在公路、公路桥梁、公路隧道行驶的,从事运输的单位和个人应当向公路管理机构申请公路超限运输许可。

(4)申请公路超限运输许可按照下列规定办理:

①跨省、自治区、直辖市进行超限运输的,向公路沿线各省、自治区、直辖市公路管理机构提出申请,由起运地省、自治区、直辖市公路管理机构统一受理,并协调公路沿线各省、自治区、直辖市公路管理机构对超限运输申请进行审批,必要时可以由国务院交通运输主管部门统一协调处理。

②在省、自治区范围内跨设区的市进行超限运输,或者在直辖市范围内跨区、县进行超限运输的,向省、自治区、直辖市公路管理机构提出申请,由省、自治区、直辖市公路管理机构受理并审批。

③在设区的市范围内跨区、县进行超限运输的,向设区的市公路管理机构提出申请,由设区的市公路管理机构受理并审批。

④在区、县范围内进行超限运输的,向区、县公路管理机构提出申请,由区、县公路管理机构受理并审批。

公路超限运输影响交通安全的,公路管理机构在审批超限运输申请时,应当征求公安机关交通管理部门的意见。

(5)公路管理机构审批超限运输申请,应当根据实际情况勘测通行路线,需要采取加固、改造措施的,可以与申请人签订有关协议,制定相应的加固、改造方案。公路管理机构应当根据其制定的加固、改造方案,对通行的公路桥梁、涵洞等设施进行加固、改造;必要时应当对超限运输车辆进行监管。

(6)公路管理机构批准超限运输申请的,应当为超限运输车辆配发国务院交通运输主管部门规定式样的超限运输车辆通行证。经批准进行超限运输的车辆,应当随车携带超限运输车辆通行证,按照指定的时间、路线和速度行驶,并悬挂明显标志。禁止租借、转让超限运输车辆通行证。禁止使用伪造、变造的超限运输车辆通行证。

(7)经省、自治区、直辖市人民政府批准,有关交通运输主管部门可以设立固定超限检测站点,配备必要的设备和人员。固定超限检测站点应当规范执法,并公布监督电话。公路管理机构应当加强对固定超限检测站点的管理。

(8)公路管理机构在监督检查中发现车辆超过公路、公路桥梁、公路隧道或者汽车渡船的限载、限高、限宽、限长标准的,应当就近引导至固定超限检测站点进行处理。

车辆应当按照超限检测指示标志或者公路管理机构监督检查人员的指挥接受超限检测,不得故意堵塞固定超限检测站点通行车道、强行通过固定超限检测站点或者以其他方式扰乱超限检测秩序,不得采取短途驳载等方式逃避超限检测。禁止通过引路绕行等方式为不符合国家有关载运标准的车辆逃避超限检测提供便利。

3.装载物的有关规定

(1)煤炭、水泥等货物集散地以及货运站等场所的经营人、管理人应当采取有效措施,防止不符合国家有关载运标准的车辆出场(站)。道路运输管理机构应当加强对煤炭、水泥等货物集散地以及货运站等场所的监督检查,制止不符合国家有关载运标准的车辆出场(站)。任何单位和个人不得指使、强令车辆驾驶人超限运输货物,不得阻碍道路运输管理机构依法进行监督检查。

(2)载运易燃、易爆、剧毒、放射性等危险物品的车辆,应当符合国家有关安全管理规定,并避免通过特大型公路桥梁或者特长公路隧道;确需通过特大型公路桥梁或者特长公路隧道的,负责审批易燃、易爆、剧毒、放射性等危险物品运输许可的机关应当提前将行驶时间、路线通知特大型公路桥梁或者特长公路隧道的管理单位,并对在特大型公路桥梁或者特长公路隧道行驶的车辆进行现场监管。

(3)车辆应当规范装载,装载物不得触地拖行。车辆装载物易掉落、遗洒或者飘散的,应当采取厢式密闭等有效防护措施方可在公路上行驶。

公路上行驶车辆的装载物掉落、遗洒或者飘散的,车辆驾驶人、押运人员应当及时采取措施处理;无法处理的,应当在掉落、遗洒或者飘散物来车方向适当距离外设置警示标志,并迅速报告公路管理机构或者公安机关交通管理部门。其他人员发现公路上有影响交通安全的障碍物的,也应当及时报告公路管理机构或者公安机关交通管理部门。公安机关交通管理部门应当责令改正车辆装载物掉落、遗洒、飘散等违法行为;公路管理机构、公路经营企业应当及时清除掉落、遗洒、飘散在公路上的障碍物。车辆装载物掉落、遗洒、飘散后,车辆驾驶人、押运人员未及时采取措施处理,造成他人人身、财产损害的,道路运输企业、车辆驾驶人应当依法承担赔偿责任。

三、公路养护

1. 公路管理机构的有关规定

(1)公路管理机构、公路经营企业应当加强公路养护,保证公路经常处于良好技术状态。良好技术状态,是指公路自身的物理状态符合有关技术标准的要求,包括路面平整,路肩、边坡平顺,有关设施完好。

(2)公路养护应当按照国务院交通运输主管部门规定的技术规范和操作规程实施作业。

(3)从事公路养护作业的单位应当具备下列资质条件:

①有一定数量的符合要求的技术人员。

②有与公路养护作业相适应的技术设备。

③有与公路养护作业相适应的作业经历。

④国务院交通运输主管部门规定的其他条件。

公路养护作业单位资质管理办法由国务院交通运输主管部门另行制定。

(4)公路管理机构、公路经营企业应当按照国务院交通运输主管部门的规定对公路进行巡查,并制作巡查记录;发现公路坍塌、坑槽、隆起等损毁的,应当及时设置警示标志,并采取措施修复。公安机关交通管理部门发现公路坍塌、坑槽、隆起等损毁,危及交通安全的,应当及时采取措施,疏导交通,并通知公路管理机构或者公路经营企业。其他人员发现公路坍塌、坑槽、隆起等损毁的,应当及时向公路管理机构、公安机关交通管理部门报告。

(5)公路管理机构、公路经营企业应当定期对公路、公路桥梁、公路隧道进行检测和评定,保证其技术状态符合有关技术标准;对经检测发现不符合车辆通行安全要求的,应当进行维修,及时向社会公告,并通知公安机关交通管理部门。

(6)公路管理机构、公路经营企业应当定期检查公路隧道的排水、通风、照明、监控、报警、消防、救助等设施,保持设施处于完好状态。

2. 公路养护作业的有关规定

(1)公路管理机构应当统筹安排公路养护作业计划,避免集中进行公路养护作业造成交通堵塞。在省、自治区、直辖市交界区域进行公路养护作业,可能造成交通堵塞的,有关公路管理机构、公安机关交通管理部门应当事先书面通报相邻的省、自治区、直辖市公路管理机构、公安机关交通管理部门,共同制定疏导预案,确定分流路线。

(2)公路养护作业需要封闭公路的,或者占用半幅公路进行作业,作业路段长度在2km以上,并且作业期限超过 30 日的,除紧急情况外,公路养护作业单位应当在作业开始之日前 5 日向社会公告,明确绕行路线,并在绕行处设置标志;不能绕行的,应当修建临时道路。

(3)公路养护作业人员作业时,应当穿着统一的安全标志服。公路养护车辆、机械设备作业时,应当设置明显的作业标志,开启危险报警闪光灯。

3. 公路突发事件的有关规定

(1)发生公路突发事件影响通行的,公路管理机构、公路经营企业应当及时修复公路、恢复通行。设区的市级以上人民政府交通运输主管部门应当根据修复公路、恢复通行的需要,及时调集抢修力量,统筹安排有关作业计划,下达路网调度指令,配合有关部门组织绕行、分流。

设区的市级以上公路管理机构应当按照国务院交通运输主管部门的规定收集、汇总公路损毁、公路交通流量等信息,开展公路突发事件的监测、预报和预警工作,并利用多种方式及时向社会发布有关公路运行信息。

(2)中国人民武装警察交通部队按照国家有关规定承担公路、公路桥梁、公路隧道等设施的抢修任务。

4. 公路永久性停止使用的规定

公路永久性停止使用的,应当按照国务院交通运输主管部门规定的程序核准后作报废处理,并向社会公告。公路报废后的土地使用管理依照有关土地管理的法律、行政法规执行。

第六节 《中华人民共和国安全生产法》相关知识

《中华人民共和国安全生产法》是为了加强安全生产工作,防止和减少生产安全事故,保障人民群众生命和财产安全,促进经济社会持续健康发展,制定的法律。《中华人民共和国安全生产法》由 2002 年 6 月 29 日第九届全国人民代表大会常务委员会第二十八次会议通过,自 2002 年 11 月 1 日起施行。《中华人民共和国道路交通安全法》共进行了 3 次修正,最新一次修正根据 2021 年 6 月 10 日第十三届全国人民代表大会常务委员会第二十九次会议《关于修改〈中华人民共和国安全生产法〉的决定》。

《中华人民共和国安全生产法》规定,在中华人民共和国领域内从事生产经营活动的单位(以下统称生产经营单位)的安全生产,适用本法;有关法律、行政法规对消防安全和道路交通安全、铁路交通安全、水上交通安全、民用航空安全以及核与辐射安全、特种设备安全另有规定的,适用其规定。

《中华人民共和国安全生产法》规定,安全生产工作坚持中国共产党的领导。安全生产工作应当以人为本,坚持人民至上、生命至上,把保护人民生命安全摆在首位,树牢安全发展理念,坚持安全第一、预防为主、综合治理的方针,从源头上防范化解重大安全风险。安全生产工作实行管行业必须管安全、管业务必须管安全、管生产经营必须管安全,强化和落实生产经营单位主体责任与政府监管责任,建立生产经营单位负责、职工参与、政府监管、行业自律和社会监督的机制。

《中华人民共和国安全生产法》规定,生产经营单位必须遵守本法和其他有关安全生产的法律、法规,加强安全生产管理,建立健全全员安全生产责任制和安全生产规章制度,加大对安全生产资金、物资、技术、人员的投入保障力度,改善安全生产条件,加强安全生产标准化、信息化建设,构建安全风险分级管控和隐患排查治理双重预防机制,健全风险防范化解机制,提高安全生产水平,确保安全生产。平台经济等新兴行业、领域的生产经营单位应当根据本行业、领域的特点,建立健全并落实全员安全生产责任制,加强从业人员安全生产教育和培训,履行本法和其他法律、法规规定的有关安全生产义务。生产经营单位的主要负责人是本单位安全生产第一责任人,对本单位的安全生产工作全面负责。其他负责人对职责范围内的安全生产工作负责。生产经营单位的从业人员有依法获得安全生产保障的权利,并应当依法履行安全生产方面的义务。

《中华人民共和国安全生产法》全文共7章119条。本书选取了"生产经营单位的安全生产保障、从业人员的安全生产权利义务"等章节部分内容进行介绍。

一、生产经营单位的安全生产保障

1. 安全生产管理人员职责的有关规定

生产经营单位的全员安全生产责任制应当明确各岗位的责任人员、责任范围和考核标准等内容。生产经营单位应当建立相应的机制,加强对全员安全生产责任制落实情况的监督考核,保证全员安全生产责任制的落实。

生产经营单位可以设置专职安全生产分管负责人,协助本单位主要负责人履行安全生产管理职责。生产经营单位的安全生产管理机构以及安全生产管理人员履行下列职责:

①组织或者参与拟订本单位安全生产规章制度、操作规程和生产安全事故应急救援预案。

②组织或者参与本单位安全生产教育和培训,如实记录安全生产教育和培训情况。

③组织开展危险源辨识和评估,督促落实本单位重大危险源的安全管理措施。

④组织或者参与本单位应急救援演练。

⑤检查本单位的安全生产状况,及时排查生产安全事故隐患,提出改进安全生产管理的建议。

⑥制止和纠正违章指挥、强令冒险作业、违反操作规程的行为。

⑦督促落实本单位安全生产整改措施。

2. 安全生产教育和培训的有关规定

生产经营单位应当对从业人员进行安全生产教育和培训,保证从业人员具备必要的安全生产知识,熟悉有关的安全生产规章制度和安全操作规程,掌握本岗位的安全操作技能,了解事故应急处理措施,知悉自身在安全生产方面的权利和义务。未经安全生产教育和培训合格的从业人员,不得上岗作业。

生产经营单位使用被派遣劳动者的,应当将被派遣劳动者纳入本单位从业人员统一管理,对被派遣劳动者进行岗位安全操作规程和安全操作技能的教育和培训。劳务派遣单位应当对被派遣劳动者进行必要的安全生产教育和培训。

生产经营单位接收中等职业学校、高等学校学生实习的,应当对实习学生进行相应的安全生产教育和培训,提供必要的劳动防护用品。学校应当协助生产经营单位对实习学生进行安全生产教育和培训。

生产经营单位应当建立安全生产教育和培训档案,如实记录安全生产教育和培训的时间、内容、参加人员以及考核结果等情况。

生产经营单位采用新工艺、新技术、新材料或者使用新设备,必须了解、掌握其安全技术特性,采取有效的安全防护措施,并对从业人员进行专门的安全生产教育和培训。

生产经营单位的特种作业人员必须按照国家有关规定经专门的安全作业培训,取得相应资格,方可上岗作业。特种作业人员的范围由国务院应急管理部门会同国务院有关部门确定。

3. 安全检查的有关规定

生产经营单位新建、改建、扩建工程项目的安全设施,必须与主体工程同时设计、同时施工、同时投入生产和使用。安全设施投资应当纳入建设项目概算。生产经营单位应当安排用于配备劳动防护用品、进行安全生产培训的经费。

生产经营单位的安全生产管理人员应当根据本单位的生产经营特点,对安全生产状况进行经常性检查;对检查中发现的安全问题,应当立即处理;不能处理的,应当及时报告本单位有关负责人,有关负责人应当及时处理。检查及处理情况应当如实记录在案。

生产经营单位的安全生产管理人员在检查中发现重大事故隐患,依照前款规定向本单位有关负责人报告,有关负责人不及时处理的,安全生产管理人员可以向主管的负有安全生产监督管理职责的部门报告,接到报告的部门应当依法及时处理。

二、从业人员的安全生产权利义务

1. 从业人员的安全生产权利

(1)生产经营单位与从业人员订立的劳动合同,应当载明有关保障从业人员劳动安全、防止职业危害的事项,以及依法为从业人员办理工伤保险的事项。生产经营单位不得以任何形式与从业人员订立协议,免除或者减轻其对从业人员因生产安全事故伤亡依法应承担的责任。

(2)生产经营单位的从业人员有权了解其作业场所和工作岗位存在的危险因素、防范措施及事故应急措施,有权对本单位的安全生产工作提出建议。

(3)从业人员有权对本单位安全生产工作中存在的问题提出批评、检举、控告;有权拒绝违章指挥和强令冒险作业。

生产经营单位不得因从业人员对本单位安全生产工作提出批评、检举、控告或者拒绝违章指挥、强令冒险作业而降低其工资、福利等待遇或者解除与其订立的劳动合同。

(4)从业人员发现直接危及人身安全的紧急情况时,有权停止作业或者在采取可能的应急措施后撤离作业场所。生产经营单位不得因从业人员在前款紧急情况下停止作业或者采取紧急撤离措施而降低其工资、福利等待遇或者解除与其订立的劳动合同。

(5)生产经营单位发生生产安全事故后,应当及时采取措施救治有关人员。因生产安全事故受到损害的从业人员,除依法享有工伤保险外,依照有关民事法律尚有获得赔偿的权利的,有权提出赔偿要求。

(6)生产经营单位使用被派遣劳动者的,被派遣劳动者享有本法规定的从业人员的权利,并应当履行本法规定的从业人员的义务。

2.从业人员的安全生产义务

(1)从业人员在作业过程中,应当严格落实岗位安全责任,遵守本单位的安全生产规章制度和操作规程,服从管理,正确佩戴和使用劳动防护用品。

(2)从业人员应当接受安全生产教育和培训,掌握本职工作所需的安全生产知识,提高安全生产技能,增强事故预防和应急处理能力。

(3)从业人员发现事故隐患或者其他不安全因素,应当立即向现场安全生产管理人员或者本单位负责人报告;接到报告的人员应当及时予以处理。

3.工会的安全生产权力

(1)工会有权对建设项目的安全设施与主体工程同时设计、同时施工、同时投入生产和使用进行监督,提出意见。

工会对生产经营单位违反安全生产法律、法规,侵犯从业人员合法权益的行为,有权要求纠正;发现生产经营单位违章指挥、强令冒险作业或者发现事故隐患时,有权提出解决的建议,生产经营单位应当及时研究答复;发现危及从业人员生命安全的情况时,有权向生产经营单位建议组织从业人员撤离危险场所,生产经营单位必须立即作出处理。

(2)工会有权依法参加事故调查,向有关部门提出处理意见,并要求追究有关人员的责任。

第七节 《中华人民共和国突发事件应对法》相关知识

《中华人民共和国突发事件应对法》是为了预防和减少突发事件的发生,控制、减轻和消除突发事件引起的严重社会危害,规范突发事件应对活动,保护人民生命财产安全,维护国家安全、公共安全、环境安全和社会秩序,制定的法律。《中华人民共和国突发事件应对法》由中华人民共和国第十届全国人民代表大会常务委员会第二十九次会议于2007年8月30日通过,自2007年11月1日起施行。《中华人民共和国道路交通安全法》于2021年12月进行了修订。

《中华人民共和国道路交通安全法》规定,突发事件的预防与应急准备、监测与预警、应急处置与救援、事后恢复与重建等应对活动,适用本法。本法所称突发事件,是指突然发生,造成或者可能造成严重社会危害,需要采取应急处置措施予以应对的自然灾害、事故灾难、公共卫生事件和社会安全事件。按照社会危害程度、影响范围等因素,自然灾害、事故灾难、公共卫生事件分为特别重大、重大、较大和一般四级。法律、行政法规或者国务院另有规定的,从其规定。突发事件的分级标准由国务院或者国务院确定的部门制定。

《中华人民共和国道路交通安全法》规定,国家建立统一领导、综合协调、分类管理、分级负责、属地管理为主的应急管理体制。突发事件应对工作实行预防为主、预防与应急相结合的原则。国家建立重大突发事件风险评估体系,对可能发生的突发事件进行综合性评估,减少重大突发事件的发生,最大限度地减轻重大突发事件的影响。

《中华人民共和国道路交通安全法》全文共 7 章 70 条。本书选取了预防与应急准备、监测与预警等章节部分内容进行介绍。

一、预防与应急准备

所有单位应当建立健全安全管理制度,定期检查本单位各项安全防范措施的落实情况,及时消除事故隐患;掌握并及时处理本单位存在的可能引发社会安全事件的问题,防止矛盾激化和事态扩大;对本单位可能发生的突发事件和采取安全防范措施的情况,应当按照规定及时向所在地人民政府或者人民政府有关部门报告。

矿山、建筑施工单位和易燃易爆物品、危险化学品、放射性物品等危险物品的生产、经营、储运、使用单位,应当制定具体应急预案,并对生产经营场所、有危险物品的建筑物、构筑物及周边环境开展隐患排查,及时采取措施消除隐患,防止发生突发事件。

公共交通工具、公共场所和其他人员密集场所的经营单位或者管理单位应当制定具体应急预案,为交通工具和有关场所配备报警装置和必要的应急救援设备、设施,注明其使用方法,并显著标明安全撤离的通道、路线,保证安全通道、出口的畅通。有关单位应当定期检测、维护其报警装置和应急救援设备、设施,使其处于良好状态,确保正常使用。

二、监测与预警

1. 国家建立健全突发事件应急预案体系

国务院制定国家突发事件总体应急预案,组织制定国家突发事件专项应急预案;国务院有关部门根据各自的职责和国务院相关应急预案,制定国家突发事件部门应急预案。地方各级人民政府和县级以上地方各级人民政府有关部门根据有关法律、法规、规章、上级人民政府及其有关部门的应急预案以及本地区的实际情况,制定相应的突发事件应急预案。

应急预案应当根据本法和其他有关法律、法规的规定,针对突发事件的性质、特点和可能造成的社会危害,具体规定突发事件应急管理工作的组织指挥体系与职责和突发事件的预防与预警机制、处置程序、应急保障措施以及事后恢复与重建措施等内容。

2. 国家建立健全突发事件预警制度

(1)可以预警的自然灾害、事故灾难和公共卫生事件的预警级别,按照突发事件发生的紧急程度、发展势态和可能造成的危害程度分为一级、二级、三级和四级,分别用红色、橙色、黄色和蓝色标示,一级为最高级别。预警级别的划分标准由国务院或者国务院确定的部门制定。

(2)可以预警的自然灾害、事故灾难或者公共卫生事件即将发生或者发生的可能性增大时,县级以上地方各级人民政府应当根据有关法律、行政法规和国务院规定的权限和程序,发布相应级别的警报,决定并宣布有关地区进入预警期,同时向上一级人民政府报告,必要时可以越级上报,并向当地驻军和可能受到危害的毗邻或者相关地区的人民政府通报。

(3)发布三级、四级警报,宣布进入预警期后,县级以上地方各级人民政府应当根据即将发生的突发事件的特点和可能造成的危害,采取下列措施:

①启动应急预案。

②责令有关部门、专业机构、监测网点和负有特定职责的人员及时收集、报告有关信息,向社会公布反映突发事件信息的渠道,加强对突发事件发生、发展情况的监测、预报和预警工作。

③组织有关部门和机构、专业技术人员、有关专家学者,随时对突发事件信息进行分析评估,预测发生突发事件可能性的大小、影响范围和强度以及可能发生的突发事件的级别。

④定时向社会发布与公众有关的突发事件预测信息和分析评估结果,并对相关信息的报道工作进行管理。

⑤及时按照有关规定向社会发布可能受到突发事件危害的警告,宣传避免、减轻危害的常识,公布咨询电话。

(4)发布一级、二级警报,宣布进入预警期后,县级以上地方各级人民政府除采取本法前文规定的措施外,还应当针对即将发生的突发事件的特点和可能造成的危害,采取下列一项或者多项措施:

①责令应急救援队伍、负有特定职责的人员进入待命状态,并动员后备人员做好参加应急救援和处置工作的准备。

②调集应急救援所需物资、设备、工具,准备应急设施和避难场所,并确保其处于良好状态、随时可以投入正常使用。

③加强对重点单位、重要部位和重要基础设施的安全保卫,维护社会治安秩序。

④采取必要措施,确保交通、通信、供水、排水、供电、供气、供热等公共设施的安全和正常运行。

⑤及时向社会发布有关采取特定措施避免或者减轻危害的建议、劝告。

⑥转移、疏散或者撤离易受突发事件危害的人员并予以妥善安置,转移重要财产。

⑦关闭或者限制使用易受突发事件危害的场所,控制或者限制容易导致危害扩大的公共场所的活动。

⑧法律、法规、规章规定的其他必要的防范性、保护性措施。

(5)发布突发事件警报的人民政府应当根据事态的发展,按照有关规定适时调整预警级别并重新发布。有事实证明不可能发生突发事件或者危险已经解除的,发布警报的人民政府应当立即宣布解除警报,终止预警期,并解除已经采取的有关措施。

三、应急处置与救援

1. 突发事件的处置与救援

突发事件发生后,履行统一领导职责或者组织处置突发事件的人民政府应当针对其性质、特点和危害程度,立即组织有关部门,调动应急救援队伍和社会力量,依照本章的规定和有关法律、法规、规章的规定采取应急处置措施。

突发事件发生地的其他单位应当服从人民政府发布的决定、命令,配合人民政府采取的应急处置措施,做好本单位的应急救援工作,并积极组织人员参加所在地的应急救援和处置工作。

突发事件发生地的公民应当服从人民政府、居民委员会、村民委员会或者所属单位的指挥和安排,配合人民政府采取的应急处置措施,积极参加应急救援工作,协助维护社会秩序。

2. 自然灾害、事故灾难、公共卫生事件的处置与救援

自然灾害、事故灾难或者公共卫生事件发生后,履行统一领导职责的人民政府可以采取下列一项或者多项应急处置措施:

(1)组织营救和救治受害人员,疏散、撤离并妥善安置受到威胁的人员以及采取其他救助措施。

(2)迅速控制危险源,标明危险区域,封锁危险场所,划定警戒区,实行交通管制以及其他控制措施。

(3)立即抢修被损坏的交通、通信、供水、排水、供电、供气、供热等公共设施,向受到危害的人员提供避难场所和生活必需品,实施医疗救护和卫生防疫以及其他保障措施。

(4)禁止或者限制使用有关设备、设施,关闭或者限制使用有关场所,中止人员密集的活动或者可能导致危害扩大的生产经营活动以及采取其他保护措施。

(5)启用本级人民政府设置的财政预备费和储备的应急救援物资,必要时调用其他急需物资、设备、设施、工具。

(6)组织公民参加应急救援和处置工作,要求具有特定专长的人员提供服务。

(7)保障食品、饮用水、燃料等基本生活必需品的供应。

(8)依法从严惩处囤积居奇、哄抬物价、制假售假等扰乱市场秩序的行为,稳定市场价格,维护市场秩序。

(9)依法从严惩处哄抢财物、干扰破坏应急处置工作等扰乱社会秩序的行为,维护社会治安。

(10)采取防止发生次生、衍生事件的必要措施。

受到自然灾害危害或者发生事故灾难、公共卫生事件的单位,应当立即组织本单位应急救援队伍和工作人员营救受害人员,疏散、撤离、安置受到威胁的人员,控制危险源,标明危险区域,封锁危险场所,并采取其他防止危害扩大的必要措施,同时向所在地县级人民政府报告;对因本单位的问题引发的或者主体是本单位人员的社会安全事件,有关单位应当按照规定上报情况,并迅速派出负责人赶赴现场开展劝解、疏导工作。

3. 社会安全事件的处置与救援

社会安全事件发生后,组织处置工作的人民政府应当立即组织有关部门并由公安机关针对事件的性质和特点,依照有关法律、行政法规和国家其他有关规定,采取下列一项或者多项应急处置措施:

(1)强制隔离使用器械相互对抗或者以暴力行为参与冲突的当事人,妥善解决现场纠纷和争端,控制事态发展。

(2)对特定区域内的建筑物、交通工具、设备、设施以及燃料、燃气、电力、水的供应进行控制。

(3)封锁有关场所、道路,查验现场人员的身份证件,限制有关公共场所内的活动。

(4)加强对易受冲击的核心机关和单位的警卫,在国家机关、军事机关、国家通讯社、广播电台、电视台、外国驻华使领馆等单位附近设置临时警戒线。

(5)法律、行政法规和国务院规定的其他必要措施。

严重危害社会治安秩序的事件发生时,公安机关应当立即依法出动警力,根据现场情况依法采取相应的强制性措施,尽快使社会秩序恢复正常。

第八节 《公路养护工程管理办法》相关知识

《公路养护工程管理办法》是为加强和规范公路养护工程管理,提高养护质量与效益,根据《中华人民共和国公路法》《公路安全保护条例》《收费公路管理条例》等法律、行政法规制定的。《公路养护工程管理办法》由中华人民共和国交通运输部于2018年3月2日发布,自2018年6月1日起施行。

一、总则

(1)本办法所规定的公路养护工程是指在一段时间内集中实施并按照项目进行管理的公路养护作业,不包括日常养护和公路改扩建工作。

(2)本办法适用于国道、省道的养护工程管理工作。县道、乡道、村道和专用公路的养护工程管理可参照执行。

(3)养护工程应当遵循决策科学、管理规范、技术先进、优质高效、绿色安全的原则。

(4)养护工程管理工作实行统一领导、分级负责。交通运输部负责全国养护工程管理工作的指导和监督。地方各级交通运输主管部门或公路管理机构,依据省级人民政府确定的对国道和省道的管理职责,主管本行政区域内的养护工程管理工作。

(5)公路经营管理单位和从事公路养护作业的单位应当根据交通运输主管部门或公路管理机构提出的养护管理目标,按照标准规范、有关规定及本办法要求组织实施养护工程,并接受其指导和监督。

(6)各级交通运输主管部门、公路管理机构和公路经营管理单位应当筹措必要的资金用于养护工程,确保公路保持良好技术状况。非收费公路养护工程资金以财政保障为主,主要通过各级财政资金解决。收费公路养护工程资金主要从车辆通行费中解决。

(7)养护工程资金使用范围包括公路技术状况检测与评定、养护决策咨询、养护设计、养护施工、工程管理及质量控制、工程验收、项目后评估、监理咨询等。任何单位和个人不得截留、挤占或者挪用养护工程资金。

(8)各级交通运输主管部门、公路管理机构和公路经营管理单位应加强信息技术在养护工程中的应用。

二、主要内容

1. 养护工程分类

(1)养护工程按照养护目的和养护对象,分为预防养护、修复养护、专项养护和应急养护。

(2)预防养护是指公路整体性能良好但有轻微病害,为延缓性能过快衰减、延长使用寿命而预先采取的主动防护工程。

(3)修复养护是指公路出现明显病害或部分丧失服务功能,为恢复技术状况而进行的功能性、结构性修复或定期更换,包括大修、中修、小修。

(4)专项养护是指为恢复、保持或提升公路服务功能而集中实施的完善增设、加固改造、拆除重建、灾后恢复等工程。

(5)应急养护是指在突发情况下造成公路损毁、中断、产生重大安全隐患等,为较快恢复公路安全通行能力而实施的应急性抢通、保通、抢修。

(6)组织实施各类养护工程所涉及的技术服务与工程施工等相关作业,应当依照有关法律、法规、规定,通过公开招标投标、政府采购等方式选择具备相应技术能力和资格条件的单位承担。应急养护,可以根据应急处置工作需要,直接委托具备相应能力的专业队伍实施。

(7)养护工程应当按照前期工作、计划编制、工程设计、工程施工、工程验收等程序组织实施。应急养护除外。

2. 前期工作

(1)公路管理机构或公路经营管理单位应当结合安全运行状况,按照公路技术状况评定、养护需求分析、养护技术方案确定等工作流程进行前期决策,并作为制定养护计划的依据。

(2)公路管理机构或公路经营管理单位应当按照标准规范规定的检测指标和频率,定期组织对公路路基、路面、桥梁、隧道、附属设施等进行检测和评定。鼓励运用自动化快速检测技术开展检测工作。

(3)养护需求分析应当根据检测和评定数据,按照相关标准规范、国家或者本地区养护规划,科学设定养护目标,合理筛选需要实施的养护工程。

(4)公路管理机构或公路经营管理单位对于需要实施养护工程的路段、构造物或者附属设施等,应当及时开展专项调查,根据公路技术状况、病害情况、发展趋势,综合考虑技术、经济、安全、环保等因素,合理确定养护技术方案。

(5)公路管理机构或公路经营管理单位应当建立养护工程项目库。项目库按照滚动方式实施动态调整,每年定期更新。

3. 计划编制

(1)地方各级交通运输主管部门、公路管理机构或公路经营管理单位应当根据年度养护资金规模、养护目标要求、项目库的储备更新情况,合理编制养护工程年度计划。

(2)养护工程计划编制应当优先安排以下项目:严重影响公众安全通行的,具有重大政治、经济意义的,技术状况差、明显影响公路整体服务水平的,及预防养护项目。

(3)养护工程计划应当统筹安排,避免集中养护作业造成交通拥堵。省际养护作业应当做好沟通衔接。

(4)地方各级交通运输主管部门、公路管理机构或公路经营管理单位应当加强养护工程计划的编制、审核和报备工作。

(5)养护工程计划应当及时下达,与养护施工的最佳时间相匹配,保障工程实施效益。

4. 工程设计

(1)养护工程一般采用一阶段施工图设计。技术特别复杂的,可以采用技术设计和施工图设计两阶段设计。应急养护和技术简单的养护工程可以按照技术方案组织实施。

（2）养护工程设计应当遵循以下要求：因地制宜、就地取材、循环利用、绿色环保；针对不同病害的分布特点进行分段、分类设计；做好交通保障方案设计，降低养护工程施工对交通影响，保障运行安全；做好养护安全作业方案设计，保障养护作业安全；及做好配套附属设施的设计。

（3）养护工程设计应当以专项检测或评估为依据，加强结构物承载力和旧路性能评价，强化对显性、隐性病害的诊断分析。

（4）养护工程设计文件应当符合法律、法规和强制性标准的要求。

（5）养护工程设计文件应当对施工工艺和验收标准进行详细说明。鼓励养护工程采用新技术、新材料、新工艺、新设备。对涉及工程质量和安全的新技术、新材料、新工艺、新设备，尚无相关标准可参照的，应当经过试验论证审查后方可规模化使用。

（6）设计单位应当保证养护工程设计文件质量，做好设计交底，及时解决施工中出现的设计问题，并对设计质量负责。

（7）养护工程设计实行动态设计。设计单位应当及时跟踪公路病害发展情况，并根据需要进行设计变更。

（8）养护工程设计文件应当通过审查或审批后方可使用。

5. 工程施工

（1）养护工程施工前，公路管理机构或公路经营管理单位应当根据设计文件和相关要求，组织对交通保障、养护安全作业方案进行审查，并按规定报有关部门批准。

（2）养护工程施工时，公路管理机构、公路经营管理单位、养护施工单位应当建立、健全养护工程质量检查管理制度，通过抽查、委托专业机构检查、自查等方式确保养护工程质量。规模较大和技术复杂的养护工程可以根据需要开展监理咨询服务。

（3）养护工程应当按照审查通过的设计文件进行施工，对施工中发现的设计问题，应当书面提出设计变更建议。一般设计变更经公路管理机构或公路经营管理单位同意后实施，重大设计变更须经原设计审查或审批单位同意后实施。

（4）养护工程施工应当严格执行有关技术规范和操作规程，保证安全。除应急养护外，养护工程施工应当选择交通流量较小的时段，并按照有关规定向社会公告。鼓励提前将养护施工信息告知相关公路电子导航服务企业，为社会公众出行做好服务。

（5）养护工程应当加强成本控制和管理。项目完工后，按照有关规定及时进行财务决算。

6. 工程验收

（1）养护工程具备验收条件后应当及时组织验收。具体验收办法由各省级交通运输主管部门制定。

（2）技术复杂程度高或投资规模较大的养护工程按交工验收和竣工验收两阶段执行，其他一般养护工程按第一阶段验收执行。

（3）适用于一阶段验收的养护工程项目一般在工程完工交付使用后 6 个月之内完成验收；适用于两阶段验收的养护工程项目，在工程完工后应当及时组织交工验收，一般在养护工程质量缺陷责任期满后 12 个月之内完成竣工验收。

养护工程质量缺陷责任期一般为 6 个月，最长不超过 12 个月。

养护工程验收及质量缺陷责任期具体时限应当在养护合同中约定,并符合有关要求。

(4)养护工程完工后未通过验收的,由施工单位承担养护责任,超出验收时限无正当理由未验收的除外。验收不合格的,由施工单位负责返修。在质量缺陷责任期内,发生施工质量问题的,施工单位应当履行保修义务,并对造成的损失承担赔偿责任。

(5)公路养护工程验收依据主要包括:养护工程计划文件,养护工程合同,设计文件及图纸,变更设计文件及图纸,行政主管部门的有关批复文件,及养护工程有关标准、规范及规定。

(6)养护工程验收应当具备下列条件:完成设计文件和合同约定的各项内容;完成全部技术档案和施工管理资料整理归档;施工单位按相关标准、规范和规定对工程质量自检合格;工程质量缺陷问题已整改完毕;参与养护工程的相关单位完成工作总结报告;开展了监理咨询的,监理单位对工程质量评定为合格;按规定需进行专业检测的,检测机构对工程质量鉴定完毕并出具检测报告;完成财务决算;及法律、法规、规章规定的其他条件。

(7)公路养护工程通过验收后,验收结果应当及时向交通运输主管部门报告。

7. 监督检查

(1)各级交通运输主管部门和公路管理机构应当依据职责采取定期检查或抽查等方式,加强养护工程监督检查并督促及时整改。

公路养护作业单位应当接受相关管理部门和机构的监督检查。

(2)养护工程监督检查主要包括以下内容:养护工程相关法规、制度和标准、规范的执行情况;养护工程前期、计划、设计、施工、验收等环节工作规范化情况;养护工程质量和安全;养护工程资金使用情况;及其他要求的相关事项。

(3)省级交通运输主管部门应当结合本地区实际情况分类细化养护工程管理要求,加强质量监督管理。

(4)各级交通运输主管部门应当加强对公路养护从业单位及人员的管理,逐步推行信用管理。

第九节 《公路养护作业单位资质管理办法》相关知识

一、概述

为全面指导公路养护市场规范管理工作,促进市场要素合理流动,维护公共利益和养护市场秩序,保证公路养护工程质量和安全,促进公路养护高质量发展,交通运输部于2021年9月1日印发了《公路养护作业单位资质管理办法》(以下简称《办法》),并于2022年1月1日起施行。

二、《办法》的主要内容

(1)公路养护作业单位资质类别和条件。

在保证养护作业安全和质量前提下,进一步精简资质类别,合理降低资质条件。将作业单位资质分为路基路面、桥梁、隧道、交通安全设施等4个序列共7个等级,对作业单位应具有的能力、业绩、人员、设备、财务状况等条件提出要求,并明确了各等级从业范围。明确要求各地执行统一的养护作业单位资质类别和条件要求,不得另行设置公路养护作业单位资质,防止出现地域壁垒等问题。

(2)推动实施网上申报、一次审批、全国通用。

交通运输部将指导各省级交通运输主管部门建立网上申报、审批和监管服务平台,自2022年1月起实现网上申报、审批和监管,优化申请流程和政务服务,便利市场主体。明确规定公路养护资质经省级交通运输主管部门审批许可后,5年内有效,在全国范围内适用。许可决定及时向社会公开。

(3)全面加强养护作业单位资质事中、事后监管。

落实监管责任,明确监管主体、内容、方式以及撤销、注销资质的情形。拓宽监管措施,建立违法地交通运输主管部门与许可机关的信息通报制度和信用评价制度。

三、《办法》对技术工人的要求

1. 路基路面养护甲级资质

企业具有从事公路工程的技术工人不少于30人,其中高级工不少于6人,中级工不少于12人。

2. 路基路面养护乙级资质

企业具有从事公路工程的技术工人不少于20人,其中高级工不少于3人,中级工不少于6人。

3. 桥梁养护甲级资质

企业具有从事公路工程的技术工人不少于20人,其中高级工不少于4人,中级工不少于8人。

4. 桥梁养护乙级资质

企业具有从事公路工程的技术工人不少于10人,其中高级工不少于2人,中级工不少于3人。

5. 隧道养护甲级资质

企业具有从事公路工程的技术工人不少于20人,其中高级工不少于4人,中级工不少于8人。

6. 隧道养护乙级资质

企业具有从事公路工程的技术工人不少于10人,其中高级工不少于2人,中级工不少于3人。

7. 交通安全设施养护资质

企业具有从事公路工程的技术工人不少于10人,其中高级工不少于2人,中级工不少于3人。

学习训练

1.《中华人民共和国劳动法》自( )起施行。
　　A.1993年1月1日　　　　　　　　B.1995年1月1日
　　C.1997年1月1日　　　　　　　　D.1999年1月1日
　　参考答案：B

2.《中华人民共和国劳动法》规定,国家实行劳动者平均每周工作时间不超过( )的工时制度。
　　A.40小时　　　B.44小时　　　C.48小时　　　D.50小时
　　参考答案：B

3.《中华人民共和国劳动法》规定,提出仲裁要求的一方应当自劳动争议发生之日起( )向劳动争议仲裁委员会提出书面申请。
　　A.15日　　　　B.30日　　　　C.40日　　　　D.60日
　　参考答案：D

4.《中华人民共和国公路法》自( )起施行。
　　A.1998年1月1日　　　　　　　　B.1998年9月1日
　　C.2008年1月1日　　　　　　　　D.2008年9月1日
　　参考答案：A

5.《中华人民共和国公路法》规定,在大中型公路桥梁和渡口周围( )范围内,不得挖砂、采石、取土、倾倒废弃物。
　　A.50m　　　　B.100m　　　　C.200m　　　　D.500m
　　参考答案：C

6.《中华人民共和国公路法》规定,在公路隧道上方和洞口外( )范围内,不得挖砂、采石、取土、倾倒废弃物。
　　A.50m　　　　B.100m　　　　C.200m　　　　D.500m
　　参考答案：B

7.《中华人民共和国公路法》规定,( )应当按照国务院交通主管部门规定的技术规范和操作规程对公路进行养护。
　　A.公路局　　　　　　　　　　　B.路政管理部门
　　C.公路管理机构　　　　　　　　D.公路养护公司
　　参考答案：C

8.《中华人民共和国道路交通安全法》自( )起正式实施。
　　A.2004年1月1日　　　　　　　　B.2004年4月1日
　　C.2004年5月1日　　　　　　　　D.2004年8月1日
　　参考答案：C

9.《中华人民共和国道路交通安全法》规定,高速公路限速标志标明的最高时速不得超过( )。
　　A.140km　　　B.90km　　　　C.100km　　　D.120km

参考答案:D

10.《中华人民共和国道路交通安全法》规定,机动车在高速公路上发生故障时,警告标志应当设置在故障车来车方向(　　)以外。
　　A.50m　　　　　　B.100m　　　　　　C.120m　　　　　　D.150m
参考答案:D

11.《中华人民共和国环境保护法》自(　　)起施行。
　　A.2005年1月1日　　　　　　B.2010年1月1日
　　C.2012年1月1日　　　　　　D.2015年1月1日
参考答案:D

12.《中华人民共和国环境保护法》规定,排放污染物的企业事业单位和其他生产经营者,应当按照国家有关规定缴纳(　　)。
　　A.排污费　　　　B.清洁费　　　　C.污染费　　　　D.防治费
参考答案:A

13.国务院颁布的《公路安全保护条例》自(　　)起施行。
　　A.2011年1月1日　　　　　　B.2011年5月1日
　　C.2011年7月1日　　　　　　D.2011年9月1日
参考答案:C

14.《公路安全保护条例》规定,公路建筑控制区的范围,从公路用地外缘起向外的距离标准,国道不少于(　　)。
　　A.20m　　　　　　B.15m　　　　　　C.10m　　　　　　D.5m
参考答案:A

15.《公路安全保护条例》规定,国道、省道、县道的公路用地外缘起向外(　　)范围内,禁止从事采矿、采石、取土、爆破作业等危及公路、公路桥梁、公路隧道、公路渡口安全的活动。
　　A.50m　　　　　　B.100m　　　　　　C.200m　　　　　　D.500m
参考答案:B

16.《公路安全保护条例》规定,特大型公路桥梁跨越的河道上游(　　),下游(　　)范围内禁止采砂。
　　A.500m,3000m　　　　　　B.500m,2000m
　　C.1000m,3000m　　　　　　D.1000m,2000m
参考答案:A

17.《公路安全保护条例》规定,禁止擅自在中型以上公路桥梁跨越的河道(　　)范围内抽取地下水、架设浮桥以及修建其他危及公路桥梁安全的设施。
　　A.上游500m、下游1000m　　　　　　B.上游1000m、下游500m
　　C.上下游各1000m　　　　　　D.上下游各500m
参考答案:C

18.《公路安全保护条例》规定,公路养护作业人员作业时,应当穿着(　　)。
　　A.统一的安全标志服　　　　　　B.反光背心
　　C.统一的制服　　　　　　D.工作服

参考答案:A

19.《中华人民共和国安全生产法》自(　　)起施行。

  A.2002年1月1日   B.2002年5月1日

  C.2002年7月1日   D.2002年11月1日

20.《中华人民共和国安全生产法》规定,从业人员有权对本单位安全生产工作中存在的问题提出(　　)。

  A.批评、检举、控告   B.批评、检举

  C.检举、控告   D.批评、控告

参考答案:B

参 考 文 献

[1] 李天和.工程测量[M].武汉:武汉大学出版社,2021.
[2] 李任东.工程测量[M].北京:人民交通出版社,2009.
[3] 自然资源部职业技能鉴定指导中心.工程测量[M].郑州:黄河水利出版社,2020.
[4] 刘松雪,姚青梅.道路工程制图[M].北京:人民交通出版社,2021.
[5] 王蓉玲,周黎.道路工程识图与AutoCAD[M].北京:北京大学出版社,2016.
[6] 樊林娟.道路工程识图与绘图[M].北京:人民交通出版社,2011.
[7] 李军、陈青萍.道路建筑材料[M].武汉:武汉理工大学出版社,2018.
[8] 姜志清.道路建筑材料[M].6版.北京:人民交通出版社股份有限公司,2021.
[9] 张兰芳,李京军,王萧萧.建筑材料[M].北京:中国建材工业出版社2021.
[10] 中华人民共和国住房和城乡建设部.混凝土外加剂应用技术规范:GB 50119—2013[S].北京:中国建筑工业出版社,2003.
[11] 中华人民共和国交通运输部.公路沥青及沥青混合料试验规程:JTG E20—2011[S].北京:人民交通出版社,2011.
[12] 中华人民共和国交通运输部.公路工程技术标准:JTG B01—2014[S].北京:人民交通出版社,2014.
[13] 中华人民共和国交通运输部.公路工程名词术语:JTJ 002—87[S].北京:人民交通出版社,1987.
[14] 中华人民共和国交通运输部.公路养护技术规范:JTG 5110—2023[S].北京:人民交通出版社股份有限公司,2023.
[15] 中华人民共和国交通运输部.公路排水设计规范:JTG/T D33—2012[S].北京:人民交通出版社,2012.
[16] 中华人民共和国交通运输部.公路路基设计规范:JTG D30—2015[S].北京:人民交通出版社,2015.
[17] 中华人民共和国交通运输部.公路水泥混凝土路面设计规范:JTG D40—2011[S].北京:人民交通出版社,2011.
[18] 中华人民共和国交通运输部.公路沥青路面设计规范:JTG D50—2017[S].北京:人民交通出版社股份有限公司,2017.
[19] 中华人民共和国交通运输部.公路交通安全设施设计规范:JTG D81—2017[S].北京:人民交通出版社股份有限公司,2017.
[20] 中华人民共和国交通运输部.公路桥涵地基与基础设计规范:JTG 3363—2019[S].北京:人民交通出版社股份有限公司,2019.
[21] 中华人民共和国交通运输部.公路隧道设计规范 第一册 土建工程:JTG 3370.1—2018[S].北京:人民交通出版社股份有限公司,2018.
[22] 中华人民共和国交通运输部.公路环境保护设计规范:JTG B04—2010[S].北京:人民交通出版社股份有限公司,2018.

[23] 中华人民共和国住房和城乡建设部.城市道路工程设计规范(2016年版):CJJ 37—2012[S].北京:中国建筑工业出版社,2016.
[24] 王海春.公路导论[M].北京:科学出版社,2011.
[25] 凌天清.道路工程[M].北京:人民交通出版社股份有限公司,2019.
[26] 黄晓明.路基路面工程[M].北京:人民交通出版社股份有限公司,2019.
[27] 肖念婷.路基路面工程[M].北京:机械工业出版社,2013.
[28] 姚祖康.公路排水设计手册[M].北京:人民交通出版社,2001.
[29] 邵旭东,等.桥梁工程[M].北京:人民交通出版社股份有限公司,2019.
[30] 程国柱,吴立新,等.道路与桥梁设计概论[M].北京:人民交通出版社,2013.
[31] 聂重军,黄琼.道路与桥梁工程概论[M].北京:中国建材工业出版社,2013.
[32] 李杨海.公路桥梁支座实用手册[M].北京:人民交通出版社,2009.
[33] 覃仁辉,王成.隧道工程[M].重庆:重庆大学出版社,2011.
[34] 李晓红,齐丽云.公路环境与景观绿化[M].北京:人民交通出版社,2013.
[35] 杨延梅.交通环境工程[M].北京:中国水利水电出版社,2014.
[36] 梁国华.交通工程设施设计[M].北京:人民交通出版社,2014.
[37] 李继业,张峰,马朝阳,等.城市道路设计使用手册[M].北京:化学工业出版社,2014.
[38] 王替.城市道路工程[M].北京:人民交通出版社,2012.
[39] 高俊启,徐皓.机场工程概论[M].北京:国防工业出版社,2014.
[40] 中华人民共和国交通运输部.公路养护技术标准:JTG 5110—2023[S].北京:人民交通出版社股份有限公司,2023.
[41] 中华人民共和国交通运输部.公路技术状况评定标准:JTG 5210—2018[S].北京:人民交通出版社股份有限公司,2018.
[42] 中华人民共和国交通运输部.公路路基养护技术规范:JTG 5150—2020[S].北京:人民交通出版社股份有限公司,2020.
[43] 中华人民共和国交通运输部.公路沥青路面养护设计规范:JTG 5421—2018[S].北京:人民交通出版社股份有限公司,2019.
[44] 中华人民共和国交通运输部.公路沥青路面预防养护技术规范:JTG/T 5142-01—2021[S].北京:人民交通出版社股份有限公司,2021.
[45] 中华人民共和国交通部.公路水泥混凝土路面养护技术规范:JTJ 073.1—2001[S].北京:人民交通出版社,2001.
[46] 中华人民共和国交通运输部.公路隧道加固技术规范:JTG/T 5440—2018[S].北京:人民交通出版社股份有限公司,2018.
[47] 中华人民共和国交通运输部.公路养护工程质量检验评定标准 第一册 土建工程:JTG 5220—2020[S].北京:人民交通出版社股份有限公司,2020.
[48] 田建辉.桥梁维护与加固技术[M].北京:人民交通出版社股份有限公司,2021.
[49] 交通运输部职业资格中心.公路工程安全与环境监理[M].北京:人民交通出版社股份有限公司,2023.
[50] 中国交通建设监理协会.交通建设工程安全监理[M].北京:人民交通出版社股份有限

公司,2021.

[51] 中国交通建设监理协会.交通建设工程施工环境保护监理[M].北京:人民交通出版社股份有限公司,2021.

[52] 范庭兴,孙家振,伍小刚.公路工程环境保护要点与生态评价[M].成都:四川大学出版社,2021.

[53] 中国交通建设监理协会.公路水运工程施工安全重大隐患排查要点[M].北京:人民交通出版社股份有限公司,2017.

[54] 王炜.公路工程施工安全生产指南[M].北京:人民交通出版社,2005.